NIHIL OBSTAT
Beato Annibale M. Di Francia.
12 Octubre de 1926

IMPRIMATUR
Excmo. Sr. Giuseppe M. Leo, Arzobispo de la
diócesis de Trani – Barletta – Bisceglie
16 Octubre 1926

Puede Imprimirse
Arzobispado Guadalajara Jal.,
23 de noviembre del 2010
Mons. J. Gpe Ramiro Valdés Sánchez
Vicario General

Se anexa copia del Nihil Obstat y del Imprimatur puestos en uno de los volúmenes

[1]
I. M. I.
Fiat!!!

In Voluntate Dei! Deo Gratias.
27-1
Septiembre 23, 1929

Quien vive en la Divina Voluntad, en su pequeñez encierra el Todo, y da Dios a Dios. Los prodigios divinos.

(1) La Divina Voluntad me absorbe en todo, y por cuanto siento repugnancia en escribir, el Fiat Omnipotente, con su imperio se impone sobre mí, pequeña criatura, y con su autoridad divina me vence, derriba mi voluntad y poniéndosela como escabel a sus pies divinos, con su imperio dulce y fuerte me induce a escribir un nuevo volumen, mientras que yo creía que debía hacer una pausa. ¡Oh! Voluntad adorable, imperante y santa, quieres el sacrificio, y yo no me siento con fuerzas de resistir y luchar contra Ti, más bien adoro tus disposiciones, y perdiéndome en tu Santo Querer te pido que me ayudes, fortifiques mi debilidad y no permitas que yo escriba sino lo que quieres, y como quieres Tú; ¡ah, que yo sea tu repetidora y no ponga nada mío! Y Tú, Amor mío Sacramentado, desde esa custodia santa desde la cual me ves, y en la cual yo te veo a Ti, mientras escribo no me niegues tu ayuda, más bien, ven junto conmigo a escribir, sólo así sentiré la fuerza para comenzar.

(2) Estaba haciendo mi acostumbrado giro en la Creación para seguir todos los actos que el Supremo Querer había hecho en todas las cosas creadas, y mi dulce Jesús saliendo de mi interior me ha dicho:

(3) "Hija mía, cuando la criatura recorre las obras de su Creador, significa que quiere reconocer, apreciar, amar, lo que Dios ha hecho por amor suyo, y no teniendo qué dar como correspondencia, mientras recorre sus obras toma toda la Creación como en su propio puño, y la da nuevamente a Dios, íntegra y bella para su gloria y honor diciéndole: 'Te reconozco, te glorifico por medio de tus mismas obras, pues sólo ellas son dignas de Ti'. Ahora, es tal y tanta nuestra complacencia al vernos reconocidos por la criatura en nuestras obras, que nos sentimos como si la Creación se repitiese de nuevo para darnos doble gloria, y esta doble gloria nos viene dada porque la criatura reconoce nuestras obras hechas por amor de ella, y dadas a ella como don nuestro para que nos ame. La criatura con reconocer nuestro don encierra en el cielo de su alma el Todo, y Nosotros vemos en la pequeñez de ella a nuestro Ser Divino con todas nuestras obras; mucho más, porque estando nuestro Fiat Divino en la pequeñez de esta criatura, tiene capacidad y espacio de encerrar el Todo, y ¡oh! prodigio, ver encerrado en la pequeñez humana el Todo, y que osadamente da el Todo al Todo sólo para amarlo y glorificarlo. Que el Todo de nuestro Ser Supremo sea el Todo, no es para maravillarse, porque tal es nuestra naturaleza divina: 'Ser Todo'. Pero el Todo en la pequeñez humana es la maravilla de las maravillas, son prodigios de nuestro Querer Divino, que donde reina no sabe hacer de nuestro Ser Divino un ser a mitad, sino todo entero. Y como la Creación no es otra cosa que un

desahogo de amor de nuestro Fiat Creante, donde Él reina encierra todas sus obras, y por eso la pequeñez humana puede decir: 'Doy Dios a Dios'. He aquí el por qué cuando nos damos a la criatura queremos todo, también su nada, a fin de que sobre su nada sea repetida nuestra palabra creadora, y formemos nuestro Todo sobre la nada de la criatura; si no nos da todo, su pequeñez, su nada, nuestra palabra creadora no viene repetida, ni es decoro y honor para Nosotros repetirla, porque cuando Nosotros hablamos queremos deshacernos de todo lo que no nos pertenece, y cuando vemos que no se da toda, no la hacemos cosa nuestra, y ella queda la pequeñez y la nada que es, y Nosotros quedamos con nuestro Todo que somos".

(4) Después de esto continuaba mi abandono en el Supremo Fiat, pero me sentía triste por ciertas cosas que no es necesario escribirlas, y mi siempre amable Jesús, moviéndose a compasión me ha estrechado entre sus brazos, y todo amor me ha dicho:

(5) "¡Oh! cómo me es querida la hija de mi Querer. Tú debes saber que la tristeza no entra en mi Divina Voluntad. Ella es alegría perenne que vuelve pacífica y feliz su morada donde reina, por eso esta tristeza, si bien sé que es por causa mía, es cosa vieja de tu voluntad humana, y las cosas viejas no las recibe en tu alma mi Voluntad Divina, porque tiene tantas de las nuevas, que no alcanza el espacio de tu alma para ponerlas todas, por eso fuera tu tristeza, fuera. ¡Oh! si supieras cuántas singulares bellezas forma en el alma mi Divina Voluntad; donde Ella reina forma su cielo, su sol, su mar y el vientecillo de sus refrigerios y frescuras divinas; Ella, siendo artífice insuperable, tiene en Sí misma la habilidad del arte de la Creación, y cuando entra en la criatura para formar su reino, tiene un deseo excesivo de repetir su arte, y por eso ahí extiende su cielo, forma el sol y todas las bellezas de la Creación, porque donde Ella reina quiere sus cosas, y con su arte las forma y se hace circundar de las obras dignas de mi Fiat, por eso la belleza del alma donde Ella reina es indescriptible. ¿No sucede esto también en el orden humano? Cuando se hace un trabajo, con hacerlo no pierde su arte, el arte permanece dentro de la criatura como propiedad suya, y cuantas veces quiere repetir su trabajo, tiene virtud de repetirlo, y si el trabajo es bello, ansía tener ocasión de repetirlo. Tal es mi Voluntad Divina, el trabajo de la Creación es bello, majestuoso, suntuoso, pleno de orden y armonía indecible, así que va buscando ocasión para repetirlo, y esta ocasión se la dan las almas que le dan la libertad de hacerla dominar y extender su reino en ellas. Por eso, ánimo, aleja de ti lo que no pertenece a mi Fiat Divino, a fin de que quede libre en su trabajo divino, de otra manera formarías las nubes en torno a ti, las cuales impedirían que mi Luz se engrandeciera y resplandeciera con sus refulgentes rayos en tu alma".

Septiembre 28, 1929

Primer beso, desahogo entre Madre e Hijo. Cómo todas las cosas creadas contienen cada una su desahogo. Quien vive en el Fiat es continua creación. Contento divino.

(1) Estaba haciendo mi giro en la Creación y Redención, y mi pequeña inteligencia se ha detenido cuando mi agraciado niñito, en el acto de salir del seno materno se

abalanzó a los brazos de la Mamá Celestial, y sintiendo la necesidad de hacer su primer desahogo de amor, estrechó con sus pequeños brazos el cuello de su Mamá y la besó. También la Divina Reina sintió la necesidad de hacer su primer desahogo de amor hacia el infante divino, y le correspondió el beso materno con tal afecto, de sentir que se le salía el corazón del pecho; eran los primeros desahogos que hacían Madre e Hijo. Y yo pensaba entre mí: "¿Quién sabe cuántos bienes encerraban en este desahogo?" Y mi dulce Jesús haciéndose ver como pequeño niño en acto de besar a su Mamá, me ha dicho:

(2) "Hija mía, cómo sentí la necesidad de hacer este desahogo con mi Mamá, porque todo lo que ha sido hecho por nuestro Ser Supremo no ha sido otra cosa que un desahogo de amor, y Yo concentraba en la Virgen Reina todo nuestro desahogo de amor que tuvimos en la Creación, porque estando en Ella mi Divina Voluntad, era capaz de poder recibir con mi beso este nuestro desahogo tan grande, y de podérmelo corresponder, porque sólo quien vive de mi Voluntad Divina concentra en sí el acto continuado de toda la Creación, y la actitud de volver a verterla en Dios. A quien posee mi Divina Voluntad todo le puedo dar, y todo puede darme, mucho más que la Creación, habiéndola sacado en un desahogo de amor para darla a la criatura, dura y durará siempre, y quien está en mi Divina Voluntad está como en nuestra casa, recibiendo la continuidad de este nuestro desahogo con el acto de toda la Creación, porque con conservarla como la hicimos, es como si estuviéramos en acto de crearla y de decir a la criatura: Este nuestro desahogo de haber creado tantas cosas te dice: 'Te amé, te amo y te amaré siempre'. Y el alma que se hace dominar por nuestro Querer Divino, no pudiendo contener este nuestro desahogo de amor tan grande, sobre las alas de Él desahoga también ella y nos dice y repite nuestro estribillo: 'En tu Querer te amé, te amo y te amaré siempre, siempre'. En efecto, ¿no son todas las cosas creadas desahogos de amor que nuestro Fiat, como primer actor hacía a la criatura? Desahogo de amor es el cielo azul, y con estar siempre extendido, adornado de estrellas, sin jamás decolorarse ni cambiarse, hace brotar nuestro desahogo continuo hacia la criatura. Desahogo de amor es el sol, y desahoga nuestro amor continuo con llenar de luz toda la tierra, y todos los efectos que produce, que son innumerables, son continuos y repetidos desahogos que hace a la criatura. Desahogo de nuestro amor es el mar, y conforme murmura repite sus olas altísimas, ahora plácidas, ahora tempestuosas, y conforme produce los tantos peces, éstos no son otra cosa que continuos desahogos de nuestro amor. Desahogo del amor nuestro es la tierra, y conforme se abre para producir flores, plantas, árboles y frutos, así nuestro amor emprende nuevamente su desahogo ardiente. En suma, no hay cosa creada por Nosotros donde no esté el desahogo continuo de nuestro amor. ¿Pero quién está al día de tantos nuestros desahogos? ¿Quién siente investirse por nuestra Fuerza creadora, y toca con la mano nuestras llamas inextinguibles, hasta sentir la necesidad de corresponder con sus desahogos amorosos a su Creador? Quien vive en nuestro Fiat Divino. Para ella es continua creación, siente la Potencia de nuestra Fuerza creadora, que obrando en ella le hace tocar con la mano que su Creador está en acto de crear continuamente por amor suyo, haciéndole sentir sus desahogos jamás interrumpidos para recibir su correspondencia. Pero quién puede decirte nuestro contento cuando vemos que la criatura, poseyendo nuestro Fiat Divino recibe y reconoce estos nuestros desahogos,

y ella no pudiendo contener el gran exceso de amor de nuestros desahogos divinos, en nuestro mismo desahogo de amor forma su desahogo hacia su Creador. Entonces nos sentimos como correspondidos por todo lo que hicimos en la Creación; oímos que nos dice en su delirio de amor: 'Majestad adorable, si estuviera en mi poder quisiera también yo crearte un cielo, un sol, un mar, y todo lo que Tú creaste, para decirte que te amo con tu mismo amor y con tus mismas obras, porque el amor que no obra no se puede llamar amor, pero como tu Querer Divino me hizo don de todo lo que creaste, yo te lo doy nuevamente para decirte que te amo, te amo'. Entonces la armonía, el intercambio de los dones, el orden, regresan entre Creador y criatura, como fue establecido por Dios en la Creación. Ahora tú debes saber que el hombre con hacer su voluntad perdió el orden, la armonía, y perdió los derechos del don de la Creación, porque sólo en quien reina mi Divina Voluntad, siendo Ella la creadora de toda la Creación, donde Ella reina, siendo cosa suya, hace don con derecho a la criatura, pero donde no reina se puede llamar una intrusa en sus obras, y por eso no puede hacerla de dueña, ni dar a Dios lo que no es suyo, ni puede sentir todos nuestros desahogos de amor que existen en la Creación, porque no tiene nuestra Divina Voluntad en su posesión que le diga nuestra historia de amor; sin nuestro Querer Divino el hombre es el verdadero ignorante de su Creador, y como el pequeño discípulo sin el maestro. ¡Oh, cómo es doloroso ver al hombre sin nuestro Fiat! Mucho más que nuestra Creación es nuestra portavoz, es la portadora de nuestros besos amorosos, de nuestros abrazos afectuosos. ¡Oh! cómo sentía todo esto mi Humanidad estando sobre la tierra, conforme salía al exterior, el sol me daba el beso que mi misma Voluntad había depositado en su luz para darlo a las criaturas; el viento me daba las caricias, los abrazos que contenía en depósito de mi misma Divina Voluntad; toda la Creación está preñada de carismas divinos para darlos a las criaturas, y mi Humanidad todo recibía, correspondiéndolos para dar desahogo a tantos besos reprimidos, abrazos rechazados y amor no reconocido por tantos siglos, porque no reinando mi Querer Divino, el hombre era incapaz de recibir lo que de bien había puesto mi misma Voluntad en toda la Creación, y mi Humanidad poseyendo mi misma Voluntad Divina, daba el primer desahogo y recibía y daba la correspondencia a todo lo que mi misma Voluntad Divina había puesto en toda la Creación; por eso, en cuanto Yo salía todas las cosas creadas hacían fiesta, y en competencia me daban lo que poseían. Así que sé atenta, y lo que más te importe sea vivir en mi Divina Voluntad si quieres sentir a lo vivo lo que tu Jesús te dice de mi Fiat Supremo".

+ + + +

27-3
Octubre 2, 1929

Sólo la Divina Voluntad vuelve feliz a la criatura; entrega mutua. Quien no tiene verdadera voluntad de hacer un bien es un pobre lisiado, y Dios no quiere servirse de él.

(1) Mi abandono y mi vivir en el Fiat Divino continúan, ¡oh! cómo es potente su fuerza creadora, cómo es deslumbrante su luz, que infiltrándose en las fibras más íntimas del corazón, las inviste y acariciándolas se hace lugar y en ellas erige su trono de dominio y de mando, pero con tal dulzura raptora, que la pequeñez de la criatura

queda desaparecida, pero feliz de quedar sin vida y perdida en el Fiat Divino. ¡Oh Voluntad adorable, si todos te conocieran, cómo amarían el perderse en Ti para readquirir tu Vida y ser felices con la misma felicidad divina! Pero mientras mi pequeñez se perdía en el Fiat Divino, mi amable Jesús se ha movido en mi interior, y estrechándome fuertemente a su corazón divino me ha dicho:

(2) "Hija mía, sólo mi Divina Voluntad puede volver feliz a la criatura, Ella, con su luz, eclipsa o pone en fuga todos los males, y dice con su poder divino: 'Yo soy la felicidad perenne, huyan todos los males, quiero estar libre, porque delante a mi felicidad todos los males pierden la vida'. Para quien vive completamente en mi Querer Divino, es tanto su amor que transforma las acciones de la criatura, y sucede un intercambio de vida entre Dios y ella, intercambio de acciones, de pasos, de latidos. Dios queda unido a la criatura y la criatura a Dios, se vuelven seres inseparables, y en este intercambio de acciones y de vida se forma el juego entre Creador y criatura, uno se da en poder del otro, y en este darse en poder mutuamente juegan con modo divino, se hacen felices, hacen fiesta, y Dios y la criatura se glorían, se sienten victoriosos porque ninguno ha perdido, pero uno ha vencido al otro, porque en mi Divina Voluntad ninguno pierde, las pérdidas no existen en Ella. Sólo de quien vive en mi Querer puedo decir: 'Es mi entretenimiento en la Creación, me siento victorioso de abajarme para hacerme vencer por la criatura, porque estoy cierto que ella no se opondrá a dejarse vencer por Mí'. Por eso tu vuelo en mi Querer sea siempre continuo".

(3) Después de esto estaba pensando en tantas cosas que el bendito Jesús me había dicho sobre su Divina Voluntad, en los tantos deseos ardientes de Él por hacerla conocer, y que a pesar de tantos deseos de Jesús no se ve nada para obtener su intento, y decía entre mí: "Qué Sabiduría de Dios, qué misterios profundos, ¿quién puede comprenderlos? Lo quiere, está doliente porque falta quién tome la iniciativa para hacerla conocer, muestra su corazón anhelante, suspira que su Divina Voluntad se haga camino para hacerse conocer, para formar su reino en medio a las criaturas, y después, como si fuera un Dios impotente, se obstaculizan los caminos, se cierran las puertas, y Jesús tolera, y con paciencia invencible e indecible espera que se abran las puertas y los caminos, toca a los corazones para encontrar quienes serán aquellos que se ocuparán en hacer conocer su Divina Voluntad". Pero mientras esto pensaba, mi dulce Jesús haciéndose ver todo bondad y ternura, de romper los corazones más duros, me ha dicho:

(4) "Hija mía, si supieras cuánto sufro cuando quiero formar mis obras y hacerlas conocer a las criaturas para darles el bien que contienen, y no encuentro quién tenga verdadero ánimo, deseo veraz y voluntad de hacer vida suya mi obra para hacerla conocer, para dar a los demás la vida del bien de mi obra que siente en sí mismo. Yo cuando veo estas disposiciones en quien debe ocuparse, que Yo con tanto amor llamo y escojo para las obras que me pertenecen, me siento tan atraído hacia él, que para hacer que haga bien lo que Yo quiero me abajo, desciendo en él y le doy mi mente, mi boca, mis manos, y hasta mis pies, a fin de que en todo sienta la vida de mi obra, y como vida sentida, no como cosa extraña a él, pueda sentir la necesidad de darla a los demás. Hija mía, cuando un bien no se siente en uno mismo como vida, todo termina en palabras, no en obras, y Yo quedo fuera de ellos, no dentro, y por eso quedan como pobres lisiados, sin inteligencia, ciegos, mudos, sin manos y sin

pies, y Yo en mis obras no quiero servirme de pobres lisiados, los hago a un lado, y no poniendo atención al tiempo continúo girando para encontrar a los dispuestos que deben servir a mi obra. Y así como no me cansé de girar los siglos y toda la tierra para encontrar la más pequeña, para poner en su pequeñez el gran depósito de los conocimientos de mi Divina Voluntad, así no me cansaré de girar y volver a girar la tierra para encontrar a los realmente dispuestos, que apreciarán como vida lo que he manifestado sobre el Fiat Divino, y éstos harán cualquier sacrificio para hacerlo conocer. Por eso no soy el Dios impotente, sino más bien aquel Dios paciente, que quiero que mis obras se hagan con decoro y por personas que lo hagan voluntariamente, no forzadas, porque la cosa que más aborrezco en mis obras es que la criatura lo haga forzadamente, como si Yo no mereciera sus pequeños sacrificios; y por decoro de una obra tan grande, cual es el hacer conocer mi Divina Voluntad, no quiero servirme de pobres lisiados, porque quien no tiene verdadera voluntad de hacer un bien, es siempre una herida que hace a su alma dejándola lisiada, sino quiero servirme de personas que suministrándoles mis miembros divinos, la hagan con decoro, como merece una obra que tanto bien debe aportar a las criaturas y gran gloria a mi Majestad".

+ + + +

27-4
Octubre 7, 1929

Cómo el Fiat Divino es inseparable de sus obras. Momento terrible de la caída de Adán.

(1) Me sentía inmersa en el Fiat Divino, su luz me circundaba por todas partes, por dentro y por fuera, y mi dulce Jesús haciéndose ver me ha estrechado entre sus brazos, y acercándose a mi boca, desde la suya me mandaba su aliento a la mía, pero tan fuerte que yo no podía contenerlo. ¡Oh! cómo era suave, dulce, fortificante el aliento de Jesús, yo me sentía renacer a nueva vida, y mi siempre amable Jesús me ha dicho:

(2) "Hija mía, todo lo que sale de nuestras manos creadoras contiene conservación y creación continua; si nuestro acto creador y conservador se retirase del cielo, del sol, y de todo el resto de la Creación, todo perdería la vida, porque siendo la Creación la nada, necesitan en ellos la obra del Todo para conservarse. He aquí por qué nuestras obras son inseparables de Nosotros, y lo que no está sujeto a separarse se ama siempre, se tiene siempre bajo la mirada, y forman una sola cosa la obra y Aquél que la ha creado. Nuestro Fiat que se pronunció en el acto de crear todas las cosas, se quedó en acto de decirse siempre, para constituirse acto y vida perenne de toda la Creación. Nosotros al obrar, no es como en el hombre que no pone su respiro, su latido, su vida, su calor, en su obra, y por eso su obra se puede separar de él, ni la ama con amor invencible y perfecto, porque de lo que se vuelve separable, el hombre puede hasta llegar a olvidarse de su obra. En cambio, Nosotros en nuestras obras, es vida que ponemos, y se ama tanto, que para conservarla hacemos correr siempre nuestra Vida en nuestra obra, y si vemos peligro, como fue del hombre, ponemos nuestra Vida para salvar la vida que corre en nuestra obra.

(3) Ahora hija mía, tu vivir en nuestro Fiat Divino comenzó al pedirte tu voluntad, que tú voluntariamente me cediste, y Yo cuando te vi darme tu querer me sentí victorioso, y dándote mi aliento quise pronunciar mi Fiat Omnipotente en el fondo de tu alma para renovar el acto de la Creación; este Fiat lo repito siempre para darte vida continua en Él, y conforme se repite te conserva a ti y mantiene su Vida en ti. He aquí por qué me sientes que frecuentemente dándote mi aliento renuevo tu alma, y la inseparabilidad que siento es mi Voluntad Divina que me hace amar con amor perenne lo que hemos depositado en ti; cada vez que se repite mi Fiat, cada verdad suya que te manifiesta, cada conocimiento suyo o palabra que te dice, es un amor que surge en Nosotros para amarte de más y para hacerse amar. Es nuestro Fiat creador y conservador que amando su Vida y lo que ha hecho en ti, se pronuncia siempre para conservar su Vida y la belleza de su obra. Por eso sé atenta a recibir continuamente la palabra de mi Fiat, que es portador de creación, de vida y de conservación".

(4) Después de esto estaba haciendo mi giro para seguir los actos del Fiat Divino en la Creación, y habiendo llegado al Edén me he detenido en el acto cuando el hombre rechazó la Voluntad Divina para hacer la suya. ¡Oh! cómo comprendía bien el gran mal de hacer la voluntad humana, y mi amado Jesús moviéndose en mi interior me ha dicho:

(5) "Hija mía, cierto que fue terrible el momento de la caída de Adán; en cuanto rechazó nuestro Querer Divino para hacer el suyo, nuestro Fiat estaba en acto de retirarse del cielo, del sol, y de toda la Creación para resolverla en la nada, porque aquél que había rechazado nuestra Divina Voluntad, no merecía más que nuestro Fiat mantuviera el acto continuo de creación y conservación en toda la Creación, hecha por amor del hombre y dada a él como don de su Creador. Si no hubiera sido porque el Verbo Eterno ofreció sus méritos previstos del futuro Redentor, como los ofrecí para preservar a la Virgen Inmaculada de la culpa original, todo se hubiera ido a la ruina; el cielo, el sol, se habrían retirado en nuestra fuente, y retirándose nuestra Divina Voluntad, todas las cosas creadas hubieran perdido la vida. Pero presentándose el Verbo humanado ante la Divinidad, y haciendo presentes sus méritos previstos, todas las cosas se mantuvieron en su puesto, y mi Fiat continuó su obra creadora conservadora, esperando a mi Humanidad para hacerle el don legítimo que merecía, tan es verdad, que se hizo solemne promesa al hombre, después de su caída, que habría descendido el futuro Redentor para salvarlo, a fin de que rogara y se dispusiera a recibirlo. Todo hizo nuestra Voluntad, y con justicia tenía derecho sobre todo; el hombre con hacer su voluntad humana le quitaba sus derechos divinos, por eso no merecía que el sol le diese la luz, y conforme la luz lo investía se sentía arrancar los derechos de su luz, cada cosa creada que tomaba y gozaba, eran tantos desgarros que le hacía. Si no hubiera sido por mi Humanidad, para el hombre todo hubiera estado perdido. Por eso el no hacer mi Divina Voluntad encierra todos los males, y perder todos los derechos, del Cielo y de la tierra; el hacerla encierra todos los bienes, y hace adquirir todos los derechos humanos y divinos".

+ + + +

27-5
Octubre 12, 1929

Con vivir en el Divino Querer, el querer humano asciende y el Divino desciende. Cómo se adquieren las prerrogativas divinas.

(1) Estaba haciendo mi acostumbrado giro en el Fiat Divino, y llamando todo lo que había hecho en la Creación y Redención, los ofrecía a la Majestad Divina para impetrar que la Divina Voluntad fuese conocida, a fin de que reine y domine en medio a las criaturas. Pero mientras esto hacía pensaba entre mí: "¿Cuál es el bien que hago con repetir siempre estos giros, actos y ofrecimientos? Y mi amable Jesús moviéndose en mi interior me ha dicho:

(2) "Hija mía, cada vez que giras en nuestras obras y te unes a los actos que hizo mi Fiat en la Creación y Redención para ofrecérnoslos, tú das un paso hacia el Cielo y mi Divina Voluntad da una paso hacia la tierra, así que conforme tú subes, Ella desciende, y mientras queda inmensa se empequeñece y se encierra en tu alma para repetir junto contigo tus actos, tus ofrecimientos, tus oraciones, y Nosotros sentimos que nuestro Querer Divino ruega en ti; sentimos salir de ti su respiro; sentimos su latido, que mientras late en Nosotros, al mismo tiempo late en ti; sentimos la potencia de nuestras obras creadoras, que alineándose en torno a Nosotros, ruegan con nuestro poder divino que nuestra Divina Voluntad descienda a reinar sobre la tierra; mucho más, porque en lo que tú haces no eres una intrusa, o bien un individuo que no ocupando ningún oficio no tiene ningún poder, sino que has sido llamada, y en modo especial te ha sido dado el oficio de hacer conocer nuestra Divina Voluntad, y de impetrar que nuestro reino sea constituido en medio a la familia humana. Por eso hay gran diferencia entre quien ha recibido un oficio de Nosotros, y entre quien no ha recibido ningún empeño. Quien ha recibido un oficio, todo lo que hace lo hace con derecho, con libertad, porque tal es nuestra Divina Voluntad, ella representa a todos aquellos que deben recibir el bien que queremos dar por medio del oficio a ella dado, así que no eres sólo tú la que das un paso hacia el Cielo, sino todos aquellos que conocerán mi Divina Voluntad, y Ella descendiendo, desciende por medio tuyo en todos aquellos que la harán reinar, por eso el único medio para obtener el reino del Fiat Divino, es servirte de nuestras obras para obtener un bien tan grande".

(3) Después continuaba siguiendo los actos de la Divina Voluntad, y habiendo llegado al punto cuando llamó de la nada a la Soberana Reina, me he detenido a comprenderla, toda bella, majestuosa, sus derechos de Reina se extendían a todas partes, Cielo y tierra doblaban las rodillas para reconocerla como Emperatriz de todos y de todo, y yo desde el fondo de mi corazón veneraba y amaba a la Soberana Señora, y de pequeña cual soy quería dar un salto sobre sus rodillas maternas para decirle: "Mamá Santa, toda bella Tú eres, y tal eres porque viviste de Voluntad Divina. ¡Ah! Tú que la posees, pídele que descienda sobre la tierra y venga a reinar en medio a tus hijos". Pero mientras esto hacía, mi adorado Jesús ha agregado:

(4) "Hija mía, mi Madre, aunque no hubiera sido mi Madre, sólo porque hizo perfectamente la Divina Voluntad y no conoció otra vida, y vivió en la plenitud de Ella, en virtud del vivir siempre de mi Fiat habría poseído todas las prerrogativas divinas, lo mismo habría sido Reina, la más bella de todas las criaturas, porque donde reina mi Fiat Divino quiere dar todo, no se queda con nada, es más, la ama tanto, que haciendo uso de sus estratagemas amorosas se esconde, se empequeñece en la

criatura, amando el hacerse dominar por ella. En efecto, ¿no fue un dominar lo que hizo la Soberana del Cielo de mi Querer Divino, que llegó a hacerme concebir y a esconderme en su seno? ¡Oh! si todos conocieran qué sabe hacer y qué puede hacer mi Querer Divino, harían todos los sacrificios para vivir sólo de mi Voluntad".
+ + + +

27-6
Octubre 15, 1929

Cómo todos están a la expectativa de la narración de la historia de la Divina Voluntad. Vacío de los actos de la criatura en la Divina Voluntad.

(1) Me sentía inmersa en el Fiat Divino; ante mi pobre mente veía toda la Creación y los grandes prodigios obrados por la Divina Voluntad en Ella. Parecía que cada cosa creada quisiera narrar lo que poseía del gran Fiat Divino para hacerlo conocer, amar y para glorificarlo. Mientras mi mente se perdía en mirar la Creación, mi dulce Jesús ha salido de dentro de mi interior y me ha dicho:

(2) "Hija mía, todos están a la expectativa de la narración del gran poema de la Divina Voluntad, y como la Creación fue el primer acto externo del obrar de mi Fiat, por eso contiene el principio de su historia de cuanto ha hecho por amor de la criatura. He aquí la causa por la que queriéndote decir toda la historia de mi Querer Divino, he encerrado dentro toda la historia de la Creación, con tantos particulares y modos simples y especiales, para que tú y todos conozcan qué cosa ha hecho y qué quiere hacer mi Fiat Divino, y sus justos derechos por los que quiere reinar en medio a las generaciones humanas. Todo lo que se hizo en la Creación no es conocido del todo por las criaturas, el amor que tuvimos al crearla, cómo cada cosa creada lleva una nota de amor distinta la una de la otra y encierra dentro un bien especial a las criaturas, tan es verdad, que la vida de ellas está atada con vínculos indisolubles con la Creación, y si la criatura se quisiera sustraer de los bienes de la Creación, no podría vivir; ¿quién le daría el aire para respirar, la luz para ver, el agua para beber, el alimento para nutrirse, la tierra sólida para hacerla caminar? Y mientras mi Divina Voluntad tiene su acto continuo, su Vida y su historia para hacerse conocer en cada cosa creada, la criatura la ignora y vive de Ella sin conocerla. Por eso todos están a la expectativa, la misma Creación, porque quieren hacer conocer un Querer tan santo, y el haberte hablado de la misma Creación con tanto amor, y de lo que mi Fiat Divino hace en Ella, muestra su gran deseo de que quiere ser mejor conocida, mucho más que el bien no conocido, no lleva vida ni los bienes que posee. Por eso mi Voluntad está como estéril en medio a las criaturas, no puede producir la plenitud de su Vida en cada una de ellas, porque no es conocida".

(3) Después de esto sentía en mí una fuerza interna que quería seguir todos los actos que el Fiat Divino había hecho en la Creación y Redención, pero mientras esto hacía pensaba entre mí: "¿Cuál es el bien que hago, que en todo quiero seguir al Querer Divino?" Y mi amado Jesús ha agregado:

(4) "Hija mía, tú debes saber que todo lo que mi Querer Divino ha hecho, tanto en la Creación como en la Redención, lo ha hecho por amor de las criaturas, y para que

éstas, conociéndolo, subieran en su acto para mirarlo, amarlo y unir el acto de ellas al suyo para hacerle compañía, y poner aunque sea una coma, un punto, una mirada, un te amo, a las tantas obras grandes y prodigios divinos que mi Fiat en el ímpetu de su amor ha hecho para todos. Ahora, cuando tú lo sigues en sus actos, siente tu compañía, no se sentirá solo, siente tu pequeño acto, tu pensamiento que sigue su acto, así que se siente correspondido; en cambio si tú no lo siguieras, sentiría el vacío de ti y de tus actos en la Inmensidad de mi Querer Divino, y con dolor gritaría: '¿Dónde está la pequeña hija de mi Querer? No me la siento en mis actos, no gozo sus miradas que admiran lo que hago para darme un gracias, no oigo su voz que me dice te amo, ¡oh! cómo me pesa la soledad'. Y te haría oír sus gemidos en el fondo de tu corazón diciéndote: 'Sígueme en mis obras, no me dejes solo'. Entonces, el mal que harías sería formar el vacío de tus actos en mi Divina Voluntad; y si lo haces, harías el bien de hacerles compañía, y si supieras cuánto apreciamos la compañía en el obrar, estarías más atenta. Y así como mi Fiat Divino sentiría el vacío de tus actos si no lo sigues, así sentirías tú el vacío de sus actos en tu voluntad, y te sentirías sola, sin la compañía de mi Voluntad Divina que ama el ocuparte tanto, para no hacerte sentir más que tu querer vive en ti".

+ + + +

27-7
Octubre 18, 1929

Belleza de la Creación. Dios está, para quien vive en la Divina Voluntad, en acto de crear siempre. La criatura que vive en el Querer Divino duplica su amor hacia Dios. Los dos brazos: Inmutabilidad y firmeza.

(1) Me sentía en la inmensidad de la luz del Fiat Divino, y en esta luz se veía alineada toda la Creación como parto de Él, que queriéndose recrear de sus obras, parecía como si estuviese en acto de crearlas y de hacerlas siempre con el conservarlas; y mi amable Jesús, saliendo de dentro de mi interior en acto de mirar la Creación para glorificarse por medio de sus obras, me ha dicho:

(2) "Hija mía, cómo es bella la Creación, cómo nos glorifica, cómo alaba la potencia de nuestro Fiat; no es otra cosa que un acto solo de nuestro Querer Divino, y si se ven tantas cosas distintas la una de la otra, no son otra cosa que los efectos de su único acto que jamás cesa y que contiene su acto obrante continuo. Y como nuestro acto posee en naturaleza, como propiedad toda suya: luz, inmensidad, imperio y multiplicidad de efectos innumerables, por eso no es maravilla que en cuanto nuestro Fiat formó su único acto, salieron inmensidad de cielo, sol brillantísimo, vastedad de mar, viento imperante, belleza de flores, especies de todo género, potencia, que como si fuera un soplo ligero, con él mantiene suspendida a toda la Creación como una pequeña pluma, sin ningún apoyo, encerrada sólo en su fuerza creadora. ¡Oh potencia de mi Fiat, cómo eres insuperable e inalcanzable! Ahora, tú debes saber que sólo en el alma donde reina mi Querer Divino, siendo que Él reina en toda la Creación, lo que hace el alma se une al acto único que hace mi Querer en la Creación, para recibir el depósito de todo el bien que fue hecho en ella, porque esta

gran máquina del universo fue hecha para darla a la criatura, pero a aquélla que habría hecho reinar a nuestro Querer Divino; es justo que no salgamos de nuestra finalidad prefijada, y que la criatura reconozca y reciba nuestro don; ¿pero cómo puede recibirlo si no está en nuestra casa, esto es, en nuestra Divina Voluntad? Le faltaría la capacidad de recibirlo y el espacio dónde contenerlo, por eso sólo quien posee mi Querer Divino puede recibirlo. Él se deleita con su único acto, como si estuviese en acto de crear por amor de ella, le hace sentir su acto continuo de crear el cielo, el sol, y todo, y le dice: '¡Mira cuánto te amo, sólo por ti continúo creando todas las cosas, y para tener de ti la correspondencia me sirvo de tus actos como materia para extender el cielo, como materia de luz para formar el sol, y así de todo lo demás; por cuantos más actos hagas en mi Fiat, tanta más materia me suministras para formar en ti cosas más bellas!' Por eso tu vuelo en mi Querer no se detenga jamás, y yo tomaré ocasión para siempre obrar en ti".

(3) Después de esto continuaba mis actos en el Querer Divino, y haciendo míos todos sus actos hechos en la Creación y Redención, los ofrecía a la Divina Majestad como el más bello don que pudiera darle como correspondencia de mi amor, y decía entre mí: "¡Oh! cómo quisiera tener un cielo, un sol, un mar, una tierra florida, y todo lo que existe, todo mío, para poder dar a mi Creador un cielo mío, un sol que fuese mío, un mar y una floritura, que le dijeran te amo, te amo, te adoro". Pero mientras esto pensaba, mi amado Jesús, estrechándome entre sus brazos me ha dicho:

(4) "Hija mía, para quien vive en nuestro Querer, todo es suyo; siendo uno su querer con el nuestro, lo que es nuestro es suyo, así que puede decirnos con toda verdad: 'Os doy mi cielo, mi sol, y todo'. El amor de la criatura se eleva en nuestro amor y se pone a la par con Nosotros; en nuestro Fiat Divino la criatura duplica nuestro amor, nuestra luz, nuestra potencia, felicidad y belleza, y nos sentimos amados no sólo con nuestro mismo amor duplicado, sino con amor potente, con amor que nos rapta, con amor que nos hace felices, y Nosotros, viéndonos amados con amor duplicado por parte de la criatura que vive en nuestro Querer, nos sentimos, por amor suyo, de amar a todas las criaturas con amor duplicado, porque la criatura en nuestro Fiat, su acto pierde la vida y adquiere nuestro acto como suyo, nuestro acto posee la fuente de la luz, de la potencia, del amor, la fuente de la felicidad y belleza, y el alma puede duplicar, triplicar, multiplicar cuanto quiere nuestras fuentes, y Nosotros, como está en nuestro Querer, la hacemos hacer, le damos toda la libertad, porque lo que hace queda todo en nuestra casa, nada sale de nuestros confines divinos e interminables, por eso no hay ningún peligro de que la fuente de nuestros bienes pueda recibir daño alguno. Por eso si tú estás siempre en nuestro Querer Divino, lo que es nuestro es tuyo, y puedes darnos como tuyo lo que quieras".

(5) Después me sentía afligida por muchas cosas que no es necesario ponerlas sobre el papel, y mi adorable Jesús ha agregado:

(6) "Hija mía, ánimo, no quiero que te aflijas, quiero ver en tu alma la paz y la alegría de la patria celestial, quiero que tu misma naturaleza dé un perfume de Voluntad Divina, que es toda paz y felicidad. Ella se sentiría en ti a disgusto y como comprimida en su luz y felicidad si no hay en ti paz y felicidad perenne. Y además, ¿no sabes tú que quien vive en mi Fiat Divino se forma dos brazos? Uno es la inmutabilidad, el otro brazo es la firmeza de obrar continuamente. Con estos dos brazos tiene atado a Dios, en tal modo que no se puede desvincular de la criatura, y

no sólo eso, sino que goza con que la criatura lo tenga atado a ella. Así que no hay razón para afligirte, cualquiera que sean las cosas, cuando tienes a un Dios que es todo tuyo. Por eso tu pensamiento sea de vivir en aquel Fiat que te dio la vida para formar Vida en ti, y Yo pensaré en el resto".
+ + + +

27-8
Octubre 21, 1929

Comparación entre la venida del Verbo a la tierra y la Divina Voluntad.

(1) Me sentía pensativa sobre el Fiat Divino, miles de pensamientos se agolpaban en la mente de lo que mi dulce Jesús me había dicho sobre Él, especialmente sobre su reinar, y decía entre mí: "¿Pero ahora reina sobre la tierra la Divina Voluntad? Es verdad que se encuentra por todas partes, no hay punto donde no exista, ¿pero tiene su cetro, su absoluto dominio en medio a las criaturas?" Y mientras mi mente se perdía en tantos pensamientos, mi amable Jesús saliendo de dentro de mí me ha dicho:

(2) "Hija mía, mi Divina Voluntad reina. Ella se compara a Mí, Verbo Eterno, que descendiendo del Cielo me encerré en el seno de mi Madre Celestial; ¿quién sabía algo? Ninguno, ni siquiera San José lo sabía, al principio de mi Concepción, que Yo ya estaba en medio de ellos, sólo mi inseparable Mamá estaba al día de todo. Así que el gran portento de mi descendimiento del Cielo a la tierra había sucedido en realidad, y mientras con mi Inmensidad existía por todas partes, Cielos y tierra estaban inmersos en Mí, con mi persona estaba encerrado en el seno materno de la Inmaculada Reina, ninguno me conocía, era ignorado por todos. He aquí, hija mía, el primer punto de comparación entre Yo, Verbo Divino, cuando descendí del Cielo, y mi Divina Voluntad que hace su primer paso para venir a reinar sobre la tierra. Así como Yo di mis primeros pasos hacia la Virgen Madre, así Ella da sus primeros pasos en ti, y como te pidió tu querer y tú lo cediste, formó súbito su acto primero de concepción en tu alma, y conforme te manifestaba sus conocimientos dándote como tantos sorbos divinos, formaba su Vida y daba principio a la formación de su reino. Pero por tanto tiempo, ¿quién sabía algo? Ninguno, sólo Yo y tú estábamos al día de todo, y después de algún tiempo estuvo al día mi representante de lo que sucedía en ti, aquél que te dirigía, símbolo de mi representante San José que debía figurar como mi padre ante las criaturas, que antes que Yo saliera del seno materno tuvo el gran honor y don de conocer que Yo ya estaba en medio de ellos.

(3) Después de los primeros pasos hice el segundo: Fui a Belén a nacer, fui reconocido y visitado por los pastores de aquel lugar, pero no eran personas influyentes, se quedaron con la bella noticia que Yo ya había venido a la tierra, así que no se ocuparon en hacerme conocer, en divulgarme por todas partes, y Yo continué siendo el Jesús escondido e ignorado por todos, pero por cuan ignorado Yo ya estaba en medio a ellos; esto es símbolo de mi Divina Voluntad: Frecuentemente han venido a ti, de lejos y de cerca otros representantes míos, los cuales han escuchado la bella noticia del reino de mi Divina Voluntad, sus conocimientos y cómo

quiere ser reconocida, pero quién por falta de influencia, y quién por voluntad, no se han ocupado en divulgarla y ha quedado desconocida e ignorada, a pesar de que ya existe en medio de ellos, pero como no es conocida no reina, reina sólo en ti, así como Yo estaba solo con mi Mamá Celestial y con mi padre putativo San José.

(4) El tercer paso de mi venida sobre la tierra, el exilio, y en éste me tocó que vinieron los santos magos a visitarme, los cuales hicieron un poco de rumor al buscarme; esta búsqueda de Mí dio temor a Herodes, y en vez de unirse para venir a encontrarme, quería tramar contra mi Vida para asesinarme, y Yo fui por necesidad obligado a exiliarme. Símbolo de mi Divina Voluntad, frecuentemente parece que hacen rumor, que la quieren hacer conocer con publicarla, ¿pero qué? Quién es presa del temor, quién teme comprometerse, quién no acepta el sacrificarse, ahora con un pretexto y ahora con otro, todo termina en palabras, y mi Divina Voluntad queda exiliada de en medio a las criaturas. Y así como no me fui al Cielo, sino que me quedé en el exilio en medio a las criaturas, sólo con mi Divina Madre y con San José que me conocían muy bien y formaba su paraíso en la tierra, para los demás era como si no existiera, así mi Fiat, habiendo formado en ti su Vida con todo el cortejo de sus conocimientos, si no recibe los efectos, la finalidad por la que se ha hecho conocer, ¿cómo puede partir? Porque Nosotros cuando decidimos hacer una obra, un bien, no hay quién nos aparte, así que a pesar del exilio y de su esconderse, como hice Yo, que después de treinta años de Vida oculta hice mi Vida pública y me hice conocer, así mi Querer Divino no podrá quedar siempre escondido, sino que tendrá su intento de hacerse conocer para reinar en medio a las criaturas. Por eso sé atenta y aprecia el gran don de mi Divina Voluntad en tu alma".

+ + + +

27-9
Octubre 24, 1929

En la Divina Voluntad el alma tiene todo en su poder, porque encuentra la fuente de las obras divinas, y las puede repetir cuanto quiere.

(1) Me sentía toda abandonada en el Fiat Divino, siguiendo y ofreciendo todos sus actos, tanto de la Creación como aquellos de la Redención, y llegando a la Concepción del Verbo decía entre mí: "Cómo quisiera, en el Querer Divino, hacer mía la Concepción del Verbo para poder ofrecer al Ente Supremo el amor, la gloria, la satisfacción, como si otra vez el Verbo se concibiera". Pero mientras esto decía, mi dulce Jesús se ha movido en mi interior y me ha dicho:

(2) "Hija mía, en mi Divina Voluntad el alma tiene todo en su poder, no hay cosa que nuestra Divinidad haya hecho, tanto en la Creación como en la Redención, de la que nuestro Fiat Divino no posea la fuente, porque Él no pierde nada de nuestros actos, es más, es la depositaria de todo; y quien posee nuestro Querer Divino posee la fuente de mi Concepción, de mi nacimiento, de mis lágrimas, de mis pasos, de mis obras, de todo; nuestros actos no se agotan jamás, y conforme hace memoria y quiere ofrecer mi Concepción, viene renovada mi Concepción como si de nuevo me concibiera, resurjo a nuevo nacimiento; mis lágrimas, mis penas, mis pasos y obras

resurgen a nueva vida y repiten el gran bien que Yo hice en la Redención. Así que quien vive en nuestro Querer Divino es la repetidora de nuestras obras, porque así como de la Creación nada se ha perdido de lo que fue creado, así de la Redención, todo está en acto de surgir continuamente, ¿pero quién nos da el impulso? ¿Quién nos da la ocasión de mover nuestras fuentes para renovar nuestras obras? Quien vive en nuestro Querer. En virtud de Él la criatura toma parte en nuestra fuerza creadora, por eso todo puede hacer resurgir a nueva vida; ella, con sus actos, con sus ofrecimientos, con sus súplicas, mueve continuamente nuestras fuentes, las cuales, movidas como por un agradable vientecillo, formando olas y desbordando fuera nuestros actos, se multiplican y crecen al infinito. Nuestras fuentes están simbolizadas por el mar, si el viento no lo agita y no vienen formadas las olas, las aguas no desbordan fuera y las ciudades no quedan bañadas. Así nuestras fuentes de tantas obras nuestras, si nuestro Fiat Divino no las quiere mover, o quien vive en Él no se da pensamiento de formar ningún vientecillo con sus actos, si bien están llenas hasta el borde, pero no desbordan fuera para multiplicar sus bienes en provecho de las criaturas.

(3) Además de esto, quien vive en nuestro Fiat Divino, conforme va formando sus actos, estos suben al principio de donde salió la criatura, no quedan en lo bajo, sino suben a lo alto para buscar el seno de Aquél de donde salió el primer acto de su existencia, estos actos se alinean en torno al principio que es Dios como actos divinos. Dios, al ver los actos de la criatura en su Divina Voluntad, los reconoce como actos suyos y se siente amado y glorificado como Él quiere, con su mismo amor y con su misma gloria".

+ + + +

27-10
Octubre 27, 1929

Por qué no podía venir el reino de la Divina Voluntad antes de la venida de Nuestro Señor a la tierra. El injerto de Jesucristo y el injerto de Adán.

(1) Estaba haciendo mi giro en la Creación, e iba siguiendo todos los actos hechos por el Fiat Divino desde el Edén hasta el descendimiento del Verbo Divino a la tierra; pero mientras esto hacía pensaba entre mí: "¿Y por qué no vino el reino de la Divina Voluntad a la tierra antes de que descendiese el Hijo de Dios del Cielo a la tierra?" Y mi dulce Jesús, tomando ocasión de lo que yo pensaba, más bien me parece que cuando tiene ganas de hablarme me da las reflexiones, me suscita las dudas, las dificultades, el deseo de saber tantas cosas sobre su reino; en cambio, cuando no quiere hablarme, mi mente calla, no sé reflexionar nada y recorro en su luz los actos de la Divina Voluntad. Entonces mi amable Jesús saliendo de dentro de mi interior me ha dicho:

(2) "Hija mía, el reino de mi Divina Voluntad no podía venir a la tierra antes de mi venida, porque no había ninguna humanidad que poseyera, por cuanto a criatura es posible, la plenitud de mi Fiat Divino, y no poseyéndola no había ningún derecho, ni según el orden divino, ni según el orden humano. El Cielo estaba cerrado, las dos

voluntades, humana y Divina estaban como en hostilidad; el hombre se sentía imposibilitado para pedir un bien tan grande, tanto que ni siquiera lo pensaba; y Dios, por derecho de justicia estaba imposibilitado para darlo. Dios y la criatura se encontraban antes de mi venida a la tierra, como la tierra y el sol: La tierra no poseyendo la semilla, que rompiéndola forma el brote para poder formar la planta de aquella semilla; y el sol no encontrando el brote, no puede comunicar los efectos que posee para poder formar con su virtud vivificadora el desarrollo y la formación de aquella planta. Así que tierra y sol están como extraños entre ellos, se puede decir, si tuvieran razón, que se mirarían como en rivalidad, porque la tierra no puede producir y recibir aquel bien, y el sol no lo puede dar. Así se encontraba la humanidad sin el germen de mi Fiat, y si no está el germen es inútil esperar la planta. Ahora, con mi venida sobre la tierra, el Verbo Divino se vistió de carne humana, con esto formó el injerto al árbol de la humanidad. Mi Humanidad se prestó como semilla al Verbo Eterno, y mi Voluntad Divina formó el injerto nuevo con mi voluntad humana, con esto comenzó, siendo Yo la cabeza de todas las generaciones humanas, el derecho de ambas partes, humana y divina, ellos de poder recibir el reino de mi Divina Voluntad, y Dios de poderlo dar. Ahora, así como cuando se hace un injerto, no de inmediato se asimila la fuerza de los nuevos humores, sino va poco a poco asimilándolos, por eso da pocos frutos al principio, pero conforme se va formando así los frutos crecen, son más abundantes y sabrosos, hasta que se forma el árbol entero cargado de ramas y de frutos. Tal es el injerto hecho por Mí al árbol de la humanidad, son cerca de dos mil años y la humanidad no ha recibido todos los humores de mi injerto, pero hay razón para esperar, porque está la semilla, el injerto, por eso la criatura lo puede pedir, y Dios se encuentra en la condición de darlo, porque está mi Humanidad, que poseyendo en virtud del Verbo hecho carne a mi Divina Voluntad por naturaleza, ha restituido los derechos al hombre y a Dios. Por eso todo lo que Yo hice en la Redención, no es otra cosa que preparativo, riego, cultivo, para dar desarrollo a este injerto celeste hecho por Mí entre las dos voluntades, humana y Divina. Entonces, ¿cómo podía venir el reino de mi Divina Voluntad antes de mi venida a la tierra, si faltaba el injerto, el principio de su Vida, y el obrar en acto en el alma, y su primer acto en el acto de la obra humana para extender su reino en cada acto de ellas? Es verdad que mi Fiat Divino con su Potencia e Inmensidad extendía su imperio dondequiera, pero en la voluntad humana no se encontraba como principio de vida, sino sólo por potencia e inmensidad, se encontraba en las condiciones que se encuentran sol y tierra: El sol inviste la tierra con su luz, da sus efectos, pero la tierra no se vuelve sol, y el sol no se vuelve tierra, porque sol y tierra no se funden juntos, de modo de formar la vida el uno en la otra, y por eso son siempre cuerpos extraños que no se asemejan, y por cuanto el sol la ilumina, la calienta, comunica sus admirables efectos, no comunicando su vida, ni la tierra cede sus derechos de vida en el sol, la tierra será siempre tierra y el sol será siempre sol. Así se encuentra y se encontraba mi Divina Voluntad, hasta en tanto que el hombre no ceda la suya en la mía, la mía no puede poner su principio de vida en la voluntad humana, la fusión de la Una y de la otra no puede suceder, la criatura será siempre criatura sin la semejanza y la Vida de su Creador en el fondo de su alma, que sólo puede formarla mi Fiat Divino. Así que siempre habrá desemejanza, distancia, a pesar de que mi Querer

Divino la ilumina y le comunica sus admirables efectos por su bondad y liberalidad, y por efecto de potencia y de inmensidad que por su naturaleza posee.

(3) Mucho más que Adán con pecar, con el hacer su voluntad humana, no sólo formó la polilla a la raíz del árbol de la humanidad, sino que agregó el injerto, y este injerto comunicó todos los malos humores que en el curso de los siglos debía producir en el árbol de la humanidad el injerto de Adán. En un principio un injerto no puede producir ni grandes bienes ni grandes males, sino sólo el principio del mal o del bien, en efecto, Adán no hizo todos los males de las generaciones humanas, pero apenas hizo el injerto, y fue causa de torrentes de males, mucho más que no tuvo pronto el injerto contrario de mi venida a la tierra, sino que debieron pasar siglos y siglos, así que los humores malos crecían y los males se multiplicaban, por eso no se pensaba en el reino de mi Voluntad. Pero cuando Yo vine a la tierra, con mi Concepción formé el injerto contrario al árbol de la humanidad, y los males comenzaron a detenerse, los malos humores a destruirse, así que hay toda la esperanza de que el reino de mi Divina Voluntad pueda formarse en medio de las generaciones humanas. Las tantas verdades que te he manifestado sobre mi Fiat Divino son sorbos de vida, de los cuales, quién riega, quién cultiva, quién aumenta los humores al árbol de la humanidad injertado por Mí. Así que si en el árbol de mi Humanidad ha entrado la Vida de mi Fiat Divino y ha formado el injerto, hay todo para esperar que mi reino tenga su cetro, su justo dominio y su mando en medio a las criaturas. Por eso ruega y no dudes".

27-11
Octubre 30, 1929

Quien vive en el Querer Divino puede girar en todas las obras de Dios, y adquiere los derechos divinos.

(1) El dulce encanto del Fiat Omnipotente, con su luz me tiene como eclipsada en Él, y yo no sé ver otra cosa que todos sus actos, para poner en ellos, como sello, mi "te amo" sobre cada uno para pedirle el reino de su Divina Voluntad en medio de las criaturas. Ahora, ante mi mente veía una gran rueda de luz que llenaba toda la tierra, y mientras el centro de la rueda era toda una luz, al derredor de ella sobresalían tantos rayos por cuantos actos había hecho el Fiat Divino, y yo pasaba de un rayo a otro para poner en ellos el sello de mi "te amo", para dejarlo en cada rayo y pedirle continuamente el reino de su Divina Voluntad. Ahora, mientras esto hacía, mi siempre amable Jesús saliendo de mi interior me ha dicho:

(2) "Hija mía, quien vive en mi Divino Querer y forma sus actos en Él, estos actos permanecen como trabajo de la criatura que ponen a Dios en condición de cederle los derechos de un reino tan santo, por consiguiente los derechos de hacerlo conocer y hacerlo reinar sobre la tierra, porque el alma que vive en mi Fiat readquiere todos los actos de Él hechos por amor de las criaturas; Dios la vuelve conquistadora no sólo de su Querer, sino de toda la Creación, no hay acto de Él en el cual la criatura no ponga su acto, aunque fuera un 'te amo', un 'te adoro', etc. Entonces, habiendo puesto de lo suyo, Dios queda todo empeñado y mi Fiat se siente feliz de que finalmente ha encontrado a la afortunada criatura a la que puede dar lo que Él quería dar con tanto

amor desde el principio de la creación de todo el universo. Por eso la criatura con vivir en mi Querer Divino entra en el orden divino, se vuelve propietaria de sus obras, y con derecho puede dar y pedir para los demás lo que es suyo, y como vive en Él, sus derechos son divinos, y con derecho divino, no humano, pide, cada acto suyo es una llamada que hace a su Creador y con su mismo imperio divino le dice: 'Dame el reino de tu Divina Voluntad a fin de que pueda darlo a las criaturas, para que reine en medio a ellas y todas te amen con amor divino y todas reordenadas en Ti.' Ahora, tú debes saber que cada vez que giras en mi Voluntad para poner de lo tuyo, es un derecho divino de más que adquieres para pedir un reino tan santo; he aquí el por qué mientras giras en Ella se te ponen delante todas las obras de la Creación, y todas las de la Redención se alinean en torno a ti esperándote para recibir cada una tu acto, para darte la correspondencia del acto de nuestras obras, y tú las vas encontrando una por una para reconocerlas, abrazarlas, para poner en ellas tu pequeño 'te amo', tu beso de amor para hacer adquisición de ellas. En nuestro Fiat no hay tuyo ni mío entre Creador y criatura, sino que todo es común, y por eso con derecho puede pedir lo que quiere. ¡Oh! cómo me sentiría afligido y doliente si mis tantas penas y actos míos hechos estando en la tierra, la pequeña hija de mi Querer Divino ni siquiera los reconociera, ni busca cortejar con su amor y con su acto el mío; ¿cómo podría darte el derecho si no los reconocieras? Mucho menos podrías hacerlos tuyos. El reconocer nuestras obras es no sólo derecho que cedemos, sino posesión. Por eso si quieres que mi Divina Voluntad reine, gira siempre en nuestro Fiat, reconoce todas nuestras obras, desde la más pequeña a la más grande, pon tu pequeño acto en cada una de ellas, y todo te será concedido".

27-12
Noviembre 6, 1929

Jesús, centro de la Creación. La palabra, desahogo del alma; valor de ella. Quién es la portadora de las obras de Dios.

(1) Mi abandono en el Fiat continúa, y me parece que toda la Creación y las tantas obras que encierra son mis amadas hermanas, pero tan vinculadas conmigo que somos inseparables, porque una es la Voluntad que nos anima, y todo lo que hizo mi dulce Jesús estando en la tierra forma mi vida, así que me siento como empastada con Jesús y con todos sus actos. Entonces me sentía circundada por todo, y en el centro de todas las cosas veía a mi dulce Jesús taciturno, que si bien en medio a tantas obras, todo era silencio y no tenía a quién decir una palabra, las obras más bellas estaban mudas para Él. Entonces, atrayéndome a Él me ha dicho:
(2) "Hija mía, Yo soy el centro de toda la Creación, pero centro aislado, todo me está alrededor, todo depende de Mí, pero como las cosas creadas no tienen razón no me hacen compañía, me dan gloria, me honran, pero no rompen mi soledad: el cielo no habla, el sol es mudo, el mar alborota con sus olas, calladamente murmura, pero no habla. Es la palabra la que rompe la soledad, dos seres que intercambian con palabras sus pensamientos, los afectos, y lo que quieren hacer, es la alegría más bella, la fiesta más pura, la compañía más dulce; sus secretos manifestados en palabras forman la más amada armonía. Y si estos dos seres se combinan en sus

sentimientos, en los afectos y uno ve su voluntad en el otro, es la cosa más grata que puede existir, porque el uno siente su vida en el otro. Gran don es la palabra, es la desembocadura del alma, el desahogo del amor, es la puerta de comunicación, es el intercambio de las alegrías y de los dolores; la palabra es la corona de las obras. En efecto, ¿quién formó y coronó la obra de la Creación? La palabra de nuestro Fiat, conforme hablaba salían los portentos de nuestras obras, una más bella que la otra; la palabra formó la corona más bella a la obra de la Redención, ¡oh! si Yo no hubiese hablado el evangelio no existiría, y la Iglesia no tendría qué enseñar a los pueblos. El gran don de la palabra tiene más valor que todo el mundo entero.

(3) Ahora hija de mi Querer Divino, ¿quieres tú saber quién rompe mi soledad en medio a tantas obras mías? Quien vive en mi Divina Voluntad, esta criatura viene en medio a este centro y me habla, me habla de mis obras, me dice que me ama por cada una de las cosas creadas, me abre su corazón y me habla de sus íntimos secretos, me habla de mi Fiat Divino y de su dolor porque no lo ve reinar, y mi corazón al oírla siente su mismo amor y dolor en ella, se siente como retratado, y conforme habla, mi corazón divino se inflama de amor, de alegría, y no pudiendo contenerlo abro mi boca y hablo, hablo largamente; abro mi corazón y vacío mis más íntimos secretos en el suyo, le hablo de mi Querer Divino como fin único de todas nuestras obras, y mientras hablo siento la verdadera compañía, pero compañía hablante, no muda, compañía que me entiende, que me hace feliz y que puedo volcarme en ella. ¿No han sido tal vez desahogos de amor, transfusiones de vida del uno en el otro lo que hacíamos con todo lo que te manifestaba de mi Querer Divino y que mientras te hablaba servía para entretenernos y para formar la más dulce y agradable compañía? Un alma que vive en mi Divina Voluntad es todo para Mí, me suple al mutismo de mis obras; ella me habla por todo, me hace feliz, y Yo no me siento solo, y teniendo a quién dar el gran don de mi palabra, no quedo más el Jesús mudo que no tiene a quién decir una palabra, y que si quiero hablar, si no está mi Fiat no soy entendido, sino el Jesús que habla y que tiene su compañía".

(4) Después, mi pobre y pequeña mente continuaba perdiéndose en el Fiat Divino, y mi amable Jesús ha agregado:

(5) "Hija mía, mi Divina Voluntad simplifica a la criatura, la vacía tanto de todo lo que a Ella no pertenece, que no queda otra cosa del ser humano que un complejo de simplicidad: simple la mirada, la palabra, los modos, los pasos; en ella, como dentro de un espejo se ve el sello de la simplicidad divina, por eso cuando mi Querer Divino reine sobre la tierra, no existirá más el fingimiento, la mentira, que se puede llamar principio de todo mal, mientras la simplicidad, como principio de todo verdadero bien, será la característica que mostrará que aquí reina la Divina Voluntad. Ahora, tú debes saber que es tanto nuestro amor por quien se hace dominar por nuestro Fiat Divino, que todo lo que queremos que haga la criatura viene formado primero en Dios mismo, y después pasa en ella, y como su voluntad y la nuestra es una, lo tiene como acto suyo y nos lo repite cuantas veces lo queremos. Así que quien vive en nuestro Querer Divino es la portadora de nuestras obras, la copiadora y la repetidora continua de ellas. Con el ojo de luz que posee, dado por mi Querer, mira fijamente en su Creador para ver qué cosa está haciendo, para absorberlo en sí para decirle: 'No quiero hacer otra cosa sino lo que hace vuestra Majestad adorable'. Y Nosotros nos sentimos doblemente felices, no porque no seamos felices sin la criatura, porque en

Nosotros la felicidad es naturaleza, sino porque vemos a la criatura feliz, que en virtud de nuestro Querer se acerca a nuestra semejanza, ama con nuestro amor y nos glorifica con nuestras mismas obras. Sentimos que la Potencia creadora de nuestro Fiat nos reproduce y forma nuestra Vida y nuestras obras en la criatura".

27-13
Noviembre 10, 1929

Sólo los pequeños entran a vivir en la Divina Voluntad. Ejemplo del niño. Diferencia entre la creación del universo y la del hombre.

(1) El Fiat Divino me absorbe toda en su luz, y esta luz para darme su primer acto de vida, me palpita en el corazón y me hace sentir el latido de su luz, el latido de su santidad, de su belleza y potencia creadora, y mi pequeña alma me la siento como una esponja toda empapada en estos latidos divinos, y no pudiendo contenerlo todo por mi pequeñez, y sintiéndose quemada por los rayos ardientes del Sol del Fiat Divino, penando va repitiendo: Fiat, Fiat, ten piedad de mi pequeñez, siento que no puedo contener tu luz, soy demasiado pequeña, por eso Tú mismo forma el vacío, ensánchame, así podré contener más luz, a fin de no quedar sofocada por esta luz, que no me es dado el poderla abrazar toda para encerrarla en mi pequeña alma. Pero mientras esto pensaba, mi dulce Jesús me ha dicho:
(2) "Mi pequeña hija, ánimo, es verdad que eres demasiado pequeña, pero tú debes saber que en mi Fiat Divino sólo los pequeños entran a vivir en su luz, y a cada acto que hacen estos pequeños en mi Divina Voluntad, sofocan la voluntad de ellos, dándole una dulce muerte al querer humano, porque en la mía no hay ni puesto ni lugar para hacerlo obrar; el querer humano no tiene ni razón ni derecho, pierde su valor ante una Voluntad, razón y derecho Divino. Sucede entre Voluntad Divina y humana, como podría suceder a un pequeño niño, que por sí solo le parece que sabe decir y que puede hacer alguna cosa, pero si es puesto junto a uno que posee todas las ciencias y es perito en las artes, el pobre pequeño pierde su valor, queda mudo y no sabe hacer nada, y queda fascinado y extasiado del bello decir y del buen obrar del sabio. Hija mía, así es como sucede, el pequeño sin el grande se siente que es alguna cosa, en cambio ante el grande se siente más pequeño de lo que es. Mucho más ante la alteza e Inmensidad de mi Divina Voluntad.
(3) Ahora, tú debes saber que cuantas veces el alma obra en mi Divina Voluntad se vacía de la suya, y forma tantas puertas para hacer entrar por ellas a la mía; sucede como a una casa que pudiese poseer el sol dentro de ella, cuantas más puertas haya, tantos rayos de más salen por cada una de las puertas; o bien como un metal que fuera perforado, puesto de frente al sol, cuantos más agujeros tiene, cada pequeño agujero se llena de luz y posee el rayo de luz. Tal es el alma, cuantos más actos hace en mi Divina Voluntad, tantas entradas de más le da, en modo de dejarla toda irradiada de la luz de mi Fiat Divino".
(4) Después de esto estaba siguiendo mi giro en la Creación para seguir los actos del Fiat Supremo hechos en ella, y mi dulce Jesús ha agregado:
(5) "Hija mía, hay gran diferencia entre la creación de todo el universo y la creación del hombre; en la primera estuvo nuestro acto creativo y conservativo, y después que

fue todo ordenado y armonizado, nada de nuevo agregamos más. En cambio, en la creación del hombre no sólo ha estado el acto creativo y conservador, sino que se agregó el acto activo, y de una actividad siempre nueva, y esto porque el hombre era creado a nuestra imagen y semejanza, y siendo el Ente Supremo un acto nuevo continuado, también el hombre debía poseer el acto nuevo de su Creador, que en algún modo lo asemejase, y por eso dentro y fuera de él quedó nuestro acto activo de continua novedad, y en virtud de este nuestro acto activo el hombre puede ser, y es, nuevo en los pensamientos, nuevo en las palabras, nuevo en las obras, ¿cuántas novedades no salen del género humano? Y si el hombre no da su acto nuevo continuado sino a intervalos, es porque no se hace dominar por mi Divina Voluntad. ¡Cómo fue bella la creación del hombre, en ella estuvieron nuestro acto creativo, conservador y activo, le infundimos como vida en su alma a nuestra Divina Voluntad, y pusimos como sangre de su alma nuestro amor. Es por esto por lo que lo amamos tanto, porque él no sólo es obra nuestra, como todo el resto de la Creación, sino que posee parte de nuestra Vida, en modo real, sentimos en él la vida de nuestro amor, y ¿cómo no amarlo? ¿Quién no ama las cosas propias? Y si no las amara iría contra naturaleza. Por eso nuestro amor hacia el hombre da en lo increíble; pero la razón es clara, lo amamos porque ha salido de Nosotros, es hijo nuestro y parto de Nosotros mismos. Y si el hombre no nos cambia su amor con el nuestro, si no nos cede su voluntad para retener la nuestra, es más que un bárbaro y cruel en contra de su Creador y contra de sí mismo, porque no reconociendo a su Creador y no amándolo, se forma dentro y fuera de sí un laberinto de miserias, de debilidades y pierde su verdadera felicidad. Con rechazar nuestra Divina Voluntad se pone a distancia con su Creador, destruye el principio de su creación, consumiendo la sangre de nuestro amor en su alma, para hacer correr el veneno de su voluntad humana. Por eso, hasta que nuestra Voluntad no sea reconocida y no forme su reino en medio a las criaturas, el hombre será siempre un ser desordenado y sin la semejanza de Aquél que lo ha creado".

27-14
Noviembre 14, 1929

Cómo los derechos de la Creación son justos y santos; ejemplo del sol, y cómo quien vive en la Divina Voluntad es el verdadero sol.

(1) Estoy siempre en mi amada heredad del Fiat Divino, cuanto más adentro estoy, más siento amarla, cuanto más camino en ella, tanto más se descubre, más se hace conocer y me dice: "Vive siempre en tu preciosa heredad, que con tanto amor te ha sido dada; ella es tuya, será siempre tuya, inseparable de ti, jamás permitiré que mi pequeña hija no sienta el latido de mi luz, el respiro de mi aire balsámico, la Vida de mi Divina Voluntad". Pero mientras mi pequeña mente se perdía en el Querer Divino, mi amable Jesús saliendo de dentro de la misma luz del Fiat Divino me ha dicho:
(2) "Hija mía, el sol, porque posee la fuerza de la unidad de su luz, dada a él por su Creador, ella no está sujeta a dividirse, ni siquiera a perder una pequeña gota de luz; así que en virtud de esta fuerza única de luz que posee el sol, no hay cosa que toque, que invista, a la que no dé sus preciosos efectos. El sol parece que se divierte con la

tierra, da su beso de luz a cada una de las criaturas, a cada planta, abraza a todos con su calor, parece que sopla y comunica los colores, la dulzura, los sabores, y mientras más generoso en dar sus efectos, otro tanto es celoso de no ceder a ninguna cosa una sola gota de luz de la tanta luz que posee, ¿y por qué esto? Porque quiere mantener los derechos de su creación y no perder nada de lo que Dios le donó. ¡Oh, si el sol perdiese su luz, iría a terminar poco a poco en no ser más sol! Los primeros derechos del cómo fueron creadas todas las cosas, comprendido el hombre, son sagrados, son santos y justos, y con justicia todas se deberían mantener en el primer acto como fueron creadas; sólo el hombre no supo mantener el gran honor del cómo fue creado por Dios, pero le costó demasiado caro, y por eso sobre él llovieron todos los males.

(3) Ahora hija mía, quien vive en mi Divina Voluntad posee los derechos de su creación, y por eso vive más que sol en la unidad de su Creador, ella es la reproductora de los efectos de la unidad divina, en esta unidad recoge todo, abraza a todos, calienta a todos, y con el soplo de la unidad divina produce todos los efectos que hay en el reino de la gracia en los corazones de las criaturas. Pero mientras más que sol se divierte al tocar todo, con sus toques da santidad, virtud, amor, dulzura divina, quisiera encerrar a todos en la unidad de su Creador; pero mientras quiere dar todo, celosa se conserva los derechos de su creación, esto es la Voluntad de su Creador como su primer acto y principio de su creación, y dice a todos: 'Yo no puedo descender de dentro del Fiat Divino, ni quiero perder ni siquiera una gota de Él, perdería mis derechos, lo que no quiero hacer, más bien suban todos y una será la Voluntad de todos, así haremos vida común, pero hasta en tanto que estéis en lo bajo de la voluntad humana, como sol os daré los efectos de la Voluntad Divina, pero su Vida será siempre mía, rogando y esperándoos a todos en la Voluntad de nuestro Creador'. Quien vive en mi Divina Voluntad es el verdadero sol, del cual aparentemente no se ve otra cosa que luz, y no se siente mas que calor, pero dentro de aquella luz y calor, ¿cuántos bienes no hay? ¿Cuántos efectos? Dentro de aquella luz y calor está encerrada la vida y los bienes de la tierra. Así quien vive en mi Fiat Divino, aparentemente se ve criatura, pero dentro hay una Voluntad Divina que sostiene todo, Cielo y tierra, y que no quiere tener ociosa a aquella que posee tanto bien".

+ + + +

27-15
Noviembre 20, 1929

La paz es el perfume, el aire, el aliento de Jesús. Las obras de Dios están todas ordenadas. Cómo hace primero las cosas menores y después las mayores. Ejemplo de la Creación y de la Redención.

(1) Estaba pensativa por esta bendita impresión de las verdades acerca de la Divina Voluntad, y a cualquier costo habría querido impedir que publicaran cosas que me corresponden, y tantas otras cosas que me ha dicho mi amado Jesús; siento un clavo fijo en el alma que me amarga hasta la médula de mis huesos. Entonces pensaba entre mí: "El bendito Jesús podía hablar primero de su adorable Voluntad, y después

todo lo demás, así me ahorraría este dolor que tanto me traspasa". Pero mientras desahogaba mis amarguras, mi siempre amable Jesús, todo bondad me ha estrechado entre sus brazos y me ha dicho:

(2) "Hija mía, ánimo, no pierdas la paz, ella es mi perfume, mi aire, es el efecto que produce mi aliento. Así que en el alma en que no hay paz, Yo no me siento en mi morada real, me encuentro a disgusto, mi misma Divina Voluntad que en naturaleza es paz, se encuentra como el sol cuando las nubes se ponen frente a la luz e impiden que el sol resplandezca en su plenitud sobre la tierra. Se puede decir que cuando el alma no es toda paz, no importando cuales sean las circunstancias, es para ella una jornada lluviosa, y el Sol de mi Voluntad se siente como impedido de comunicarle su Vida, su calor, su luz. Por eso tranquilízate y no formes nubes en tu alma, ellas me hacen mal y no puedo decir: 'Estoy en esta criatura con la paz perenne, con mis alegrías y con mi luz de mi patria celestial.' Ahora hija de mi Querer, tú debes saber que Yo soy orden, y por eso todas mis obras son ordenadas; mira cómo la Creación es ordenada: La finalidad de la Creación era el hombre, no obstante no creé al hombre primero, si lo hubiera hecho no habría sido ordenado, ¿dónde poner a este hombre? ¿Dónde apoyarlo? Sin sol que lo iluminara, sin el pabellón del cielo que le hiciera de estancia, sin plantas que lo alimentaran, todo era desorden, y mi Fiat reordenó y creó todo, y después de que formó la más bella habitación, creó al hombre. ¿No se ve en esto el orden de tu Jesús? Ahora, también para ti debía tener el orden, y si bien nuestra primera finalidad era el hacerte conocer nuestra Voluntad Divina, a fin de que reinase en ti como Rey en su propia morada real, y dándote sus lecciones divinas pudieses ser portavoz para hacerla conocer a los demás, pero era necesario, como en la Creación, preparar el cielo en tu alma, adornarlo de estrellas con los tantos conocimientos de las bellas virtudes que te he manifestado, Yo debía descender en lo bajo de tu voluntad humana para vaciarla, purificarla, embellecerla y reordenarla en todo. Se puede decir que eran tantas especies de creaciones que hacía en ti, debía hacer desaparecer la antigua tierra desordenada de tu voluntad humana para volver a llamar el orden del Fiat Divino en el fondo de tu interior, que haciendo desaparecer la tierra antigua de todo tu ser, hiciera resurgir con su fuerza creadora, cielos, soles, mares de verdades sorprendentes. Y tú sabes cómo todo esto ha sido madurado con la cruz, con el segregarte de todo, haciéndote vivir en la tierra como si para ti no fuese tierra, sino Cielo, teniéndote siempre absorbida, o Conmigo, o en el Sol de mi Fiat Divino. Así que todo lo que he hecho en ti no ha sido otra cosa que orden que se necesitaba para darte el gran don de mi Voluntad Divina, como le fue dado al primer hombre en el principio de su creación, y por eso hubieron tantos preparativos, porque debían servir a aquel hombre que debía poseer el gran don de nuestra Voluntad como su predilecta heredad; símbolo éste de los grandes preparativos hechos en tu alma. Por eso adora mis disposiciones y agradéceme siendo fiel.

(3) Otro ejemplo es mi Redención, y cómo es necesario hacer las obras secundarias para obtener el intento de formar las obras primarias de una finalidad prefijada. Mi descenso a la tierra con el tomar carne humana, fue propiamente esto, de alzar nuevamente a la humanidad y dar los derechos a mi Voluntad Divina de reinar en esta humanidad, porque con el reinar en la mía, los derechos de ambas partes, humanos y divinos, readquirían el vigor. Sin embargo se puede decir que Yo no dije

casi nada, apenas alguna palabra haciendo entender que Yo había venido al mundo sólo para hacer la Voluntad del Padre Celestial, para hacer comprender su gran importancia, y en otras circunstancias dije: 'Es mi Madre, mis hermanas, y me pertenecen aquellos que hacen la Voluntad de mi Padre.' Del resto callé y mientras era propiamente este el fin de constituir el reino de mi Voluntad Divina en medio de las criaturas, porque era justo que no sólo debía poner a salvo a las criaturas, sino debía poner también a salvo a mi Divina Voluntad dándole nuevamente sus derechos sobre toda carne, como lo había dado sobre la mía, de otra manera habría sido un desorden en la obra de la Redención; ¿cómo venir para poner a salvo a las criaturas, y nuestros derechos divinos, aquellos de nuestro Fiat, dejarlos ir a la ruina? Esto no podía ser. Pero a pesar de que la primera finalidad era de ajustar las partidas de mi Divina Voluntad, me conformé con ser como médico celeste, y dar medicina, remedios, hablaba de perdón, de desapego, instituía Sacramentos, sufrí penas atroces, hasta morir; se puede decir que era la nueva creación que preparaba para que las criaturas pudiesen recibir a mi Voluntad Divina como Rey en medio a su pueblo para hacerla reinar. Así he hecho contigo, primero te he preparado, te he hablado de cruces, de virtudes, de amor, para disponerte a escuchar las lecciones de mi Fiat, a fin de que conociéndolo lo amases, y sintiendo en ti el gran bien de su Vida, quisieras dar su Vida a todos, haciéndolo conocer, amar y reinar".

27-16
Noviembre 26, 1929

Cada acto que se hace en la Divina Voluntad es una Vida Divina que se encierra. Cómo rapta a Dios.

(1) Me sentía muy afligida por las continuas privaciones de mi dulce Jesús, sin Él sentía que todo me faltaba; con Jesús todo es mío, todo me pertenece, me parece que estoy en casa de Jesús, y Él dulcemente, con una suavidad admirable me dice:
(2) "Todo lo que es mío es tuyo, es más, no quiero que me digas: Tu cielo, tu sol, las tantas cosas tuyas creadas, sino debes decirme: Nuestro cielo, nuestro sol, nuestra Creación, porque en mi Voluntad Divina tú creabas Conmigo, y continuando tu vida en Ella te ponía junto Conmigo a conservarla. Por eso hija mía, todo es nuestro, y si tú no consideras tuyo todo lo que es mío, te pones a debida distancia y haces ver que no eres una de la familia celestial, y que no vives en casa de tu Padre Divino, y romperías el vínculo familiar con tu Jesús".
(3) Así que sin Él me siento puesta fuera de su familia, fuera de su casa, y ¡oh! qué cambio funesto y doloroso siento en mi pobre alma, me siento privada de Aquél que es el único que puede darme vida, siento el verdadero abandono y qué significa estar sin Jesús. ¡Oh, cómo me pesa el exilio y siento a lo vivo la necesidad extrema de mi patria celestial! Pero mientras en mi mente se agolpaban tantos pensamientos abrumadores que herían a mi pequeña y pobre alma, y la reducían como si estuviera en extrema agonía, mi amada Vida, mi dulce Jesús, como sol ha despuntado, los pensamientos opresivos han huido, y con un acento dulce me ha dicho:
(4) "Hija mía, ánimo, no te abatas demasiado, ¿no sabes tú que debes recorrer tu camino en mi Divina Voluntad? Y este camino es largo, y estas opresiones, estos

pensamientos que te abruman, son altos que haces, y si bien no sales de Ella, pero el camino que deberías hacer de algún modo viene interrumpido, y tu Jesús no quiere esta interrupción, quiere que camines siempre, sin detenerte jamás, porque tú debes saber que cada paso que haces en mi Divina Voluntad, son Vidas Divinas que encierras, así que un paso de menos, es una Vida Divina que no viene formada, y tú privas a nuestro Ser Supremo de la gloria, del amor, de la felicidad y complacencia que nos puede dar otra Vida nuestra, ¡y si supieras qué significa darnos la gloria, el amor, la felicidad de nuestra misma Vida! Con la fuerza de nuestro mismo Querer, porque la afortunada criatura tiene el gran bien de vivir en Él, nos sentimos raptar, y es tal y tanta su fuerza raptora, que Nosotros bilocamos nuestro Ser Divino y lo encerramos en el paso, en el acto, en el pequeño amor de la criatura, para tener el sumo contento de recibir por medio de ella nuestra Vida, nuestra gloria y todos nuestros bienes. Por eso cuando tú caminas siempre en nuestro Querer, sentimos el dulce encanto de tu rapto que nos haces, en cambio cuando no caminas, no sentimos el dulce encanto de tu rapto, el dulce pisar de tus pasos y decimos: 'La pequeña hija de nuestro Querer no camina, y por eso no sentimos el dulce rapto de sus actos'. Y yo solícito te reclamo diciéndote: 'Hija, camina, no te detengas, nuestro Fiat es movimiento continuo y tú debes seguirlo'.

(5) Ahora, tú debes saber que ésta es la gran diferencia entre quien vive en nuestro Divino Querer, y entre quien está resignada y en las circunstancias hace nuestra Divina Voluntad: La primera son Vidas Divinas que nos ofrece por medio de sus actos; la otra, en el obrar encierra los efectos de nuestro Querer, y Nosotros no sentimos nuestra misma fuerza raptora que nos rapta en sus actos, sino sólo los efectos; no sentimos todo nuestro amor, sino una pequeña partecita de él; no encontramos la fuente de nuestra felicidad, sino apenas su sombra; y de la Vida a los efectos hay tal diferencia, como entre las vidas y las obras. ¿Quién puede decir que la obra tiene todo el valor que puede poseer una vida de criatura? Mucho más que no se puede comparar la Vida Divina que se forma por la criatura en mi Divina Voluntad, y sus obras fuera de Ella".

27-17
Noviembre 30, 1929

Condición del hombre antes de pecar. Cómo en cada acto suyo buscaba a Dios, encontraba a su Creador, daba y recibía. La voluntad humana es noche para el alma.

(1) Estaba según mi costumbre comenzando mi giro en la Divina Voluntad, y quería reordenar todas las inteligencias creadas en orden a Dios, desde el primero al último hombre que vendrá sobre la tierra, y decía: "Pongo mi te amo sobre cada pensamiento de criatura, a fin de que en cada pensamiento pida el dominio del Fiat Divino sobre cada inteligencia". Pero mientras esto hacía pensaba entre mí: "¿Cómo puedo yo llegar a cubrir con mi te amo cada pensamiento de criatura?" Y mi dulce Jesús moviéndose en mi interior me ha dicho:

(2) "Hija mía, con mi Querer puedes todo y puedes llegar a todo. Ahora, tú debes saber que el hombre antes de la culpa, en cada pensamiento suyo que hacía, en

cada mirada, palabra, obra, paso, latido, daba a Dios su acto, y Dios daba al hombre su acto continuado, así que las condiciones de él eran de siempre dar a su Creador y de siempre recibir. Había tal armonía entre Creador y criatura, que ambos no podían estar si el Uno no daba y el otro no recibía, para dar nuevamente su acto, aunque fuese un pensamiento, una mirada; por eso cada pensamiento del hombre buscaba a Dios y Dios corría para llenar su pensamiento de gracia, de santidad, de luz, de vida, de Voluntad Divina. Se puede decir que el más pequeño acto del hombre amaba y reconocía a Aquél que le había dado la vida, y Dios lo amaba correspondiéndole con su amor y con hacer crecer en cada pequeño y gran acto del hombre su Vida Divina. El hombre era incapaz de recibir toda junta la Vida Divina, era demasiado estrecho, y Dios se la daba a sorbos en cada acto que hacía por amor suyo, tomando deleite en darle siempre, para formar en él su Vida Divina. Así que cada pensamiento y acto del hombre desembocaba en Dios y Dios vertía en él; este era el verdadero orden de la Creación: Encontrar en el hombre, en cada acto suyo, a su Creador, para poderle dar su luz y lo que había establecido darle. Nuestra Divina Voluntad que estaba en Nosotros y en él, se hacía portadora del uno y del otro, y formando en él el pleno día, ponía en común los bienes del Uno y del otro. ¡Cómo eran felices las condiciones del hombre cuando nuestro Fiat Divino reinaba en él, se puede decir que crecía sobre nuestras rodillas, adherido a nuestro pecho, de donde tomaba su crecimiento y su formación! He aquí por qué quiero que en mi Querer Divino cada acto de criatura tenga tu te amo, para llamar nuevamente el orden entre Creador y criatura, porque tú debes saber que el hombre con el pecar no sólo rechazó nuestro Fiat, sino que rompió el amor hacia Aquél que tanto lo había amado, se puso a distancia con su Creador, y el amor lejano no puede formar vida, porque el verdadero amor siente la necesidad de ser alimentado por el amor de Aquél que ama y de estarse de tal forma cercano que le resulta imposible el separarse. Así que la vida del amor creado por Nosotros al crear al hombre, quedó sin alimento y casi muriendo; mucho más que cada acto humano que hacía sin nuestra Voluntad Divina, eran tantas noches que formaba en su alma: si pensaba era noche que formaba, si miraba, hablaba y otras cosas más, todo era tinieblas que formaban una noche oscura. Sin mi Fiat no puede haber día, ni sol, a lo más alguna pequeña llamita que trabajosamente le alumbra el paso. ¡Oh! si supieran qué significa vivir sin mi Querer Divino, aunque no fuesen malos y hagan algún bien; la voluntad humana es siempre noche para el alma, que la oprime, la amarga, le hace sentir el peso de la vida. Por eso sé atenta, no dejes escapar nada que no entre en mi Fiat Divino, el cual te hará sentir el pleno día que te restituirá el orden de la Creación, llamará nuevamente la armonía que pondrá en vigor el dar continuo de tus actos y el recibir continuado de tu Creador, y abrazando a toda la familia humana podrás impetrar que regrese el orden del como fueron creadas, que cese la noche de la voluntad humana y surja el pleno día de mi Divina Voluntad".

27-18
Diciembre 3, 1929

Diferencia entre la santidad fundada en las virtudes y la fundada en la Voluntad Divina.

(1) Mi pequeña mente se perdía en el Fiat Supremo y pensaba entre mí: "¿Cuál será la diferencia que hay entre quien ha fundado su santidad en las virtudes y entre quien la ha fundado sólo en el Querer Divino?" Y mi dulce Jesús moviéndose en mi interior, suspirando me ha dicho:

(2) "Hija mía, ¡si supieras qué diferencia hay! Escucha, y además tú lo sabes, la tierra florida es bella, la variedad de las plantas, de las flores, de los frutos, de los árboles, la diversidad de los colores, de las dulzuras, de los gustos, todo es bello, pero, ¿sabrías encontrar una planta, una flor, aunque sea de las más preciosas, que no esté circundada de tierra, la cual tiene a cada raíz en su regazo, pegada a su pecho para alimentarla? Se puede decir que al hombre le resulta imposible tener una planta si no la confía a su madre tierra. Tal es la santidad fundada en las virtudes, la tierra humana debe poner de lo suyo, cuántas satisfacciones humanas en las obras más santas, en las virtudes que practican; la tierra de la estima, de la gloria humana corre siempre y ahí forma su pequeño lugarcito, de modo que se ven las virtudes como tantas bellas flores perfumadas, de color tan vivo, que despiertan admiración, pero a su alrededor, en la parte de abajo, hay siempre un poco de tierra humana, así que la santidad fundada en las virtudes se puede llamar tierra florida, y según las virtudes que practican, quién forma la flor, quién la planta, quién el árbol, y tienen necesidad de agua que las riegue y de sol que las fecunde y les comunique los diversos efectos que a cada una requiere, cual es mi Gracia, de otra manera pasarían peligro de morir en el momento de nacer. En cambio la santidad fundada en mi Querer Divino es sol, está en lo alto, la tierra no tiene nada que hacer con ella, ni tiene necesidad de agua para alimentar su luz; su alimento lo toma directamente de Dios, y en su movimiento de luz continuo produce y alimenta todas las virtudes en modo divino; las satisfacciones humanas, aun santas, la vanagloria, la estima propia, han perdido el camino, no tienen razón de existir, porque sienten a lo vivo la Voluntad Divina que todo hace en ellos y reconocen que este Sol Divino, abajándose, habita en ellos y alimentándolos con su luz los hace sufrir su transformación para formar una sola luz con este Fiat Divino. Además de esto, su luz tiene virtud de eclipsar dulcemente el querer humano, porque está vetado el que aun un átomo de tierra entre en mi Querer Divino, son naturalezas contrarias, luz y tierra, tinieblas y luz; se puede decir que se rechazan mutuamente, ni la luz puede soportar un solo átomo de tierra y por eso la eclipsa, le sirve de centinela, de defensa para que todo se vuelva Voluntad Divina en la criatura, y así como el sol todo da a la tierra, pero nada recibe, y es causa primaria de sus bellas florituras, así quien funda su vida, su santidad en mi Querer, junto con Él son los alimentadores de la santidad fundada en las virtudes".

(3) Después de esto estaba haciendo mi giro en el Fiat Divino para encontrar todos los actos de las criaturas pasadas, presentes y futuras, para pedir a nombre de todos el reino de la Divina Voluntad, pero mientras esto hacía, mi dulce Jesús ha agregado:

(4) "Hija mía, todo lo que de bueno ha sido hecho desde el principio del mundo fuera de mi Divina Voluntad, son pequeñas luces, como efectos de mi Fiat Divino, porque a pesar de que no han obrado dentro de Él, conforme las criaturas se disponían a hacer el bien, sus rayos se fijaban sobre ellos, y a sus reflejos se formaba la pequeña llamita en sus almas, porque siendo mi Querer luz eterna e inmensa, no sabe producir más que luz. Estas llamitas, como efectos de Él, están en torno al Sol de mi

Divina Voluntad como honor y gloria de sus efectos y como frutos del buen obrar de las criaturas, porque conforme ellas quieren hacer el bien, así sus rayos se fijan sobre ellas y da los efectos del bien que quieren hacer, se puede decir más que sol, que en cuanto encuentra la buena semilla en la tierra, su luz la calienta, la acaricia y le comunica los efectos para formar la planta de aquella semilla. No hay bien sin mi Querer; así como no hay color, dulzura, madurez, sin los efectos de la luz del sol, así no puede haber bien sin Él. ¿Pero quién puede formar el sol con sus actos? Quien vive en mi Divina Voluntad, Ella no fija sólo sus rayos sobre esta criatura, sino que hace descender todo su Sol y con su virtud creadora y vivificadora forma otro Sol en el acto de la criatura. ¿Ves entonces la gran diferencia que hay? Como entre plantas y sol, como entre sol y llamitas".

27-19
Diciembre 10, 1929

Perfecto equilibrio de Dios en sus obras. Triple equilibrio.

(1) Me sentía toda abandonada en la Divina Voluntad, y al seguir haciendo mis actos en Ella, he oído una voz que me susurraba al oído: "¡Cómo estoy cansado!" Yo me he sentido sacudida por esta voz y quería saber quién era el que estaba cansado, y mi dulce Jesús moviéndose y haciéndose oír en mi interior me ha dicho:
(2) "Hija mía, soy propiamente Yo, que siento todo el peso de tanto esperar, y me produce tal cansancio, de sentir todo el peso de querer hacer el bien, y por indisposición de quien lo debe recibir no poderlo hacer. ¡Oh! cómo es duro querer hacer el bien, tenerlo preparado y listo para darlo, y no encontrar quien lo reciba.
(3) Ahora tú debes saber que mi Fiat cuando se pone en actitud de obrar, tiene la misma potencia, sabiduría, inmensidad y multiplicidad de efectos que produce su único acto; sólo con que se decida a salir en su campo divino de acción, su acto posee perfecto equilibrio entre el uno y el otro, y contiene el mismo valor, peso y medida. Mi Divina Voluntad al salir en su campo de acción en la Creación, hizo alarde de tanta magnificencia de obras, tanto que el mismo hombre es incapaz de numerarlas todas y de comprender el justo valor de cada obra, y a pesar de que las ve, las toca y goza sus benéficos efectos, también se puede llamar el primer ignorante de la Creación. ¿Quién puede decir cuánta luz y calor contiene el sol? ¿Cuántos efectos produce y de qué cosa está formada esta luz? Ninguno. No obstante todos lo ven y sienten su calor, y así de todas las otras cosas. Ahora, mi Redención se da la mano con la Creación, y posee tantos actos por cuantos posee la Creación, están en perfecto equilibrio la una y la otra, porque un acto de mi Divina Voluntad fue la Creación, y un acto de Ella fue la Redención. Ahora, debiendo hacer otro acto en el gran Fiat Voluntas Tua como en el Cielo en la tierra, están preparados en mi Fiat Divino tantos otros actos, de modo que tendrán el triple equilibrio de actos, el mismo valor, peso y medida. Y viéndome obligado a esperar, y sintiendo en Mí la multiplicidad de los actos que quiero hacer, y no haciéndolos porque el reino de mi Fiat no es conocido, ni reina sobre la tierra, siento tal cansancio que doy en delirio y digo: '¿Será posible que no quieran recibir mis bienes?' Y quedo afligido porque mis actos, la Potencia de mi Divino Querer, su luz, su felicidad y belleza no se hermanan

con las criaturas y no corren en medio a ellas. Por eso, compadéceme si me ves y me oyes taciturno, es tanto el cansancio que siento por tanto esperar, que me reduce al silencio".

27-20
Diciembre 16, 1929

Jesús de nada tenía necesidad, poseyendo en Sí mismo la fuerza creadora de todos los bienes. Cómo el Divino Querer es portador de todas las cosas creadas. La virtud generadora.

(1) Estaba siguiendo mi giro en el Fiat Divino para unirme a todos los actos hechos por Él por amor de todos nosotros, sus criaturas; pero habiendo llegado al punto donde mi amable Jesús descendió en lo bajo de los actos humanos, como el mamar la leche de su Mamá, y tomar el alimento, el beber el agua, y abajarse hasta el trabajo, yo me admiraba al ver que Jesús, por su naturaleza no tenía necesidad de nada, porque poseyendo en Sí mismo la fuerza creadora de todos los bienes, no debía hacer menos que servirse de sus mismas cosas creadas por Él; pero mientras esto pensaba, mi dulce Jesús haciéndose ver y oír en mi interior me ha dicho:

(2) "Hija mía, tú tienes razón que de nada tenía necesidad; pero mi amor habiendo descendido de la altura de los Cielos a lo bajo de la tierra, no sabía estar quieto ni detenido, sentía la irresistible necesidad de sacar mi amor, y de amar en aquellos mismos actos que la criatura hacía por necesidad, Yo los hacía para hacer correr mi amor hacia ellos, y así poderle decir: 'Mira cuánto te he amado, he querido descender en tus más pequeños actos, en tus necesidades, en tu trabajo, en todo, para decirte que te amo, darte mi amor y recibir tu amor'. Pero, ¿quieres saber la causa primaria por la que me abajé a hacer tantos actos bajos y humanos? La necesidad en Mí no existía, pero lo hacía para cumplir en cada acto la Divina Voluntad; todas las cosas se presentaban ante Mí tal como eran en sí mismas, de donde habían salido, selladas por el Fiat Divino, y Yo las tomaba porque eran queridas por Él. Se puede decir que había una competencia entre mi Divina Voluntad que por naturaleza, como Verbo del Padre Celestial poseía en Mí, y entre mi misma Divina Voluntad esparcida en todo lo creado. Así que en todas las cosas Yo no conocía, ni veía otra cosa que mi Divina Voluntad, era Ella mi alimento, mi agua, mi trabajo, todo me desaparecía y era siempre con mi Divina Voluntad con la que tenía que hacer; y mientras mi Divina Voluntad me hacía descender en los actos humanos de las criaturas, Yo llamaba a todos los actos humanos de cada una de ellas, a fin de que recibieran el gran don de hacer descender mi Querer Divino como acto primero y como vida de sus actos. ¡Oh! si las criaturas mirasen las cosas creadas tal como son en sí mismas, su origen, quién las alimenta y conserva, y quién es el Portador de tantas cosas que sirven a la vida humana, ¡oh! cómo amarían mi Querer Divino y tomarían la sustancia de las cosas creadas; en cambio miran la exterioridad de las cosas y por eso apegan a ellas su corazón y se alimentan de la cáscara de ellas, y pierden la sustancia que se encuentra en las cosas creadas, salidas de Nosotros para hacerlas cumplir tantos actos de nuestra Divina Voluntad. Pero con mi dolor estoy obligado a ver que las criaturas no toman el alimento, el agua, ni hacen el trabajo

para recibir y cumplir mi Querer Divino, sino por necesidad y para satisfacer su voluntad humana, y mi Fiat Divino es puesto fuera de sus actos, mientras que creamos tantas cosas para poner como en el banco a nuestra Divina Voluntad en medio a las criaturas, y ellas no sirviéndose de esto, la tienen como en acto de continua bancarrota; todo el bien que deberían tomar si en todas las cosas cumpliesen y tomasen mi Querer Divino queda para ellas malogrado, y Nosotros quedamos con el dolor de no verla como dominadora y Reina en los actos humanos de las criaturas".

(3) Después continuaba mi abandono en el Fiat Divino, sentía la gran necesidad de Él y de estarme siempre en su mar de luz, para no salir jamás, me lo sentía como latido, como respiro, como aire que me infundía la vida y mantenía en mí el orden, la armonía, la dispersión de mi pequeño átomo en su mar divino. Pero mientras mi pequeña mente estaba llena de pensamientos de Divina Voluntad, mi dulce Jesús ha agregado:

(4) "Hija mía, no hay orden, ni reposo, ni verdadera vida, sino en mi Fiat Divino, porque la vida de cada una de las criaturas, su primer acto de vida, viene formado en el seno de su Creador y después, como parto nuestro lo ponemos fuera, a la luz del día, y así como tenemos en Nosotros la virtud generadora, el hombre, como hijo nuestro lleva consigo la semilla que genera, y con esta semilla la criatura forma tantos otros partos, y conforme va desenvolviendo su vida, así forma el parto de sus santos pensamientos, de sus castas palabras, el bello encanto de sus obras, el dulce pisar de sus pasos, los refulgentes rayos de sus latidos, y todos estos partos, en cuanto vienen formados por las criaturas, toman el camino para subir a su Creador para reconocerlo como su Padre, amarlo, cortejarlo, y formar su larga filiación como gloria nuestra y de nuestra virtud generadora. Pero para fecundar, nuestra virtud generadora necesita nuestra Divina Voluntad como dominante en el parto salido de Nosotros, de otra manera hay peligro de que se transforme en bruto, y de perder la virtud generadora del bien, y si genera, genera las pasiones, las debilidades, el vicio, y éstos no solo no tienen virtud de subir a Nosotros, más bien están condenados como partos que no nos pertenecen".

27-21
Diciembre 18, 1929

**Arrebato de amor. Especialidad de los tres arrebatos de amor
de Nuestro Señor. El amor devorante y cómo devoraba
a todas las almas. Lágrimas de Jesús niño.**

(1) Estaba pensando en la Encarnación de mi dulce Jesús en el seno materno de la Soberana Celestial, y mi dulce Jesús, saliendo de mi interior me ha estrechado entre sus brazos con una ternura indecible y me ha dicho:

(2) "Hija mía, arrebato de amor fue la Creación, y fue tan grande y tan intenso, que desbordando de nuestro Ser Divino invistió todo el universo y se difundió por todas partes, y nuestro Fiat pronunciándose y obrando en esta nuestra carrera de amor, que corría, corría sin poderse detener, hasta que se esparció dondequiera y dio su beso de amor a todas las criaturas que aún no existían; su beso de amor fue beso de

alegría, de felicidad, que imprimía sobre todas las generaciones. Y nuestro Fiat Divino que corría junto no se contentó sólo con besos, sino que pronunciándose formó soles, cielos, estrellas, mares y tierra, y todo lo que se ve en el gran vacío del universo. Así que el arrebato de nuestro amor en la Creación fue un arrebato de amor festivo, de felicidad, de alegría, con el cual debíamos acariciar y hacer felices a todas las criaturas. En cambio al encarnarme en el seno materno, nuestro arrebato de amor, no pudiendo contenerlo, desbordó de Nosotros he hizo la misma carrera de la Creación, fue arrebato de amor de ternura, de compasión, de misericordia, y ponía en riesgo la Vida de un Dios para reencontrar al hombre y darle sus besos de amor, tiernos, compasivos, sus besos de perdón, y encerrando la vida de todas las criaturas en su mar de amor, les daba el beso de vida, poniendo su Vida de amor para dar vida al hombre. Nuestro amor llegó al exceso en la Encarnación, porque no fue como en la Creación amor que festeja, que se regocija, sino amor doliente, amor penante, amor sacrificado, que dará la Vida para hacer presa de la vida del hombre. Pero nuestro amor no está contento aún, pon la mano sobre mi corazón y siente cómo me late fuerte, hasta sentírmelo romper, pon atento tu oído y escucha como desborda, casi como mar en tempestad, que formando sus olas altísimas quiere desbordar fuera para invadir todo y a todos; quiere hacer su tercera carrera de arrebato de amor, y en este arrebato quiere formar el reino de mi Divina Voluntad. Este nuestro arrebato de amor unirá a aquél de la Creación y el de mi Encarnación y formará con ellos uno solo, y será arrebato de amor triunfante, y dará su beso de amor triunfador, de amor conquistador, de amor que vence todo para dar su beso de paz perenne, su beso de luz que pondrá en fuga la noche del querer humano y hará surgir el pleno día de mi Querer Divino, que será portador de todos los bienes. ¡Cómo lo suspiro! Me desborda tanto mi amor, que siento la necesidad de desbordarlo fuera. Y si tú supieras qué alivio siento cuando desahogando contigo te hablo de mi Querer Divino, el arrebato de mi amor que me da la fiebre delirante se calma, y sintiendo refrigerio me pongo a la obra para hacer que todo sea Voluntad mía en tu alma. Por eso sé atenta y déjame hacer".

(3) Después de esto, mi pobre mente se perdía en el amor de mi dulce Jesús, y veía ante mí una gran rueda de luz que quemaba más que el fuego, la cual contenía tantos rayos por cuantas criaturas habían salido y saldrán a la luz del día, y estos rayos investían a cada una de las criaturas, y con una dulce fuerza raptora las raptaban en el centro de la gran rueda de luz, donde estaba Jesús que las esperaba en el regazo de su amor para devorarlas, pero no para hacerlas morir, sino para encerrarlas en su pequeña Humanidad, para hacerlas renacer, crecer y alimentarlas con sus llamas devoradoras para darles vida nueva, la vida toda de amor; mi pequeño Jesús, apenas concebido encerró en Sí el gran parto de todas las generaciones, más que una tierna madre que encierra su parto para sacarlo a la luz formado por su amor, pero con penas inauditas, y aun con la muerte. Entonces mi tierno Jesús, en medio a aquella vorágine de llamas, pequeño, pequeño me ha dicho:

(4) Mírame y escúchame. Hija mía, en medio a esta vorágine de llamas Yo no respiro otra cosa que llamas, y en mi respiro siento que las llamas de mi amor devorante me traen el respiro de todas las criaturas, mi pequeño corazoncito palpita llamas, las cuales, alargándose raptan los latidos de todas las criaturas y me las deposita en el corazón, y siento todos los latidos palpitando en mi pequeño corazón. Todo es

llamas: Llamas arrojan mis pequeñas manitas, mis inmóviles piecitos. ¡Ah, mi amor, cómo es exigente! Para encerrarme todo y para hacerme dar vida a todos me ha puesto en medio a un fuego devorador, y ¡oh! cómo siento a lo vivo las culpas, las miserias, las penas de todos. Soy pequeño aún, y sin embargo nada se me ahorra. Puedo decir: 'Todos los males han caído dentro y fuera de Mí'. Y en medio a estas llamas devoradoras, cargado de tantas penas, miro a todos y exclamo llorando: 'Mi amor me ha dado nuevamente a todos, me los dio en la Creación y huyeron de Mí; ahora, al concebirme en el seno de mi Mamá me los dona nuevamente, ¿pero estoy seguro que no huirán? ¿Serán míos para siempre? ¡Oh, cómo sería feliz si no me huyera ninguno; sus penas me serían refrigerio si todos mis amados hijos, mi amado parto concebido en mi pequeña Humanidad estuviese al seguro; y llorando y sollozando miraba a la cara a cada uno para enternecerlos con mis lágrimas y repetía: 'Amados hijos, no me dejen, no se alejen más de Mí, soy vuestro Padre, no me abandonen, ¡ah! reconózcanme, al menos tengan compasión del fuego que me devora, de mis lágrimas ardientes, y todo por causa vuestra, porque os amo demasiado, os amo como Dios, os amo como Padre apasionado, os amo como Vida mía'. ¿Pero sabes tú pequeña hija de mi Querer Divino, cuál fue el interés más grande de mi amor? Devorar en las criaturas su voluntad humana, porque es el origen de todos los males, y a pesar de todas sus llamas devoradoras, esta voluntad formaba nubes para no dejarse quemar. ¡Oh, lo que más me torturaba era la voluntad humana que no sólo formaba nubes, sino formaba las escenas más dolorosas en mi misma Humanidad. Por eso ruega que mi Divina Voluntad sea conocida y reine, y entonces me podrás llamar el Jesús feliz, de otra manera mis lágrimas no cesarán, tendré siempre que llorar la suerte de la pobre humanidad, porque yace bajo la opresión de su mísera voluntad".

27-22
Diciembre 22, 1929

Cómo las obras más grandes no se pueden hacer estando solo, morirían al nacer. Las tres cárceles de Jesús. Las dos mamás.

(1) Mi abandono en el Fiat Divino continúa, y mi tierno Jesús se hacía ver como pequeño niño en mi corazón, o en el seno de la Mamá Celestial, pero muy pequeño y con una belleza raptora, todo amor, con su rostro bañado en lágrimas, y llora porque quiere ser amado, y sollozando dice:

(2) "¡Ah! ¿Por qué no soy amado? Yo quiero renovar en las almas todo el amor que tuve al encarnarme, pero no encuentro a quién darlo. Al encarnarme encontré a mi Reina Mamá que me daba campo para desahogar mi amor y para recibir en su corazón materno todo el amor que me rechazaban las criaturas. ¡Ah, era Ella la depositaria de mi amor rechazado, la dulce compañía de mis penas, su amor ardiente era el que me enjugaba las lágrimas! Las obras más grandes no se pueden hacer por alguien solo, sino que se necesitan al menos dos o tres, como depositarios y alimento de la misma obra, sin alimento las obras no pueden tener vida, hay peligro de que mueran al nacer. Tan es verdad, que en la Creación estuvimos las Tres Divinas Personas al crearla, y después hicimos al hombre como depositario de

nuestra obra; pero no contentos, porque las obras por sí solas no llevan felicidad, le dimos la compañía de la mujer. En la Encarnación, las Tres Divinas Personas fueron concurrentes y en mi compañía, más bien inseparables de Mí, con el agregado de la Reina Celestial, y fue Ella la Divina depositaria de todos los bienes de la Encarnación. Mira entonces cómo me es necesaria, para formar mis obras, la compañía de la criatura, que se ponga a mi disposición para recibir el gran bien que quiero darle. Por eso, ¿quieres tú ser mi segunda mamá? ¿Quieres tú recibir el gran bien de la renovación de mi Encarnación, como dote del reino de mi Fiat Divino? Así tendré dos mamás, la primera que me hizo formar el reino de la Redención, la segunda que me hará formar el reino de mi Divina Voluntad".

(3) Y poniendo sus pequeñas manitas sobre mi cara, acariciándome me decía:

(4) "¡Mi mamá, mi mamá! El amor materno supera todos los amores, así que tú me amarás con amor de madre insuperable".

(5) Después de esto ha hecho silencio queriendo ser arrullado en mis brazos, y después ha continuado:

(6) "Hija mía, tú debes saber a dónde me conduce el exceso de mi amor; al descender del Cielo a la tierra me condujo dentro de una prisión estrechísima y oscura, cual fue el seno de mi Mamá, pero mi amor no estuvo contento, en esta misma prisión me formó otra cárcel, cual fue mi Humanidad, que encarceló a mi Divinidad; la primera cárcel me duró nueve meses, la segunda cárcel, la de mi Humanidad, me duró treinta y tres años. Pero mi amor no se detuvo, ya casi para terminar la cárcel de mi Humanidad, me formó la cárcel de la Eucaristía, la más pequeña de las cárceles, una pequeña hostia en la cual mi amor encarceló mi Humanidad y Divinidad, en la cual debía contentarme con estarme como muerto, sin hacer sentir ni respiro, ni movimiento, ni latido, y no por pocos años, sino hasta la consumación de los siglos. Así que fui de cárcel en cárcel, estas son inseparables de Mí, por eso puedo llamarme el Divino encarcelado, el Celestial prisionero. En las dos primeras cárceles, en la intensidad de mi amor maduré el reino de la Redención; en la tercera cárcel, la de la Eucaristía, estoy madurando el reino de mi Fiat Divino. Por eso te llamé a ti a la cárcel de tu cama, a fin de que juntos, prisioneros los dos, en nuestra soledad, poniéndonos de acuerdo, podamos hacer madurar el bien del reino de mi Querer. Si me era necesaria una Mamá para la Redención, así también necesito una mamá para el reino de mi Fiat, y mi amor exigente ha querido a esta madre encarcelada, para tenerla a mi disposición. Por eso Yo seré tu prisionero no sólo en la pequeña hostia, sino también en tu corazón, y tú serás mi amada prisionera toda atenta a escucharme y a romper la soledad de mi larga prisión. Y a pesar de que estemos prisioneros, seremos felices, porque maduraremos el reino de la Divina Voluntad para darlo a las criaturas".

27-23
Diciembre 24, 1929

Cuando Jesús habla de sus verdades hace salir luz. Las verdades leídas y releídas son como el fierro forjado. Carrera en la Divina Voluntad.

(1) Estaba pensando en todo lo que mi dulce Jesús, con tanta bondad se benigna decir a mi pobre alma, y que releyéndolas en las circunstancias, hacen salir luz, y mi siempre amable Jesús me ha dicho:

(2) "Hija mía, cuando Yo hablo hago salir luz de verdad, y quiero que sea aceptada y acariciada por el alma; si esta Luz es aceptada y puesta en el puesto de honor en el interior de ella, llama a otra luz, así que una llama a otra, de otra manera regresa a su fuente. Y cuando el alma vuelve a leerlas si están escritas, y a ponderarlas, mis verdades son como el fierro forjado, que con golpearlo se incendia y hace salir chispas de luz; en cambio, si no es golpeado, el fierro es duro, negro y un metal helado. Así es de mis verdades: 'Si el alma las lee y relee para extraer de ellas la sustancia que hay dentro, mis verdades que han sido comunicadas a su alma, que simboliza el fierro, lo negro y su hielo, queda incendiada, y con el ponderarlas da los golpes sobre de sí misma, porque ha recibido el bien de oír mi verdad, la cual sintiéndose honrada centellea luz de otras verdades. Pero si mis verdades manifestadas son puestas en el olvido, y no son puestas en un puesto de honor, quedan como sepultadas, pero los vivos no se sepultan, porque ellas son luz, que poseen y llevan vida, por eso, vendrá el tiempo, porque ellas no están sujetas a morir, en que otros harán tesoro de ellas y condenarán a aquellos que las han tenido olvidadas y como sepultadas. Si tú supieras cuánta luz hay en todo lo que te he manifestado acerca de mi Divina Voluntad, y cuánta más luz resplandecería si fueran leídas y releídas, tú misma quedarías eclipsada y maravillada por el gran bien que harían".

(3) Después seguía mis actos en el Querer Divino, y pensando en la soledad de Jesús en el seno de su Mamá, Él ha agregado:

(4) "Hija mía, cómo me es dulce y agradable la compañía de la criatura, pues fue por ella que descendí del Cielo a la tierra, para encontrarla y para hacerla mía, así que teniéndola en mi compañía me siento como compensado por mi descendimiento a la tierra. Pero debes saber que si estoy contento con la simple compañía de la criatura que me ama y busca romper mi soledad, no estoy contento sólo con la compañía de quien vive en mi Querer Divino, la quiero siempre junto Conmigo, como espectadora de mis lágrimas infantiles, de mis gemidos, de mis sollozos, penas, obras y pasos míos, y también de mis alegrías, porque quiero hacer depósito de todo esto en ella. Porque estando mi Voluntad en ella, me sería demasiado duro si no la tuviere siempre junto Conmigo, hacerla estar al día de todo. Mi Divina Voluntad siente la irresistible necesidad de participar a la criatura todo lo que hace en mi Humanidad, a fin de que no sea una Voluntad dividida la que reina en Mí y la que reina en la criatura. Esta es la causa por la que en cada acto mío te llamo y quiero que conozcas lo que he hecho y lo que hago, para hacerte don de ello y poder decir: Quien vive en mi Querer Divino no me deja jamás, estamos estrechados y somos inseparables".

(5) Y yo: "Amor mío, tu carrera de amor no se detiene jamás, corres, corres siempre, y yo me siento que no soy capaz de hacer mis carreras de amor como las haces Tú, soy demasiado pequeña y no tengo el vuelo de correr dondequiera para amarte". Y mi dulce Jesús ha agregado:

(6) "Hija mía, también tú puedes hacer las carreras de amor en el mar inmenso de mi Divina Voluntad, harás como hace la nave, cuando quiere navegar el mar ella se

arroja en el mar, las aguas se abren, le dan el paso y mientras camina veloz, deja atrás de sí una estela blanca como señal de que la nave pasó por aquel punto de mar, que después poco a poco se desvanece y nada queda que señale que la nave pasó, pero a pesar de esto la nave ha hecho su carrera en el mar, y ha llegado a donde se había prefijado ir. Así el alma, si quiere amar se arrojará en el mar de mi Fiat Divino y formará su carrera de amor, girará toda la eternidad y no hará como la nave, que nada queda en el mar porque pasó, sino que orgullosas las aguas se cierran detrás no dejando ninguna huella de que la nave pasó, sino que en el mar de mi Querer Divino, conforme el alma se arroja para hacer su carrera, nuestras aguas divinas regurgitan y en su gosrgoteo forman la estela, la cual no se desvanece sino que queda la huella y señala a todos su carrera de amor hecha en nuestro mar, en modo que Nosotros podemos decir: 'Por aquí pasó e hizo su carrera de amor quien vive en nuestro Querer, porque lo que se hace en Él queda imborrable'. Así si quieres hacer tus adoraciones, si quieres embellecerte, si quieres santificarte, si quieres ser potente, sabia, arrójate en nuestro Querer y mientras harás tu carrera quedarás toda amor, toda bella, toda santa, adquirirás la ciencia, conocerás quién es tu Creador, y todos tus movimientos serán adoraciones profundas y dejarás en nuestro mar tantas estelas por cuantas diversas carreras has hecho en el Fiat Divino, de modo que Nosotros diremos: 'En esta carrera que hizo en nuestro mar la pequeña hija de nuestro Querer Divino, formó la estela de la santidad, y Nosotros la santificamos y ella quedó santa; en esta otra carrera se arrojó en el mar de nuestra belleza y formó su estela, y Nosotros la embellecimos y ella quedó embellecida; en esta otra carrera formó la estela de nuestros conocimientos, y ella nos conoció y Nosotros le hablamos y nos hicimos conocer, y le hablamos largamente de nuestro Ser Divino, nuestra palabra la ató, la ensimismó con Nosotros, y sentimos la irresistible necesidad de hacernos conocer siempre más, y de hacerle el don más grande el de manifestarle nuestras verdades. Así que en cada carrera que haces en nuestro Fiat Supremo, tomas siempre de lo nuestro, y nuestro amor desbordando nos habla de ti y nos señala tus carreras con su gorgoteo, como señal de que tú has estado en nuestro mar divino".

27-24
Diciembre 25, 1929

Cómo el nacimiento de Jesús fue el renacimiento de la Divina Voluntad en su Humanidad, y todo lo que hizo eran renacimientos de Ella, formados en Él para hacerla renacer en las criaturas. Jesús fue el verdadero sacrificado de su Querer.

(1) Estaba pensando en cuando mi dulcísimo Jesús niño penando de amor salía del seno de su Mamá Celestial, ¡qué alegría para Ella el poderlo estrechar entre sus brazos, besarlo y ponerse en competencia en amar a Aquél que tanto la amaba! Pero mientras tantos pensamientos se agolpaban en mi mente acerca del santo nacimiento del infante divino, lo he sentido moverse en mi interior, y saliendo fuera se ha puesto entre mis brazos y poniendo sus pequeñas manitas en mi cuello me ha dicho:

(2) "Hija mía, también tú bésame y estréchame, y Yo te beso y te estrecho a Mí, y amémonos con tal competencia de amor de no terminarla jamás".

(3) Y abandonándose en mis brazos como pequeño niño ha guardado silencio. ¿Pero quién puede decir los abrazos de amor, los besos afectuosos? Creo que es mejor pasarlo en silencio. Después, retomando la palabra ha agregado:

(4) "Hija mía, mi nacimiento en el tiempo fue el renacimiento de mi Divina Voluntad en mi Humanidad, y como renacía en Mí, traía la alegre nueva del renacimiento en las humanas generaciones. Mi Fiat es eterno, pero se puede decir como si naciera en Adán para formar la larga generación de su renacimiento en la criatura, pero como Adán rechazó esta Voluntad Divina, con rechazarla impidió los tantos renacimientos que debía hacer en cada criatura, y con amor constante e invencible esperó a mi Humanidad para renacer de nuevo en medio de la humana familia. Por eso todo lo que Yo hice en todo el curso de mi Vida, las lágrimas infantiles, mis gemidos y sollozos, no eran otra cosa que renacimientos de mi Divina Voluntad que eran formados en Mí para hacerla renacer en las criaturas, porque habiendo renacido en Mí, y poseyéndola como mía, tenía el derecho y el poder de darla y hacerla renacer en la criatura. Así que todo lo que hacía mi Humanidad: Pasos, obras, palabras, penas, aun mi respiro y mi misma muerte, formaban tantos renacimientos de mi Divina Voluntad por cuantas criaturas habrían tenido el bien del renacimiento de mi Fiat Divino. Siendo Yo la cabeza de la familia humana, y ella mis miembros, Yo como cabeza llamaba con mis actos a los tantos renacimientos de mi Querer Divino en Mí, para hacerlos pasar a renacer en mis miembros de las criaturas. Por eso en cada acto que Yo hice, aun mi misma Vida Sacramental, cada una de las Hostias consagradas son continuos renacimientos de mi Supremo Querer que prepara a la criatura. Por tanto Yo soy el verdadero sacrificador [2] de una causa tan santa, que mi Querer reine. Soy propiamente Yo el que formé en Mí su reino, y haciéndolo renacer tantas veces en Mí por en cuantas criaturas debía renacer, formaba su imperio santísimo y su reinar en medio a mis miembros.

(5) Ahora hija mía, después que puse al seguro el reino de mi Divina Voluntad en mi Humanidad, debía manifestarlo para hacerlo conocer, por eso vine a ti y comencé a narrarte la larga historia de mi Fiat Divino. Ahora tú debes saber que tantas manifestaciones he hecho y haré, tantas verdades, tantas palabras he dicho, por cuantos renacimientos Ella hizo en mi Humanidad; estarán en perfecto equilibrio sus renacimientos en Mí y sus conocimientos que te manifiesto; cada renacimiento de mi Querer Divino hecho en Mí y en cada hostia consagrada, encontrará una manifestación y una verdad suya que la confirma, y le dará el renacimiento en la criatura, porque en Dios la palabra forma la vida del bien que quiere formar en la criatura, nuestra palabra es portadora de vida, ¿no fue acaso nuestra palabra Fiat la que pronunciándose creó el cielo, el sol y todo lo que se ve en el universo entero, y también la misma vida del hombre? Mientras no pronunciamos Fiat todo estaba en Nosotros; en cuanto se pronunció pobló cielos y tierra de tantas obras bellas y dignas de Nosotros, y daba principio a la larga generación de vidas humanas. Mira entonces que todo lo que te digo acerca de mi Divina Voluntad llevará con la potencia de mi palabra creadora sus tantos renacimientos hechos en Mí en medio a la familia humana. Esta es la gran razón de una historia tan larga y de mi hablar tan continuado, Ella estará equilibrada con todo lo que fue hecho por Nosotros en la

Creación y con todo lo que hice en la Redención; y si parece que alguna vez hago silencio, no es porque haya cesado mi decir, sino porque hago reposo, pues es mi costumbre reposarme en mi misma palabra y obras que salen de Mí, como hice en la Creación, no siempre se pronunció, decía Fiat y hacía un alto y después lo pronunciaba de nuevo; así hago en ti, hablo, te doy mi lección y tomo reposo, primero para gozarme en ti los efectos de mi palabra y para disponerte a recibir la nueva vida de mi lección. Por eso sé atenta y tu vuelo en mi Divina Voluntad sea continuo".

27-25
Diciembre 29, 1929

Cómo Jesús al descender del Cielo a la tierra formó el nuevo Edén. Cómo la Divina Voluntad ha sido siempre Reina.

(1) Mi pequeña inteligencia me la sentía raptar y como transportar a mirar en el regazo de mi Mamá Celestial a mi pequeño recién nacido Jesús, que ahora llora y ahora gime, y ahora todo entumecido tiembla de frío, y ¡oh! cómo quisiera mi pequeña alma deshacerse en amor para calentarlo y para calmarle el llanto, pero mi celestial y gracioso niño llamándome junto con Él en los brazos de su Mamá me ha dicho:

(2) "Mi hija del Divino Querer, ven a escuchar mis lecciones. Al descender del Cielo a la tierra para formar la Redención, debía formar el nuevo Edén, debía restablecer el primer acto y el principio de la creación del hombre en mi Humanidad. Así que Belén fue el primer Edén; Yo sentía en mi pequeña Humanidad toda la fuerza de nuestra potencia creadora, el arrebato de nuestro amor con el cual fue creado el hombre, sentía las fibras de su inocencia, de su santidad, de su dominio, con las cuales él estaba investido. Sentía en Mí a aquel hombre feliz, ¡oh, cómo lo amaba! Porque habiendo perdido su puesto de honor, Yo retomaba su puesto, porque me convenía primero poner en Mí el orden del cómo fue creado el hombre, y después descender en su desventura para levantarlo y ponerlo a salvo. Por eso estaban en Mí dos actos continuados, fundidos en uno, el Edén feliz con el cual debía poner en vigor toda la belleza, la santidad, la sublimidad de la creación del hombre; era él inocente y santo, y Yo sobrepasándolo no sólo era inocente y santo, sino era el Verbo Eterno, y teniendo en Mí toda la potencia posible e imaginable, y Voluntad inmutable, debía reordenar todo el principio de la creación del hombre y levantar nuevamente al hombre caído, de otra manera no obraría como Dios, ni lo amaría como obra nuestra salida y creada en un arrebato de nuestro amor. Nuestro amor se sentiría detenido y como impotente, lo que no puede ser, si no hubiera ajustado toda la condición del hombre caído y la condición del cómo fue creado. Habría sido una afrenta a nuestra Creación y nos habrían acusado de debilidad si no hubiésemos regenerado del todo al hombre. Por eso Belén fue mi primer Edén, en el cual hacía y abrazaba todos los actos que hizo Adán inocente y que habría hecho si no hubiese caído; nuestra Divinidad esperaba con justicia mi correspondencia en lugar de él, y conforme iba rehaciendo lo que debería haber hecho el Adán inocente, así me abajaba y extendía la mano para levantarlo. Entonces mi Humanidad no hacía otra cosa que conforme giraba y me detenía, formaba nuevos Edenes, porque en Mí estaban todos los actos

del principio de la creación del hombre, y en cualquier parte que me detenía podía formar un nuevo Edén con mi inocencia y santidad. Así que Edén fue Egipto, Edén fue Nazaret, Edén fue el desierto, Edén fue Jerusalén, Edén fue el monte Calvario, y estos Edenes que formaba llamaban al reino de mi Divina Voluntad a reinar, y estos son pruebas ciertas que así como cumplí el reino de la Redención y está haciendo su giro para establecerse por todo el mundo, así estos Edenes en los cuales fueron hechos por Mí todos los actos como si el hombre no hubiese caído, seguirán los actos de la Redención y harán su giro para establecer el reino de mi Fiat Divino. Por eso te quiero siempre junto Conmigo, a fin de que me sigas en todos mis actos, y todo lo ofrezcas para hacer que mi Divina Voluntad reine y domine, porque esto es lo que más interesa a tu Jesús".

(3) Después ha agregado: "Hija mía, mi Divina Voluntad obraba en Mí como Reina, porque realmente siempre ha sido tal, porque Ella por naturaleza es Reina, en nuestra misma Divinidad tiene el primer puesto, rige y domina todos nuestros atributos, no hay acto nuestro en que no tenga su puesto de Reina. Así que es Reina en el Cielo, en la tierra, en la Creación, en todo y en todas partes reina. Por eso el querer que el hombre hiciera nuestra Voluntad Divina y que le diese el puesto de Reina, era el honor más grande y el amor más insuperable que le dábamos, y reinando una sola Voluntad lo hacíamos sentar a nuestra mesa celestial, participándole nuestros bienes divinos. Lo queríamos feliz, y queríamos la gloria de ver feliz a aquél que con tanto amor habíamos creado con nuestras manos creadoras. Nuestro Querer Divino y nuestro amor no podían ni contentarse ni detenerse con la sola obra de la Redención, sino que quieren ir más adelante hasta tener la obra cumplida, mucho más que no sabemos hacer obras a la mitad, y teniendo los siglos a nuestra disposición podemos llegar a donde queremos".

27-26
Enero 2, 1930

Diversidad de actos y efectos del Fiat Divino. Cuántos bienes puede producir un acto de Él. Ejemplo del sol.

(1) Mi abandono en el Fiat continúa, y siguiendo mi giro en sus obras me sentía circundada por ellas, y cada una esperaba que yo la reconociera como obra de mi Creador para vincularnos con vínculos inseparables; me parecía que la Divina Voluntad con su luz corriese en toda la Creación, como corre nuestra sangre en el cuerpo, así corría también en todos los actos, palabras, pasos, penas y lágrimas de Jesús, y yo iba en busca de todo como cosas mías para amarlas y reconocerlas como cosas que me pertenecen. Pero mientras esto hacía, mi dulce Jesús me ha dicho:

(2) "Hija mía, quien vive en mi Divina Voluntad está en comunicación con todas las cosas creadas por Nosotros, porque Ella es de todos y pertenece a todos; siendo una la Voluntad que domina y obra, todas las cosas le son como miembros al cuerpo, de los cuales la Cabeza es Dios, que tiene tantos vínculos a todas las cosas, porque en ellas corre nuestro Divino Querer como acto primario de vida, que le son inseparables. Sólo la voluntad humana, si quiere obrar por sí sola, sin la unión de la

nuestra, puede romper esta bella unión, este vínculo de inseparabilidad entre Dios, entre las cosas creadas, y entre las criaturas, por eso mi Divina Voluntad es la portadora a la criatura de todos nuestros actos hechos en la Creación y en la Redención, es la reveladora de nuestros secretos; siendo una la Voluntad nuestra con la criatura que vive en Ella, ¿cómo puede esconderse? Y Yo hija mía, cómo me sentiría mal si no te pusiera al día de mis lágrimas, de las penas más íntimas y de lo que Yo hice estando sobre la tierra, y en mi dolor diría: 'Ni siquiera la pequeña hija de mi Querer conoce todo lo que he hecho y sufrido para tener la correspondencia, aunque sea de su pequeño y repetido te amo y hacerle el don de lo que me pertenece'. Entonces, cada cosa que tú conoces de Mí y amas como tuya, Yo te hago don de ella, y haciendo fiesta digo: Tengo siempre qué dar a mi hija, y ella tiene siempre qué recibir, por eso estaremos siempre juntos, porque estamos ocupados en el intercambio que hacemos, Yo en dar y ella en recibir".

(3) Después de esto seguía mi giro en todos los actos buenos hechos desde el principio de la Creación por todas las criaturas, no excluido mi primer padre Adán, para ofrecerlos para obtener el reino de la Divina Voluntad sobre la tierra, y mi dulce Jesús moviéndose en mi interior me ha dicho:

(4) "Hija mía, no hay cosa buena que no salga de mi Divina Voluntad, pero hay diferencia entre actos y efectos de Ella. La Creación fue un acto de mi Fiat, y ¡oh! cuántas cosas bellas no salieron, cielos, soles, estrellas, aire que debía servir para la vida natural de la criatura; mar, viento, todo fue plenitud y multiplicidad de obras, porque un acto de mi Divina Voluntad es capaz de llenar todo y de hacer todo. La creación del hombre fue un acto de Ella, ¿y qué cosa no encerró en la pequeña circunferencia del hombre? Inteligencia, ojos, oídos, boca, palabra, corazón, y hasta nuestra semejanza, por la cual lo hacíamos el portador de su Creador, ¿cuántos prodigios no encierra? No sólo eso, sino le fue puesta toda la Creación en torno para servirlo, como si un primer acto de nuestro Fiat hecho en la Creación quisiera servir al segundo acto hecho al crear al hombre. Otro acto de nuestra Voluntad Divina fue la creación de la Virgen Inmaculada, fueron tales y tantos los prodigios obrados en Ella, que Cielos y tierra quedaron estupefactos, tanto que llegó a hacer descender al Verbo Divino sobre la tierra, lo que formó otro acto de mi Fiat, el cual fue mi Encarnación, y tú sabes que fue portador de todos los bienes a la familia humana. Todo el resto de los bienes que ha habido en medio de las criaturas, virtudes, oraciones, obras buenas, milagros, son efectos de mi Querer Divino, los cuales obran según las disposiciones de las criaturas, y por eso son siempre limitados, no con aquella plenitud que llena Cielos y tierra. En cambio los actos de mi Fiat Divino son independientes de ellas, y por eso se ve la gran diferencia entre actos y efectos. Y esto se ve muy bien también en el sol y entre los efectos que él produce; el sol como acto está siempre fijo en su plenitud de luz, que con majestad llena la tierra, jamás cesa de dar su luz y su calor, en cambio los efectos del sol, que se puede decir que están a disposición de la tierra, son inconstantes, ahora se ve la tierra florida con la variedad de tantos colores, y ahora se ve despojada y sin belleza, como si el sol no tuviese la virtud comunicativa para comunicar siempre sus admirables efectos a la tierra, mientras que se puede decir que la culpa es de la tierra. Al sol no le falta nunca nada, aquél de ayer, es hoy y será. Ahora, cuando te veo girar aun en los efectos de mi Fiat Divino, como si no quisieras perder nada, para encerrarlos en Él y

darle los homenajes, el amor de los efectos que produce, para pedirle que venga a reinar sobre la tierra, tú dispones a nuestro Querer a formar otro acto de Él, porque tú debes saber que el Fiat Voluntas Tua come in Cielo cosí in Terra, será otro acto de nuestro Fiat Supremo, no será un efecto, sino un acto, pero con tal magnificencia que todos quedarán asombrados. Ahora, tú debes saber que el hombre fue creado por Nosotros con este prodigio, que debía poseer en él nuestro acto continuo de Voluntad Divina; con rechazarla perdió el acto y se quedó con los efectos, porque sabíamos que así como la tierra no puede vivir sin tener al menos los efectos que produce el sol si no quiere vivir en la plenitud de su luz y de su calor, así el hombre no podía vivir al menos sin los efectos de nuestra Divina Voluntad, ya que había rechazado la Vida de Ella. Por lo tanto su reino no será otra cosa que llamar nuevamente el acto continuo de nuestro Fiat Divino obrante en la criatura. Esta es la razón de mi largo hablar sobre Él, no es otra cosa que el principio del acto continuo de mi Fiat Divino que no termina jamás cuando quiere obrar en la criatura, y es tan múltiple en las obras, en la belleza, en la gracia y en la luz, que no se ven los confines. Por eso sigue girando en todo lo que ha hecho y produce mi Fiat Divino, no te canses jamás si quieres obtener un reino tan santo".

(5) Después ha agregado: "Hija mía, así como los efectos son producidos por la sola y única Voluntad mía, y obran según las disposiciones de la criatura, así los actos de nuestro Querer Divino, independientes de ellas, son producidos por la unidad del acto único de nuestro Fiat Divino. Así que en Nosotros es siempre uno nuestro acto, porque en Nosotros no hay sucesión de actos, y si a la criatura le parece que ahora hacemos la Creación, ahora la Redención, y ahora que queremos formar el reino de nuestra Divina Voluntad en medio de las criaturas, es la manifestación que les hacemos de lo que posee nuestro solo y único acto, que mientras a ellos les parece que hacemos y sacamos tantos actos distintos, para Nosotros todo estaba encerrado en un solo acto. En la unidad de nuestro Querer Divino que encierra un solo acto, nada le puede huir, encierra todo, hace todo, abraza todo y es siempre un solo acto. Así que, tanto los efectos que produce nuestro Fiat, como los actos de Él, parten siempre de la unidad del solo y único acto nuestro".

27-27
Enero 7, 1930

Intercambio de dones entre Dios y la criatura. Cómo quien vive en el Querer Divino es el banco Divino sobre la tierra y forma un resplandor de Cielo.

(1) Me sentía toda abandonada en el Fiat Supremo, y pensaba entre mí qué cosa podría dar a mi amado Jesús, y Él rápidamente: "Tu voluntad". Y yo: "Amor mío, ya te la di, y habiéndola dado creo que no soy más dueña de dártela, ya que es tuya". Y Jesús:

(2) "Hija mía, cada vez que tú quieras hacerme el don de tu querer, Yo lo acepto como un nuevo don, porque Yo dejo la voluntad humana en su libre albedrío, de modo que la criatura puede estar en acto de dármela siempre, y Yo tantas veces la acepto por cuantas veces me la da, porque ella tantas veces se sacrifica por cuantas

veces me hace el don, y Yo al ver que la criatura es constante en hacerme su don continuado, veo que hay verdadera decisión por parte suya, y ama y estima el don de mi Voluntad, y Yo, conforme ella me hace el don continuo de la suya, le hago el don continuo de la mía, y ensanchando su capacidad, porque la criatura es incapaz de tomar toda la interminabilidad de mi Querer, voy aumentando continuamente más santidad, más amor, más belleza, más luz y más conocimiento de mi Divina Voluntad. Así que en el intercambio que hacemos, tú de tu voluntad y Yo de la mía, duplicamos los dones, y queda tantas veces vinculada por cuantas veces hacemos el intercambio. Así que Yo tengo siempre qué darte, y tú también, porque en mi Divina Voluntad las cosas no terminan jamás, surgen a cada instante, y habiéndome dado tu voluntad, al contacto de la mía la tuya adquiriere las prerrogativas de la mía, de poderse dar continuamente a tu Jesús".

(3) Después seguía los actos del Fiat Divino, acompañándolos con mi "te amo", y comprendía la gran diversidad de la grandeza y magnificencia de las obras del Fiat Divino, y de mi pequeño "te amo", ¡oh! cómo me sentía pequeña y verdaderamente recién nacida apenas ante aquel Fiat que todo puede y todo abraza; y mi amable Jesús, estrechándome entre sus brazos me ha dicho:

(4) "Hija mía, quien vive en mi Divina Voluntad es mi banco sobre la tierra, y conforme dices tu 'te amo' Yo lo invisto con el mío, y de pequeño se vuelve grande, se difunde en el infinito, de modo que las riquezas de mi amor se vuelven inmensurables, y Yo las pongo en el banco de tu alma, y conforme continúas tus actos, así los invisto con los míos y los pongo en tu banco para tener mi banco divino sobre la tierra. Por eso tus pequeños actos hechos en mi Querer Divino me sirven para darme qué hacer, para hacer correr nuestras cualidades divinas que son infinitas en tus pequeños actos que son finitos, mezclarlos juntos y hacer de ellos tantos actos nuestros y ponerlos en el banco de tu alma, a fin de que nuestro Querer encuentre en ti su Cielo. ¿No sabes tú que quien debe vivir en nuestro Fiat Divino debe ser un resplandor de Cielo? Que abajándose sobre la tierra, pero tanto de quitar cualquier distancia, de modo que en aquel punto de la tierra en que se encuentre aquella afortunada criatura se debe ver Cielo, no tierra; ni mi Divina Voluntad estaría sin su Cielo, ya Ella misma se lo formaría y los habitantes del Cielo se abajarían para rendir homenaje a aquel Fiat, del cual reconocen su existencia. Por eso todos los bienaventurados quedan admirados al ver un resplandor de Cielo sobre la tierra, pero rápido cesa su estupor cuando ven que aquella Divina Voluntad que forma su Cielo y toda su felicidad, se encuentra reinante en aquella criatura, propiamente en aquel punto donde ven que los habitantes del Cielo abajándose circundan a aquella criatura para alabar a mi Fiat Supremo. Por eso sé atenta hija mía, y si esto te digo es para hacerte conocer el gran bien de hacerte conocer mi Querer, y cómo quiere formar su reino en ti, a fin de que me agradezcas y lo reconozcas".

27-28
Enero 10, 1930

**Quien vive en el Divino Querer pertenece a la familia divina.
Diversidad de modos en que se puede pertenecer a Dios.
Ejemplo de un reino. Quién vive en Dios, y quién fuera de Dios.**

(1) Me sentía, si bien abandonada en el Fiat Divino, también toda aniquilada, pero tanto, que me veía más pequeña que un átomo y pensaba entre mí: "Cómo soy miserable, pequeña e insignificante". Y mi adorable Jesús interrumpiendo mi pensamiento, haciéndose oír y ver me ha dicho:

(2) "Hija mía, seas pequeña o grande, perteneces a nuestra familia divina, eres un miembro de ella y esto te basta, más bien es todo para ti y es la gloria y el honor más grande que podrías poseer".

(3) Y yo: "Amor mío, todos hemos salido de Ti y todos te pertenecemos, así que no es maravilla que te pertenezca".

(4) Y Jesús: "Es cierto que todos me pertenecen por vínculos de creación, pero hay gran diferencia para quien me pertenece no sólo por vínculos de creación, sino con vínculo de fusión de Voluntad, esto es, que la mía es la sola y única voluntad suya; de éstos puedo decir que me pertenecen con vínculos de verdadera familia nuestra, porque la voluntad es la cosa más íntima que puede existir, tanto en Dios como en la criatura, es la parte esencial de la vida, es la dirigente, es la dominadora que tiene virtud de vincular con vínculos inseparables a Dios y a la criatura, y de esta inseparabilidad se reconoce que pertenece a nuestra familia divina. ¿No sucede esto dentro de un reino? Todos pertenecen al rey, pero en cuántos diversos modos pertenecen, quién pertenece como pueblo, quién como ejército, quién como ministro, quién como centinela, quién como cortesano, quién como reina del rey, y quién como hijo. Ahora, ¿quién pertenece a la familia real? El rey, la reina, los hijos; todos los demás del reino no puede decirse que pertenecen a la familia real, pero pertenecen al reino, están obligados a la ley, a la sujeción, y a los rebeldes se les mete a la cárcel. Por lo tanto, a pesar de que todos le pertenecen, pero en cuántos diversos modos. Sólo quien vive en nuestro Querer Divino vive en medio a Nosotros; nuestro Fiat Divino nos la trae en su regazo de luz a lo íntimo de nuestro seno divino, no podemos ponerla fuera de Nosotros, para hacerlo deberíamos poner nuestro Querer Divino fuera de Nosotros, lo que no podemos hacer ni queremos hacerlo;.es más, estamos contentos de tenerla, de cuidarla como nuestro amado recuerdo de cuando nuestro amor desbordante sacó fuera la Creación, porque quería que la criatura viviera en nuestra heredad de la Divina Voluntad, y que con sus inocentes sonrisas se entretuviera con su Creador. Y si te ves pequeña, es el amor exuberante de mi Fiat, que es todo atención y celo sobre ti y no te concede un acto de tu voluntad humana, así que lo humano no tiene crecimiento y tú te sientes siempre pequeña, y esto es porque mi Querer quiere formar su Vida en tu pequeñez, y cuando crece su Vida Divina, la vida humana no tiene razón de crecer; por eso te debes contentar con quedar siempre pequeña".

(5) Después seguía mi abandono en el Santo Querer, y mi dulce Jesús ha agregado:

(6) "Hija mía, quien vive en mi Fiat Divino vive en Dios, por eso posee y puede dar los bienes que posee. El Ser Divino la circunda por todas partes, de modo que no ve, no oye, no toca otra cosa que Dios, en Él se hace feliz, sólo a Él comprende y conoce, todo le desaparece y sólo le queda el recuerdo de que mientras se encuentra en su Dios, es viadora aún, y como viadora debe abogar por sus hermanos, porque encontrándose en condición de dar los bienes que posee, debe dar según las disposiciones de las criaturas. No recuerdas tú, años atrás cuando te hacía ver que

te ponía en mi corazón y todo te desaparecía, y tú te lo gozabas y no querías salir más, y Yo para hacerte recordar que eres viadora te sacaba a la puerta de mi corazón, si bien entre mis brazos para hacerte ver los males del genero humano a fin de que tú abogaras por ellos, y tú te disgustabas Conmigo porque no querías salir de mi corazón. Era el principio del vivir en mi Querer Divino que tú sentías en mi corazón, exento de cualquier peligro, libre de todos los males, porque Dios mismo se pone en torno a la feliz criatura para tenerla defendida de todo y de todos. En cambio para quien hace mi Voluntad Divina y no vive en Ella, se encuentra en condición de poder recibir pero no de dar, y como vive fuera de Dios, no en Dios, ve la tierra, siente las pasiones que la ponen en peligro continuo y le dan una fiebre intermitente, por la que ahora se sienten sanos, ahora enfermos, ahora quieren hacer el bien, y ahora se cansan, se aburren, se fastidian, y dejan el bien. Son propiamente como aquellos que no tienen una casa dónde estar al seguro, sino que viven en medio de la calle, expuestos al frío, a la lluvia, al sol ardiente, a los peligros, y viven de limosna. Justa pena de quien podía vivir en Dios, y en cambio se contenta con vivir fuera de Dios".

27-29
Enero 16, 1930

Cómo en la Creación, Redención y reino de la Divina Voluntad, la parte obrante es de la Divina Voluntad, y las tres Divinas Personas son concurrentes. La Creación quiere narrar la historia de la Divina Voluntad. Quien vive en Ella recibe todo, puede dar todo, y toma parte en todas las cualidades divinas.

(1) Estaba siguiendo al Fiat Divino en la obra de la Creación y, ¡oh! cómo me parecía bella, pura, majestuosa, ordenada, digna de Aquél que la había creado; me parecía que cada cosa creada tenía que decirme su pequeña historia que encerraba de aquel Fiat que le había dado la vida, y que sacándolas a la luz del día, debían narrar para hacer conocer lo que sabían de la Divina Voluntad, y unidas juntas debían narrar la larga historia de aquel Fiat que no sólo las había creado, sino que conservándolas les daba el trabajo de narrar su larga historia, dando a cada cosa creada una lección para narrar a las criaturas, para hacer conocer aquella Divina Voluntad que las había creado. Pero mientras mi pobre mente se perdía en mirar la Creación, y quería escuchar las tantas bellas lecciones que quería darme cada cosa creada sobre el Fiat Divino, mi dulce Jesús saliendo de dentro de mi interior me ha dicho:
(2) "Pequeña hija de mi Eterno Querer, quiero hacerte saber que la obra de la Creación, de la Redención y la del reino de nuestro Querer, es todo obra de nuestro Fiat Supremo. Él tomó la parte obrante y las Tres Divinas Personas tomaron la parte concurrente, pero fue a nuestro Fiat Divino al que le dimos el trabajo de crear la Creación, de formar la Redención y de restablecer el reino de nuestra Divina Voluntad. Porque en las obras que salen de dentro de la Divinidad es siempre nuestro Querer Divino el que toma la parte activa, si bien todo nuestro Ser Divino concurre junto, porque Él tiene virtud y oficio dirigente y obrante de todas las cosas nuestras. Así como tú tienes las manos para obrar y los pies para caminar, y si quieres obrar no te sirves de los pies sino de las manos, si bien todo tu ser es concurrente a la obra que quieres hacer, así es de nuestro Ser Divino, no hay parte

de Nosotros que no concurra, pero nuestra Voluntad Divina toma la parte dirigente y obrante. Mucho más que Ella tiene su sede en la Divinidad, su Vida corre en nuestro seno divino, es Vida nuestra, y mientras sale de nuestro seno divino, más bien sale y queda, lleva fuera de Nosotros la virtud creadora de lo que quiere hacer, dirigir y conservar. Ahora, como tú ves todo es obra de nuestro Fiat Divino, y por eso todas las cosas creadas están como tantos hijos que quieren decir la historia de su Mamá, porque sintiendo su Vida en ellas, y conociendo el origen de donde vienen, sienten la necesidad de decir cada una de ellas quién es su Mamá, cuán buena es, cómo es bella y cómo ellas son felices y bellas porque han sido dadas a luz por una Madre como Ella. ¡Oh! si las criaturas poseyeran como vida a mi Divina Voluntad, conocerían tantas bellas cosas de Ella, y conocerla y no hablar de Ella les resultaría imposible, así que no harían otra cosa que hablar de Ella, amarla, y exponer su vida para no perderla".

(3) Después ha agregado: "Hija mía, nuestra Divina Voluntad es todo, y estando por todas partes, el alma que vive inmersa en Ella no hace otra cosa que tomar continuamente de Dios, y Dios está en acto continuo de verterse dentro de ella, pero tanto, que no sólo la llena, sino que no pudiendo contener todo dentro, forma mares en torno a ella, porque nuestro Querer Divino no estaría contento si al alma que vive en Él no pudiese hacerle parte de todas las partículas de nuestras divinas cualidades, por cuanto a criatura es posible, de modo que el alma debe poder decir: 'Todo me das, y todo te doy, en tu Querer Divino puedo darte todo Tú mismo'. He aquí por qué quien vive en nuestro Fiat es nuestra inseparable, su pequeñez nos la sentimos correr en nuestra potencia y se llena de potencia nuestra hasta no poder más, y honra nuestra potencia porque la pone en condiciones de comunicarse a la criatura. Nos la sentimos correr en nuestra belleza, y se llena de belleza; en nuestro amor, y se llena de nuestro amor; en nuestra santidad y queda llena de ella. Pero mientras queda llena, nos honra, porque nos pone en condición de embellecerla con nuestra belleza divina, de llenarla con nuestro amor, de sellar nuestra santidad, en modo de poner en actitud todas nuestras cualidades divinas, en una palabra, nos pone en condición de obrar y darnos qué hacer para comunicarnos a ella, porque no nos conviene tenerla en nuestra Divina Voluntad disímil de Nosotros; será pequeña, no puede encerrar todo nuestro Ser Divino, pero participarle todas nuestras cualidades divinas por cuanto a criatura es posible, en modo que nada le debe faltar, esto es posible, por eso nada queremos negarle, y además, lo negaríamos a nuestra Divina Voluntad, y sería lo mismo que negárnoslo a Nosotros mismos, lo que Nosotros mismos queremos hacer. Por eso sé atenta hija mía, en nuestro Fiat encontrarás la verdadera finalidad para la que fuiste creada, tu origen, tu nobleza divina, encontrarás todo, recibirás todo, y todo nos darás".

27-30
Enero 20, 1930

**Cómo es bello el vivir en el Querer Divino. El alma pone a
Dios en condición de repetir sus obras. Cómo el Fiat
Divino hace de actor y espectador.**

(1) Estaba haciendo mi giro en la Divina Voluntad, y habiendo llegado al momento cuando fue creada la Reina del Cielo, donde la Divinidad se quitaba la vestidura de justicia, y como vistiéndose para fiesta renovaba el acto solemne del principio de la Creación, llamando a vida a la noble criatura, que con vivir en el Querer Divino, – finalidad única por la cual Dios había creado al hombre, que no debía salir de la casa de su Padre, porque sólo nuestro querer humano nos pone fuera de Dios, de su habitación, fuera de sus bienes, de su Santidad, de su luz– Dios al crear a la Virgen Santa retomaba la fiesta de la Creación, sus dulces sonrisas, sus santos coloquios con la criatura, y desbordó tanto en amor, que rápido la hizo Reina de todo el universo, ordenando a todo y a todos que como a tal la honrasen, y postrados a sus venerables pies la reconocieran y alabaran como Reina. Entonces yo, según mi costumbre, alababa a mi Madre Reina, saludándola a nombre de todos Reina del Cielo y de la tierra, Reina de los corazones, y celestial Emperatriz que impera sobre todo y hasta en su Creador. ¡Ah! le decía, con tu imperio universal impera sobre todos, a fin de que la voluntad humana ceda los derechos a la Divina Voluntad; impera sobre nuestro Dios, a fin de que el Fiat Divino descienda en los corazones y reine como en el Cielo así en la tierra.

(2) Mientras esto hacía, mi dulce Jesús se ha movido en mi interior y se unía conmigo a ensalzar a la Mamá Celestial como Reina, y estrechándome a Sí me ha dicho:

(3) "Hija mía, cómo es bello el vivir en mi Querer Divino; todo lo que ha sido hecho por Dios, lo tiene como presente, y la criatura encuentra todo lo que ha hecho su Creador, y toma parte en sus obras, y puede tributarle los honores, el amor, la gloria de aquel acto a su Creador. Se puede decir que quien vive en nuestro Fiat Divino nos pone en condición de renovar nuestras obras más bellas, y ella se hace renovadora de nuestras fiestas. La creación de la Virgen dice claramente qué significa y qué puede hacer nuestro Querer Divino; en cuanto se posesionó de su virginal corazón, no esperamos ni siquiera un minuto, sino que en el instante la hicimos Reina; era a nuestra Voluntad a la que coronábamos en Ella, porque no era conveniente que una criatura que poseyese nuestro Querer, no tuviese la corona de reina y el cetro de mando. Nuestra Divina Voluntad no quiere escatimar nada, todo quiere dar a quien le hace formar su reino en su alma. Tú debes saber que así como tú, en mi Fiat encuentras presente la creación de la Soberana Señora y la alabas como Reina, así Ella te encontraba a ti presente, en el mismo Fiat Divino y oía tus alabanzas. La Mamá no quiere ser menos que la hija, y desde entonces te ensalzaba a ti para honrar a aquel Querer Divino que debía poseerte, y para corresponderte por tus alabanzas, cuántas veces llama al cielo, al sol, a los ángeles, y a todo a alabar a su pequeña hija que quiere vivir en aquel Fiat que formó toda su gloria, su grandeza, belleza y felicidad".

(4) Después seguía mi abandono en el Fiat Divino, y mi dulce Jesús ha agregado:

(5) "Hija mía, cuando mi Querer Divino reina en el alma, Él toma la parte obrante y dirigente, no hay cosa que ella haga, en que mi Querer Divino no ponga su acto primero para llamar a su acto divino sobre el acto de la criatura; así que si piensa, ahí forma su primer pensamiento y llama toda la santidad, la belleza, el orden de la inteligencia divina, y como la criatura no es capaz, ni tiene vacío suficiente para recibir nuestra inteligencia, mi Fiat, cada vez que hace su acto primero en la inteligencia de la criatura, con su potencia va ensanchando la capacidad de ella para

encerrar nueva inteligencia divina en la mente de la criatura. Por eso se puede decir que mi Querer, donde reina, es el primero en respirar, el primero en latir, el primer acto de la circulación de la sangre, para formar en la criatura su respiración divina, su latido de luz, y en la circulación de la sangre la total transformación de su Querer Divino en el alma y en el cuerpo. Y mientras esto hace, da virtud y vuelve capaz a la criatura para poder respirar con el respiro divino, palpitar con su latido de luz, y sentirse circular en todo su ser, más que sangre, toda su Vida Divina. Por eso donde reina mi Querer es el actor continuado, que jamás cesa de obrar, y haciéndose espectador goza sus escenas divinas que Él mismo desarrolla en la criatura, y ella presta su ser como materia en sus manos, para hacerle desarrollar las escenas más bellas y deleitables, que mi Fiat quiere hacer en el alma donde mi Querer Divino domina y reina".

27-31
Enero 26, 1930

Cada palabra dicha por Jesús sobre su Fiat, es como un hijo que sale de su seno, y tiene la fuerza comunicativa de comunicarse a toda la Creación. Imperio de la oración hecha en la Divina Voluntad.

(1) Mi vuelo continúa en el Fiat Divino, y yo comprendo más cómo cielo y tierra están llenos de Él, no hay cosa creada que no sea portadora de una Voluntad tan Santa. Pero mientras mi mente se perdía en el Fiat, mi dulce Jesús moviéndose en mi interior me ha dicho:

(2) "Hija mía, todas las cosas creadas, por fuerza de mi Divina Voluntad en la cual ellas viven, advierten cuando mi Querer Divino quiere manifestar una verdad que le pertenece, un conocimiento suyo, o bien que quiere hacer una obra suya; siendo una la Voluntad que domina toda la Creación, sienten en ellas la virtud comunicativa, creadora y conservadora que quiere obrar y darse a conocer, por eso sienten como si otra hermana se agregara en medio a ellas y festejan a la recién llegada; así que cada palabra que te he dicho sobre mi Querer Divino ha sido un Fiat pronunciado por Nosotros, el cual ha salido como un hijo del seno de nuestro Querer. Este Fiat es el mismo Fiat de la Creación, que formando su eco hace sentir su fuerza vital donde reside nuestra Voluntad. Cuando nuestro Fiat quiere obrar, quiere pronunciarse con hacerse conocer y manifestar otras verdades suyas, sucede como a una familia cuando ven que su madre está por dar a luz otros hijos, toda la familia festeja, porque la familia se hace más numerosa, y cada vez que se acrecienta otro hermanito o hermanita hacen fiesta, y gozan del recién llegado en medio a ellos. Tal es la Creación, habiendo salido del seno de mi Divina Voluntad, todas mis obras forman una familia, y están de tal manera ligadas entre ellas, que parece que no pueden vivir la una sin la otra, mi Voluntad las tiene de tal manera unidas, que las vuelve inseparables, porque todas sienten que una es la Voluntad que las domina. Ahora, oyendo un decir tan prolongado de mi Fiat, los tantos conocimientos que te va manifestando, sienten que se acrecienta el número de la divina generación de mi Fiat en medio a ellos, entonces la familia de la Creación se siente engrandecer y festeja el

preludio del reino de mi Querer Divino. Por eso cuando te hablo de mi Fiat, y Él se pronuncia con manifestarse, los cielos reverentes se abajan para recibir el nuevo parto y su hijo en medio a ellos, para tributarle los honores y festejar al recién llegado. Hija mía, mi Voluntad Divina cuando quiere pronunciarse, se extiende dondequiera y hace oír su eco y su fuerza creadora en todas las cosas donde Ella reina".

(3) Después de esto seguía rezando para que el bendito Jesús se apresurara en hacer venir el tan suspirado reino de la Divina Voluntad sobre la tierra, y mi amado Jesús, como herido por tal petición, que Él mismo tanto suspira de ver el triunfo del Querer Divino sobre la tierra, me ha dicho:

(4) "Hija mía, las oraciones hechas en mi Querer Divino para obtener el advenimiento de su reino sobre la tierra, tienen un gran imperio sobre Dios. Dios mismo no puede desentenderse ni puede no escucharla favorablemente, porque la criatura rogando en mi Fiat Divino, sentimos la fuerza de nuestro Querer, que con su imperio ruega, con su inmensidad se extiende dondequiera, y abrazando la fuerza universal, la oración se extiende por todas partes, de modo que nos sentimos cercados por todos lados, sentimos nuestra misma Voluntad en Nosotros que ruega, y de oración se cambia en orden y dice: 'Quiero'. E imperando sobre nuestro Ser Divino con su dulce imperio, decimos: 'Queremos'. Por eso las oraciones hechas en nuestro Fiat Divino se pueden llamar decisiones, órdenes, que llevan el reescrito firmado de lo que se quiere, y si no se ve al instante lo que se quiere, es porque estamos disponiendo las causas secundarias para sacar de Nosotros lo que hemos decidido dar. Por eso no hay que dudar, porque tarde o temprano verá descender del cielo lo que con decisión le ha sido concedido. Por eso continúa las oraciones en nuestro Fiat, oraciones que mueven Cielos y tierra, y hasta al mismo Dios, si amas ver mi reino sobre la tierra, y Yo rogaré junto contigo para obtener el intento. Mucho más que el único fin de la Creación fue propiamente esto: Que nuestro Querer Divino debía reinar como en el Cielo así en la tierra".

27-32
Enero 30, 1930

Así como se desarrolló la Redención, así se desarrollará el reino de la Divina Voluntad. Analogía entre una y otra. Sobresalto de alegría y de dolor de Jesús.

(1) Estaba pensando en cómo podía venir el reino de la Divina Voluntad sobre la tierra, en qué modo se podrá desarrollar, y quiénes serán los primeros afortunados que tendrán un bien tan grande. Y mi dulce Jesús haciéndose ver me ha estrechado a Sí, y dándome tres besos me ha dicho:

(2) "Hija mía, del mismo modo como se desarrolló el reino de la Redención, así se desarrollará el reino de mi Voluntad. Se puede decir que la Redención va haciendo el giro por todo el mundo, giro que aún no ha cumplido del todo, porque no todos los pueblos conocen mi venida a la tierra, y por eso están privados de sus bienes; Ella va preparando y disponiendo los pueblos al gran reino de mi Divina Voluntad.

(3) Ahora, así como mi Redención tuvo su principio no en todo el mundo, sino en el centro de la Judea, porque en esta nación estaba el pequeño núcleo de aquellos que

me esperaban, estaba Aquélla que me había escogido por Madre, estaba san José que debía ser mi padre putativo, en esta nación me había manifestado a los profetas haciéndoles conocer que vendría a la tierra. Era justo que donde se conocía fueran los primeros en tenerme en medio a ellos, y si bien fueron ingratos y muchos no me quisieron conocer, pero, ¿quién puede negar que mi Mamá Celestial, los apóstoles, los discípulos, fueron de la nación hebrea y que fueron ellos los primeros anunciadores que expusieron su vida para hacer conocer a las otras naciones mi venida a la tierra y los bienes que hay en mi Redención? Así será del reino de mi Fiat Divino; los países, las provincias, el reino, que hayan sido los primeros en conocer los conocimientos de mi Divina Voluntad y su expresa Voluntad de querer venir a reinar en medio a las criaturas, serán los primeros en recibir los bienes que traerá su reino; y después, haciéndose camino con sus conocimientos hará su giro en medio de las generaciones humanas. Hija mía, hay mucha analogía del modo como se desarrolló la Redención y el cómo se desarrollará el reino de mi Divina Voluntad. Mira, en mi Redención escogí una Virgen, aparentemente no tenía ninguna importancia según el mundo, ni de riqueza, ni de altura de dignidad o de puestos que la señalaran, la misma ciudad de Nazaret no era importante, una pequeña casita era toda su habitación, pero a pesar de que la escogí de Nazaret, quise que perteneciera a la ciudad capital de Jerusalén, en la cual estaba el cuerpo de los pontífices y sacerdotes que entonces me representaban y anunciaban mis leyes. Para el reino de mi Divina Voluntad he escogido otra virgen, que aparentemente no tiene ninguna importancia, ni de grandes riquezas, ni de altura de dignidades, la misma ciudad de Corato no es ciudad importante, pero pertenece a Roma, donde reside mi representante en la tierra, el romano Pontífice, del cual parten mis leyes divinas, el cual, así como se hace un deber el hacer conocer a los pueblos mi Redención, así se hará un deber el hacer conocer el reino de mi Divina Voluntad. Se puede decir que la una y el otro irán a la par en el modo y en el cómo, cómo se debe desarrollar el reino de mi Fiat Supremo".

(4) Después de esto seguía mi giro en el Querer Divino, y habiendo llegado al Edén rogaba a Jesús que pronto restableciera la finalidad de la creación del hombre como salió de sus manos creadoras; pero mientras esto hacía, mi amado Jesús, haciéndose oír en mi interior, me hacía sentir que su corazón divino se estremecía fuertemente, y todo ternura me ha dicho:

(5) "Hija mía, cada vez que se menciona el Edén, mi corazón se sobresalta de alegría y de dolor al recordar el modo, el cómo fue creado el hombre, su estado feliz, su belleza raptora, su soberanía, nuestras y sus alegrías inocentes con las que nos deleitábamos juntos, cómo era bello nuestro hijo, parto digno de nuestras manos creadoras; ahora, al recordar esto, es tan dulce y agradable a mi corazón, que no puedo hacer menos de estremecerme de alegría y de amor; pero después, al verlo cambiado en su suerte y descendido de su felicidad en los males de su voluntad humana, porque nuestra Divina Voluntad era el preservativo a todos sus males y la conservadora del como salió de nuestras manos creadoras, que poniéndolo en competencia con su Creador lo ponía en condiciones de poder dar su amor, sus alegrías inocentes a Aquél que lo había creado. Entonces, al verlo infeliz, mi sobresalto de alegría súbito viene seguido de un sobresalto de fuerte dolor. Y si tú supieras cómo me es agradable tu regresar a este Edén para ponerme delante lo que

de bello, de santo, de grande se hizo en la creación del hombre, me das el contento, la alegría de hacerme repetir mi sobresalto de alegría, y de poner un calmante a mi sobresalto de dolor, que si no hubiera sido seguido por la esperanza cierta de que mi hijo, en virtud de mi Fiat debe regresarme feliz, dándome sus alegrías inocentes como fue establecido por Nosotros al crearlo, mi sobresalto de dolor no tendría tregua, y daría gritos tan fuertes que haría llorar a los mismos Cielos. Por eso al oír tu continuo estribillo: 'Quiero el reino de tu Querer Divino', mi corazón divino se siente detenido el estremecimiento de dolor, y estremeciéndome de alegría digo: 'La pequeña hija de mi Querer quiere y pide mi reino'. Pero, ¿por qué lo quiere? Porque lo conoce, lo ama y lo posee, por eso ruega que lo posean las otras criaturas. Porque siendo mi Divina Voluntad principio de vida de la creación del hombre, Ella sola le da la capacidad de poder recibir todo de su Creador, y de poderle dar todo lo que quiere, que Él quiere. Mi Fiat tiene virtud de cambiar las condiciones del hombre, su fortuna, con Él todo le sonríe, todos lo aman, todos lo quieren servir, y se tienen por afortunados de servir a mi Querer Divino en él, esto es, en la criatura donde reina mi Divina Voluntad".

27-33
Febrero 6, 1930

Efectos de vivir en el Querer Divino y en el querer humano. Cómo el modo de obrar en el alma simboliza la Creación. Cómo primero hace las cosas pequeñas y después las grandes.

(1) Continúo mi abandono en el Querer Divino, mi pobre mente está siempre llena con lo que respecta a un Querer tan Santo, es más, me parece que mis pensamientos se arrojan en su mar de luz, y después salen como tantos mensajeros, que llevan tantas bellas noticias de dentro de aquel mar donde han estado, y quién quiere decir una cosa, y quién otra de aquel Fiat, del cual se glorían de conocerlo y de recibir de Él la vida. Yo me deleito en escucharlos, y muchas veces no sé decir con palabras las tantas bellas noticias que mis pensamientos me traen del mar de luz del Querer Divino, y siento la necesidad de que Jesús me guíe, que me sugiera las palabras, de otra manera no sabría decir nada. Después, mientras me encontraba en el mar del Fiat Divino, mi dulce Jesús, haciéndose ver en acto de ayudarme a cambiar en palabras lo que mi mente pensaba, me ha dicho:

(2) "Hija mía, los efectos del vivir en mi Querer Divino son admirables. Mi Fiat tiene a la criatura siempre dirigida hacia el Cielo y la hace crecer no de tierra, sino de Cielo, y como mi Voluntad es una con la misma Voluntad que obra en la criatura, esta mi misma Voluntad pone al alma en orden a su Creador y le va manifestando quién es Aquél que la ha creado, cuánto la ama, y cómo quiere ser amado, y poniéndola de frente a los reflejos divinos, hace deleitar a su Creador a vía de reflejos, para que haga crecer y pintar su imagen en aquélla que posee y hace una su voluntad con la de Aquél que la ha creado. Y como mi Fiat la tiene siempre vuelta hacia el Cielo, no tiene tiempo de mirar la tierra, porque está absorbida por el Ente Supremo, y aunque la mirase, todas las cosas se convierten en Cielo, porque donde Ella reina tiene virtud

de cambiar naturaleza a las cosas. Por eso para la criatura que vive en mi Querer Divino, todo es Cielo, crece para el Cielo, porque el Cielo de mi Divina Voluntad reina en su alma. En cambio quien vive de voluntad humana está siempre vuelta hacia sí misma, y con el mirarse a sí misma, el querer humano le va descubriendo lo que es humano, y la pone a los reflejos de lo que existe en el bajo mundo, de modo que se puede decir que vive de tierra y crece sin la semejanza de Aquél que la ha creado. Hay tal diferencia entre una y otra, que si las criaturas la pudiesen ver, todos amarían y suspirarían vivir en mi Fiat, y aborrecerían el vivir de voluntad humana y lo tendrían como la más grande desventura, que les hace perder la finalidad y el origen por el cual fueron creadas. Sucedería como a un rey que depone su corona, sus vestidos reales, desciende de su morada real y viste con harapos sucios, se alimenta de alimentos inmundos y vive en un establo junto con las bestias de sus pasiones. ¿No sería para llorar la suerte de aquél? Tal es quien se hace dominar por su voluntad humana".

(3) Después de esto seguía pensando a las tantas cosas que mi amado Jesús ha obrado en la pobre y pequeña alma mía, a sus tantos modos amorosos, que el querer decirlos todos me sería imposible. ¿Quién puede decir lo que pensaba, y la causa por la que mi pequeña inteligencia estaba como llena de lo que me había sucedido en mi existencia? Pero mientras me encontraba en poder de tantos pensamientos, mi sumo y único bien Jesús, estrechándome toda a Él, con ternura indecible me ha dicho:

(4) "Hija mía, mi modo de obrar en tu alma simboliza toda la Creación. Obra grande fue la Creación, pero como nuestras obras son ordenadas, nos contentamos primero con crear las cosas pequeñas, el cielo, las estrellas, el sol, el mar, las plantas y todo lo demás, esto es, pequeñas en comparación de la creación del hombre, que todo debía superar y tener la supremacía sobre todo; y cuando las cosas deben servir a aquél que las debe dominar y ser el rey de ellas, por cuanto fuesen o parecieran grandes, son siempre pequeñas en comparación de aquél a quien deben servir. Entonces, después de que el universo fue creado y todas las cosas estaban en su puesto de orden, esperando a aquél, a quien como un ejército ordenado, debían alinearse en torno a él para servirlo y obedecer sus órdenes, creamos al hombre. Todas las cosas creadas y su mismo Creador se volcaron sobre de él para cantarle nuestros eternos amores y decirle: 'Todos tenemos la marca de nuestro Creador y la ponemos sobre de ti, que eres su imagen'. Cielos y tierra hicieron fiesta completa, y nuestra misma Divinidad festejó con tanto amor la creación del hombre, que al sólo recordarlo rebosa tan fuerte nuestro amor, que desbordando forma mares inmensos en torno a Nosotros.

(5) Ahora, el reino de mi Divina Voluntad es más grande que la obra de la Creación, y por eso se puede decir que es la llamada a nuestro Ser Divino a obrar más que en la misma Creación. Por eso todo lo que hice al principio en tu alma simboliza la Creación, te quise toda para Mí y toda mía para estar libre de hacer lo que Yo quisiera; quise el vacío de todo en tu alma para poder extender mi cielo; el tanto hablar sobre las virtudes que te decía eran estrellas, que practicadas por ti, en el modo querido por Mí, me servía de ellas para adornar el cielo que había extendido en ti. Así que quería reparar en ti y rehacerme de todo lo que de mal e indigno había hecho la familia humana; para llamar al sol de mi Fiat Divino era necesario preparar

con decoro a aquélla que debía recibir, por primera, la Vida de mi Divina Voluntad. He aquí el por qué hacía correr los mares de gracia, las más bellas florituras, casi como en la creación del hombre, en el cual debía reinar mi Fiat Divino; así en ti, todo lo que Yo hacía se ponía a la expectativa para cortejar como un ejército divino el sol de mi Eterno Querer. Y como en la Creación abundamos tanto en el crear tantas cosas que debían servir al hombre, porque este hombre debía hacer reinar en él a mi Divina Voluntad, así en ti, todo ha sido hecho para que Ella encontrase su puesto de honor y de gloria. Por eso era necesario que primero debía prepararte con tantas gracias y enseñanzas, como cosas pequeñas en comparación del gran sol de mi Querer Divino, que con tantas manifestaciones suyas, mientras se hacía conocer formaba su Vida para reinar y formar su primer reino en la criatura. Así que no te maravilles, es el orden de nuestra sabiduría y providencia, que primero hace las cosas pequeñas y después las grandes, por cortejo y por decoro de las cosas grandes. ¿Qué cosa no merece mi Fiat Divino? ¿Qué no se le debe? ¿Y qué cosa no ha sido hecha por Él? Por eso cuando se trata de Ella o de hacerla conocer, Cielos y tierra se postran reverentes y todos adoran en mudo silencio un solo acto de mi Divina Voluntad".

27-34
Febrero 11, 1930

El hombre fue creado para vivir familiarmente con Dios y en su casa; pero habiéndose sustraído de su Voluntad, por bondad de Dios le fue dada la justificación.

(1) Mi pobre mente sufre el dulce encanto del refulgente sol del eterno Fiat, y ¡oh! cuántas bellas escenas conmovedoras desarrolla en mí, que si yo las pudiese decir como las veo, todos sufrirían el dulce encanto y en coro dirían: "Queremos hacer la Divina Voluntad". Pero ¡ay de mí! Soy siempre la pequeña ignorante, y apenas balbuceando sé decir alguna cosa. Pero al comprender el gran bien de este Querer Divino y el cómo nadamos en sus olas altísimas de luz, de belleza indecible, de santidad inalcanzable, pensaba entre mí: "¿Cómo es posible que no se conozca un bien tan grande? Y mientras nadamos dentro ignoramos el gran bien que nos circunda, que nos inviste por dentro y por fuera, que nos da la vida, y sólo porque lo ignoramos no gozamos los admirables efectos de todos los grandes bienes que contiene un Querer tan Santo ¡Ah! devélate, oh Fiat Omnipotente, y la faz de la tierra se cambiará". Y además pensaba: "¿Por qué Nuestro Señor bendito no se ha complacido en manifestar, desde el principio de la Creación, las tantas cosas admirables que quiere hacer y dar a las criaturas esta Santísima Voluntad?" Y mientras mi mente se perdía como raptada en el dulce encanto del Querer Divino, mi amor, mi vida Jesús, el celestial maestro que cautiva con su bello hablar sobre su mismo Querer, haciéndose ver me ha dicho:
(2) "Mi pequeña hija de mi Querer, la criatura no puede vivir, ni el alma ni el cuerpo, sin mi Divina Voluntad, y como es su primer acto de vida, por eso se encuentra en las condiciones o de recibir su acto de vida continua de Ella, o de no poder tener

existencia; y como el hombre fue creado para vivir en la opulencia de los bienes de esta Divina Voluntad, su preciada herencia, por eso él debía vivir de Nosotros y en nuestra casa, como un hijo que vive con su padre, de otra manera, ¿cómo podía ser nuestro entretenimiento, nuestra alegría y felicidad, si no debía vivir cerca, junto con Nosotros en nuestra Divina Voluntad? Un hijo lejano no puede formar la alegría de su padre, su sonrisa, su diversión, su familiar conversación; de lejos no se puede jugar juntos, ni sonreír de felicidad, es más, la sola lejanía rompe el amor y lleva la amargura de no poder gozar de aquél a quien se ama. Mira entonces, el hombre fue creado para vivir a lo familiar con Nosotros, en nuestra casa, en nuestra misma Voluntad, para asegurarnos nuestras y sus alegrías y felicidad perenne. Pero el hombre, nuestro hijo, mientras era feliz en la casa de su Padre se rebeló y salió de su casa paterna, y con hacer su voluntad perdió la sonrisa de su Padre, sus alegrías puras, y como no podía vivir sin el concurso de nuestra Divina Voluntad, la hicimos de Padre y le dimos la legitimación de nuestra Divina Voluntad, no más como vida que lo llevaba en su regazo para volverlo feliz y santo, sino como concurrente para conservarlo con vida; no para hacerlo feliz como antes, sino para darle las cosas de estrecha necesidad y según se hubiese comportado; sin mi Voluntad Divina no puede haber vida. He aquí el por qué de mi Fiat Divino se conoce tan poco, porque las criaturas sólo conocen de Ella su legitimación, y muchas veces esta legitimación ni siquiera es del todo reconocida, porque quien vive de legitimación no vive en la casa de su Padre, está lejano de Él, y muchas veces se encuentra en las condiciones de estropear con actos indignos la misma legitimación recibida. Por eso no te maravilles si poco se conoce de mi Divina Voluntad, si no se vive en Ella, si no se está en continuo contacto de recibir su Vida que hace feliz, que santifica, y que estándole cerca abre sus secretos y hace conocer quién es, qué puede darle, y cómo suspira por tener en su regazo a la criatura para formar en ella su Vida Divina. Mucho más que el hombre con hacer su voluntad se puso en condición de siervo, no de heredero, y el siervo no tiene derecho a la herencia de su amo, sino a la mísera paga para vivir con penurias la vida. Por eso hija mía, se puede decir que contigo he abierto las puertas para hacerte entrar a vivir en nuestra casa, en nuestra Divina Voluntad, y teniéndote con Nosotros te hemos manifestado tanto de nuestro Querer Divino, no como legitimada, sino como nuestra afortunada heredera".

(3) Después de esto ha agregado: "Hija mía, mucho más que aquél poco que se ha escrito en toda la historia del mundo acerca de mi Divina Voluntad, habiendo conocido de Ella sólo la legitimación, han escrito de Ella lo que han conocido de mi Fiat después de la culpa, en qué relaciones está con las criaturas a pesar de que la ofenden y no viven en nuestra casa. En cambio, qué relaciones había entre mi Fiat y Adán inocente antes de pecar, nada han escrito; y, ¿cómo podían escribir si ninguno ha vivido en mi Divina Voluntad como en su casa? ¿Cómo podían conocer sus secretos y el gran prodigio que puede hacer la Vida obrante de un Querer Divino en la criatura? Por eso podían y pueden decir de mi Fiat Divino que dispone todo, que ordena, que concurre, pero decir de mi Querer Divino cómo obra en Sí mismo, en su casa, la potencia de su inmensidad que en un instante hace todo, envuelve todo, como en Sí mismo así en la criatura, esta es ciencia que hasta ahora la criatura ignoraba; no podía ser escrita sino después de las manifestaciones de mi Fiat Divino, y a quien llamaba a vivir en nuestra casa como hija nuestra, cercana dentro de mi

Querer, no lejana, que pudiéndonos entretener con ella la poníamos al tanto de nuestros secretos más íntimos. Y si hubiéramos querido manifestar lo que respecta a nuestra Voluntad con relación a la criatura y no viviese en Ella, no nos habría entendido, habría sido para ella como un dialecto extraño e ininteligible".

27-35
Febrero 17, 1930

La Divina Voluntad es el latido, la criatura el corazón; la Divina Voluntad es el respiro, la criatura el cuerpo. Inseparabilidad de la una y de la otra.

(1) El Querer Divino continúa ocupando mi pequeña inteligencia, y yo sumergiéndome en Él siento su fuerza vivificadora, que dentro y fuera me circunda, y mi dulce Jesús que parece que se esconde dentro de las olas altísimas de luz de su Querer Divino, frecuentemente se mueve en estas olas de luz, y haciéndose ver, con ternura indecible me ha dicho:

(2) "Hija mía, mi Divina Voluntad es latido sin corazón, la criatura es corazón, Ella es el latido. Mira que unión inseparable hay entre mi Fiat y la criatura: el corazón es nada, no tiene ningún valor sin el latido, con el latido se constituye vida de la criatura, pero el latido no puede palpitar sin el corazón. Tal es mi Divina Voluntad, si no tiene la nada del corazón de la criatura, no tiene donde formar su latido de vida para desarrollar y formar su Vida Divina. Entonces mira, mi Divina Voluntad no teniendo corazón, lo ha creado en la criatura para tener su corazón dónde poder formar su latido. Además de esto mi Divina Voluntad es respiro sin cuerpo, la criatura es el cuerpo, Ella es el respiro; el cuerpo sin el respiro está muerto, así que quien forma el respiro de la criatura es mi Divina Voluntad, por eso se puede decir: 'El cuerpo de Ella es el de la criatura, y el respiro de ella es el de mi Querer Divino'. Mira qué gran unión hay entre una y la otra, unión que no puede separarse, porque si cesa el respiro cesa la vida. Por eso mi Divina Voluntad es todo para la criatura: es palabra sin boca, es luz sin ojo, es oído sin orejas, es obra sin manos, es paso sin pies, y por eso el alma que vive en mi Querer Divino le sirve de boca, de ojo, de orejas, de manos y de pies. Ella se restringe para encerrase en la criatura, mientras permanece inmensa, y victoriosa forma en ella su reino, sirviéndose de ella como si fuese su cuerpo, donde late, respira, habla, obra y camina. Por eso el dolor de mi Fiat Divino es incomprensible porque las criaturas no se prestan para hacerlo desarrollar todas sus operaciones en ellas, para hacerlo reinar, y lo obligan al silencio y a la inactividad, y con paciencia divina e indecible espera a quien debe vivir en su Querer para reemprender su hablar y su obrar divino, para formar su reino en medio a las criaturas. Por eso sé atenta hija mía, escucha el hablar de mi Fiat Divino, dale la vida en todos tus actos, y verás los portentos inesperados que mi Divina Voluntad hará en ti".

Sea todo para gloria de Dios y para cumplimiento de su Santísima Voluntad.

Deo Gratias

[1] Este libro ha sido traducido directamente del original manuscrito de Luisa Piccarreta
[2] Sacrificador en el sentido del que ofrece algo material a Dios con la mira de realizar un ideal.

[1]
I. M. I.
Fiat!!!
¡In Voluntate Dei!.
Deo Gratias.

28-1
Febrero 22, 1930

Quien vive en la Divina Voluntad queda circundado por la Inmutabilidad divina. Muerte del bien; sacrificio de la vida para hacerlo resurgir.

(1) Estoy siempre en poder del Fiat Divino que sabe conquistar dulce y fuertemente; con su dulzura me atrae en modo irresistible, con su fuerza me vence, de modo que puede hacer de mí lo que quiere. ¡Oh! Querer Santo, ya que Tú me conquistas, haz que con tu misma fuerza y dulzura te venza a Ti, y cediendo a mis súplicas continuas ven a reinar sobre la tierra, forma tu dulce encanto al querer humano, y todo llegue a ser Voluntad Divina sobre la tierra.
(2) Mientras estaba pensando acerca del Querer Divino, mi dulce Jesús moviéndose en mi interior y haciéndose ver me ha dicho:
(3) "Hija mía, si tú supieras qué significa darse en poder de mi Divina Voluntad. El alma queda circundada por nuestra inmutabilidad, y todo se vuelve para ella inmutable: 'La santidad, la luz, la gracia, el amor'. Así que no siente más lo cambiante de los modos humanos, sino la estabilidad de los modos divinos, por eso quien vive en mi Querer Divino se puede llamar cielo que está siempre fijo y estable en su puesto de honor con todas sus estrellas, y si gira, como es todo el conjunto de la Creación que gira, por eso no cambia de puesto, ni varía, sino que queda siempre inmutable el cielo con todas sus estrellas. Así es el alma que vive en mi Divina Voluntad, podrá girar, hará varias acciones, pero como girará en la fuerza motora de mi Fiat Divino y en el conjunto de mi Voluntad, será siempre cielo, e inmutable en sus bienes y en las prerrogativas con las que la ha dotado mi Suprema Voluntad. En cambio quien vive fuera de mi Fiat Divino, sin su fuerza motriz, se puede llamar como aquellas estrellas errantes que se precipitan en el espacio, como si no hubiese un puesto fijo para ellas, y son obligadas, como estrellas errantes, a correr como al precipicio, como si se hubieran extraviado de la bóveda del cielo. Así es el alma que no hace ni vive en mi Divina Voluntad, ella se cambia a cada ocasión, siente en sí tanta variedad de cambios, que siente fastidio de repetir un bien continuado, y si algún resplandor de luz hace salir de sí, es como el centelleo de las estrellas errantes, que rápidamente desaparece. Se puede decir que la señal para conocer si

se vive de Voluntad Divina es ésta: 'La inmutabilidad en el bien'; y cambiarse a cada pequeña incitación, es la señal si es que se vive del querer humano".

(4) Después de esto seguía los actos del Fiat Divino, giraba en las obras de la Creación, en el Edén, en los lugares y personas más notables de la historia del mundo para pedir a nombre de todos el reino de la Divina Voluntad sobre la tierra. Y mi dulce Jesús moviéndose en mi interior me ha dicho:

(5) "Hija mía, el hombre con sustraerse de mi Divina Voluntad, dio muerte a los bienes que mi Querer Divino habría hecho surgir en él si no hubiese sido rechazado. En cuanto él salió, en ese instante moría el acto continuo de la Vida Divina en el hombre, moría la santidad que siempre crece, la luz que siempre surge, la belleza que jamás se detiene para siempre embellecer, el amor incansable que jamás dice basta, que siempre, siempre quiere dar, mucho más que rechazando a mi Divina Voluntad moría el orden, el aire, el alimento que debía nutrirlo continuamente. Mira entonces cuántos bienes divinos hizo morir en sí mismo el hombre al sustraerse de mi Divina Voluntad; ahora, donde ha estado la muerte del bien, se requiere el sacrificio de la vida para hacer resurgir el bien destruido. He aquí por qué, justa y sabiamente, cuando he querido renovar el mundo y dar un bien a las criaturas, he pedido el sacrificio de vida, como pedí el sacrificio a Abraham, que me sacrificara a su único hijo, como en efecto lo hizo, pero impedido por Mí se detuvo, y en aquel sacrificio que le costaba a Abraham más que su propia vida, resurgía la nueva generación donde debía descender el Divino Libertador y Redentor, que debía hacer resurgir el bien muerto en la criatura. Con el andar del tiempo permití el sacrificio de Jacob, con el gran dolor de la muerte de su amado hijo José, y si bien no murió, pero para él fue como si en realidad hubiese muerto; era la nueva llamada al celestial Libertador la que resurgía en aquel sacrificio, que llamaba a hacer resurgir el bien perdido. Además de esto, Yo mismo al venir a la tierra quise morir, pero con el sacrificio de mi muerte llamaba al resurgimiento de tantas vidas y el bien que la criatura había hecho morir, y quise resucitar para confirmar la vida del bien y la resurrección a la familia humana. Qué gran delito es hacer morir el bien, tanto, que se requiere el sacrificio de otras vidas para hacerlo resurgir. Ahora, con toda mi Redención y con el sacrificio de mi muerte, no reinando mi Divina Voluntad, no todo el bien ha resurgido en la criatura, Ella está reprimida y no puede desarrollar la santidad que quiere, el bien sufre intermitencias, ahora surge, ahora muere, y mi Fiat queda con el dolor continuo de no poder hacer surgir todo el bien que quiere en la criatura. Es por esto por lo que me quedé Sacramentado en la pequeña Hostia, partí para el cielo, pero al mismo tiempo me quedé en la tierra, en medio a las criaturas, para nacer, vivir y morir, si bien místicamente, para hacer resurgir todo el bien en ellas, que el hombre rechazó con sustraerse de mi Divina Voluntad. Y a mi sacrificio quise unido el sacrificio de tu vida, para hacer resurgir su reino en medio de las generaciones humanas, y desde cada Tabernáculo estoy como espiando para hacer obra completa, Redención y Fiat Voluntas Tua come in Cielo così in terra, contentándome con sacrificarme y morir en cada Hostia para hacer resurgir el Sol de mi Fiat Divino, la nueva era y su pleno triunfo. Yo al partir de la tierra dije: 'Voy al cielo y quedo sobre la tierra en el Sacramento, estaré contento de esperar siglos, sé que me costará mucho, ultrajes inauditos no me faltarán, quizá más que en mi misma Pasión, pero me armaré de paciencia divina, y desde la pequeña Hostia haré obra

cumplida, haré reinar mi Querer en los corazones y continuaré estando en medio de ellos para gozarme los frutos de los tantos sacrificios que he sufrido.' Por eso, únete junto Conmigo al sacrificio por una causa tan santa, y por el justo triunfo de que mi Voluntad reine y domine".

28-2
Febrero 26, 1930

Cómo es necesario desear un bien. Si no se forma el pueblo a la Divina Voluntad, no puede tener su reino. Quien vive en el Fiat es dueño y señor, quien hace su querer es siervo.

(1) Estaba pensando en el gran interés que mi siempre amable Jesús tiene de hacer conocer su Santa Voluntad, y decía entre mí: "Ama, suspira, quiere que venga su reino, y después tarda en hacerlo surgir en medio a las criaturas; si lo quisiera, todo puede, potencia no le falta, en un momento puede arrollar cielo y tierra, ¿quién puede resistir a su potencia? Ninguno. Mucho más que en Jesús, querer y poder es lo mismo, ¿por qué entonces tarda hasta ahora?" Pero mientras esto pensaba, mi dulce Jesús moviéndose y haciéndose sentir en mi interior me ha dicho:

(2) "Hija mía, el suspirar, desear y querer un bien, es disponerse a recibirlo, y cuando se recibe un bien que tanto se ha suspirado, se ama, se aprecia, se custodia, se le considera bienvenido por ser el portador del bien que suspiraba. No sólo eso, sino que esto es otro exceso de nuestro amor, que hacemos suspirar el bien que queremos dar, porque queremos que la criatura ponga algo de lo suyo, al menos sus suspiros, sus oraciones, su voluntad de querer el bien, para poderle decir: 'Mira, te lo has merecido, porque por parte tuya has hecho lo que has podido por obtenerlo, y Nosotros, con todo el corazón te lo damos', mientras que todo es efecto de nuestra bondad. Y es esta la causa por la que hacemos saber antes a las criaturas lo que queremos dar; se puede decir que nos ponemos en correspondencia mandando nuestras cartas de aviso, enviamos nuestros mensajeros haciéndolos decir lo que queremos dar, y todo esto para disponerlas, para hacerlas suspirar el gran don que queremos dar. ¿No hicimos lo mismo para el reino de la Redención? Fueron cuatro mil años de espera, y por cuanto más se acercaba el tiempo, más urgentes eran los avisos, más frecuentes las cartas, y todo para disponerlos. Así es para el reino de mi Divina Voluntad, tardo porque quiero que lo sepan, que rueguen, que suspiren que venga a reinar, que comprendan el gran don de Ella, y así poderles decir: 'Lo habéis querido, os lo habéis merecido, y Ella ya viene a reinar en medio de ustedes; con conocerla, pedirla y suspirarla, habéis formado su pueblo elegido donde pueda dominar y reinar'. Sin pueblo no se puede formar un reino, y he aquí la otra causa por la que quiero que se sepa que mi Voluntad Divina quiere reinar sobre la tierra: 'Que pidan, que la suspiren, que se dispongan para formar su pueblo donde descienda en medio a ellos y formar su morada real, su sede, su trono.' Por eso no te debe maravillar que mientras ves tanto interés por parte mía que quiero que mi Voluntad reine, después veas que tarda, son las disposiciones de nuestra sabiduría inalcanzable que todo dispone con orden, y el retardo sirve para poner en camino sus conocimientos que harán de cartas, de telégrafos, de teléfono, de mensajeros, para

formar el pueblo a mi Divina Voluntad. Por eso ruega y tu vuelo en Ella sea continuo".

(3) Después de esto seguía mi giro en el Fiat Divino, y llegando al Edén me he detenido a pensar en el amor que se intercambiaba entre Dios y Adán inocente, cómo la Divinidad no encontrando ningún obstáculo por parte del hombre, se vertía a torrentes sobre de él, con su amor lo raptaba a Sí con dulces atractivos, haciéndole oír su voz toda suavidad que le decía: "Hijo, te amo, te amo mucho". Y Adán, herido y raptado por el eterno amor repetía su estribillo: "Te amo, te amo". Y lanzándose en los brazos de su Creador se estrechaba tanto, que no sabía separarse, como del único amor que conocía y que vivía sólo para amarlo. Pero mientras mi mente se perdía en este amor recíproco de Dios y la criatura, mi dulce Jesús, todo bondad me ha dicho:

(4) "Hija mía, qué dulce recuerdo es la creación del hombre. Él era feliz y Nosotros también, sentíamos el fruto de la felicidad de nuestra obra, sentíamos mucho gusto en amarlo y en ser amados. Nuestra Voluntad Divina nos lo conservaba fresco y bello, y llevándolo entre sus brazos de luz nos hacía contemplar cómo era bella la obra creada por Nosotros, nuestro amado hijo, y como hijo lo teníamos en nuestra casa, en nuestros bienes interminables, y por consecuencia, como era hijo, actuaba como dueño. Habría sido contra la naturaleza de nuestro amor no hacer dueño a quien tanto amábamos y nos amaba; en el verdadero amor no hay tuyo y mío, sino todo es en común. Y además, con hacerlo dueño nada nos venía de mal, nos alegraba, nos hacía sonreír, nos entretenía, nos daba las bellas sorpresas de nuestros mismos bienes, y además ¿cómo no debía ser dueño si poseía nuestra Voluntad Divina que señorea todo y domina todo? Para no hacerlo dueño debíamos poner en servidumbre a nuestra Voluntad, lo que no podía ser, donde Ella reina no existe servidumbre, sino todo es dominio. Por eso, hasta en tanto que el hombre vivió en nuestro Fiat Divino, no conoció servidumbre; en cuanto pecó, sustrayéndose de nuestro Querer Divino, perdió el señorío y se redujo a esclavitud. ¡Qué cambio, de hijo a siervo! Perdió el mando sobre las cosas creadas, se volvió el siervo de todos. El hombre con retirarse de nuestro Fiat Divino se sintió sacudido hasta en lo más profundo, y su misma persona la sintió vacilante, sintió qué cosa es debilidad, y se sintió siervo de pasiones que lo hacían avergonzarse de sí mismo, y llegó a perder su dominio. Así que no estaba más en su poder, como antes, la fuerza, la luz, la gracia, la paz, sino que la debía mendigar de su Creador con lágrimas y oraciones. ¿Ves entonces lo que significa vivir en mi Querer Divino? Ser dueña; quien hace su voluntad es siervo".

(5) Y yo sorprendida por lo que Jesús decía le he dicho: "Amor mío, por cuan consolador es oírte hablar de tu Querer Divino, otro tanto es doloroso oír los males de la voluntad humana". Y Jesús ha agregado:

(6) "Hija mía, si es necesario hablarte de mi Fiat Divino que servirá como invitación, alicientes, voces suaves, dulces y fuertes para llamar a todos a vivir en la morada regia de mi Divina Voluntad, a fin de que no sean más siervos sino dueños, así es necesario hablarte de los males de la voluntad humana, porque Yo no quitaré jamás el libre albedrío al hombre, por eso es necesario que en el reino de mi Voluntad Divina haga montar las guardias, los nobles centinelas que tengan en guardia a las criaturas, haciéndoles conocer el gran mal del querer humano, a fin de que estén muy

atentos, y aborreciéndolo, amen la felicidad y el señorío que les da mi Divina Voluntad".

28-3
Marzo 5, 1930

Jesús quiere ver su Fiat palpitante en la criatura. El vivir en Él es el llamado a todos los actos en la Unidad Divina. Qué significa Unidad.

(1) Vivo siempre en el dolor de la privación de mi dulce Jesús; ¡qué duro martirio! Si no fuera porque su Querer Santo ha tomado su lugar, haciéndose sentir continuamente, que mientras me da vida me tiene siempre ocupada y perdida en Él, yo no sé como haría para vivir, pero a pesar de todo esto, los tantos queridos recuerdos de Jesús al que yo creía que no perdería jamás de vista, sus dulces y repetidas visitas, sus tantas estratagemas amorosas, sus tantas sorpresas, que me parecía vivir más en el cielo que en la tierra, al sólo recordarlo son heridas crueles que me hacen más crudo mi doloroso martirio. ¡Ah Jesús, Jesús! Cómo te es fácil hacer a un lado y olvidar a quien te ama, y así formas su martirio, y Tú mismo habías dicho tantas veces que me amabas. ¡Ah Jesús, regresa porque no puedo más! Pero mientras mi pobre alma sentía la fiebre por querer a Jesús, y delirando desatinaba, mi dulce Jesús moviéndose en mi interior y estrechándome entre sus brazos, casi para poner termino a mis desatinos me ha dicho:

(2) "Hija mía, tranquilízate, tranquilízate, estoy aquí, no te he puesto a un lado, ni la naturaleza de mi amor sabe olvidar a ninguno, más bien estoy en ti para dirigir todos tus actos en mi Divina Voluntad, porque no quiero que ningún acto tuyo, aun mínimo, no sea noble y divino y que no tenga el sello de mi Fiat Divino, quiero verlo palpitando en todos tus actos, éste es todo mi empeño, formar la primera copia del alma que debe vivir en mi Querer Divino".

(3) Dicho esto ha hecho silencio, y yo seguía mi giro en el Fiat Divino, quería recoger todo lo que han hecho las criaturas para encerrar todo en la Divina Voluntad, y mi Sumo Bien Jesús ha agregado:

(4) "Hija mía, el vivir en mi Querer Divino es la llamada a todos los actos de las criaturas en la unidad de Ella. Todo ha salido de dentro de su unidad, de nuestro acto único que da vida a todos los actos, por eso es derecho nuestro, de justicia, que todo nos regrese para reconocer de dónde han salido. El reconocer de dónde viene un acto, quién es el que hace salir a vida a tantos actos, en qué modo y cómo, es el más bello homenaje a nuestra potencia y sabiduría, que con un solo acto es vida de todos los actos. Y sólo quien vive en mi Fiat, abrazando todo junto con Él, toma como en un puño todo, y encerrando todo en aquel Querer en el cual vive, sube a nuestra unidad para traernos todo, y darnos los verdaderos homenajes de todos los efectos de nuestro único acto. He aquí por qué el girar en nuestra Voluntad Divina no sólo recoge todo, sino comunica tu acto a todas las cosas creadas, de modo que todo el cielo se pone en actitud de adoración junto con tus adoraciones, el sol en actitud de amarnos junto con tu amor, el viento a glorificarnos junto contigo, en suma, todas las cosas creadas, sintiendo en mi Voluntad de la cual están todas investidas, tu acto que haces en Ella, todas se ponen en actitud de amarnos, de adorarnos, darnos gloria y

agradecimientos, de modo que sentimos que en nuestro Fiat Divino la criatura nos da la plenitud del amor, la totalidad de la adoración, la gloria completa. Por eso sigue tu vuelo en mi Querer Divino y no te ocupes de otra cosa, porque en Él tienes mucho qué hacer".

(5) Entonces yo he quedado pensativa acerca de la unidad del Querer Divino, y mi dulce Jesús ha agregado:

(6) "Hija mía, ¿sabes tú qué significa unidad de Voluntad Divina? Significa que de dentro de esta única Voluntad, no hay cosa de bello, de bueno y de santo que no salga de Ella. Esta nuestra única Voluntad Divina, una es su unidad, uno es su acto, pero mientras es una se extiende por todas partes la Voluntad, la unidad y el acto; y como se extiende dondequiera, como dentro de un solo aliento hace todo, abraza todo y da vida a todo. Entonces, quien vive en nuestro Querer se funde en nuestra unidad, y todo lo que hace no sale fuera de Nosotros, sino queda dentro de Nosotros. En cambio quien vive fuera de Ella, sentimos el dolor del desgarro que hace de sus actos de dentro de nuestra Voluntad, y mientras los arranca no nos los regresa, porque nuestra Voluntad Divina no es una con la suya. Por eso la gran diferencia de quien vive fuera de nuestro Fiat, todos sus actos son actos divididos y arrancados, no fundidos juntos, por lo tanto no tendrá el bien de sentir en sí la plenitud de la luz, de la felicidad y de todos los bienes, sino que todo será miseria, debilidad y escasez de luz".

28-4
Marzo 9, 1930

Los conocimientos sobre la Divina Voluntad contienen la ciencia de formar su Vida y el pueblo de su reino. Al solo recuerdo de lo que Jesús hizo y padeció, su amor se renueva, se inflama y desborda fuera para bien de las criaturas.

(1) Mi abandono en el Fiat continúa, me siento estrechada entre sus brazos de luz, y tan fuertemente que no me es dado el separarme ni siquiera un poquito, y mucho menos yo quiero hacerlo, me cuidaría muy bien de separarme de su seno de luz; me parece que sea un acuerdo entre el Querer Divino y yo, que ambos no nos podemos separar. ¡Oh Querer Santo, cómo eres amable y potente! Con tu amabilidad me atraes, me raptas, me fascinas, y yo extática no sabría cómo hacer para no estar fija en Ti, y con tu potencia te mantienes firme sobre mi pequeñez, te viertes a torrentes, de modo que he perdido el camino para salir de tu luz interminable, pero feliz pérdida. ¡Oh Fiat adorable, haz perder a todos el camino, a fin de que no conozcan otro camino que aquél que conduce a tu Divina Voluntad! ¿Pero cómo podrán hacer las criaturas para conocer un bien tan grande? Mientras esto pensaba, mi dulce Jesús haciéndose oír en mi interior me ha dicho:

(2) "Hija mía, los conocimientos sobre mi Querer Divino son caminos que pueden conducir a las criaturas a los brazos de luz de mi Fiat Divino. Los conocimientos son semillas, y esta semilla hace nacer el principio de la Vida de mi Divina Voluntad en la criatura; los conocimientos, cada uno de los cuales será como sorbos de vida, que formarán en la criatura la maduración de esta Vida Divina; por eso te he dicho tantas

cosas sobre mi Fiat Divino, cada conocimiento llevará, quién el germen, quién el nacimiento, quién el alimento, quién el respiro, quién el aire, quién la luz y el calor para madurar la Vida de mi Querer en las almas. Cada conocimiento contiene un grado de más de maduración, por eso, por cuanto más busquen conocer lo que he manifestado sobre mi Fiat Divino, más se sentirán madurados. Mis conocimientos sobre Él moldearán las almas, y con su toque apagarán los males del querer humano; estos conocimientos harán de madre piadosa, que a cualquier costo quiere sanar a su hijo y verlo sano y bello. Si supieras qué significa un conocimiento sobre mi Divina Voluntad, ellos contienen la ciencia de formar la Vida de Ella, la ciencia para formar el pueblo de su reino. Mira, también en el orden natural sucede así, quien quiere hacerse maestro es necesario que conozca lo que concierne a las ciencias, y si no se quiere aplicar a conocer las ciencias, jamás estará maduro para ser maestro, y según los grados de las ciencias que ha estudiado, poseerá más o menos los grados de instrucción: si pocas ciencias, podrá ser maestro elemental, y si ha estudiado muchas ciencias, podrá ser profesor de escuelas superiores. Así que según se conoce, tanto en las artes como en las ciencias, tanto más son maduros en aquel bien que conocen, y son capaces de hacer madurar en los demás el bien, las ciencias, las artes que poseen. Ahora, con el haberte dicho tantos conocimientos sobre mi Divina Voluntad, no ha sido para darte una bella noticia, no, no, ha sido para formar la ciencia de Ella primero en ti, y después en medio a las criaturas, a fin de que conocida esta ciencia divina y toda de cielo, pueda hacer madurar la Vida de mi Fiat Divino y formar su reino".

(3) Después de esto estaba siguiendo mi giro en el Querer Divino, y ahora me detenía en un punto, y ahora en algún otro de lo que había hecho y padecido mi amado Jesús, y Él, como herido por sus mismos actos que yo le ponía alrededor con decirle: "Amor mío, mi te amo corre en el tuyo; mira oh Jesús, cuánto nos has amado, sin embargo te falta otra cosa por hacer, no has hecho todo, te falta darnos el gran don de tu Fiat Divino como vida en medio a las criaturas, a fin de que reine y forme su pueblo; pronto, oh Jesús, ¿qué esperas? Tus mismas obras, tus penas, reclaman el Fiat Voluntas Tua come in Cielo così in terra". Pero mientras esto pensaba, mi dulce Jesús ha salido de dentro de mi interior y me ha dicho:

(4) "Hija mía, cuando un alma recuerda lo que Yo hice y sufrí en el curso de mi Vida acá abajo, me siento renovar mi amor, por lo cual se inflama y desborda, y el mar de mi amor forma olas altísimas para verterse en modo duplicado sobre las criaturas. Si tú supieras con cuanto amor te espero cuando giras en mi Querer Divino en cada uno de mis actos, porque en Él todo lo que Yo hice y sufrí, está todo en acto como si realmente lo estuviese haciendo, y Yo con todo amor te espero para decirte: 'Mira hija, esto lo hice para ti, lo sufrí por ti, ven a reconocer las propiedades de tu Jesús, que son también tuyas'. Mi corazón sufriría si la pequeña hija de mi Querer Divino no reconociera todos mis bienes; tener ocultos nuestros bienes a quien vive en nuestro Fiat Divino, sería no tenerla como hija, o bien, no tener con ella nuestra plena confianza, lo que no puede ser, porque nuestra Voluntad nos la unifica tanto, que lo que es nuestro es suyo. Así que para Nosotros sería más bien una pena, y nos encontraríamos en las condiciones de un padre riquísimo que posee muchas propiedades, y los hijos no saben que el padre posee tantos bienes, por lo que no conociéndolos se habitúan a vivir como pobres, a tener modos rústicos, ni se

preocupan de vestir noblemente; ¿no sería un dolor para el padre que tiene ocultas sus propiedades a estos hijos? Mientras que con hacerlas conocer cambiarían hábitos en el vivir, vestir, y usarían modos nobles según su condición. Si dolor sería para un padre terreno, mucho más para tu Jesús, que es Padre Celestial. Conforme te hago conocer lo que he hecho y padecido, y los bienes que posee mi Querer Divino, así mi amor crece hacia ti, y tu amor crece siempre más hacia Mí, y mi corazón se alegra al ver a la pequeña hija nuestra rica de nuestros mismos bienes. Por eso tu girar en mi Querer Divino es un desahogo de mi amor, y me dispone a hacerte conocer cosas nuevas y a darte una leccioncita de más de todo lo que nos pertenece, y te dispone a ti a escucharla y a recibir nuestros dones".

28-5
Marzo 12, 1930

Dios no toma en cuenta el tiempo, sino los actos que hacemos. Ejemplo de Noé. El bien que posee un sacrificio prolijo y continuo. Cada acto de criatura posee su germen distinto.

(1) Mi vuelo en el Fiat Divino continúa, mi pobre mente no sabe estar sin girar en sus actos innumerables, siento que una fuerza suprema me la tiene como fijada en las obras de mi Creador, y ella gira y vuelve a girar siempre, sin cansarse jamás, y ¡oh! cuántas bellas sorpresas encuentra, ahora en la Creación, ahora en la Redención, y en las que me sorprenden el bendito Jesús se hace narrador, y esto no es otra cosa que una invención más grande de su amor. Después, mientras giraba en el Edén y en los tiempos antes de su venida a la tierra, pensaba entre mí: "¿Y por qué Jesús tardó tanto tiempo para venir a redimir al género humano?" Y Jesús moviéndose en mi interior me ha dicho:

(2) "Hija mía, nuestra sabiduría infinita cuando debe dar un bien a la criatura, no cuenta el tiempo, sino los actos de las criaturas, porque ante la Divinidad no existen días y años, sino sólo un día perenne, y por eso no medimos el tiempo, sino que vienen contados por Nosotros los actos que han hecho. Así que en aquel tiempo que a ti te parece tan largo, no habían sido hechos los actos queridos por Nosotros para venir a redimir al hombre, y sólo los actos determinan hacer venir el bien, y no el tiempo. Mucho más que obligaban a nuestra Justicia a exterminarlos de la faz de la tierra, como sucedió en el diluvio, que sólo Noé mereció, con el obedecer a nuestra Voluntad y con la prolijidad de su largo sacrificio de fabricar el arca, el salvarse con su familia y encontrar en sus actos la continuación de la nueva generación en la cual debía venir el prometido Mesías. Un sacrificio prolijo y continuo posee tal atractivo y fuerza raptora sobre el Ente Supremo, que lo hacen decretar dar bienes grandes y continuación de vida al género humano. Si Noé no hubiese obedecido y no se hubiese sacrificado en cumplir un trabajo tan largo, habría sido arrollado también él en el diluvio, y no salvándose a sí mismo, el mundo, la nueva generación habría terminado. Mira qué significa un sacrificio prolijo y continuo, es tan grande que pone a salvo a sí mismo y hace surgir la vida nueva en los demás, y el bien que hemos establecido dar. He aquí el por qué para el reino de mi Divina Voluntad he querido tu largo y continuo sacrificio de tantos años de cama. Tu largo sacrificio te ponía a ti a

salvo, más que arca en el reino de mi Divina Voluntad, e inclina a mi bondad a dar un bien tan grande, como es el de hacerla reinar en medio a las criaturas".

(3) Después de esto continuaba mi giro en el Fiat Divino para llevar todos los actos de las criaturas en homenaje a mi Creador, y pensaba entre mí: "Si llego a recoger todo lo que ellas han hecho y encerrar todo en el Querer Divino, ¿no se cambiarán en actos de Divina Voluntad?" y mi dulce Jesús ha agregado:

(4) "Hija mía, todos los actos de las criaturas, cada uno de ellos posee su germen según como ha sido hecho, si no ha sido hecho en mi Fiat Divino no posee su germen, por lo tanto no podrá jamás ser acto de mi Voluntad, porque en el acto de hacerlo faltaba su germen de luz, que tiene la virtud de cambiarlo en sol, que pone su germen de luz como acto primero en el acto de la criatura. En los actos de las criaturas sucede como si una persona tiene la semilla de flores, sembrándola tendrá flores, y si siembra la semilla de frutos, tendrá frutos, y ni la semilla de flores dará frutos, ni la de los frutos dará flores, sino que cada una dará según la naturaleza de su semilla. Así los actos de las criaturas, si en el acto ha estado un fin bueno, una finalidad santa, para agradarme, para amarme, en cada uno de los actos se verá: en uno el germen de la bondad, en otro el germen de la santidad, el germen de agradarme, el germen de amarme; estos gérmenes no son luz, pero simbolizan: quién la flor, quién el fruto, quién una plantita y quién una gema preciosa, y Yo siento el homenaje de la flor, del fruto, y así de lo demás, pero no el homenaje que me puede dar un Sol; y recogiendo tú todos estos actos para encerrarlos en mi Fiat, quedan tal como son, cada uno la naturaleza que la semilla le ha dado, y se ven que son actos que puede hacer la criatura, no actos que puede hacer mi Divina Voluntad con su germen de luz en el acto de ellas. El germen de Voluntad Divina no viene cedido por Ella, sino cuando la criatura vive en Ella, y en sus actos le da el primer puesto de honor".

28-6
Marzo 24, 1930

**La criatura no es otra cosa que efecto de los reflejos de Dios.
Amor de Dios al crearla. La firmeza en repetir los mismos
actos, forma en el alma la vida del bien que se quiere.**

(1) Estaba haciendo el giro en el Fiat Divino para seguir todos sus actos, y habiendo llegado al Edén, comprendía y admiraba el acto magnánimo de Dios, y su amor exuberante y rebosante en la creación del hombre, y mi siempre amable Jesús, no pudiendo contener sus llamas de amor me ha dicho:

(2) "Hija mía, nuestro amor se apasionó tanto en el acto en que creamos al hombre, que no hicimos otra cosa que reflejar sobre él, a fin de que fuese obra digna de nuestras manos creadoras, y conforme nuestros reflejos llovían sobre él, así en el hombre le venía infundida la inteligencia, la vista, el oído, la palabra, el latido en el corazón, el movimiento a las manos, el paso a los pies. Nuestro Ser Divino es purísimo espíritu, y por eso no teníamos sentidos, en el conjunto de todo nuestro Ser Divino somos luz purísima e inaccesible, esta luz es ojo, es oído, es palabra, es obra,

es paso. Esta luz hace todo, mira todo, siente todo, escucha todo, se encuentra por todas partes, ninguno puede huir del imperio de nuestra luz. Por eso, mientras creamos al hombre fue tanto nuestro amor, que nuestra luz llevando nuestros reflejos sobre él lo formaba, y formándolo le llevaba los efectos de los reflejos de Dios. Ve entonces hija mía con cuánto amor fue creado el hombre, hasta llegar a deshacerse nuestro Ser Divino en reflejos sobre él, para comunicarle nuestra imagen y semejanza; ¿se podía dar amor más grande? No obstante se sirve de nuestros reflejos para ofendernos, mientras que se debía servir de estos nuestros reflejos para venir a Nosotros, y con estos reflejos dados por Nosotros decirnos: Cuán bello me creó tu amor, y yo por correspondencia te amo, te amaré siempre, y quiero vivir en la luz de tu Divina Voluntad".

(3) Después continuaba a seguir los actos en el Fiat Divino, y pensaba entre mí: "Estoy siempre aquí, repetir, repetir siempre la larga historia de mis actos en el Querer Divino, la larga cantaleta de mi 'te amo', ¿pero cuáles son los efectos? ¡Oh! si pudiese obtener que la Divina Voluntad fuese conocida y reinase sobre la tierra, al menos me sería de ganancia". Pero mientras esto pensaba, mi amado Jesús me ha estrechado a su corazón divino y me ha dicho:

(4) "Hija mía, la firmeza en el pedir forma la vida del bien que se pide, dispone al alma a recibir el bien que quiere, y mueve a Dios a dar el don que se pide. Mucho más que con los tantos actos repetidos y oraciones que ha hecho, ha formado en sí la vida, el ejercicio, la costumbre del bien que pide. Dios, vencido por la firmeza del pedir le hará el don, y encontrando en la criatura, en virtud de sus actos repetidos, como una vida del don que le hace, convertirá en naturaleza el bien pedido, de modo que la criatura se sentirá poseedora y victoriosa, se sentirá transformada en el don que ha recibido. Por eso tu pedir incesantemente el reino de mi Divina Voluntad formará en ti su Vida, y tu continuo 'te amo' forma en ti la Vida de mi amor; y habiéndote Yo hecho el don del uno y del otro, sientes en ti como si tu misma naturaleza no sintiese otra cosa que la virtud vivificadora de mi Querer y de mi amor. La firmeza en el pedir es certeza de que el don es suyo; y con el pedir para todos el reino de mi Divina Voluntad, es preludio de que los otros pueden recibir el gran don de mi Fiat Supremo. Por eso continúa repitiendo y no te canses".

28-7
Abril 1, 1930

Qué significa entrar en el acto primero del Querer Divino; las gotitas que la criatura forma en su mar de luz. Cómo Dios en todas las cosas creadas pone tantos actos de amor por cuantas veces se debía servir de ellas la criatura. Cómo la vida tiene necesidad de alimento.

(1) Mi pobre inteligencia se siente como atraída a navegar el mar inmenso del Fiat Divino, y en su mar va en busca de sus actos para amarlos, adorarlos y hacerles compañía, así que mi pobre mente está bajo el influjo de una fuerza irresistible, que la hace ir siempre vagando en busca de los actos del Supremo Querer. Pero mientras esto hacía pensaba: "¿Qué bien hago en girar y volver a girar en el mar del Fiat Divino?" Y mi dulce Jesús me ha dicho:

(2) "Hija mía, por cuantas veces giras en el mar de mi Querer Divino, tantos puestos tomas en Él, y formas tus gotitas en nuestro mar, las cuales se pierden en él y quedan inseparables, y Nosotros sentimos tus gotitas que nos aman y hacen una sola vida con Nosotros y decimos: 'La recién nacida de nuestro Querer nos ama en nuestro mar, no fuera de él, es justo que le cedamos los derechos de hacerla venir cuantas veces quiera a nuestro mar, mucho más que ella no quiere otra cosa que lo que queremos Nosotros, y ésta es la alegría más grande que nos trae, como si nos trajese en su pequeño regazo toda nuestra Divina Voluntad, que desbordándola por todas partes queda eclipsada en su luz, y Nosotros gozamos al ver tu pequeñez encerrada en nuestra luz'. Y si tú sientes la fuerza irresistible de venir a hacer tus giros en el mar de nuestro Fiat, es la fuerza imperante de Él, que ama tanto el ver tu pequeñez formar las gotitas de luz en su mar. He aquí lo que significa entrar en el acto primero de nuestro Querer, la criatura que toma su puesto en Él y ahí forma sus gotitas. Por eso, ten como gran fortuna tu girar siempre en nuestro Fiat".

(3) Después seguía los actos del Fiat Divino en la Creación, y me parecía que todos palpitaban de amor de su Creador hacia las criaturas. El cielo, las estrellas, el sol, el aire, el viento, el mar, y todas las cosas creadas están en perfecto acuerdo entre ellas, tanto, que si bien son distintas entre ellas, pero viven como fundidas juntas, tan es verdad, que donde está la luz del sol, en el mismo espacio está el aire, el viento, el mar, la tierra, pero cada una tiene su latido de amor distinto hacia la criatura. Pero mientras esto y otras cosas pensaba, mi siempre amable Jesús estrechándome entre sus brazos me ha dicho:

(4) "Hija mía, nuestro amor en la Creación fue exuberante, pero siempre hacia el hombre, en cada cosa creada poníamos tantos actos de amor por cuantas veces se debía servir de ellas la criatura. Nuestro Fiat Divino que mantiene el equilibrio en toda la Creación y es vida perenne de ella, en cuanto ve que la criatura está por servirse de la luz del sol, pone en ejercicio a nuestro amor para hacerlo encontrar en la luz que la criatura recibe; si bebe agua, nuestro amor se hace encontrar para decirle mientras bebe: 'Te amo'; si respira el aire, nuestro amor le dice repetidamente: 'Te amo'; si camina, la tierra le dice bajo sus pasos: 'Te amo.' No hay cosa que la criatura tome, toque o vea, en que nuestro amor no haga su feliz encuentro con la criatura con decirle: 'Te amo', para darle amor. ¿Pero saber tú cuál es la causa de tanta insistencia de nuestro amor? Para recibir en cada cosa que tome la criatura el encuentro de su amor. Por eso el amor infinito quería encontrarse con el amor finito y formar uno solo para poner en la criatura el equilibrio de su amor. Y como la criatura se sirve de las cosas creadas sin ni siquiera pensar que nuestro amor le va al encuentro en las cosas que toma, para oír nuestro repetido estribillo: 'Te amo, te amo', y se sirve de ellas sin tener una mirada para Aquél que se las manda, el amor de la criatura queda desequilibrado, porque no encontrándose con nuestro amor, pierde el equilibrio y queda desordenado en todos sus actos, porque ha perdido el equilibrio divino y la fuerza del amor de su Creador. Por eso sé atenta con tu correspondencia de amor para repararme por tanta frialdad de las criaturas".

(5) Después seguía mi giro en los actos de la Divina Voluntad, y pensaba entre mí: "Pero, ¿para qué sirven las tantas veces que giro y vuelvo a girar en el Fiat Supremo para seguir sus actos? Y mi dulce Jesús ha agregado:

(6) "Hija mía, todas las vidas tienen necesidad de alimento, sin alimento ni se forma ni crece la persona, y si éste falta, hay peligro que le sea quitada la vida. Ahora, el seguir a mi Voluntad, unirse a sus actos, girar y volver a girar en Ella, sirve para formar el alimento para alimentar, formar y hacer crecer su Vida en tu alma. Ella no sabe alimentarse de otros actos sino de aquellos que se hacen en su Querer, ni se puede formar en la criatura, ni crecer, si no entra en Ella, y con la unión de sus actos forma su parto de luz, para formar su Vida de Divina Voluntad en la criatura. Y por cuantos más actos de Divina Voluntad forma, tanto más se une con sus actos y vive en Ella, tanto más alimento abundante forma para alimentarla y hacerla crecer siempre más rápido en su alma. Por eso tu girar en Ella es Vida que forma, es alimento que sirve al desarrollo de la Vida a mi Divina Voluntad en tu alma, y sirve para preparar el alimento para alimentar mi Voluntad en las otras criaturas. Por eso sé atenta y no quieras detenerte".

28-8
Abril 12, 1930

Los actos hechos en el Querer Divino son muros de luz en torno a Jesús. El sol, sembrador de amor de su Creador. El Sol de la Divina Voluntad forma su Sol en la criatura, y hace de sembrador divino.

(1) Mi abandono en el Fiat continúa, y siguiendo sus actos estaba pensando y acompañando las penas amarguísimas de mi dulce Jesús, y decía entre mí: "¡Oh, cómo quisiera defender e impedir que Jesús recibiese nuevas ofensas!" Y Él moviéndose en mi interior y estrechándome entre sus brazos me ha dicho:
(2) "Hija mía, si me quieres defender de modo que las ofensas no lleguen a Mí, repárame en mi Divina Voluntad, porque conforme tú repares en Ella formarás un muro de luz en torno a Mí, y si me ofenden, las ofensas quedarán por fuera de este muro de luz, no entrarán, y Yo me sentiré defendido por este muro de luz, o sea por mi misma Voluntad y me estaré al seguro. Así que tu amor en mi Querer Divino me formará muro de amor, de luz; tu adoración, tus reparaciones me formarán muro de luz, de adoraciones y de reparaciones, de modo que el desamor, los desprecios de las criaturas no llegarán hasta Mí, sino que quedarán fuera de estos muros, y si los sentiré, los sentiré como de lejos, porque la hija mía me ha circundado por el muro inexpugnable de mi Divina Voluntad. Hija mía, el amor, las reparaciones, las oraciones fuera de mi Fiat son apenas gotitas, en cambio en mi Divina Voluntad, las mismas cosas, los mismos actos, son mares, muros altísimos, ríos interminables; tal cual es mi Voluntad inmensa, así vuelve a los actos de la criatura".
(3) Después seguía al Fiat Supremo en la Creación, y mi mente se perdía en comprender el acto continuo de Él hacia las criaturas, que por medio de las cosas creadas, o directamente nos lleva como en brazos para ser nuestro movimiento, el respiro, el latido, nuestra vida. ¡Oh, si las criaturas pudiesen ver qué cosa hace esta Divina Voluntad por nosotros, cómo la amarían y se dejarían dominar por Ella. Pero, ¡ay de mí! Mientras somos inseparables de la Divina Voluntad, todo nos viene por medio suyo, es más que nuestra misma vida, no se reconoce, no se mira y se vive

como si estuviésemos lejanos de Ella. Después, mientras giraba en la Creación, mi amado Jesús, saliendo de dentro de mi interior me ha dicho:

(4) "Hija mía, todas las cosas creadas dicen amor, pero el sol, que con su luz y calor tiene la supremacía sobre todo, es el sembrador de mi amor. En cuanto surge la mañana así comienza su siembra de amor; su luz y su calor invisten la tierra, y conforme pasa de flor en flor, con su puro toque de luz siembra la diversidad de los colores y de los perfumes, y vierte la semilla del amor, de las diversas cualidades divinas y de sus perfumes amorosos; conforme pasa de planta en planta, de árbol en árbol, así con su beso de luz vierte, dónde la semilla de la dulzura del amor divino, dónde la diversidad de nuestros gustos amorosos, dónde la sustancia del amor divino, en suma, no hay planta, flor, hierba, que no reciba la semilla de nuestro amor que le lleva el sol, se puede decir que pasa su día sembrando amor e irradiando toda la tierra, montes y mares con su luz, siembra dondequiera el amor de la luz eterna de su Creador. Pero ¿sabes el por qué de esta siembra continua, jamás interrumpida que hace el sol de nuestro amor sobre la faz de la tierra, y en tantos modos? ¿Tal vez por la tierra? ¿Por las plantas? ¡Ah, no, no, todo por las criaturas! ¡Oh sí, por amor de ellas y para tener la correspondencia del amor de ellas! Y ¡oh! cómo quedamos heridos y amargados cuando vemos que las criaturas se sirven de las flores, frutos y todas las cosas sin reconocer que en todo lo que toma está la semilla de nuestro amor, que por medio del sol hemos vertido sobre cada cosa creada. Y a tanto amor se nos niega un te amo".

(5) Dicho esto ha hecho silencio. Yo he quedado afligida ante tanto dolor de Jesús y continuaba mis actos en el Fiat Divino, y Jesús ha agregado:

(6) "Hija mía, el sol, si bien incansable en hacer de sembrador de nuestro amor sobre la tierra, en el ocaso, al retirarse para formar el día a otras regiones, parece que da la paz a la tierra, dándole la libertad de producir o no producir la semilla que ha sembrado, reservándose el nuevo asalto de la siembra de amor. En cambio el Sol de mi Divina Voluntad no deja jamás al alma, en ella pone sus reflejos, y con su luz, más que sol hace de sembrador divino, con sus reflejos forma su Sol en la criatura. Por eso, para quien vive en mi Querer Divino no hay noches, ni ocasos, ni alba, ni aurora, sino siempre pleno día, porque su luz se da en naturaleza a la criatura, y lo que es naturaleza queda como propiedad. Mucho más que el Sol de mi Divina Voluntad posee la fuente de la luz, y cuantos Soles quiere formar, tantos forma. Pero con todo esto, a pesar que para quien vive en mi Querer posee su Sol sin jamás retirarse, el Sol de mi Fiat tiene siempre para dar nueva luz y calor, nueva dulzura, nuevos gustos, nueva belleza, y el alma tiene siempre qué tomar, no hay pausas como con el sol que está bajo la bóveda del cielo, porque no poseyendo la fuente de la luz no puede formar tantos soles según la tierra gira en torno a él. Pero para el Sol de mi Querer Divino que posee la fuente, su luz golpea siempre, y llamando a la criatura a continuo trabajo con Él, le da siempre su acto nuevo, jamás interrumpido".

28-9
Abril 18, 1930

Cómo todos los primeros actos fueron hechos por Dios en Adán. Celo del amor Divino. Garantía y seguridad del Fiat Divino para la

criatura. Cómo en la Creación del hombre todos estábamos presentes y en acto. Virtud vivificadora y alimentadora del Querer Divino.

(1) Mi pobre alma siente la irresistible necesidad de navegar el mar interminable del Fiat Supremo. Más que por un imán potente me siento atraída a hacer mi dulce morada en mi amada heredad que mi amado Jesús me ha dado, la cual es su adorable Voluntad; me parece que Jesús me espera ahora en un acto hecho por su Fiat Divino, ahora en otro, para darme sus admirables lecciones. Entonces mi mente se perdía en el girar en sus actos innumerables, y habiendo llegado al amado Edén, donde todo fue fiesta, mi amado Jesús deteniéndome me ha dicho:

(2) "Hija mía, si tú supieras con cuánto amor fue formada la creación del hombre. Al sólo recordarlo nuestro amor se inflama y forma nuevas inundaciones, y mientras se pone en actitud de fiesta al recordar nuestra obra, bella, perfecta, y donde se puso tal maestría de arte que ningún otro puede formar una similar, era tan bella que llegó a suscitar en nuestro amor el celo de que toda fuera para Nosotros. Además, el hombre había sido hecho por Nosotros, era nuestro, entonces el ser celoso era un derecho de nuestro amor; tan es verdad que nuestro amor llegó a tanto, que todos los primeros actos hechos en Adán fueron hechos por su Creador; así que el primer acto de amor fue creado y hecho por Nosotros en Adán, el primer latido, el primer pensamiento, la primera palabra, en suma, en todo lo que él pudo hacer después, estaban nuestros actos primeros hechos en él, y sobre nuestros primeros actos seguían los actos de Adán. Por eso, si amaba, surgía su amor de dentro de nuestro primer acto de amor; si pensaba, su pensamiento surgía de dentro de nuestro pensamiento; y así de todo lo demás. Si Nosotros no hubiésemos hecho los primeros actos en él, no habría podido ni hacer nada, ni saber hacer nada; en cambio, con el hacer el Ente Supremo los primeros actos, poníamos en Adán tantas fuentecitas por cuantos actos primeros hicimos en él, de modo que cada vez que quisiera repetir nuestros primeros actos, tuviese a su disposición estas fuentecitas, como tantas fuentes de amor, de pensamientos, de palabras, de obras y de pasos. Así que todo era nuestro, dentro y fuera del hombre, por eso nuestro celo no sólo era un derecho, sino también justicia que todo debía ser para Nosotros y todo nuestro. Mucho más que le dábamos nuestro Querer Divino a fin de que nos lo conservase bello, fresco y nos lo hiciera crecer con una belleza divina. Nuestro amor no estaba contento ni satisfecho con tanto que le había dado, quería continuar dando siempre, no quería decir basta, quería continuar su obra de amor, y para tenerlo Consigo, para tener qué hacer con el hombre, le daba nuestro mismo Querer, a fin de que lo volviese capaz de poder recibir siempre y de tenerlo siempre con Nosotros con una sola Voluntad, con Ella todo estaba garantizado y al seguro para él y para Nosotros. Así que debía ser nuestro entretenimiento, nuestra alegría y felicidad, objeto de nuestra conversación. Por eso al recuerdo de la creación del hombre, nuestro amor se pone en actitud de fiesta, pero al verlo sin el depósito de garantía de nuestro Fiat, sin seguridad y por lo tanto vacilante, desfigurado y como lejano de Nosotros, se pone en actitud de tristeza y siente todo el peso de nuestro amor infinito como encerrado en Sí mismo, porque no puede darse a él, pues no lo encuentra en nuestra Divina Voluntad. Pero esto no es todo, no fue sólo en Adán donde tanto se vertió nuestro amor, sino llegó a hacer todos los primeros actos de los cuales debían tener vida todos los actos

humanos, cada criatura que debía venir a la luz del día estuvo presente en aquel acto de la creación del hombre, y nuestro Fiat unido a nuestro amor corría, corría, y abrazando a todos y amando con un solo amor a todos, ponía el primado de nuestros actos en cada una de las criaturas que habrían venido a la existencia, porque para Nosotros no hay pasado ni futuro, sino todo es presente y en acto, si esto no fuese, nuestro Fiat se encontraría restringido y obstaculizado, no podría engrandecer tanto sus llamas para encerrar a todos en su luz, de modo de hacer en todos lo que hace en una sola criatura. Por eso no fue sólo Adán el afortunado de la Creación, sino todas las otras criaturas venían enriquecidas de todos los bienes, y en él, poseedoras de sus mismos bienes. Mucho más que todo lo que Dios hace en una sola criatura, todas las otras criaturas adquieren el derecho de nuestros actos, a menos quien no quiera servirse de ellos. ¿No sucedió esto en la misma Redención? Como la Soberana del cielo tuvo el bien de concebirme y de darme a la luz, todas las otras criaturas adquirieron el derecho de los bienes de la Redención, y no sólo esto, sino de poderme recibir cada una en sus corazones, y sólo quien ingrata no me quiere, permanece privada de Mí. Ahora hija mía, Adán con desobedecer a nuestros quereres perdió nuestro reino, y todos los bienes de nuestro Fiat permanecieron para él sin la Vida alimentadora y vivificadora de nuestra Divina Voluntad. Se puede decir que fue como el destructor de los bienes del reino de mi Divina Voluntad en su alma, porque a todos los bienes, si les falta la virtud vivificadora y el alimento continuo, poco a poco pierden la vida.

(3) Ahora, tú debes saber que para llamar de nuevo a vida a estos bienes en la criatura, se necesitaba quién llamase de nuevo a mi Fiat en su alma y que nada le negase, haciéndolo dominar libremente, y así poderle suministrar de nuevo su virtud vivificadora y alimentadora, para llamar de nuevo a vida los bienes destruidos. He aquí por esto que mi Divina Voluntad con el dominarte, y tú con hacerte dominar, ha puesto nuevamente su virtud vivificante en tu alma y llamándote a su morada te alimenta, para volver a llamar en ti todos sus bienes; y todos tus actos que haces en Ella, tus giros en sus actos, tu pedir continuamente su reino sobre la tierra, no son otra cosa que alimentos que te da, y constituye el derecho a las otras criaturas de poder recibir de nuevo el reino de mi Divina Voluntad con la vida de todos sus bienes. Yo cuando quiero hacer un bien a todas las criaturas, pongo la fuente surgidora en una criatura, de esta fuente abro tantos canales y doy el derecho a todos de tomar los bienes que la fuente posee. Por eso sé atenta y tu vuelo en mi Divina Voluntad sea continuo".

28-10
Abril 23, 1930

Dios al crear al hombre no lo separó de Sí. Condición de necesidad de amarlo. El gran don de la Voluntad Divina. Orden que Dios tuvo al crear al hombre.

(1) Me parece que mi dulce Jesús tiene deseos de hablar del amor rebosante con el cual fue creado el hombre, quiere decir su historia como desahogo de su intenso

amor para ser compadecido por su pequeña hija, y decirle la causa por la que nos ama tanto, y el derecho que tiene de ser amado.

(2) Después, girando en los actos de su Querer Divino, y habiendo llegado al Edén ha dicho:

(3) "Hija de mi Querer Divino, quiero hacerte conocer todas las particularidades con las cuales fue creado el hombre, para hacerte comprender el exceso de nuestro amor y el derecho de nuestro Fiat de reinar en él. Tú debes saber que la condición del amor de nuestro Ser Divino en la creación del hombre, era la necesidad de amarlo, porque todo lo que le dimos no quedó separado de Nosotros, sino fundido en Nosotros. Tan es verdad, que con el aliento le infundimos la vida, pero no retiramos nuestro aliento de aquél creado en él, sino que lo dejamos fundido con el nuestro, de modo que conforme el hombre respiraba sentíamos y sentimos su aliento en el nuestro. Si con nuestro Fiat creamos la palabra al pronunciarse sobre sus labios, gran don dado a él desde dentro de nuestro Querer Divino, ésta no quedó separada de nuestro Fiat. Si creamos en él el amor, el movimiento, el paso, este amor quedó vinculado con nuestro amor, con nuestro movimiento y la virtud comunicativa de nuestros pasos en sus pies. Así que sentíamos al hombre dentro de Nosotros, no fuera de Nosotros; no el hijo lejano, sino cercano, más bien fundido con Nosotros. ¿Cómo no amarlo si era nuestro, y su vida estaba en la continuación de nuestros actos? No amarlo sería ir en contra de la naturaleza de nuestro amor. Y además, ¿quién es aquél que no ama lo que es suyo y lo que ha sido formado por él? Por eso nuestro Ser Supremo se encontraba y se encuentra todavía ahora en la condición de necesidad de amarlo, porque el hombre es aún hoy aquél creado por Nosotros, su aliento lo sentimos en el nuestro, su palabra es el eco de nuestro Fiat, no hemos retirado todos nuestros dones, somos el Ser inmutable y no estamos sujetos a cambiar, lo amamos y lo seguimos amando, y es tanto este nuestro amor, que Nosotros mismos nos ponemos en la condición de amarlo. He aquí por qué nuestras tantas estratagemas de amor, y el último asalto que queremos darle es el gran don de nuestro Fiat, a fin de que lo haga reinar en su alma, porque sin nuestro Querer el hombre siente los efectos de su Vida, pero no descubre la causa, y por eso no pone atención en amarnos, en cambio nuestra Divina Voluntad hará sentir quién es Aquél que le da la vida, y entonces también él sentirá la necesidad de amar a Aquél que es causa primera de todos sus actos y que tanto la ama".

(4) Después seguía mi giro en la Creación, y mi siempre amable Jesús ha agregado:

(5) "Hija mía, mira qué orden hay en la creación de todo el universo, hay cielo, estrellas, soles, todos ordenados. Mucho más al crear al hombre, nuestro Ser Divino extendía en el fondo de su alma el orden de nuestras cualidades divinas como tantos cielos, así que extendíamos en él el cielo del amor, el cielo de nuestra bondad, el cielo de nuestra santidad, de nuestra belleza, y así de todo lo demás. Y después de haber extendido el orden de los cielos de nuestras cualidades divinas, nuestro Fiat en la extensión de estos cielos se constituyó Sol del alma, que con su luz y calor reflejando en él, debía hacer crecer y conservar nuestra Vida Divina en la criatura. Y así como nuestras cualidades divinas hacen conocer al Ser Supremo, así estos cielos extendidos en el hombre hacen conocer que él es nuestra habitación. ¿Quién puede decirte el modo, el amor con el cual nos deleitamos al crear al hombre? ¡Oh, si él

conociera quién es, qué posee, cómo se estimaría más y estaría atento a no manchar su alma, y amaría a Aquél que con tanto amor y gracia lo ha creado!"

28-11
Mayo 2, 1930

La Divina Voluntad corre siempre hacia la criatura para abrazarla y volverla feliz, y tiene virtud de vaciarla de todos los males. La carrera del "te amo" en el Querer Divino.

(1) Mi abandono en el Fiat Divino continúa, su luz me eclipsa, su fuerza potente me encadena, su belleza me rapta, tanto, de sentirme clavada sin poderme apartar de pensar y mirar a un Querer tan Santo. Su Vida abate la mía y me pierdo en su inmensidad, pero mientras mi mente se perdía en el Fiat omnipotente, mi dulce Jesús se ha movido en mi interior, y estrechándome entre sus brazos me ha dicho:

(2) "Hija mía, mi Divina Voluntad corre siempre como acto primero de vida hacia la criatura, y corre para felicitarla, para abrazarla, para vaciarla del peso de todos los actos humanos, porque todo lo que no es Voluntad mía en la criatura, es duro, pesado y oprimente, y Ella vacía todo lo que es humano y con su soplo vuelve ligera cualquier cosa. Por eso la señal si el alma vive en mi Divina Voluntad, es si siente en sí la felicidad, porque Ella es por naturaleza feliz, y no puede dar a quien vive en Ella la infelicidad, porque no la posee, y no puede ni quiere cambiar naturaleza. Por eso quien vive en mi Fiat siente en sí la virtud felicitante, y en todo lo que hace siente correr una vena de felicidad, la cual vuelve ligero cualquier acto, cualquier pena y sacrificio; esta felicidad lleva consigo el vaciamiento de todos los males y llena a la criatura de fuerza invencible, de modo que con toda verdad puede decir: 'Todo puedo, a todo puedo llegar, porque me siento transmutada en la Divina Voluntad que ha desterrado de mí las debilidades, las miserias, las pasiones; mi misma voluntad felicitada por la suya quiere beber a grandes sorbos su felicidad divina, y no quiere saber nada más que de vivir de Voluntad Divina'. La infelicidad, las amarguras, las debilidades, las pasiones, no entran en mi Voluntad, están fuera de Ella; su aire balsámico endulza y fortifica todo, y por cuanto más el alma vive en Ella y repite sus actos en mi Querer Divino, tantos más grados de felicidad, de santidad, de fuerza y belleza divina adquiere, y también en las mismas cosas creadas siente la felicidad que le llevan de su Creador. Mi Divina Voluntad quiere hacer sentir la naturaleza de su felicidad a la criatura que vive en Ella, y por eso le da la felicidad en la luz del sol, en el aire que respira, en el agua que bebe, en el alimento que come, en la flor que la recrea, en suma, en todo hace sentir que no sabe dar más que felicidad a la criatura, por eso el cielo no está lejano de ella, sino dentro de ella, porque en cualquier cosa la quiere volver feliz".

(3) Por eso continuaba mi giro en la Creación para seguir al Fiat Divino en todas las cosas creadas, y dondequiera buscaba poner mi acostumbrado 'te amo' para corresponderlo por todo su amor esparcido en todo el universo. Pero mi mente quería interrumpir mi carrera de mi 'te amo' continuo con decirme: ¿Pero existe en mí

la vida de este 'te amo' que voy siempre repitiendo? Mientras esto pensaba, mi dulce Jesús estrechándome a Sí me ha dicho:

(4) "Hija mía, has olvidado que un 'te amo' en mi Divina Voluntad tiene la virtud de que dicho una vez no termina jamás de decir 'te amo'; el 'te amo' en mi Divina Voluntad es vida, y como vida no puede cesar de vivir, debe tener su acto continuo. Mi Fiat no sabe hacer actos finitos, y todo lo que la criatura hace en Él adquiere vida continua, y así como a la vida le es necesario el respiro, el latido, el movimiento continuo para vivir, así los actos hechos en mi Voluntad Divina, teniendo su principio en Ella, se cambian en vida, y como vida adquieren la continuación del mismo acto, sin cesar jamás. Por tanto tu 'te amo' no es otra cosa que la continuación de tu primer 'te amo'; él, como vida quiere el alimento para crecer, el respiro, el latido, el movimiento para vivir, y con el repetir tu 'te amo' siente el latido, el respiro, el movimiento, y crece en la plenitud del amor, y sirve para multiplicar tantas vidas de amor por cuantos 'te amo' tú dices. ¡Si tú supieras cómo es bello el ver tantas vidas de amor esparcidas en toda la Creación por cuantos 'te amo' dices! Por eso un 'te amo' llama y reclama con insistencia al otro 'te amo'. He aquí el por qué tú sientes una necesidad de amor de seguir la carrera del tu 'te amo' ; el verdadero bien jamás queda aislado, mucho más en mi Divina Voluntad que siendo Vida que no tiene principio ni fin, todo lo que en Ella se hace no está sujeto ni a terminar ni a ser interrumpido. Entonces un 'te amo' sirve para mantener y llamar a vida otro 'te amo', son pasos de vida de amor que la criatura hace en mi mismo Querer. Por eso no te detengas y sigue la carrera de tu 'te amo' para Quien tanto te ha amado".

28-12
Mayo 10, 1930

Todas las cosas creadas son felices porque han sido creadas por una Voluntad Divina. Dios amó al hombre con amor perfecto y le donó amor, santidad, y belleza completas.

(1) Mi pequeña alma continúa su curso en las obras que creó la Divina Voluntad, y mientras miraba la Creación para unirme a los homenajes que dan a mi Creador, veía que todo era felicidad en ellas: El cielo, feliz en su extensión que se extendía a todos los puntos, parece que su extensión dice plenitud de felicidad, y todas sus estrellas son grados de felicidad que el cielo posee, que elevándose hacia su Creador lo glorifica con la felicidad de su extensión y con tantas categorías de estrellas que posee; el sol es feliz en su luz, en la fecundidad de su calor, en la belleza de sus variados colores, en la dulzura y distintos gustos que posee, ¡oh! cómo es feliz, cómo se eleva a Aquél que lo ha creado para llevarle la gloria, los homenajes de tanta felicidad que posee. Pero mientras mi mente se perdía en las tantas felicidades que posee la Creación, mi dulce Jesús me ha dicho:

(2) "Hija mía, todas las cosas creadas son felices, felices porque han sido creadas por una Voluntad Divina que por Sí misma es eternamente feliz, felices por el oficio que ocupan, felices en el espacio en el cual se encuentran, felices porque glorifican a su Creador. Ninguna cosa creada por Nosotros ha sido creada infeliz, por eso todas poseen la plenitud de la felicidad.

(3) Ahora, si tanta felicidad pusimos en toda la Creación, al crear al hombre no sólo lo creamos doblemente feliz, dándole la vena de la felicidad en la mente, en la mirada, en la palabra, en el latido, en el movimiento, en el paso, sino que le dimos en su poder la misma felicidad, para que la multiplicara en cada acto bueno, palabra, paso, y lo demás que hubiera hecho, no hubieron límites de felicidad para él como en las cosas creadas, al hombre le fue dada la virtud de crecer siempre más en la felicidad, pero esto siempre y cuando se hiciera dominar por mi Divina Voluntad; sin Ella no puede reinar la felicidad. ¡Oh, si las cosas creadas pudiesen salir de nuestro Fiat, perderían al instante la felicidad y se cambiarían en obras, las más infelices! Por eso si quieres ser feliz déjate dominar por mi Querer Divino, porque sólo Él tiene la virtud de dar la felicidad a la criatura, y de cambiar en el néctar más dulce las cosas más amargas. Hija mía, tú debes saber que Nosotros amamos con amor perfecto a la criatura, y por eso al crearla poníamos en ella felicidad completa, amor, santidad y belleza completa, a fin de que la criatura pudiera ponerse en competencia con Nosotros y correspondernos con felicidad, amor y santidad completos, de modo de podernos deleitar tanto en ella, de poder decir: 'Cómo es bella la obra creada por Nosotros'. Y para estar seguros de que nuestros dones no sufrieran detrimento en la criatura, la confiamos a nuestra Divina Voluntad, a fin de que le sirviera de vida para custodiar en ella nuestra felicidad, nuestro amor, nuestra santidad y belleza, haciéndolos crecer siempre. Por eso todo el bien del hombre estaba ligado a nuestra Divina Voluntad; rechazada Ésta todos los bienes terminan, no hay desventura más grande que la de no hacerse dominar por mi Divina Voluntad, porque sólo Ella es la conservadora y el llamado de nuestros bienes en la criatura".

28-13
Mayo 20, 1930

Toda la Creación es miembro de Dios, y cómo participa en todas las cualidades divinas. La Divina Voluntad, recolectora de todos los actos que le pertenecen.

(1) Estaba según mi costumbre siguiendo los actos de la Divina Voluntad en la Creación. Comprendía que está totalmente unida con su Creador, y parece que como miembro goza la unión con su cuerpo, y en virtud de esta unión el miembro siente el calor, el movimiento, la vida. Pero mientras esto pensaba, mi siempre amable Jesús me ha dicho:

(2) "Hija mía, cada cosa creada es un miembro mío distinto, y tal me sirve para mantener el orden, la vida de la Creación, y por medio de ella me sirvo, ahora para hacer uso de la misericordia, ahora de mi potencia y ahora de mi justicia; mucho más que estando la Creación inmersa en mi Divina Voluntad, no se puede mover ni obrar si mi Fiat Divino no le da el movimiento, ni la actitud de obrar. Ahora, al igual que la Creación, la criatura es miembro de Dios, y hasta en tanto que quede unida con Dios participa de todas las cualidades de Dios, del mismo modo que un miembro unido al cuerpo participa de la circulación de la sangre, del calor, del movimiento del mismo cuerpo. ¿Pero quién mantiene firme esta unión, permanente y en pleno vigor este miembro de la criatura unido a su Creador? Mi Divina Voluntad. Ella es vínculo de

unión y comunicación de calor y movimiento, en modo de hacer sentir a cada movimiento la Vida de su Creador, y pone, más que sangre, en circulación con este miembro la santidad Divina, la fuerza, la bondad, en suma, todas las cualidades de su Creador; pero si no está mi Voluntad, será un miembro separado que no puede fluir a la comunicación del cuerpo, y si aparentemente parece unido, será como un miembro paralizado que vivirá con dificultad, sin movimiento, y será de fastidio y de dolor a la cabeza divina, el tener un miembro y no poder comunicar el bien de su Vida".

(3) Después de esto ha agregado: "Hija mía, mi Divina Voluntad es la recolectora de todo lo que le pertenece. Ella, celosa de sus actos no pierde uno solo, porque cada uno de sus actos contiene un acto infinito, una eternidad toda entera, una interminabilidad que no termina jamás, así que son actos no sujetos a perderse, y mi Fiat cuando forma sus actos es tanto el amor, el celo de su acto, que se lo tiene en su regazo de luz como gloria y triunfo de la potencia de su obrar. Ahora, cuando el alma vive en mi Divina Voluntad y encierra en Ella sus actos, se vuelve un acto de Voluntad Divina, y entonces repite por sí todos los actos que hace la Divina Voluntad, y le da la gloria, la correspondencia de sus actos divinos, y ¡oh! cómo mi Fiat Divino se siente triunfante de esta criatura, porque encuentra en ella un acto puro de su Voluntad, y se hace recolectora de todo lo que puede hacer esta criatura, no pierde ni siquiera un respiro, porque en todo encuentra su Voluntad obrante, y esto le basta para tener actos dignos de Ella, y la ama tanto que la tiene estrechada en su regazo de luz para darle la Vida continua de su Querer, y para recibir de ella la correspondencia. Por eso hija mía, sé atenta a recibir esta Vida de Voluntad Divina, para poder decir: Vida de Voluntad Divina me das, y Vida de Voluntad Divina te doy".

28-14
Junio 2, 1930

**La Divina Voluntad es paz y seguridad. Dudas y temores. Sólo
Jesús es autor de las leyes. Necesidad de las venidas de Jesús.
La desconfianza, el acto débil de nuestros siglos.**

(1) Me sentía oprimida por las privaciones de mi dulce Jesús. ¡Oh Dios, qué pena! Es pena sin misericordia, sin alivio, sin apoyo, faltando Jesús falta todo, por eso se siente que falta la Vida de quien puede dar vida; es pena que convierte a todo el pobre ser humano en voces que llaman a Aquél que puede darle la vida; es pena de luz que revela con más claridad quien es Jesús. Pero mientras nadaba en el duro dolor de su privación, otro dolor se agrega, que me martillaba mi pobre inteligencia, me habían dicho que se dudaba de mis escritos porque se encontraba en ellos que Jesús me había besado, abrazado, y casi diariamente había venido a mí. Mi pobre mente no soportaba y disparatando decía: "Mira Amor mío qué significa el no hacerte ver y no darte a conocer a todos, si lo hicieras ellos caerían en la red de no poder estar sin Ti y te harían caer a Ti para no poder estar sin ellos". Yo me sentía torturada por las dudas, por temores que no es necesario poner sobre el papel. Y mi dulce Jesús teniendo compasión de mí, todo bondad me ha dicho:
(2) "Hija mía, tranquilízate, tranquilízate, tú sabes que jamás he tolerado en ti dudas y temores, porque son harapos viejos de la voluntad humana; mi Fiat Divino, donde Él

reina no admite estas miserias, porque por su naturaleza es paz y seguridad, y así vuelve al alma que se hace dominar por su luz. Por eso Yo no quiero nada más de ti, sino que tu respiro, tu latido, todo tu ser, no sea otra cosa que Voluntad mía y amor. El amor y la Divina Voluntad unidos juntos forman el más grande ofrecimiento, el más bello homenaje que la criatura puede hacer a su Creador, el acto que más se asemeja a nuestro acto. Por eso estémonos en nuestro puesto de amarnos siempre y de no interrumpir jamás nuestro amor. Una Voluntad Divina siempre cumplida y un amor nunca interrumpido, es la cosa más grande que se puede encontrar en el cielo y en la tierra, y esto es sólo de nuestro Ser Divino y de quien se da en poder de nuestro Querer. Además hija mía, ¿por qué ¿por qué te afliges tanto por lo que han dicho? Yo soy el autor de las leyes y ninguno me puede someter a ninguna ley, y por eso hago lo que quiero y lo que más me agrada. El disponer de las almas, el cumplir en quién un designio mío, en quién algún otro, es derecho que he reservado para Mí solo, y además, ¿qué es más, el recibirme Sacramentado cada día, entrar en su boca, descender en el estomago y aun en personas llenas de pasiones para comunicar mi Vida, mi sangre para mezclarla con la sangre de ellos, o dar un beso, un abrazo a quien me ama y vive sólo para Mí? ¡Oh! cómo es verdad que la vista humana es corta, y hacen grandes las cosas pequeñas, y las cosas grandes las hacen pequeñas por la sola razón de que no son comunes a todos. Además de esto, todo lo que ha pasado entre Yo y tú, tantas intimidades, tantos excesos de mi amor, mis repetidas venidas, lo requería el decoro de mi Divina Voluntad que debía hacer conocer por medio tuyo. Si Yo no hubiera venido frecuentemente, ¿cómo podía decirte tantas cosas acerca de mi Divina Voluntad? Si no hubiera hecho en tu corazón mi sede, como mi templo vivo, no habrían sido tan continuas mis lecciones, por eso deberían comprender que todo lo que he hecho a tu alma debía servir a mi Divina Voluntad, la cual todo merece, y el oír mis tantas condescendencias amorosas debía servir para hacer comprender cuánto amo a la criatura, y cuánto puedo amarla, para elevar a la criatura a mi puro amor y a la plena confianza que debe tener hacia quien tanto la ama, porque si entre la criatura y Yo no hay plena confianza, no se pueden elevar a vivir en mi Divina Voluntad. La desconfianza siempre pone obstáculo a la unión entre Creador y criatura, es la que le impide el vuelo hacia quien tanto la ama, la hace vivir a ras de tierra, y a pesar de que no caiga, le hace sentir a lo vivo sus pasiones. Mucho más que la desconfianza ha sido el acto débil en el curso de los siglos, y a veces aun las almas buenas han retrocedido en el camino de las virtudes por causa de la desconfianza, y Yo para quitar este entorpecimiento que produce el espectro de la desconfianza, he querido mostrarme contigo todo amor, y a lo familiar más que padre e hija, para volver a llamar no sólo a ti, sino a todos los demás a vivir como hijos, como arrullados en mis brazos, y Yo he gustado, y también tú, cómo es bello tener a la criatura toda amor y toda confianza Conmigo. Yo puedo dar lo que quiero, y ella no tiene ningún temor de no recibir lo que quiere, así que puesta en orden la verdadera confianza entre la criatura y Yo, viene quitado el mayor obstáculo para hacer reinar mi Divina Voluntad en sus almas. Entonces hija mía, Yo sé hacia dónde tienden mis miras, y a qué deben servir, sé lo que hago de grande y bello cuando elijo a una criatura, y ¿ellos qué saben? Y además, siempre tienen algo que decir sobre mi obrar, mi breve vida acá abajo no fue perdonada cuando mi Santísima Humanidad estaba en medio a ellos y Yo era todo amor para ellos, no obstante si me acercaba demasiado a los pecadores tenían qué decir, decían que no era decoroso para Mí tratar con ellos, y Yo los dejaba decir, y sin dar importancia a su hablar hacía mis actos, me acercaba más a los pecadores, los amaba de más para atraerlos a amarme; si hacía milagros tenían qué decir, pues como me creían hijo de San José decían que no podía salir de un artesano el Mesías prometido, e iban suscitando dudas sobre mi Divina Persona, tanto de formar nubes en torno al Sol de mi Humanidad, y Yo suscitaba los vientos para desembarazarme de las nubes y reaparecía más refulgente en medio a ellos para cumplir la finalidad de mi venida a la tierra, la cual era la Redención. Por eso no te maraville el que hayan encontrado qué decir sobre el modo como me he comportado contigo, y si bien han formado nubes en torno al modo de obrar que he usado contigo, pero Yo suscitaré mis vientos para desembarazarme de estas nubes, y si aman la verdad conocerán que el modo como me he comportado contigo, a pesar de que no lo he usado con otras almas, era necesario para nuestro amor, porque debía servir a nuestra misma Voluntad para hacerla conocer y hacerla reinar".

(3) Después ha agregado con un acento más tierno:

(4) "Hija mía, pobrecitos, no están habituados a caminar en los campos de la luz de mi Divina Voluntad, por eso no es maravilla que su inteligencia haya quedado como deslumbrada, pero si se habitúan a mirar la luz verán claro que sólo mi amor podía llegar a tanto; y como amo tanto que se conozca mi Divina Voluntad para hacerla reinar, he querido ser exuberante en el exceso de mi amor que contenía en mi corazón. Es más, todo lo que he hecho contigo se pueden llamar preludios de lo que haré a aquellos que se harán dominar por mi Fiat. Pero te digo que así como todos aquellos que tuvieron qué decir sobre mi Humanidad estando en la tierra, y que no se rindieron a creer ante la santidad de mis obras, quedaron en ayunas del bien que Yo vine a traer a todos, y quedaron fuera de mis obras, así será de aquellos que dicen del cómo, del modo de lo que he dicho, si no se rinden, también ellos quedarán en ayunas y fuera del bien que con tanto amor quería traer a todos".

28-15
Junio 18, 1930

Todas las cosas creadas llaman a la criatura a cumplir la Divina Voluntad. Dios al crear al hombre lo ponía dentro de sus recintos divinos.

(1) Mi abandono en el Fiat continúa, y mientras mi pobre mente seguía la Creación para hacer compañía a los actos que la Divina Voluntad hace en Ella, mi dulce Jesús me ha dicho:

(2) "Hija mía, cada cosa creada llama a la criatura a hacer la Divina Voluntad; son sin voz y hablan, pero hablan según el acto que el Querer Divino desarrolla en ellas, porque cada cosa creada desarrolla un acto distinto de Voluntad Divina, y con ese acto llama a la criatura a cumplir su Divina Voluntad. Cada cosa creada para este fin, ha tenido de Dios un deleite especial, para atraer con modo misterioso a la criatura a hacer su Divina Voluntad. He aquí la razón del orden, la armonía de toda la Creación en torno a la criatura, de modo que el sol llama con su luz, y haciendo salir su calor la

llama a cumplir la Voluntad de su Creador, y mi Fiat Divino escondido bajo los velos de la luz, llama con insistencia, sin retirarse jamás, a recibir su Vida para poderla desarrollar como la desarrolla en el sol, y casi para asaltarla para hacerse escuchar, inviste a la criatura por todos los lados, a la derecha, a izquierda, sobre la cabeza, se extiende hasta bajo los pies para decirle con su mudo lenguaje de luz: 'Escúchame, mírame como soy bello, cuánto bien hago a la tierra, porque una Voluntad Divina reina y domina mi luz, y tú, ¿por qué no escuchas con mi toque de luz, para recibir la Vida del Querer Divino para hacerlo reinar en ti?' El cielo te habla con el apacible centelleo de las estrellas, el viento con su imperio, el mar con su murmullo y con sus olas alborotadas, el aire te habla en la respiración, en el latido, la florecita con su perfume, en suma, todas las cosas creadas hacen competencia en llamarte a recibir mi Voluntad para hacerla reinar, de modo que cielo y tierra no fuesen otra cosa que un acto de Voluntad Divina. ¡Oh, si las criaturas escuchasen las tantas voces de la Creación, que si bien mudas, pero reales y siempre en medio a ellas, se rendirían y la harían reinar como reina con su pleno triunfo en todas las cosas creadas por Nosotros!'.

(3) Después seguía mi giro en la Creación, y habiendo llegado al Edén seguía lo que Dios hizo en la Creación del hombre, y mi amado Jesús me ha dicho:

(4) "Hija mía, en cuanto llegas a este punto de la creación del hombre, nos sentimos heridos y tenemos presente la escena conmovedora de cómo fue creado por Nosotros; nuestro amor se inflama, se desborda, corre para encontrar al hombre como fue creado por Nosotros; nuestro amor delira y en su delirio quiere abrazarlo, estrecharlo a nuestro seno, bello y santo como salió de nuestras manos creadoras, y no encontrándolo, nuestro amor se cambia en delirio de amor doliente y suspira a aquél que tanto ama. Tú debes saber que fue tanto nuestro amor al crear al hombre, que apenas creado fue puesto por Nosotros en nuestros recintos divinos, y le dimos como pequeño átomo la voluntad humana inmersa en la inmensidad de la Divina Voluntad, por lo que era como connatural para él, que siendo pequeño átomo debiese vivir de Voluntad Divina. Nuestra Divinidad le decía: 'Te damos nuestra Divina Voluntad a tu disposición, a fin de que tu pequeño átomo de la tuya sienta la necesidad de vivir de su inmensidad, de crecer con su santidad, de embellecerse con su belleza, de servirse de su luz; viéndose pequeño se sentirá feliz de vivir en los recintos de nuestro Fiat para vivir de nuestras cualidades divinas'. Y Nosotros nos deleitábamos de ver este pequeño átomo de la voluntad humana vivir en nuestros interminables recintos, a cuidado nuestro, bajo nuestra mirada crecía bello y gracioso, de una rara belleza, tanto, de raptarnos y encontrar en él nuestras delicias. Pero fue breve su felicidad y nuestras alegrías por haber creado al hombre, este átomo del querer humano no quiso vivir de Voluntad Divina, sino de sí mismo, se puede decir que reprimió la nuestra para vivir de la suya, porque por cuanto quisiera salir de nuestra Voluntad, no encontraba ni siquiera un pequeño espacio a donde irse, porque no hay punto donde Ella no se encuentre, así que, aunque no quiso vivir de la nuestra, no tenía a dónde ir, así que mientras estaba en nuestro Fiat Divino, pero vivía como si no estuviera, y voluntariamente vivía de sus miserias y de las tinieblas que se formaba él mismo. Ésta es la razón de nuestro suspiro continuo, que no tenga más reprimido nuestro Querer, sino que más bien reprima el átomo de su querer para vivir feliz y santo, y poder encontrar en él nuestras delicias".

28-16
Julio 4, 1930

Todas las cosas creadas poseen la virtud repetidora del Fiat Divino.

(1) Me sentía aplastar bajo el peso de opresiones tremendas que circundan mi pobre existencia. ¡Oh, cómo suspiraba la patria celestial! Habría querido desaparecer de la tierra sin volver a oír ni ver a ninguno; amo, suspiro el lanzarme en los brazos de Jesús para decirle: "Amor mío, tenme estrechada entre tus brazos, no me dejes más, porque sólo en tus brazos me siento segura y no tengo miedo de nada, Jesús, piedad de mí, Tú que sabes lo que pasa en mi alma no me abandones". Y buscaba por cuanto más podía el abandonarme en el Fiat Supremo. Y mi dulce Jesús teniendo compasión de mí, haciéndose ver, todo ternura me ha dicho:

(2) "Pobre hija mía, ánimo, debes saber que no estás sola en el sufrir, tienes a tu Jesús que sufre junto contigo, es más, sufre más que tú, porque son cosas que corresponden más a Mí que a ti, y Yo las siento tan a lo vivo que me siento desgarrar mi corazón traspasado. Pero lo que nos debe consolar es que son cosas del foro externo, entre tú y Yo nada se ha cambiado, las cosas tal como eran son, los juicios humanos no tienen ningún poder en nuestras intimidades y comunicaciones, por eso no nos pueden dañar. Así que tu vuelo en mi Divina Voluntad no quiero que sea interrumpido jamás; Ella tiene la virtud repetidora, y todas las cosas creadas por Nosotros que hacen continua morada en nuestro Querer, poseen la virtud de repetir el acto continuo recibido de Dios en la Creación, y de dar a las criaturas cada día su acto continuo: El sol cada día da su luz, el aire se hace respirar continuamente, el agua repite cada día el darse al hombre para quitarle la sed, lavarlo y refrescarlo, y así todas las otras cosas creadas repiten la virtud repetidora de mi Fiat Divino, y si alguna de estas cosas creadas pudieran salir de dentro de Él, perderían al instante la virtud de repetir su acto continuo, que mientras es antiguo es siempre nuevo en provecho de las criaturas. La señal más cierta de que las cosas creadas están en mi Divina Voluntad, y la señal de que el alma vive en Ella y se hace dominar, es si sus actos, si bien antiguos, tienen virtud como si fuesen siempre nuevos, y que sean continuos sus actos. En mi Divina Voluntad no hay detenciones, el alma siente la facilidad y virtud de su acto continuo; ¿tal vez se detiene el sol en su curso de dar siempre luz? Ciertamente que no. Tal es el alma que vive en mi Divina Voluntad, siente en sí toda la plenitud y convertidos como en naturaleza la virtud vivificadora de los bienes divinos y del acto continuo del Fiat Divino.

(3) Ahora, así como las cosas creadas repiten su acto continuo, así mis actos y los de mi Mamá Celestial, porque fueron hechos en la Divina Voluntad y animados por Ella, poseen la virtud repetidora, y más que sol dardean a las criaturas y hacen llover sobre sus cabezas todos los bienes de todos nuestros actos, que si bien antiguos son siempre nuevos, en provecho de la mísera humanidad, porque poseen el acto continuo. Pero a pesar de que llueven sobre sus cabezas sin cesar jamás, no son tomados por las criaturas, sólo reciben el fruto de nuestros actos continuos cuando los reconocen, los imploran y los quieren recibir, de otra manera nada reciben. Sucede como al sol, si la criatura no sale fuera para gozar y recibir el bien de su luz

continua, no recibe todo el bien de su luz, lo recibe sólo aquellas veces que se toma el pensamiento de salir; y si alguna otra no abre las puertas, a pesar de que el sol inviste la tierra con su acto continuo de luz, quedará a lo oscuro. Por eso hija mía, si quieres tomar todo el bien de tu Jesús y de la Soberana del cielo, en nuestro Fiat los encontrarás todos en acto, implóralos sobre de ti, reconócelos, y te sentirás bajo la lluvia de nuestros actos continuos".

28-17
Julio 9, 1930

Valor de la voluntad humana cuando entra en la Divina. Temores por causa de juicios competentes. Respuesta de Jesús y sus enseñanzas.

(1) Mi pequeña inteligencia siente la extrema necesidad del Querer Divino, porque sólo Él es mi apoyo, mi fuerza, mi vida. ¡Oh Voluntad Divina, no me abandones! Y si yo, ingrata, no he sabido seguir tu vuelo, tu luz, perdóname, y reforzando mi debilidad absorbe en Ti el pequeño átomo de mi existencia, y viva perdida en Ti para vivir sólo y siempre de tu Voluntad Suprema. Pero mientras mi mente se perdía en el Fiat Divino, mi dulce Jesús haciendo su pequeña visita a mi alma me ha dicho:

(2) "Hija mía, ánimo, estoy Yo contigo, ¿de qué temes? Si conocieras la belleza, el valor que adquiere la voluntad humana cuando entra y hace continua morada en el Fiat Divino, no perderías un instante de vivir en Él. Tú debes saber que en cuanto la voluntad humana entra en la Divina, nuestra luz la inviste y la embellece de una rara belleza, el alma queda tan ensimismada que no se siente extraña con su Creador, más bien se siente que ella es toda del Ser Supremo y el Ser Divino es todo suyo, y con libertad de hija, sin temor y con confianza raptora se eleva en la unidad de la Voluntad de su Creador, y en esta unidad, el átomo de la voluntad humana emite su 'te amo', y mientras forma su acto de amor, todo el amor divino corre, circunda, abraza, se cambia en el 'te amo' de la criatura, y lo hace tan grande cuanto es grande nuestro amor, y Nosotros sentimos en el pequeño 'te amo' de la criatura las fibras, la vida de nuestro amor, y Nosotros le damos el valor de nuestro amor, y sentimos en el pequeño 'te amo' la felicidad de nuestro amor. Este pequeño 'te amo' no sale más de dentro de la unidad de nuestro Querer, y mientras queda, se expande tanto en la orbita del Fiat, que no hace otra cosa que seguir por todas partes a la Divina Voluntad, y así de todos los otros actos que se propone hacer en nuestra Voluntad. Tú debes pensar que una Voluntad creadora entra en el acto de la criatura, y por eso debe hacer actos dignos, cuales sabe hacer y convienen a una Divina Voluntad".

(3) Después me sentía oprimida más que nunca, mi pobre mente estaba entristecida por pensamientos que me aplastaban y me quitaban la bella tranquilidad del día de la paz gozada siempre por mí, y que Jesús mismo tanto estimaba y era celoso de mi paz, y no permitía que ninguna cosa me turbara. Y ahora oigo que ruidos de tempestad quieren hacer llover sobre mi cabeza, y esto porque habiendo leído personas competentes algún volumen de mis escritos, han encontrado dificultades sobre la intimidad que Jesús había usado conmigo, el verter sus amarguras en mi indigna alma, y tantas otras cosas, que no era de la dignidad divina obrar en este modo con la criatura, y como yo estaba en mi simplicidad, habiéndome asegurado

mis pasados confesores y también personas santas y competentes, a las cuales yo, temerosa preguntaba si fuese Jesús o no que obraba así conmigo, y ellos me aseguraban que era Jesús, diciéndome que es su costumbre entretenerse sobre la faz de la tierra con sus criaturas, y yo creía sus aseveraciones, y dándome en poder de Jesús lo dejaba hacer lo que quería de mí, y aunque me sometiera a penas atroces, y aun a la misma muerte, yo me sentía feliz como tantas veces sucedía, porque, contento Jesús, decía, me basta, mucho más que lo que ha hecho conmigo mi dulce Jesús, sea que vertiera, sea que me llevase junto con Él, o cualquier otra cosa que me hiciera, yo no recuerdo jamás haber sentido en mí sombra de pecados, tendencias no buenas y santas, más bien su toque era puro y santo y me sentía más pura, su verter de su boca en la mía, que como una fuentecita salía de la boca de Jesús y se vertía en la mía, a las penas que yo sentía tocaba con la mano cuánto sufre Jesús, cuán feo es el pecado, y habría puesto mil veces la vida, antes que ofenderlo, y me sentía convertir mi pequeño ser todo en reparaciones para poder defender a mi dulce Jesús. Por eso, al pensar que había sido interpretado tan mal un acto tan santo de Jesús, me sentía tan mal, que no tengo palabras para expresarme. Entonces el bendito Jesús, teniendo compasión de mí, se ha hecho ver, y todo afligido y ternura me ha dicho:

(4) "Hija mía, no temas, mi modo de obrar es siempre puro y santo, cualquiera que sea, y aunque parezca extraño a las criaturas, porque toda la santidad no está en el acto externo del modo de obrar, sino depende de la fuente de la santidad interna de donde sale, y de los frutos que produce mi modo de obrar, si los frutos son santos, ¿por qué querer juzgar mi modo? Así me agradaba y por eso lo hacía. Por los frutos se conoce el árbol, si es bueno, mediocre o malo, y me disgusta sumamente que en vez de juzgar los frutos, han juzgado la corteza del árbol y no la sustancia y la vida del mismo árbol. Pobrecitos, ¿qué cosa pueden comprender con mirar la corteza de mis modos sin descender a los frutos que he producido? Quedarán más a lo oscuro y pueden incurrir en la desgracia de los fariseos, que mirando en Mí la corteza de mis obras y palabras, no la sustancia de los frutos de mi Vida, permanecieron ciegos y terminaron con darme la muerte. Y además, ¿así se da un juicio, sin implorar la ayuda del Autor y Dador de las luces, y sin interpelar a aquella que con tanta facilidad ellos juzgan? Y además, ¿qué males hacía Yo, y qué era lo que tú recibías cuando Yo vertía de mi boca en la tuya la fuentecita que salía de la fuente de mis amarguras que me dan las criaturas? No vertía en ti el pecado, sino parte de los efectos y por eso tú sentías la intensidad de las amarguras, la nausea, cómo es fea la culpa, y tú al sentir estos efectos aborrecías el pecado y comprendiendo por ello cuánto sufre tu Jesús, cambiabas tu ser, y también cada gota de tu sangre en reparación para tu Jesús. ¡Ah! tú no habrías amado tanto el sufrir para repararme si no hubieras sentido en ti los efectos de la culpa, y cuánto sufre tu Jesús al ser ofendido. Pueden decir que porque lo hacía de la boca, lo podía hacer de otra manera, pero así me agradaba. Yo he querido hacer contigo como un padre hace con su pequeña hija, porque pequeña se deja hacer lo que quiere, y su padre se vierte en su pequeña, con modos tan afectuosos y amorosos como si encontrase en ella su propia vida, porque sabe que nada rechazaría a su padre, aunque se requiriera el sacrificio de la propia vida. ¡Ah hija mía! mi delito es siempre el amor y es también el delito de quien me ama; no encontrando otra materia de qué juzgar, juzgan mi demasiado amor, y aquél

de mis hijos, que tal vez han puesto la vida por ellos mismos. Y además, ahora pueden juzgar como quieran, pero ¿cuál no será su confusión cuando vengan ante Mí y conozcan con claridad que he sido propiamente Yo Aquél que he obrado en ese modo condenado por ellos, y que su juicio me ha impedido una gran gloria mía, y un gran bien en medio a las criaturas, cual es el conocer con más claridad qué significa hacer mi Divina Voluntad y hacerla reinar? No hay delito más grave que el de impedir el bien, por eso hija mía, te recomiendo que no quieras turbarte ni alejar nada de lo que pasa entre Yo y tú, asegúrame que mi obrar tenga su cumplimiento en ti, no me quieras dar ningún dolor por parte tuya. Yo quería difundir el bien fuera de ti, pero la voluntad humana pone obstáculos a mis designios, por eso ruega que sea vencida la voluntad humana y que no quede sofocado el reino de mi Divina Voluntad en medio a las criaturas.

(5) Pero te digo que los conocimientos sobre mi Divina Voluntad no quedarán sepultados, ellos son parte de mi Vida Divina, y como Vida no están sujetos a morir, a lo más podrán quedar escondidos, pero morir jamás, porque es decreto de la Divinidad que el reino de mi Divina Voluntad sea conocido, y cuando Nosotros decretamos no hay potencia humana que nos pueda resistir, a lo más será cuestión de tiempo. Y a pesar de las oposiciones y juicios en contra de estas personas competentes, Yo me haré camino, y si éstos con sus juicios querrán sepultar tanto bien y tantas Vidas Divinas de mis verdades, Yo los pondré a un lado y me haré camino, disponiendo a otras personas más humildes y simples, y más fáciles para creer en mis modos admirables y múltiples que Yo uso con las almas, y con su simplicidad, en lugar de encontrar cavilaciones y dificultades, reconocerán como don de cielo lo que Yo he manifestado sobre mi Divina Voluntad, y éstos me servirán admirablemente para propagar en el mundo los conocimientos sobre mi Fiat. ¿No sucedió lo mismo en mi venida sobre la tierra? Los sabios, los doctos, las personas de dignidad no quisieron escucharme, es más, tenían vergüenza de acercárseme, su doctrina les hacía creer que Yo no podía ser el Mesías prometido, de modo que llegaron a odiarme y Yo los hice a un lado y escogí humildes, simples y pobres pescadores, los cuales me creyeron y me serví admirablemente de ellos para formar mi Iglesia y propagar el gran bien de la Redención. Así haré de mi Divina Voluntad, por eso hija mía, no te abatas al oír tantas dificultades que ponen, y no nos separemos en nada de lo que pasa entre tú y Yo, y sigue haciendo lo que te he enseñado que hagas en mi Divina Voluntad. Yo nada dejé de hacer de lo que debí hacer para la Redención, a pesar de que no todos me creyeron, todo el mal quedó para ellos, a Mí me convenía hacer mi curso que había establecido hacer por amor de las criaturas. Así harás tú, sigue tu abandono en mi Divina Voluntad y tus actos en Ella, y Yo no te dejaré, estaré siempre junto contigo".

28-18
Julio 16, 1930

La Divina Voluntad es Vida, el amor es alimento. Un solo acto no forma vida ni acto completo. Necesidad de la repetición de los actos para formar la Vida de la Divina Voluntad.

(1) Mi abandono en el Fiat Divino continúa, ¡oh! sí, yo lo siento que como aire se hace respirar por mi pobre alma, siento su luz purísima que tiene reprimidas las tinieblas de la noche de mi voluntad humana, que en cuanto hace por surgir, por ponerse en acción, la luz de la Divina Voluntad, dulcemente imperante sobre la mía, no sólo reprime las tinieblas para no darles vida, sino potentemente me llama y me atrae a seguir sus actos. Después, siguiendo sus actos divinos tocaba con la mano cuánto nos ama, porque en cada acto suyo salían mares de amor para las criaturas. Y mi siempre amable Jesús, haciendo ver su corazón investido por llamas ardientes por amor de las criaturas me ha dicho:

(2) "Hija mía, mi amor hacia las criaturas es tanto, que no cesa un solo instante de amarlas; si cesara un solo instante de amarlas, toda la máquina del universo y todas las criaturas se resolverían en la nada, porque la existencia de todas las cosas tuvo el primer acto de vida de mi amor pleno, entero, completo, interminable e incesante, y para hacer que mi amor tuviese toda su plenitud, hice salir de Mí, como acto de vida de todo el universo y de cada acto de criatura, mi Voluntad Divina. Así que mi Voluntad es vida de todo, mi amor es alimento continuo de toda la Creación. La vida sin el alimento no puede vivir; el alimento si no encuentra la vida no tiene a quién darse ni a quién nutrir. Por eso toda la sustancia de toda la Creación es mi Voluntad como vida y mi amor como alimento, todas las otras cosas son superficiales y como adorno. Así que cielo y tierra están llenos de mi amor y de mi Voluntad, no hay punto, donde como viento impetuoso no se derramen sobre las criaturas, y esto siempre, siempre, sin cesar jamás, está siempre en acto para derramarse sobre las criaturas, tanto, que si la criatura piensa, mi Divina Voluntad se hace vida de su inteligencia, y mi amor, alimentándola, la desarrolla; si mira se hace vida de su ojo y mi amor alimenta la luz del ver; si habla, si late, si obra, si camina, mi Voluntad se hace vida de la voz, mi amor alimento de la palabra; mi Divina Voluntad se hace vida del corazón, mi amor, alimento del latido; en suma, no hay cosa que la criatura haga en que mi Voluntad no corra como vida, y mi amor como alimento. Pero cuál no es nuestro dolor al ver que la criatura no reconoce a quien forma su vida y a quien alimenta todos sus actos".

(3) Después de esto continuaba mis actos en el Querer Divino, y en mi mente pensaba entre mí: "¿Qué gloria doy a mi Dios y qué bien me viene con repetir siempre los mismos actos?" Y mi dulce Jesús me ha dicho:

(4) "Hija mía, un solo acto no forma vida, ni obras completas en las criaturas, la misma Divinidad en la Creación quiso hacer la repetición de su Fiat por seis veces para formar toda la máquina del universo; podíamos con un solo Fiat hacer todas las cosas creadas, pero no, nos agradó el repetirlo para tomar placer al ver salir de Nosotros, con nuestra fuerza creadora, ahora el cielo azul, ahora el sol, y así todas las otras cosas creadas por Nosotros, y el último Fiat fue repetido sobre del hombre como cumplimiento de toda la obra de la Creación. Y si bien nuestro Fiat no agregó otro Fiat para crear otras cosas, pero hace siempre su repetición, para mantener y conservar como en su aliento del Fiat todas las cosas en acto, como si las acabase de crear. Y ¡oh! cómo es necesaria la repetición, con el repetir crece el amor, se duplica el gozo, se aprecia de más lo que se repite, y se siente la vida del acto que se repite. Ahora, con el continuar tus actos en mi Divina Voluntad, vienes a formar la Vida de mi Divina Voluntad en ti, con repetirlos la haces crecer y la alimentas.

¿Crees tú que con haberlos repetido alguna vez habrías podido formar su Vida en ti? No hija mía, a lo más habrías podido sentir su aire balsámico, su fuerza, su luz, pero no formar su Vida; se necesitan los actos que no cesan jamás para poder decir: 'Poseo la Vida del Fiat'. ¿No sucede lo mismo a la vida natural? No se da una sola vez el alimento, el agua, y se ponen aparte sin darlos nunca más, sino que se dan cada día; si se quiere conservar la vida es necesario alimentarla, de otra manera por sí misma se apaga. Por eso continúa tus actos en mi Fiat si no quieres que su Vida se apague y no tenga su cumplimiento en ti".

28-19
Julio 24, 1930

La Divina Voluntad está en continua actitud en el Ser Divino. Prodigio de cuando obra en la criatura. Agrado de Dios.

(1) Mi pobre corazón se encuentra entre dos potencias insuperables, el Fiat Divino y el dolor de la privación de mi dulce Jesús, potentes ambas sobre mi pobre corazón, porque mientras siento toda la amargura de estar privada de Aquél que formaba toda la felicidad de mi pobre existencia, y que ahora faltándome se me ha convertido en intensa amargura, el Querer Divino dominándome me absorbe en su Divina Voluntad para transmutarla en Ella. Ahora, mientras me encontraba bajo opresiones tremendas, mi dulce Jesús dándome una sorpresa me ha dicho:

(2) "Hija mía, ánimo, no temas, estoy aquí contigo, y la señal es que sientes en ti la Vida de mi Fiat, Yo soy inseparable de Él. Tú debes saber que nuestra Voluntad está en continua actitud en nuestro Ser Divino, su movimiento no cesa jamás, sus obras están siempre en acto, por eso está siempre en actividad. Pero las sorpresas maravillosas que suceden cuando la criatura entra en nuestra Voluntad son encantadoras y prodigiosas; en cuanto ella entra nuestro Querer se encierra en la criatura, y mientras se encierra hasta llenarla toda, no pudiendo ella abrazarla toda ni encerrarla toda dentro de sí, desborda fuera de sí, llenando cielo y tierra, en modo que se ve que la pequeñez de la criatura encierra una Voluntad Divina, la cual mantiene en ella su movimiento incesante y sus obras en operación; no hay cosa más santa, más grande, más bella, más prodigiosa, que el obrar de mi Querer en la pequeñez de la criatura. Mientras obra, como ella no puede ni encerrarla ni abrazarla toda porque es finita, por eso no tiene capacidad de encerrar lo inmenso y lo infinito, pero toma cuanto más puede contener, hasta desbordar fuera, y mientras desborda, se ve la criatura bajo una lluvia de luz y de varias e insólitas bellezas dentro y fuera, que nuestro Ser Divino por ello toma tanto deleite que nos sentimos raptar, porque vemos a la pequeñez humana, en virtud de nuestro Fiat que la llena, transformada en las bellezas de nuestras cualidades divinas, las cuales tienen tal fuerza que nos raptan y nos hacen gozar en la criatura nuestras puras alegrías y nuestras felicidades indecibles.

(3) Ahora, tú debes saber que cada vez que la criatura llama a mi Querer como vida obrante en ella, y se arroja para permanecer sumergida en Él, es tanta nuestra satisfacción, que todo nuestro Ser concurre y ponemos tal valor por cuanto valor contiene nuestro Ser Divino; mucho más que nuestro Fiat Divino tiene su primer acto

de vida en el acto de la criatura, ella no ha sido mas que concurrente, así que como acto nuestro ponemos en él todo el peso de nuestra Vida Divina. Mira entonces qué significa hacer un acto en nuestra Voluntad, qué significa multiplicarlos y la gran pérdida de quien no obra en Ella".

28-20
Agosto 2, 1930

Todas las cosas creadas están veladas, sólo en el cielo todo está develado. Condiciones necesarias y trabajo que se requiere para conocer las verdades.

(1) Estaba pensando en las tantas verdades que el bendito Jesús me había dicho sobre la Divina Voluntad, y que sólo por obedecer había escrito en el papel, y que algunos, leyéndolas, no sólo no quedan raptados por estas verdades, sino me parece que las tienen como verdades que no vale la pena poner atención en ellas; yo me sentía en pena por eso, porque mientras a mí me parecen tantos soles, uno más bello que el otro, capaces de poder iluminar a todo el mundo, para algunos al contrario, parece que no tienen virtud ni siquiera de calentarlo y darle un poquito de luz. Mientras esto pensaba, mi amable Jesús todo bondad me ha dicho:

(2) "Hija mía, todas las cosas acá abajo, tanto en el orden sobrenatural como en el orden natural, todas están veladas, sólo en el cielo están develadas, porque en la Patria Celestial no existen velos, sino que las cosas se ven como son en sí mismas, así que allá arriba no debe trabajar la inteligencia para comprenderlas, porque por sí mismas se muestran como son, y si algún trabajo hay que hacer en la bienaventurada morada, si es que se puede llamar trabajo, es el de gozar y felicitarse en las cosas que sin velos ve; en cambio acá abajo no es así, como la naturaleza humana es espíritu y cuerpo, el velo del cuerpo impide al alma el ver mis verdades, los sacramentos y todas las otras cosas están veladas. Yo mismo, Verbo del Padre, tenía el velo de mi Humanidad, todas mis palabras, mi Evangelio bajo formas de ejemplos y de semejanzas, y sólo me comprendía quien se acercaba a escucharme con la fe en el corazón, con la humildad, y con el querer conocer las verdades que Yo les manifestaba para ponerlas en práctica; haciendo esto rompían los velos que escondían mis verdades y encontraban el bien que había en ellas. Con la fe, con la humildad y con el querer conocer mis verdades, era un trabajo que hacían, y con este trabajo rompían el velo y encontraban mis verdades como son en sí mismas, y por eso quedaban atados a Mí y con el bien que contenían mis verdades. Otros que no hacían este trabajo, tocaban el velo de mis verdades, no el fruto que había dentro, por eso quedaban en ayunas, de ellas no entendían nada y dándome la espalda se alejaban de Mí.

(3) Así son mis verdades que Yo con tanto amor te he manifestado sobre mi Divina Voluntad; para hacer que resplandezcan como soles develados, cuales son, deben hacer su trabajo, el camino para tocarlas, que es la fe, deben desear quererlas conocer, rogar y humillar su inteligencia para abrirla, para hacer entrar en ellos el bien y la vida de mis verdades; si esto hacen romperán el velo y las encontrarán más que refulgente sol, de otra manera quedarán ciegos, y Yo les repetiré el dicho del

Evangelio: 'Tenéis ojos y no miráis, oídos y no escucháis, lengua y sois mudos'. Mira, también en el orden natural todas las cosas están veladas, las frutas tienen el velo de la cáscara; ¿quién tiene el bien de comerlas? Quien hace el trabajo de acercarse al árbol, de cogerlo, de quitar la cáscara que esconde el fruto, éste gusta y hace del fruto deseado su alimento; los campos están velados de paja, ¿quién toma el bien que aquella paja esconde? Quien los despoja de aquella paja tiene el bien de tomar el grano para formar el pan, para hacer de él su alimento cotidiano. En suma, todas las cosas tienen acá abajo el velo que las cubre, para dar al hombre el trabajo y la voluntad, el amor de poseerlas y gustarlas. Ahora, mis verdades superan en gran medida a las cosas naturales y se presentan a la criatura como nobles reinas veladas en acto de darse a ellas, pero quieren su trabajo, quieren que acerquen los pasos de su voluntad a ellas para conocerlas, poseerlas y amarlas, condiciones necesarias para romper el velo que las esconden, una vez roto el velo, con su luz se hacen camino por ellas mismas, dándose en posesión de quien las ha buscado. Ésta es la razón por la que quien lee las verdades sobre mi Divina Voluntad y hacen ver que no comprenden lo que leen, es más, a veces se confunden, es porque falta la verdadera voluntad de quererlas conocer, se puede decir que falta el trabajo para conocerlas, y sin trabajo no se adquiere nada, ni merecen tanto bien, y Yo con justicia les niego lo que abundantemente doy a los humildes y que suspiran el gran bien de la luz de mis verdades.

(4) Hija mía, cuántas verdades mías sofocadas por quien no ama conocerlas y no quiere hacer su pequeño trabajo para poseerlas, siento que quisieran, si pudieran, ahogarme a Mí mismo, y Yo en mi dolor estoy obligado a repetir lo que dije en mi Evangelio, y lo hago con los hechos, que quito a quien no tiene o tiene alguna pequeña cosa de mis bienes, y lo dejo en la escuálida miseria, porque éstos, no queriéndolos y no amándolos, los tendrán sin estimarlos y sin fruto, y daré más abundantemente a aquellos que tienen, porque éstos los tendrán como preciosos tesoros, que los harán fructificar siempre más".

28-21
Agosto 12, 1930

El desánimo duplica el peso de las penas. En qué modo nos visita Jesús. El primer motor en Dios es el amor, y la Divina Voluntad la vida.

(1) Estoy bajo el imperio del Fiat Divino que es el único que conoce mis llagas profundas que va siempre exacerbando y multiplicando en mi pobre alma, pero toda mi esperanza es que reine en ella sólo el Querer Divino en las circunstancias dolorosas de mi existencia acá abajo, y que apresuren mi partida a la patria celestial. Mientras me encontraba bajo la prensa de penas amarguísimas, mi dulce Jesús me ha dicho:

(2) "Hija mía, no te abatas, porque el abatimiento llama al desánimo, el cual duplica el peso de las penas, tanto, que la pobre criatura, con este peso duplicado apenas puede arrastrarse en el camino que debe recorrer, mientras que mi Querer quiere que no te arrastres, sino que vueles en su luz interminable. Y además, el dolor soy Yo, en

el cual hago mis pequeñas visitas, el velo es el dolor, pero dentro está mi persona, que escondida dentro del velo del dolor visita a la criatura; la necesidad soy Yo que escondido en ellas hago las más bellas visitas para hacerme ayuda de las necesidades que dispongo. No es con el sólo hacerme ver que visito a las criaturas, sino en tantos modos que se puede decir que en cada encuentro, en cada circunstancia, en cada cosa que le sucede, grande o pequeña, es una visita que me dispongo a hacerle para darle lo que necesita. Para quien vive en mi Querer Divino, siendo mi presencia permanente en ella, no sólo la visito, sino le voy ensanchando los confines de mi Querer".

(3) Después continuaba mis actos en el Fiat Supremo, para poder seguir con mis actos de amor el amor incesante e interminable de mi Creador, y mi dulce Jesús me ha dicho:

(4) "Hija mía, si supieras cómo me es dulce tu amor, porque siento en el tuyo el eco nuestro, nuestras fibras divinas, que elevando tu amor en el nuestro, corre, corre tan dulce en nuestro amor al decirnos: 'Quiero amaros cuanto y como me has amado; cuantas veces me habéis dicho que me habéis amado quiero decirlo también yo'. Y es tanto nuestro agrado, porque queremos que la criatura sea la repetidora de nuestro amor, que ensanchamos tanto el amor de la criatura, de modo de sentir en todo nuestro amor el dulce sonido del amor de ella. Mucho más que en todo lo que hemos hecho por las criaturas, el primer motor, el primer acto ha sido el amor, y como nuestro amor habría sido como fuego sin luz sin nuestra Voluntad, y Ella habría sido como luz sin calor sin nuestro amor, por eso lo que ha dado vida a nuestro amor ha sido el Fiat. Así que lo que nos movió fue el amor, pero lo que dio y da vida a todo es nuestra Divina Voluntad. Por esto quien quiere encontrar la verdadera vida debe venir en Ella, en la cual encontrará la plenitud de nuestro amor, y el alma adquirirá las prerrogativas de nuestro amor, que son: 'Amor fecundo, amor que surge, amor que todo abraza, amor que todo mueve en amor, amor insuperable y sin término, amor que todo ama y conquista.' Por eso cuando te siento correr de una cosa creada a otra para poner en ellas tu 'te amo', sobre cada uno de los actos de persona para investirlos con tu 'te amo', Yo escucho el dulce sonido de tu amor en el nuestro y te amo de más".

(5) Después ha agregado con un acento ternísimo:

(6) "Hija mía, es tanto nuestro amor hacia las criaturas, que en cada acto que hace corre el nuestro para amarla, y nuestro Querer para formar la vida de su acto. Así que en cada pensamiento que forma en su mente es un acto de amor que le mandamos, y nuestra Voluntad se presta a formar la vida de su pensamiento; en cada palabra que pronuncia, en cada latido de su corazón, en cada paso que da, son tantos actos de amor nuestro que corren hacia ella, y nuestro Fiat que se presta a formar la vida de su palabra, el latido de su corazón, el paso de sus pies. Por eso la criatura está cubierta de nuestro amor, vive bajo la dulce tempestad de nuestro amor, sobre de ella pende nuestro amor incesante que la ama tanto, y nuestro Fiat que corre en modo rápido a darle la vida a cada uno de sus actos, aunque fuese el más pequeño. ¡Oh! si las criaturas supiesen cuánto las amamos, cómo estamos inclinados hacia ellas para amarlas siempre, siempre, que no dejamos escapar ni siquiera un pensamiento suyo en el cual no le mandemos un amor nuestro especial y distinto, cómo nos amarían, y nuestro amor no quedaría como aislado sin el amor de

las criaturas. Nuestro amor desciende continuamente hacia las criaturas, y su pequeño amor no se digna subir hacia su Creador, qué dolor hija mía, amar y no ser amado, he aquí la causa por la que cuando encuentro una criatura que me ama, siento que su amor armoniza con el mío, y conforme desciende mi amor hacia ella, así su amor sube hacia Mí, yo la abundo tanto de gracias, de favores y de carismas divinos, de hacer maravillar a cielos y tierra".

28-22
Agosto 15, 1930

Cómo la vida de la Soberana Reina fue formada en el Sol divino.

(1) Estaba pensando en mi Mamá Celestial en el momento cuando fue asunta al cielo, y ofrecía mis pequeños actos hechos en el Fiat Divino para darle mis homenajes, mis alabanzas, para su honor y gloria. Pero mientras esto hacía, mi dulce Jesús me ha dicho:

(2) "Hija mía, la gloria, la grandeza, la potencia de mi Mamá Celestial en nuestra patria es insuperable, ¿sabes por qué? Su vida en la tierra fue hecha dentro de nuestro Sol divino, no salió jamás de dentro de la habitación de su Creador, no conoció otra cosa que nuestra sola Voluntad, no amó otra cosa que nuestros intereses, no pidió otra cosa que nuestra gloria; se puede decir que formó el sol de su vida en el Sol de su Creador. Así que quien la quiera encontrar en la celestial morada, debe venir en nuestro Sol, donde la Soberana Reina, habiendo formado su sol, expande sus rayos maternos en provecho de todos, y resplandece de tal belleza que rapta a todo el cielo, sintiéndose todos doblemente felices por tener una Madre tan santa, y una Reina tan gloriosa y potente. La Virgen es la primera hija, y única, que posee a su Creador, y es la única que ha hecho vida en el Sol del Ente Supremo, y que habiendo tomado su vida de este Sol eterno, no es maravilla que habiendo vivido de luz haya formado su sol fulgidísimo que alegra a toda la corte celestial.

(3) Es propiamente esto lo que significa vivir en mi Divina Voluntad: 'Vivir de luz y formar su vida en nuestro mismo Sol.' Ésta era la finalidad de la Creación, tener a las criaturas creadas por Nosotros, nuestros amados hijos, en nuestra misma casa, alimentarlos con nuestros mismos alimentos, vestirlos con hábitos reales y hacerles gozar nuestros mismos bienes. ¿Qué padre y madre terrena piensa en poner fuera de su casa al parto de sus entrañas, a sus amados hijos, y no darles su herencia a los propios hijos? Creo que ninguno, más bien, cuántos sacrificios no hacen para volver ricos y felices a sus propios hijos. Si a esto llega un padre terreno y una madre, mucho más el Padre Celestial; quería y amaba que sus hijos permanecieran en su casa para tenerlos a su alrededor, para hacerse feliz con ellos y tenerlos como corona de sus manos creadoras, pero el hombre ingrato abandonó nuestra casa, rechazó nuestros bienes y se contentó con ir errante, viviendo en las tinieblas de su voluntad humana".

28-23
Agosto 24, 1930

La Divina Voluntad toma todas las formas para darse a la criatura. La creación del hombre, instalación del centro del amor y del Fiat Divino.

(1) Mi abandono en el Querer Divino continúa, siento que su potencia invencible me absorbe hacia Sí, y en tantos modos que no puedo hacer menos que seguir sus actos. Ahora, mientras seguía los actos de la Divina Voluntad hechos en la Creación, mi amable Jesús me ha dicho:

(2) "Hija mía, es tanto el amor de mi Fiat Divino hacia las criaturas, que toma todas las formas para darse a la criatura: toma la forma de cielo para permanecer extendido sobre su cabeza, y con el permanecer ahí perennemente distendido, la abraza por todos lados, la guía, la protege, la defiende, sin retirarse jamás, permaneciendo siempre cielo, para formar su cielo en el corazón de la criatura; toma forma de estrellas y dulcemente hace descender su apacible centelleo sobre la criatura, para acariciarla con su beso de luz y dulcemente insinuarse, para que forme las estrellas de las más bellas virtudes en el cielo de su alma; toma forma de sol para irradiarla de luz, y con su calor vibrante descender en el fondo del alma, y con la fuerza de su luz y calor forma las tintas de los más bellos colores para formar el Sol de su Fiat en la criatura; toma la forma de viento para purificarla, y con su imperio, soplando, mantiene encendida la Vida Divina, y conforme sopla así la hace crecer en el corazón de la criatura. Mi Divina Voluntad se abaja a todo, y es tanto su amor, que de todo aquello que puede servir a la criatura se constituye vida, y llega a tomar forma de aire para hacerse respirar, de alimento para alimentarla, de agua para quitarle la sed, en suma, no hay cosa de la que la criatura se sirva, que mi Querer no corra junto para darse incesantemente a la criatura, pero ¿cómo corresponde a los tantos múltiples modos que mi Fiat toma para asediar a la criatura, a las tantas formas amorosas a fin de que si no la reconoce en un modo la reconozca en el otro; si no le hace brecha una forma, le haga brecha otra, para recibir al menos una mirada, una sonrisa de complacencia, una invitación para hacerla descender en su alma para reinar, un gracias de reconocimiento a sus tantas locuras de amor? ¡Ah, cuántas veces mi Divina Voluntad queda sin que la criatura le preste ninguna atención! ¡Qué dolor, cómo queda traspasada! Pero con todo esto no se detiene, continúa incesantemente con su firmeza toda divina a hacer correr su Vida Divina en todas las cosas creadas, para llevar bajo el velo de ellas su Vida a todos, esperando con paciencia invencible a quien la debe reconocer y recibir, para formar su Vida dentro de las apariencias y forma humana, y así reinar completamente en todas las cosas creadas por Nosotros".

(3) Después de esto seguía a la Divina Voluntad en los actos de la Creación, y habiendo llegado al Edén donde fue creado el hombre, mi siempre amable Jesús ha agregado:

(4) "Hija mía, la creación del hombre fue el centro donde nuestro Fiat y nuestro amor se instalaron para tener ahí su sede perenne. Nuestro Ser Divino tenía todo dentro de Nosotros, el centro de nuestro amor y el desarrollo de la Vida de nuestro Querer; con crear al hombre quiso formar el segundo centro de nuestro amor, para hacer que nuestro Fiat pudiese desarrollar las vidas humanas con su imperio y dominio, como hacía en nuestro Ser Supremo. Por eso tú debes saber que en el acto de crear a

Adán, todas las criaturas venían creadas en él, todas estuvieron presentes, ninguna faltó; amábamos como él y en él a todas las criaturas. Y cuando con tanto amor formábamos su humanidad, plasmándola y modelándola con nuestras manos creadoras, formando los huesos, extendiendo los nervios, cubriéndolos de carne, formando todas las armonías de la vida humana, en Adán venían plasmadas, manejadas todas las criaturas, en todas formábamos los huesos, extendíamos los nervios y cubriéndolos de carne dejábamos el toque de nuestras manos creadoras, la marca de nuestro amor, la virtud vivificadora de nuestro Querer, e infundiéndole el alma con la potencia de nuestro aliento omnipotente, venían formadas las almas en todos los cuerpos con la misma potencia con la que venía formada el alma de Adán. Mira entonces cómo cada criatura es una nueva creación, como si hubiésemos creado al nuevo Adán, porque en cada una de ellas queríamos renovar el gran prodigio de la creación, la instalación del centro de nuestro amor, el desarrollo de la Vida de nuestro Fiat. Fue tanto el exceso de nuestro amor al crear al hombre, que hasta en tanto no venga la última criatura sobre la tierra estaremos en continuo acto de creación, para dar a cada uno lo que fue dado al primer hombre creado, nuestro amor desbordante, el toque de nuestras manos creadoras por la formación de cada una de ellas. Por eso hija mía, te recomiendo que sepas reconocer y conservar en ti la instalación de nuestro amor y la Vida obrante de nuestro Fiat, y sentirás los prodigios de la continua creación y nuestro amor desbordante, que ahogándote de amor no sentirás otra cosa que amor y Voluntad mía".

28-24
Agosto 29, 1930

Las cosas creadas están preñadas de la Divina Voluntad. Las cruces forman el camino que conduce al cielo.

(1) Mi abandono en el Fiat Divino continúa, una fuerza invencible me transporta en sus actos divinos, y yo siento y conozco la Divina Voluntad obrante en todas las cosas creadas, la cual me hace la dulce invitación a seguirla en sus actos para tener mi compañía, pero mientras esto hacía, mi siempre amable Jesús me ha dicho:
(2) "Hija mía, todas las cosas creadas están preñadas de mi Divina Voluntad, la cual se dejó en ellas, no para Nosotros que no teníamos necesidad, sino por amor de las criaturas, dándose en tantos modos distintos por cuantas cosas creaba. Ella, haciendo de verdadera madre quería asaltar a las criaturas con tanto amor por cuantas cosas sacaba a la luz del día, quería darse a cada instante sin interrupción, para darse a sorbos para formar su Vida y extender su reino en cada alma, por eso tú ves que no hay cosa donde mi Fiat no quiera darse, y se puede decir que cada cosa creada forma su trono de amor, de donde hace descender su misericordia, sus gracias, y camino para comunicar su Vida Divina. Ella está como vigilando para ver qué bien puede hacer a sus hijos si le abren el corazón para recibir sus bienes, y para conformarse a sus modos divinos. Así que cada cosa creada es una llamada que hace a la criatura para recibir el don que quiere hacerle mi Divina Voluntad, cada cosa creada es un nuevo amor que quiere comunicarle, y un acto de su Vida de más que quiere desarrollar alrededor y dentro de la criatura. Pero, ¡ay de Mí! cuántas

ingratitudes por parte de ellas, mi Divina Voluntad las abraza, se las estrecha a su seno con sus brazos de luz, y ellas huyen de dentro de su luz sin restituirle el abrazo y mirarla para saber quién es que la ama tanto. Por eso hija mía, sé tú su reparadora, síguela en todas las llamadas que te hace por medio de cada cosa creada, para darle amor por amor y recibir todos los sorbos de su Vida Divina en el fondo de tu alma, para darle la libertad de hacerla reinar".

(3) Después seguía sus actos y mi abandono en el Querer Supremo, pero mi pobre mente estaba ocupada en los tantos incidentes que Nuestro Señor había dispuesto y dispone sobre mi pobre existencia, y mi dulce Jesús ha agregado:

(4) "Hija mía, las cruces, los incidentes, las mortificaciones, los actos, los abandonos de las criaturas, todo lo que se puede sufrir por amor mío, no son otra cosa que piedrecillas que señalan el camino que conduce al cielo, así que en el punto de la muerte la criatura verá que todo lo que ha sufrido le ha servido para formarse el camino, que ha señalado con modos incancelables y con piedras irremovibles la vía recta que conduce a la Patria Celestial. Y si todo lo que mi Providencia ha dispuesto que sufra, lo ha sufrido para cumplir mi Divina Voluntad, para recibir no la pena sino un acto de su Vida Divina, formará tantos soles por cuantos actos ha hecho y penas ha sufrido, de modo que se verá su camino a derecha e izquierda señalado por soles, que tomándola e invistiéndola con su luz la conducirán a las regiones celestiales. Por eso los tantos incidentes de la vida son necesarios, porque sirven para formarse el camino y trazarse la ruta del cielo; si no se forman los caminos resulta difícil ir de un país a otro, mucho más resulta difícil llegar a la gloria eterna".

28-25
Septiembre 20, 1930

Las amarguras son el lento veneno del bien. La Divina Voluntad, cuna del alma. Jesús, administrador divino de su Santísima Voluntad.

(1) Me sentía toda inmersa en el Fiat Divino, su luz deslumbra mi inteligencia, y mientras me absorbe en su luz me hace seguir sus actos que hizo en la Creación. Pero mientras esto hacía, sentía una amargura y una opresión tales, que me hacían fatigar en el cumplir mis actos en el Querer Divino. Y mi dulce Jesús teniendo compasión de mí me ha dicho:

(2) "Hija mía, cómo me da pena tu amargura, siento que se vierte en mi corazón, por eso, ánimo; no sabes tú que las opresiones, las amarguras, son el lento veneno del bien, el cual produce una fatiga tal, de reducir al alma a una extrema agonía, de modo que siente la agonía en el corazón, y mi amor agoniza en su corazón; siente la agonía sobre sus labios, y agoniza mi plegaria; siente la agonía en las manos, en los pasos, y mis pasos y mis obras se sienten agonizantes. Mucho más en la criatura que quiere tener por vida mi Divina Voluntad, siendo una su voluntad con la mía, me siento verter su agonía en mi Divina Persona. Por eso, ánimo, abandónate en mis brazos y Yo haré surgir de mi Divina Voluntad otra luz más brillante, que tomando forma de cuna, te arrullaré en ella para comunicarte mi reposo divino, y con su luz y con su calor destruirá el lento veneno de tus amarguras, cambiándolas en dulzuras y en fuentes de contentos, y reposando en la cuna de mi Divina Voluntad tomarás un

dulce reposo, y al despertarte encontrarás que tus amarguras y opresiones han sido desterradas, y te tendré en mis brazos con tu acostumbrada dulzura y serenidad para hacer crecer más en ti la Vida de mi Divina Voluntad".

(3) Después seguía por cuanto podía mi abandono en el Fiat Divino, y mi dulce Jesús ha agregado:

(4) "Hija mía, las amarguras, las opresiones y todo lo que no pertenece a mi Querer, ocupan un puesto en tu alma, y mi Divina Voluntad no se siente libre para poder extender su luz, ni para que con su virtud creadora y vivificadora haga surgir su Vida en cada partícula y rinconcito de tu alma; se siente rodeada como de nubes, que a pesar de que está el sol, las nubes interponiéndose entre el sol y la tierra impiden que los rayos solares desciendan con la plenitud de la luz a dar luz a la tierra. Así el Sol de mi Divina Voluntad, se siente estorbado por las nubes de las amarguras y opresiones para extender su luz en el fondo de la criatura y poder decir: 'Todo da de mi Voluntad, todo me pertenece, todo es mío'. Y tu Jesús que ha tomado el empeño de formar un alma toda de mi Voluntad, sufro por eso, y quedo impedido en mi trabajo, porque tú debes saber que Yo soy el administrador divino de mi Fiat en la criatura, y cuando la veo dispuesta a hacer en todo mi Voluntad, en cada acto que hace Yo me pongo al trabajo de preparación; supón que tú quieras hacer un acto de amor, Yo, rápido me pongo a trabajar, en él pongo mi aliento, pongo una dosis de mi amor, lo embellezco con la variedad de las bellezas que Él contiene, y después, divino administrador que soy de mi Querer, suministro mi Voluntad Divina sobre aquel acto de amor, de manera que en aquel acto no se reconoce el acto de la criatura, sino un acto de amor como si hubiese salido del centro de mi Divinidad. Yo soy demasiado celoso de los actos que la criatura quiere hacer animados por mi Voluntad Divina, no admito disparidad de sus actos con los míos, y para tener esto debo poner en él de lo mío y mi trabajo, y esto en todos sus actos; si quiere hacer actos de adoración, de plegarias, de sacrificio, en ellos pongo mi trabajo, a fin de que su adoración sea el eco de la adoración divina, su oración sea el eco de la mía, su sacrificio sea el repetidor del mío. En suma, debo encontrarme a Mí mismo en cada uno de los actos de la criatura; tu Jesús, como Señor, poseedor de mi Divina Voluntad, no la administraría si no encontrase la santidad, la pureza, el amor de mi Humanidad en el acto de la criatura. Por eso quiero encontrarla libre de cualquier nube que pudiese hacer sombra a mi Divina Voluntad. Por eso sé atenta hija mía, no obstaculices mi trabajo que quiero hacer en tu alma".

28-26
Septiembre 30, 1930

El Edén, campo de luz. Diferencia entre quien obra en la Divina Voluntad y quien obra en el humano querer. El pequeño terreno de la criatura; el sembrador Celestial.

(1) Estaba continuando mis acostumbrados actos en el Querer Divino, y mi pobre mente se ha detenido en el Edén, donde Dios creaba al hombre para dar principio a la vida de la criatura. Y mi amado Bien Jesús, haciéndose ver todo ternura y bondad me ha dicho:

(2) "Hija mía, el Edén campo de luz en el cual nuestro Ser Supremo creaba al hombre, se puede decir que él fue creado en la luz de nuestro Fiat, su primer acto de vida fue luz, la cual extendía detrás y delante a él, a derecha e izquierda, un campo interminable de luz, él debía recorrer su camino para formar su vida tomando en sus actos tanta luz por cuantos actos hacía, para formar una luz toda propia, como propiedad suya en virtud de sus actos, si bien tomada de mi Divina Voluntad. Ahora, la diferencia de quien obra en Ella como su principio y fin, en la cual todos sus actos están unidos al principio de la luz donde fue formada su vida, y tuvo su primer acto de vida, la luz tiene en custodia esta vida, la defiende, y nada de extraño deja entrar en su luz para formar uno de los portentos que sólo sabe formar la luz. En cambio, quien desciende de esta luz entra en la oscura cárcel de su voluntad, y al hacer sus actos toma tinieblas, y toma tantas tinieblas por cuantos actos hace, para formarse una propiedad toda suya de tinieblas. Las tinieblas no saben custodiar, ni defender a aquél que vive en ellas, y si algún acto bueno hace es siempre tenebroso, porque están atados por tinieblas, y como ellas no tienen virtud de saber defender, entran cosas extrañas a las mismas tinieblas, entran las molestias de las debilidades, los enemigos de las pasiones, los ladrones aguerridos que precipitan a la criatura en el pecado, y llegan a precipitarla en las tinieblas eternas donde no hay esperanza de luz. ¡Qué diferencia entre quien vive en la luz de mi Divina Voluntad y entre quien vive como aprisionada en su voluntad humana!"

(3) Después continuaba siguiendo el orden que la Divina Voluntad había tenido en la Creación, y mi pequeña y pobre inteligencia se detuvo en el punto cuando Dios creó a la Virgen Inmaculada, y mi amable Jesús moviéndose en mi interior me ha dicho:

(4) "Hija mía, todos los actos buenos y santos de los profetas, patriarcas, y del pueblo antiguo, formaron el terreno donde el Ente Supremo sembró la semilla para hacer desarrollar la Vida de la Celestial niña María, porque su germen fue tomado de la estirpe humana. La Virgen, teniendo en Sí la Vida obrante de la Divina Voluntad, amplió este terreno con sus actos, lo fecundó y divinizó, hizo correr en él, más que lluvia benéfica y restauradora, la santidad de sus virtudes, el calor de su amor, y dardeándolo con la luz del Sol de la Divina Voluntad que poseía como propia, preparó el terreno para desarrollar al Celestial Salvador, y nuestra Divinidad abrió el cielo e hizo llover el Justo, el Santo, el Verbo, dentro de este brote, y así fue formada mi Vida Divina y humana para formar la Redención del genero humano. Mira entonces, en todas nuestras obras dirigidas a bien de las criaturas queremos encontrar un apoyo, un lugar, un pequeño terreno dónde poner nuestra obra y el bien que queremos dar a las criaturas, de otra manera, ¿dónde la ponemos? ¿En el aire? ¿Sin que al menos uno lo sepa y que nos atraiga con sus actos formando su pequeño terreno, y Nosotros como celestial sembrador sembrar el bien que queremos dar? Si esto no fuese, que de ambas partes, Creador y criatura, la formaran juntos, ella preparándose con sus pequeños actos para recibir, y Dios con el dar, sería como si nada hiciéramos o quisiéramos dar a la criatura. Así que los actos de la criatura preparan el terreno al Sembrador Divino; si no hay tierra no hay que esperar la siembra, ninguno va a sembrar si no tiene un pequeño terreno, mucho menos Dios, Sembrador Celestial, arroja la semilla de sus verdades, el fruto de sus obras, si no encuentra el pequeño terreno de la criatura. La Divinidad para obrar, primero se quiere poner de acuerdo con el alma, después de que lo hemos hecho y vemos que ella quiere recibir aquel

bien, hasta rogarnos y formarnos el terreno donde ponerlo, entonces con todo amor lo damos, de otra manera sería exponer a la inutilidad nuestras obras".

28-27
Octubre 7, 1930

Cómo la Redención se debe a la fidelidad de la Virgen Santísima. La fidelidad es dulce cadena que rapta a Dios. El Agricultor Celestial. Necesidad de la semilla para poder difundir las obras divinas.

(1) Estaba siguiendo a la Divina Voluntad, y mi pobre mente estaba ocupada pensando en las tantas cosas que me había dicho mi dulce Jesús sobre el reino de su Fiat Divino, y en mi ignorancia decía: "¡Oh, cómo es difícil que llegue a reinar sobre la tierra en medio de las criaturas!" mientras esto pensaba, mi dulce Jesús me ha dicho:

(2) "Hija mía, la Redención se debe a la fidelidad de la Virgen Reina. ¡Oh! si no hubiese encontrado a esta celestial criatura que nada me negó, que jamás se rehusó a ningún sacrificio; su firmeza en pedir la Redención sin jamás dudar, su fidelidad sin jamás cansarse, su amor ardiente y fuerte sin jamás detenerse, siempre en su puesto, toda de su Creador, sin jamás apartarse por cualquier cosa o incidente que pudiese ver, por parte de Dios o por parte de las criaturas, formó tales vínculos entre el cielo y la tierra, adquirió tal ascendencia, tal dominio sobre su Creador, que se volvió digna de hacer descender al Verbo Divino sobre la tierra. A una fidelidad jamás interrumpida, y a nuestra misma Voluntad Divina que tenía su reino en su virginal corazón, no tuvimos la fuerza de rehusarnos. Su fidelidad fue la dulce cadena que me ató y me raptó del cielo a la tierra. He aquí el por qué lo que no obtuvieron en tantos siglos las criaturas, lo obtuvieron por medio de la Soberana Reina. ¡Ah, sí! Fue solamente Ella la que mereció que el Verbo Divino descendiera del cielo a la tierra, y que recibiera el gran bien de la Redención, de modo que si quieren todos pueden recibir el bien de ser redimidos.

(3) La firmeza, la fidelidad, la irremobilidad en el bien y en el pedir el bien conocido, se pueden llamar virtudes divinas, no humanas, y por eso sería negarnos a Nosotros mismos lo que la criatura nos pide. Ahora, así en el reino de la Divina Voluntad, queremos encontrar un alma fiel donde podamos obrar, que con la dulce cadena de su fidelidad nos ate por todo y por todas partes de nuestro Ser Divino, en modo de no poder encontrar razón para no darle lo que nos pide, queremos encontrar nuestra firmeza, apoyo necesario para poder encerrar en ella el gran bien que nos pide; no sería decoroso para nuestras obras divinas confiarlas a almas inconstantes y no dispuestas a afrontar cualquier sacrificio por Nosotros, el sacrificio de la criatura es la defensa de nuestras obras, y es como ponerlas al seguro. Así que cuando hemos encontrado a la criatura fiel, y la obra sale de Nosotros para tomar su lugar en ella, todo está hecho, la semilla ha sido arrojada y poco a poco germina y produce otras semillas, que difundiéndose, quien quiera puede procurarse aquella semilla para hacerla germinar en su alma; ¿no hace así el agricultor? Si tiene el bien de tener una sola semilla, que puede ser su fortuna, la siembra en su terreno, y aquella semilla germinando puede producir diez, veinte, treinta semillas, y el agricultor no nada más

siembra una sola semilla, sino todas aquellas que ha recogido, y tantas veces llega a sembrarlas hasta poder llenar todo su terreno, y llega a poder dar a los demás la semilla de su fortuna. Mucho más puedo hacer Yo, Agricultor celestial, con tal de que encuentre una criatura en que esté preparado el terreno de su alma, donde pueda arrojar la semilla de mis obras; aquellas semillas germinarán y poco a poco harán su camino, se harán conocer, amar y desear por pocos, y después por muchos, que sea sembrado en el fondo de sus almas la semilla celestial de mi Divina Voluntad. Por eso hija mía, sé atenta y fiel, haz que esta semilla celestial pueda sembrarla en tu alma, y no encuentre ningún obstáculo para hacerla germinar; si hay semilla hay la esperanza cierta de que germinando pueda producir otras semillas, pero si la semilla no existe, todas las esperanzas cesan y es inútil esperar el reino de mi Divina Voluntad, como habría sido inútil esperar la Redención si la Celestial Reina no me hubiese concebido como fruto de sus entrañas maternas, fruto de su fidelidad, de su firmeza y sacrificio. Así que déjame hacer y seme fiel, y Yo pensaré en todo lo demás".

28-28
Octubre 12, 1930

El temor es el flagelo de la pobre nada. Amor que Dios tiene con la criatura, hasta ponerla en competencia con Él. Dios establecía todos los actos que debían hacer todas las criaturas.

(1) Estoy siempre en mi amada y santa heredad del Fiat Divino, siento la extrema necesidad de no salir de ella jamás, porque mi pequeño átomo de mi existencia siente su nulidad, y como nada, no es buena para hacer nada si el Querer Divino no la llena de su Todo, haciéndola hacer lo que Él quiere. ¡Oh, cómo siento la necesidad de que el Querer Divino me tenga en su Vida, y yo de estarme siempre en Él! Sentía que no podía vivir sin el Fiat Divino, me sentía toda temor, y mi dulce Jesús con una bondad indecible me ha dicho:
(2) "Hija mía, no temas, el temor es el flagelo de la pobre nada, de modo que la nada es golpeada por los azotes del temor, se siente faltar y perder la vida. En cambio el amor es el arrojo de la nada en el Todo, que llenándola de Vida Divina, la nada siente la verdadera Vida que no está sujeta a faltar sino siempre a vivir.
(3) Ahora tú debes saber que es tanto el amor que nutre nuestro Ser Divino hacia la criatura, que le damos de lo nuestro para ponerla en condición de poder hacer competencia con su Creador, he aquí el por qué le damos nuestra Voluntad, nuestro amor y nuestra misma Vida, a fin de que las haga todas suyas para llenar el vacío de su nada, y así podernos dar Voluntad por Voluntad, amor por amor, Vida por Vida, y Nosotros, a pesar de que se los hemos dado Nosotros, lo aceptamos como si fueran suyos, gozando el que la criatura nos pueda hacer competencia, ella a darnos y Nosotros a recibir, para darle de nuevo lo que nos ha dado, a fin de que tenga siempre qué darnos, a menos que la criatura no quiera recibir, y entonces sienta el vacío de su nada, sin verdadera vida, sin una Voluntad Divina que la santifique, sin el amor que la hace portar y amar a su Creador, y entonces sobre esta nada caen todos los males, azotes de temor, tinieblas de terror, lluvias de todas las miserias,

debilidades, tanto, que se siente faltar la vida. Pobre nada que no es llenada del Todo".

(4) Después seguía rezando toda abandonada en el dulce imperio de la Divina Voluntad, y mi amado Jesús ha agregado:

(5) "Hija mía, nuestro sumo Querer al crear al hombre establecía todos los actos que debían hacer todas las criaturas, y se constituía vida de todos estos actos. Así que no hay acto humano que no tenga su puesto en nuestra Divina Voluntad, y cuando la criatura cumple cada uno de sus actos, Ella sale en campo de acción en el acto humano de la criatura, por eso en el acto de cada una de ellas entra toda la potencia y santidad de una Divina Voluntad. Cada acto entraba en el orden de toda la Creación, tomando cada uno de ellos su puesto, casi como estrellas, en que cada una tiene su puesto bajo el azul del cielo. Y como todo fue ordenado y formado por nuestro Fiat Divino en la Creación, todo el género humano con todos los actos de ellos, cuando la criatura hace una acto viene movido todo el orden de la Creación, y nuestro Querer se encuentra en acto como si entonces estuviese creando toda la Creación, porque en Él todo está en acto, y el acto de la criatura entra en su acto y tomando su puesto establecido por Dios, se renuevan los efectos de toda la Creación, y el acto humano entra en la carrera de todas las cosas creadas, y entre ellas tiene su puesto distinto, y está siempre en movimiento en el movimiento divino para adorar y amar a su Creador. Por eso el obrar de la criatura en nuestra Divina Voluntad se puede llamar el campo fecundo y divino de nuestra misma Voluntad en el pequeño campo de la criatura".

28-29
Octubre 18, 1930

Valor de los besos y abrazos de la Virgen al niño Jesús, porque poseyendo la Divina Voluntad, todos sus actos se volvían infinitos e inmensos para Jesús. Resurrección de los actos hechos en el Divino Querer. Efectos del "te amo".

(1) Continúo en mi acostumbrado estado, y deteniéndome en el acto cuando la Soberana Reina dio a luz al niñito Jesús, y estrechándolo a su seno lo besaba y lo volvía a besar, y deleitándose en Él le daba su leche dulcísima, ¡oh, cómo suspiraba el darle también yo mis besos afectuosos y mis tiernos abrazos a mi niñito Jesús! Y Él haciéndose ver en acto de recibirlos me ha dicho:

(2) "Hija de mi Querer, todo el valor de los actos de mi Mamá Celestial fue porque salían del seno inmenso de mi Divina Voluntad, de la cual Ella poseía su reino, su Vida; no había movimiento, acto, respiro y latido que no estuviera pleno de Querer Supremo, hasta desbordar fuera: Sus besos amorosos que me daba, salían de la fuente de Él; sus castos abrazos con los cuales abrazaba a mi infantil Humanidad, contenían la inmensidad; su leche purísima con la cual me nutría, Yo chupando a su seno virginal chupaba el seno inmenso de mi Fiat, y en aquella leche chupaba sus alegrías infinitas, sus dulzuras inefables, el alimento, la sustancia, el crecimiento infantil de mi Humanidad, del inmenso abismo de mi Divina Voluntad. Así que en sus besos Yo sentía el beso eterno de mi Querer, que cuando hace un acto no cesa

jamás de hacerlo, en sus abrazos sentía una inmensidad divina que me abrazaba, y con su leche me nutría divina y humanamente, y me daba nuevamente mis alegrías celestiales y los contentos de mi Querer Divino, de los que la tenía toda llena. Si la Soberana Reina no hubiera tenido una Voluntad Divina en su poder, Yo no me habría contentado con sus besos, de su amor, de sus abrazos y de su leche, a lo más se habría contentado mi Humanidad, pero mi Divinidad, Yo, Verbo del Padre, que tenía lo infinito, lo inmenso en mi poder, quería besos infinitos, abrazos inmensos, leche llena de alegrías y dulzuras divinas, y sólo así quedé apagado, porque mi Mamá poseyendo mi Voluntad Divina, me podía dar besos, abrazos, amor, y todos sus actos que daban de lo infinito.

(3) Ahora, tú debes saber que todos los actos que se hacen en mi Divina Voluntad son inseparables de Ella, se puede decir que forman una sola cosa, acto y voluntad, se puede llamar luz a la voluntad, y al acto calor, que son inseparables la una del otro. Así que todos aquellos que poseerán como vida a mi Fiat, tendrán en su poder todos los actos de la Mamá Celestial, y Ella tenía en su poder todos los actos de ellos, de modo que en sus besos y abrazos Yo me sentía besado y abrazado por todos aquellos que debían vivir en mi Voluntad, y en ellos me siento volver a besar y abrazar por mi Mamá, todo es en común y en perfecto acuerdo en mi Querer, cada acto humano desciende de su seno y con su potencia lo hace volver a subir al centro de donde ha salido. Por eso sé atenta y no dejes que se te escape nada que no hagas entrar en mi Divina Voluntad, si quieres darme todo y recibir todo".

(4) Mi pobre mente continuaba su curso dentro de la Divina Voluntad según las circunstancias en las cuales me encuentro, pero es siempre Ella mi punto de apoyo, mi principio, el medio, el fin de mis actos, su Vida corre en mí como el dulce murmullo del mar que jamás se detiene. Y yo por correspondencia de homenaje y de amor, le doy el murmullo de mis actos que el mismo Fiat Divino me hace hacer. Y mi siempre amable Jesús continúa diciéndome:

(5) "Hija mía, cada acto hecho en mi Divina Voluntad forma una resurrección divina en el alma. la vida está formada no de un solo acto, sino de muchos actos unidos juntos, así que por cuantos más actos se hacen, tantas veces resurge en mi Querer, en modo de poder formar una Vida completa toda de Divina Voluntad. Y así como la vida humana está formada de tantos miembros distintos para poder formar su vida, y si hubiera un solo miembro no se podría llamar vida, y si faltase algún miembro se llamaría vida defectuosa, así los repetidos actos hechos en mi Querer sirven como si formasen los diversos miembros de Voluntad Divina en la criatura, y mientras sirven para reunir juntos estos actos para formar la Vida, sirven para alimentar la misma vida. Y así como mi Divina Voluntad no tiene termino, así cuantos más actos se hacen en Ella, tanto más crece su Vida Divina en la criatura. Y mientras Ésta resurge y crece, la voluntad humana recibe la muerte por estos mismos actos hechos en mi Divino Querer, no encuentra alimentos para alimentarse y se siente morir a cada acto hecho en mi Divina Voluntad. ¡Pero qué dolor! cuantas veces la criatura hace su voluntad en sus actos, tantas veces hace morir la mía en su acto. ¡Oh! cómo es escalofriante ver que un querer finito pone fuera de su acto a un Querer infinito que quiere darle vida de luz, de belleza, de santidad".

(6) Después continuaba mis actos en el Querer Divino con mi acostumbrado estribillo: "Te amo, te amo en todo lo que has hecho por amor nuestro". Pero mientras esto

hacía pensaba entre mí: "Jesús bendito no tomará en cuenta mi estribillo 'te amo', 'te amo', entonces, ¿en qué aprovecha decirlo?" Y mi dulce Jesús moviéndose en mi interior me ha dicho:

(7) "Hija mía, el verdadero amor acompañado también de las palabras te amo, no me da jamás cansancio, porque siendo Yo un complejo de amor, y un acto continuado de amor, que jamás ceso de amar, cuando encuentro mi amor en la criatura, me encuentro a Mí mismo, y la señal de que el amor de ella es parto de mi amor, es cuando es continuo; un amor interrumpido no es señal de amor divino, a lo más puede ser un amor de circunstancias, un amor interesado, que una vez que cesan estas cosas cesa el amor; y también las palabras te amo, te amo, no son otra cosa que el aire que produce mi amor en la criatura, que condensado en ella produce como tantos rayos de fuego hacia Aquél que ama, y Yo cuando oigo decir te amo, te amo, ¿sabes que digo? Mi hija relampaguea en el aire de su amor hacia Mí, y un relámpago no espera al otro. Y además, todos los actos continuos son los que tienen virtud de conservar, alimentar y crecer la vida de las criaturas; mira, también el sol surge cada día y tiene su acto continuado de luz, no se puede decir que con el surgir cada día cansa a los hombres y a la tierra, todo lo contrario, todos suspiran el surgir del sol, y sólo porque surge todos los días forma el alimento de la tierra, día por día va poco a poco alimentando la dulzura en los frutos, hasta que los hace llegar a perfecta maduración, alimenta las variadas tintas de los colores a las flores, el desarrollo a todas las plantas, y así de todo lo demás. Un acto continuado se puede llamar milagro perenne, si bien las criaturas no le ponen atención, pero tu Jesús no puede hacer menos de poner atención, porque conozco la virtud prodigiosa de un acto jamás interrumpido. Entonces tu amor sirve para conservar, alimentar y hacer crecer la Vida de mi amor en ti; si tú no la alimentas no puede crecer, ni recibir la multiplicidad de las dulzuras y variedad de los colores divinos que mi amor contiene".

28-30
Noviembre 9, 1930

Diferencia entre el amor creado y el amor creante.
Dotes que Dios dio a las criaturas. Ejemplo.

(1) Vivo entre continuas privaciones de mi dulce Jesús, ¡ah! sin Él no encuentro mi centro a dónde emprender el vuelo para reposarme, no encuentro la guía a la que pueda confiarme, no encuentro a Aquél que con tanto amor, haciéndome de maestro, me daba las lecciones más sublimes, sus palabras eran lluvia de alegrías, de amor, de gracias sobre mi pobre alma. Y ahora todo es silencio profundo. Quisiera que el cielo, el sol, el mar, toda la tierra, vertieran lágrimas para llorar a Aquél que no encuentro más, y que no sé a donde dirigió sus pasos. Pero, ¡ay de mí! ninguno me lo señala, ninguno tiene piedad de mí. ¡Ah Jesús, regresa, regresa a aquella a la cual Tú mismo le dijiste que no querías otra cosa, sino que sólo viviera para Ti y contigo! Y ahora, y ahora todo ha terminado, mi pobre corazón está lleno, y quién sabe cuántas cosas quiere decir de la pena que siente por la privación de su Jesús, de su Vida, de su Todo, por eso paso adelante y pongo punto. Después, mientras me encontraba en el arrebato de las amarguras, estaba siguiendo los actos de la Divina

Voluntad, en un instante todo se me hizo presente, y mi siempre amable Jesús haciéndose ver, todo ternura me ha dicho:

(2) "Hija mía, ánimo, mi amor no tiene término, y por eso amo a la criatura con amor infinito e insuperable. Tú dices amarme, ¿pero qué diferencia hay entre el amor creado y el amor creante? Una imagen de diferencia te la da la Creación, mira el sol, su luz y su calor llenan tu ojo, invisten toda tu persona, sin embargo ¿cuánta luz tomas? Poquísima, apenas una sombra de la suya, y aquella luz del sol que ha quedado es tan vasta, que puede investir toda la tierra, esto es símbolo de tu pequeño amor creado, que por cuanto te sintieses llena hasta el borde, es siempre pequeño. El amor de tu Creador, más que sol, queda siempre inmenso e infinito, y señoreando sobre todo lleva a la criatura en su triunfo de amor, haciéndola vivir bajo la lluvia continua de su amor creante. Otro símbolo es el agua, tú la bebes, ¿pero cuánto bebes en comparación del agua que existe en los mares, en los ríos, en los pozos, en las entrañas de la tierra? Se puede decir que poquísima, y la que queda simboliza al amor creante, que en virtud propia posee mares inmensos y sabe amar con amor inmenso a la pequeña criatura. la misma tierra te señala tu pequeño amor, ¿de cuánta tierra tienes necesidad para apoyar tus pies? Apenas un pequeño espacio, y aquella que sobra, ¡oh! cómo es grande. Así que entre el amor del Creador y el de la criatura hay una diferencia distante e inmensurable. Además de esto, debes agregar que el Creador al crear al hombre lo dotó de sus propiedades, así que lo dotó de su amor, de su santidad, de su bondad, lo dotó de inteligencia y de belleza, en suma, de todas nuestras cualidades divinas dotamos al hombre, dándole el libre albedrío para que pudiera poner en comercio nuestra dote, engrandeciéndola siempre más según que más o menos crecía, metiendo también de sus actos en nuestras mismas cualidades divinas, como encargo de trabajo que recibía para conservarse y engrandecer la dote dada por Nosotros, porque nuestra sabiduría infinita no quiso poner fuera la obra de nuestras manos creadoras, parto nuestro e hijo nuestro, sin darle de lo nuestro. Nuestro amor no soportaría ponerlo fuera, a la luz del día, despojado y sin propiedades, no habría sido obra digna de nuestras manos creadoras, y si nada le hubiésemos dado, nuestro amor no se sentiría tan llevado a amarlo, porque es nuestro, tiene de lo nuestro, y costó tanto a nuestro amor, lo amamos tanto, hasta poner en él mi Vida. Las cosas cuando nada cuestan y nada se da, no se aman, y es propiamente esto lo que mantiene siempre encendida, siempre viva la hoguera ardiente de nuestro amor, porque mucho dimos y damos todavía ahora a la criatura.

(3) ¿Ves entonces qué gran diferencia hay entre el amor de la criatura y el del Creador? Si ella nos ama toma de nuestras mismas propiedades dadas a ella para amarnos, pero a pesar de que es pequeño el amor creado comparado al amor creante, sin embargo queremos este pequeño amor, más bien lo suspiramos, lo codiciamos, y cuando no nos lo da damos en delirio. A Nosotros nos sucede como a un padre amante de su hijo, que dota al hijo con sus propiedades, y este hijo amando a su padre, frecuentemente toma los frutos de las propiedades que le dio y los manda en don a su padre. ¡Oh! cómo goza el padre, a pesar de que no tiene necesidad, al recibir los dones, en el don se siente amado por su hijo, el don es el amor hablante y obrante de su hijo, y el amor del padre crece siempre por él, y se siente honrado, satisfecho de haber dado sus propiedades a aquél que lo ama y que nutre el afecto

por su padre. ¿pero cuál sería el dolor de este padre si el hijo no le mandase jamás nada de los bienes que le dio? Quebrantaría el más sacrosanto de los deberes, el amor entre hijo y padre, y convertiría en dolor la alegría, la felicidad de la paternidad. Más que padre amamos a la criatura, y toda nuestra felicidad está en el ser reamados; y si no nos ama, si él pudiese, convertiría en dolor nuestra paternidad. Por eso hija mía, cuanto más nos ames, tantos dones de más mandas a tu padre Celestial, los cuales nos son tan agradables, porque son frutos de nuestras propiedades divinas, dadas a ti con tanto amor por tu Creador".

28-31
Noviembre 20, 1930

El temor de perder un bien significa poseerlo. ¿Quién tiene el derecho de pedir el reino de la Divina Voluntad? Alimento para formar y hacer crecer la Vida de la Divina Voluntad en la criatura.

(1) Mi abandono en el Querer Divino continúa, si bien con el temor de que por mi infidelidad pudiese tener la gran desventura de ser rechazada de vivir dentro del bello cielo del Fiat Supremo. ¡Oh Dios, qué pena! Mi Jesús, no permitas que yo salga de mi amada heredad que Tú con tanto amor me has dado, y que con tanto celo me has tenido siempre custodiada, te lo pido por amor del cielo que con tanto amor extendiste sobre mi cabeza, símbolo del cielo que con amor más grande aún encerrabas en mi pobre alma, cual es tu Voluntad, haz que Ella reine siempre en mí y que su reino se extienda en todo el mundo; te lo pido por aquel amor con el cual creaste el sol que bate continuamente la tierra, sin jamás detener su curso para entregarme tu amor de luz, imagen viva y real del Sol de tu Querer, en el cual, más que en un mar de luz envolvías a tu pequeña hija; te lo pido por el laberinto de penas en las cuales he estado envuelta y asediada, penas que me llenan de hiel continuamente, que me hacen sentirme bajo la lluvia de tempestades que amenazan con sofocarme, penas que no me es dado confiar al papel. Jesús, Jesús, ten piedad de mí, y haz que reine en mí y en todos tu Divina Voluntad. Pero mientras desahogaba mi dolor, mi dulce Jesús, mi amada Vida, me ha extendido los brazos para sostenerme y me ha dicho:

(2) "Hija mía, ánimo, el temor de perder un bien significa poseerlo, conocerlo y amarlo, y poseerlo no por usurpación sino con derecho de propiedad, y cuando un bien se posee con derecho de propiedad, ninguna ley, ni humana ni divina puede con modos legítimos quitar los bienes que se poseen, mucho más que la absoluta Voluntad de tu Jesús es que tú poseas con derecho de propiedad la heredad de mi Fiat Divino, que con tanto amor te he dado, para hacer que pudieses pedir con derecho que su reino venga sobre la tierra, porque sólo quien posee mi Voluntad tiene y puede con derecho pedir que su reino venga sobre la tierra y se extienda por todas partes. Y como mi Querer llena cielos, sol, mar, y todo, a pesar de que no tienen razón, son dominados libremente por la Fuerza potente y Razón de mi Fiat, del cual jamás se han apartado. Por eso a nombre del cielo, sol y todo, puedes con derecho pedir su reino, porque la más pequeña cosa y la más grande, animada y dominada por mi Divina Voluntad, es siempre superior al hombre, porque sin Ella el

hombre ocupa el último puesto, es él el degradado y el más humillado en medio a todas las cosas creadas, es el más necesitado, el más pobre, que para vivir debe tender la mano a todas las cosas creadas para recibir la caridad de sus benéficos efectos, y a veces le viene negado por expresa Voluntad de quien las domina, es más, pone a los elementos en contra del hombre para hacerle tocar con la mano lo que significa no vivir en la heredad de Ella. Sólo mi Voluntad da la exaltación a las obras de nuestras manos creadoras, las pone en puesto de honor, las provee de todos los bienes, en modo que de ninguno tendrá necesidad, es más, la vuelve dominante de sí y dominadora de todo; en virtud de mi Voluntad que poseen, todos se inclinan y se sienten honrados de hacerse dominar, por eso no temas, porque el temor vuelve infeliz el bien que se posee y amarga las alegrías más puras, más santas y divinas que hay en mi Fiat. Mucho más, pues cada acto hecho en mi Divina Voluntad forma el alimento para alimentar los actos pasados hechos en Ella, porque tantos actos unidos juntos han formado su Vida en el alma, y la vida no se puede conservar y crecer sin alimento, por eso un acto sirve para conservar el otro y para formar la Vida de mi Voluntad en la criatura, los repetidos actos forman el agua para regarla, el aire para darle el respiro continuo a esta Vida toda de cielo, el latido para hacerle sentir el continuo latido de mi Querer, el alimento para conservarla en vida. Y así como el cuerpo no puede vivir sin alimento, sin aire que lo haga respirar continuamente, y sin latido que le dé el movimiento a toda la vida, y no basta haber tomado el alimento alguna vez, respirar y palpitar a intervalos para poder formar la vida humana, sino siempre, siempre, porque sólo los actos continuos tienen virtud de formar vida, de otra manera la vida se apaga, así quien quiere formar en ella la Vida de mi Querer, tiene la necesidad de actos repetidos, de modo que a esta Vida no le debe faltar ni el aire para hacerla respirar, ni el alimento para alimentarla, ni el calor, ni la luz, para hacerle sentir la Vida del cielo en su alma. Por eso no te preocupes de otra cosa, sino siempre adelante en mi Divina Voluntad".

28-32
Noviembre 24, 1930

Cómo no hay punto donde la Divina Voluntad no ejercite su acto obrante hacia las criaturas, y éstas los reciben según sus disposiciones. Jesús habla de castigos.

(1) Mi abandono en el Fiat Divino continúa, pero mi pobre existencia se desarrolla frecuentemente entre las amarguras de las privaciones de mi dulce Jesús, y mientras lo suspiro, llegando hasta sentir que me falta la vida, porque mi vida es Él, no conozco otra vida ni otro placer que Jesús. Ahora, si por poco viene, mientras me siento revivir, ¡ah! aquél soplo de vida que me da me lo amarga porque no me dice otra cosa que los grandes castigos que la Divina Justicia tiene preparados, me dice cómo todos los elementos se pondrán en contra del hombre, el agua, el fuego, el viento, las piedras, los montes, se cambiarán en armas asesinas, y fuertes terremotos harán desaparecer muchas ciudades y gente, y en todas las naciones, ni siquiera la nuestra será perdonada, y además, las revoluciones en las cuales son y serán arrolladas, y las guerras que están por estallar, parece que casi todos serán tomados

en la red que ellos mismos se están preparando, pero lo dice con tal amargura, y además me deja sin las acostumbradas penas que Él tenía costumbre de comunicarme. Mientras estaba amargada, seguía mis actos en el Querer Divino, y mi dulce Jesús haciéndose ver me ha dicho:

(2) "Hija mía, elévate, ven en mi Voluntad obrante, Ella es inmensa, pero en su inmensidad no hay punto donde no ejercite actos especiales y distintos hacia el género humano. Y si bien mi Voluntad es una, una es su inmensidad, uno es su acto, pero en su inmensidad tiene el orden de todos los efectos que como actos salen de un solo acto para verterse sobre de cada criatura, la cual los recibe según sus disposiciones. Si ella se encuentra dispuesta a amarme, recibe los efectos del amor que está vertiendo mi Querer obrante; si está dispuesta a ser buena, recibe los efectos de su bondad obrante; si está dispuesta a hacerse santa, recibe los efectos de su santidad, así que según sus disposiciones, la inmensidad de mi Fiat vierte sobre cada una de las criaturas sus diversos efectos, que se convierten en actos para ellas, y quien no está dispuesta nada recibe, a pesar de que mi Divina Voluntad está siempre obrante sobre cada una de ellas, y como no quieren recibir el bien que les quiere dar, mi Justicia convierte en castigos estos bienes que la criatura rechaza. Ésta es la causa de que mi Divina Voluntad, desde dentro de los elementos está como vigilando, para ver si están dispuestas a recibir el bien de su continuo obrar, y viéndose rechazada, cansada arma los elementos contra de las criaturas. Así que castigos imprevistos y fenómenos nuevos están por suceder, la tierra con su casi continuo temblor advierte al hombre para que tenga cordura, de otra manera se hundirá bajo sus pasos porque no puede sostenerlo más, los males que están por suceder son graves, de otra manera no te habría suspendido frecuentemente de tu acostumbrado estado de víctima. Ahora, la criatura que entra en mi Divina Voluntad, no hay acto que deje huir, ella corre a cada uno de los actos obrantes de Ella, adora sus actos, los agradece, los ama, y honra dondequiera al Supremo Querer, les hace compañía, y en su pequeñez quisiera cubrir todos sus actos con su pequeño amor. Por eso sólo quien vive en Él puede defender los derechos de un Querer tan santo. Por lo tanto, te quiero siempre en mi Voluntad, no quieras salir jamás de Ella".

28-33
Noviembre 30, 1930

La causa por la que Dios no es conocido y amado, es porque piensan que es el Dios lejano de las criaturas, mientras que es inseparable. La Divina Voluntad atrae al alma, y ella atrae a sí al Fiat Divino.

(1) Estaba haciendo mi giro en la Creación para seguir los actos que hace el Fiat Divino en las cosas creadas, y habiendo llegado al Edén, me ha parecido que mi amable Jesús me esperaba para poderme comunicar el amor, la bondad, la santidad, la potencia y todo lo que hizo al crear al hombre, vertiéndose todo en él, hasta llenarlo todo de Sí y de sus cualidades divinas, pero tanto, hasta desbordar fuera, dándole el trabajo, como el más alto honor del hombre, de servirse de su amor, de su bondad, santidad y potencia para desarrollar su vida en los mismos bienes de Aquél que lo

había creado. Yo me sentía como empapada de las cualidades divinas, y mi dulce Jesús me ha dicho:

(2) "Hija mía, el hombre fue creado para ser inseparable de Dios, y si no es conocido y amado, es exactamente porque se piensa que Dios es el Ser lejano del hombre, como si no tuviéramos qué hacer, ni él con Nosotros, ni Dios con él; el creerlo lejano hace que el hombre pierda a Dios, y se pierda todo lo que le di al crearlo, nuestras mismas cualidades divinas quedan debilitadas, sofocadas, y para muchos como si no tuviesen vida; mientras que nuestra Divinidad no está lejana, sino cercana, más bien dentro del hombre, y en todos sus actos somos actores y espectadores, por eso nuestro dolor es grande al ver que las criaturas nos tienen junto, pero creen que estamos lejanos de ellas, y por eso ni nos conocen ni nos aman. El pensarnos lejanos es el arma asesina que mata el amor de la criatura hacia su Creador, la lejanía rompe cualquier amistad, ¿quién puede pensar en amar, en conocer y esperar a un ser lejano? Ninguno, y Nosotros somos obligados a repetir: 'Estamos con ella, dentro de ella, y parece que no nos conoce, y mientras su amor, su voluntad, con no amarnos están lejanos de Nosotros, dicen que Nosotros estamos lejanos de ella'. Ésta es la causa por la que algunos que han leído mis intimidades contigo, han llegado hasta dudar, es propiamente esto, porque piensan que soy el Dios lejano, y como lejano no podían desarrollarse tantas intimidades entre Yo y tú. Ahora hija mía, ¿quieres saber quién hace sentir a Dios vivo en el corazón de la criatura? Mi Voluntad reinante en ella, porque no dando vida al querer humano, mi Fiat hace sentir a lo vivo su amor, su potencia, su bondad y su santidad, que corren en todos los actos de las criaturas, es por mi Voluntad que no existe el Dios lejano, sino Dios cercano, y es Vida primaria de su vida y de todos sus actos. Por lo tanto, el vivir en mi Divina Voluntad mantiene en vigor todos los bienes que dimos al hombre al crearlo, y hace de él el trono de Dios y su gloria, donde domina y reina".

(3) Después de esto continuaba siguiendo todo lo que de admirable y sublime ha hecho el Fiat Divino en la Creación, y decía entre mí: "Quiero entrar en el sol para encontrar la Divina Voluntad obrante en su luz para darle todo lo bello, lo puro, lo santo, la potencia que puede tener una voluntad humana obrante en su luz; quiero entrar en el azul cielo para abrazarlo y darle mi voluntad obrante en la vastedad de los cielos, en la multiplicidad de las estrellas, para darle la gloria, el amor de un cielo, y tantos actos profundos de adoración por cuantas son las estrellas". Y así seguía todas las cosas creadas, pero mientras esto hacía, el pensamiento me ha dicho: "Las cosas creadas no tienen razón, ellas son velos que esconden aquél Fiat, y que con su razón divina, más que si tuvieran razón, con su potencia las domina, mantiene el perfecto equilibrio y se adora, se ama, se glorifica por Sí mismo". Mientras esto pensaba, mi amado Jesús haciéndose ver me ha estrechado entre sus brazos, y todo ternura me ha dicho:

(4) "Mi pequeña hija de mi Querer Divino, mi Voluntad es una, y como tiene la virtud bilocadora, se biloca a cada instante, en cada cosa, en cada acto, en modo que todos la pueden tener como acto y vida propia, sin embargo no pierde jamás su unidad, es siempre una, y con su Fuerza única mantiene donde Ella reina, la unión, la armonía, el orden, la comunicación, la inseparabilidad, y tiene todo en Sí, encerrado dentro de un solo acto, el acto es uno, mi Voluntad es una, pero se distiende dondequiera, sin dejar ni siquiera un átomo de las cosas creadas sin su Vida obrante y vivificante. ¡Ah,

sí, son propiamente velos que la esconden, Ella se vela de luz y extendiéndose en el sol, con su luz va modelando a las criaturas, las abraza, las besa, las calienta, las ama; se extiende en el cielo y se hace toda ojo por cuantas estrellas hay, para mirarlas, y el apacible centellear de ellas son voces silenciosas, como si muy quedito llamaran a las criaturas a la patria celestial; se vierte en el aire, y llenándolo todo se hace respiro de ellas, y se hace respirar y les da la vida. En todas las cosas creadas corre hacia las criaturas para darles tantos efectos distintos, para llevarles su amor, la vida, la conservación, pero uno es el acto, una es la Voluntad que llena cielo y tierra.

(5) Ahora hija mía, quien hace mi Voluntad y vive en Ella, cuando hace sus actos atrae en sí todos los actos de mi Fiat que ha hecho y que continúa haciendo, y Ella atrae a la criatura, y su acto en el acto suyo, así que en virtud de su única Voluntad, la atrae en el cielo, en el sol, en el aire, en todo, y entonces, ¿sabes qué sucede? Que no más una sola Razón y Voluntad Divina llenan cielo y tierra, sino que hay otra razón y voluntad humana, que se pierde en la Razón y Voluntad Divinas, se puede decir que ella queda como el velo de las cosas creadas, pero velo que tiene razón y voluntad, pero sacrificada y fundida en la Razón y Voluntad Divinas, y entonces sucede que mi Fiat no está más solo a amarse, honrarse y glorificarse en las cosas creadas, sino que está otra voluntad humana que la ama, la adora, la glorifica, como cielo, como sol, como aire, en suma, dondequiera que Ella se encuentre y en cada cosa distinta donde Ella reina. Así que, tal como mi Voluntad Divina atrae en Sí a la voluntad humana y en sus actos para hacerse amar, adorar, y glorificar con su mismo amor, adoración y gloria, así la criatura que no quiere vivir más que de mi Voluntad, atrae en sí todos los actos hechos por Ella, y se hace amar, santificar, como sabe amar y santificar una Divina Voluntad, la cual extiende su cielo, forma su Sol, en suma, continúa su arte divino, como lo comenzó y está continuando en la Creación. ¿Ves entonces qué significa hacer mi Divina Voluntad? Y no hacerla significa perder su cielo, su Sol, su aire, sus mares de gracia, su arte divino. Por eso siempre en Ella quiero encontrar a la hija de mi Divina Voluntad".

28-34
Diciembre 21, 1930

Triunfos por parte de la Divina Voluntad cuando la criatura se hace trabajar por el Fiat Divino. Intercambio de triunfos de ambas partes.

(1) Mi vuelo en el Querer Divino continúa, me parece que yo lo llamo, porque me faltaría la vida sin Él; me faltaría la vida del bien, la vida del amor, la vida de la luz, la vida de la paz, y mi voluntad humana viéndose sola me daría el asalto y pondría en vida mis pasiones, por eso temo tanto que aun un solo instante quedase privada del Fiat obrante en mí, porque estando Él, mi voluntad se está escondida y no osa moverse delante a una Voluntad tan santa y tan potente. Así que yo la llamo y Ella me da la mano para llevarme en sus actos, a fin de que la siga y le haga compañía. Y como todo lo ha creado por amor de las criaturas, cuando se la siente junto, y fundida con Ella, toma tal gusto, que se siente correspondida por las tantas cosas que sacó de sus manos creadoras. Después, mientras seguía los actos de la Divina

Voluntad hechos en la Creación, mi dulce Jesús haciéndose ver, mirándome me ha dicho:

(2) "Hija mía, cómo me es dulce mirar a un alma que se hace trabajar por mi Divina Voluntad, sucede un triunfo para ambos lados. Mi Voluntad inviste la inteligencia de la criatura y ella se hace investir, en suma, forman un acuerdo por ambas partes, y entonces mi Voluntad forma su triunfo sobre cada uno de los pensamiento de la criatura, y ella adquiere y hace triunfo de los tantos pensamientos divinos en su mente. Así que mi Divina Voluntad triunfa con dar y tomar posesión de ella, y el alma triunfa con quererlo y recibirlo. Entonces, si mira, si habla, si late, si obra y camina, son todos triunfos de mi Voluntad sobre la criatura, y ella triunfa y toma posesión de tantos actos divinos. Entre estos intercambios de triunfos y posesiones se forma tal alegría y felicidad de ambas partes, que tú no puedes comprenderlos todos, porque debes saber que el bien, el triunfo, la posesión, sólo lleva alegría y felicidad cuando se hace entre dos; el bien aislado no ha hecho feliz a ninguno, pues cuando se ve solo pierde todo lo bello de la felicidad, por eso mi Divina Voluntad va buscando a su criatura para formar sus triunfos, para poder formar junto con ella sus alegrías, su felicidad sobre la faz de la tierra".

28-35
Febrero 8, 1931

Acusaciones, calumnias, condena. A Dios le cuesta más el querer que el poder. Efectos de la Divina Voluntad querida, y efectos de la Divina Voluntad permisiva. Giro de castigos que hará por todas las naciones.

(1) Hace ya algún tiempo que no escribo, porque mi pobre corazón está lleno de amarguras intensas, hasta arrollarme toda en las olas altísimas y tempestuosas del dolor y humillaciones profundas, no tenía la fuerza de escribir esta página, la más dolorosa de mi existencia acá abajo. En el ímpetu de mi dolor he repetido muchas veces el dicho de Nuestro Señor: "Busqué un consolador en tantas penas y no lo encontré, un amigo que dijera una palabra en mi defensa y no estuvo". Es más, quien debía sostenerme y darme un respiro de ánimo lo sentía cambiado, como si fuera mi más cruel enemigo. ¡Ah! Sí, muy bien puedo repetir con mi dulce Jesús: "Una jauría de perros me ha circundado para despedazarme y devorarme". Creo que los cielos han llorado sobre mi dura suerte, como tantas veces ha llorado conmigo mi dulce Jesús. ¡Oh! cómo es verdad que sólo Jesús permanece en el dolor y humillaciones, las criaturas saben estar a nuestro alrededor cuando todo nos sonríe y nos trae alegría y honor, pero cuando sucede lo contrario huyen y dejan a la pobre víctima sola y abandonada. ¡Oh! mi Sumo Bien Jesús, no me dejes sola en un periodo tan doloroso de mi vida, o quédate conmigo o llévame Contigo, me siento ahogada, me faltan las fuerzas, ¡ah, ayúdame, ayúdame oh Jesús! Pero lo que más me atormenta son las mismas luchas que debo sostener con mi dulce Jesús; por causa de la publicación de la Divina Voluntad me acusan al Santo Oficio de cosas que yo no conozco, ni donde habitan, ni donde están, y están lejanas de mí tanto como el cielo de la tierra; hace cuarenta años que vivo en la cama, se puede decir

que soy una pobre sepultada en vida, la tierra no la conozco, no recuerdo haber tenido jamás amor al interés, mi dulce Jesús ha vigilado siempre mi corazón y me lo ha tenido en pleno desapego, sean siempre dadas las gracias al Señor; han acudido también al Santo Oficio por la venida del sacerdote que viene a llamarme a la obediencia en el estado de mis sufrimientos, por consiguiente imposiciones y prohibiciones. Debido a esto, aquí se inicia una lucha con mi amado Jesús, yo le ruego que me libere o bien que todo lo hiciera Él, esto es, el hacerme caer en las penas y el liberarme cuando a Él le agrade. Y Jesús todo bondad decía:

(2) "Hija mía, ¿pero crees tú que no lo puedo? Lo puedo, pero no lo quiero, a Mí me cuesta más el querer que el poder, para Mí el poder es nada, en un instante puedo hacer cielo y tierra, en otro instante lo puedo destruir, tanta es la fuerza de mi Poder, pero destruir un acto de mi Querer, ni lo quiero ni lo puedo, destruiría el orden de los actos de mi Voluntad, que desde la eternidad han sido establecidos por la Divinidad, iría contra mi sabiduría, contra mis mismos designios, contra mi amor, actuaría no como Dios sino como hombre, que fácilmente cambia según las cosas son de su gusto o disgusto, y si le parece y le agrada. Yo soy el Inmutable, y no cambio en los designios y actos que ha establecido hacer, con suma sabiduría, mi Santa Divina Voluntad. Y además, no obraría como Dios, sólo porque han querido acusarte de negras calumnias sirviéndose de su autoridad y malvada perfidia, hasta llegar al Santo Oficio, (porque ahí se llega cuando un mal llega al exceso, y que ninguna otra autoridad puede poner remedio, y sólo por esto se ve suma perfidia) ¿Yo debería cambiar mis designios y los modos que por tan largos años he tenido sobre ti? ¡Oh! si tú supieras qué dolor han dado a mi corazón, que no pudiendo soportar el desgarro, estoy obligado a golpear a todos aquellos que han contribuido a una acusación tan negra, y no creas que lo haré propiamente hoy, sino que a tiempo y circunstancia mi Justicia está armando su brazo en contra de ellos, ninguno, ninguno será perdonado, es demasiado el dolor que me han dado".

(3) Y yo: "Amor mío, si Tú me dejas caer y no me ayudas a liberarme, ¿cómo haré? Tú no quieres cambiar tus modos que has tenido sobre de mí, y si la autoridad, que quieren diversamente, no querrán ceder a lo que Tú quieres, ¿cómo haré? Al menos asegúrame que me llevas al cielo y quedaremos Tú, yo y ellos, todos contentos; no ves en qué laberinto me han puesto, soy la acusada, la condenada, como si hubiese llegado a ser la criatura más infame que existe sobre la tierra, y una maldición llueve sobre mi pobre existencia. ¡Jesús, Jesús, ayúdame, no me abandones, no me dejes sola, si todos han sido tan bárbaros que me han dejado, no me lo harás Tú! ¿No es verdad, oh Jesús?" Y era tanto mi dolor que rompía en llanto amarguísimo, y Jesús desahogándose en llanto también Él, me decía:

(4) "Hija mía buena, ánimo, tú debes saber que mi Voluntad Divina obra en dos modos, en modo querido y en modo permisivo; cuando obra en modo querido son designios que cumple, santidad que forma, y la criatura que recibe este acto querido de mi Voluntad, lo recibe dotado de luz, de gracia, de ayuda, nada debe faltar a esta afortunada criatura para cumplir este acto querido por mi Voluntad. En cambio cuando obra en modo permisivo, y esto sucede cuando las criaturas con el libre albedrío de la voluntad que tienen, buscan atar las manos al Omnipotente, como en esto que quieren de ti, que quieren cambiar las cosas a su modo y no como Yo con tanto amor y para bien de todos he dispuesto hasta hoy, y me obligan a obrar en

modo permisivo, y mi Voluntad permisiva es, con justicia y castigo, enceguecedora, y quién sabe a donde irán a precipitarse; así que obraré con mi Voluntad permisiva. Ya que no quieren en el modo querido por Mí, te tendré suspendida del estado de víctima, y mi Justicia no encontrando su apoyo, se desahogará libremente contra las gentes, estoy haciendo el primer giro por todas las naciones, tanto que frecuentemente te suspendo del estado de víctima porque te veo demasiado amargada por causa mía y por causa de lo que quieren, y por tanta perfidia que han tenido contra ti, y al verte así tan amargada no me da el corazón ponerte en tu habitual estado de penas, que tú con tanto amor recibías, y Yo con amor más grande te comunicaba; por eso paso adelante, pero si tú supieras mi dolor, y en mi dolor voy repitiendo: 'Ingratitud humana, cómo eres horrenda'. Y estoy por reemprender el segundo giro de los castigos por todas las naciones, repitiendo terremotos, mortalidad, fenómenos imprevistos, males de todo género, de arrojar terror y espanto; los castigos lloverán como neblina densa sobre los pueblos y muchos quedarán desnudos y en ayunas, y cuando haya terminado el segundo giro, haré el tercero, y donde más se recrudecerán los castigos, allá serán más encarnizadas las guerras y las revoluciones.

(5) Hija mía, te recomiendo paciencia, ¡ah! no me des el dolor de que tu voluntad se opone a la mía, recuerda cuántas gracias te he dado, con cuánto amor te he querido para vencer tu voluntad para hacerla mía; si quieres hacerme contento asegúrame que no harás jamás, jamás tu voluntad".

(6) Y yo mientras le aseguro a Jesús que no haré jamás mi voluntad, las circunstancias presentes son tantas, que vivo con un temor continuo que me envenena continuamente, que pudiese incurrir en la gran desgracia de no hacer siempre la Divina Voluntad. Dios mío, qué pena, qué desgarro a mi pobre corazón, mucho más por mi estado inconstante, porque paso días sin caer en el estado de sufrimientos, y sólo soy torturada porque Jesús me ha dejado, no tendré más el bien de verlo, y en mi dolor voy repitiendo: "Adiós oh Jesús, no nos veremos más, todo ha terminado". Y lloro a Aquél que era para mí más que mi misma vida, y paso dos o tres días en estas torturas. Y cuando me persuado de que no caeré más en aquél estado de penas, entonces Jesús de improviso me sorprende y me hace caer en los sufrimientos, y entonces soy torturada, ¿cómo haré para obedecer? Así que, o en un modo o en otro, siento tal tristeza y amargura que no sé yo misma cómo puedo continuar viviendo, y en mi dolor espero que mi dulce Jesús tendrá piedad de mí y llevará a su pobre exiliada a su patria celestial. Sólo te pido ¡oh! Jesús, que pongas fin a esta tempestad, con tu potencia ordena que se calme y dando luz a quien la ha suscitado, puedan conocer el mal que han hecho, a fin de que se puedan servir para santificarse.

Deo Gratias.

[1] Este libro ha sido traducido directamente del original manuscrito de Luisa Piccarreta

[1]
I. M. I.

¡In Voluntate Dei! Deo Gratias.

29-1
Febrero 13, 1931

Quien vive en el Querer Divino vive en el centro de su luz, en cambio quien no vive en Él, vive en la circunferencia de su luz. Cómo Dios encuentra su apoyo. La creación es muda, la criatura es creación parlante. El eco de Dios en la criatura. Dios con manifestar las verdades sale del reposo y continúa su trabajo.

(1) Vida mía, dulcísimo Jesús mío, ¡ah! ven en mi ayuda, no me abandones, con la potencia de tu Santísimo Querer inviste mi pobre alma y quítame todo lo que me turba y me tortura. ¡Ah! haz que surja en mí el nuevo sol de paz y de amor, de otra manera no siento fuerzas de continuar haciendo el sacrificio de escribir, me tiembla la mano y la pluma no corre sobre el papel, amor mío, si Tú no me ayudas, si no remueves de mí tu Justicia que justamente me abate en el estado doloroso en que me encuentro, me siento imposibilitada de escribir ni siquiera una palabra. Por eso ayúdame, y yo me esforzaré por cuanto pueda a obedecer a quien me ordena escribir todo lo que Tú me has dicho sobre tu Santísima Voluntad, y como son cosas pasadas haré una pequeña reseña de cada cosa que corresponde a tu Divina Voluntad.

(2) Entonces, sintiéndome oprimida y toda llena de amarguras intensas, mi dulce Jesús haciéndose ver y sosteniéndome entre sus brazos me dijo:

(3) "Hija mía, ánimo, piensa que un Querer Divino reina en ti, que es fuente de felicidad y de alegría continua, pero tus amarguras y opresiones forman las nubes en torno al Sol de mi Voluntad, las cuales impiden que sus rayos brillen en todo tu ser, y que queriéndote hacer feliz se siente rechazar por tus amarguras la felicidad que quiere darte, y a pesar de que tienes a un Sol Divino a tu disposición, en virtud de tus amarguras tú sientes la lluvia que te oprime, que llena hasta el borde tu alma. Tú debes saber que quien vive en mi Voluntad vive en el centro de la esfera del Sol Divino, y puede decir, el Sol es todo mío, en cambio quien no vive en Ella vive en la circunferencia de la luz que el Sol Divino expande por todas partes, porque mi Querer no puede con su Inmensidad negarse a ninguno, ni quiere negarse, se encuentra como el sol que está obligado a dar luz a todos, aunque no todos la quisieran, ¿y por qué esto? Solamente porque es luz, y la naturaleza de la luz es darse a todos, a quien no la quiere y a quien la quiere; pero qué gran diferencia hay entre quien vive en el centro de mi Sol Divino, y entre quien vive en su circunferencia, la primera posee las propiedades de la luz y todos sus bienes que son infinitos, la luz la tiene defendida de todos los males, así que el pecado no puede tener vida en esta luz, y si surgen amarguras, son como nubes que no pueden tener vida continua, basta un pequeño vientecito de mi Voluntad para poner en fuga las nubes más densas, y el alma se encuentra sumergida en el centro del Sol que posee. Mucho más porque las amarguras de quien vive en mi Querer son siempre por causa mía, y Yo puedo decir que estoy amargado junto contigo, y si te veo llorar, lloro junto contigo, porque mi Voluntad me hace inseparable de quien vive en Ella, y siento sus penas más que si fueran mías. Es más, mi misma Voluntad que reside en el alma llama a mi

Humanidad en quien sufre, para hacerla repetir su Vida viviente sobre la tierra, y ¡oh!, prodigios divinos que suceden, las nuevas corrientes que se abren entre el Cielo y la tierra por la nueva Vida de penas que Jesús tiene en su criatura. Y mi corazón, mientras es humano es divino, posee las más dulces ternuras, son tales y tantos los atractivos y potentes ternuras de mi corazón, que en cuanto veo sufrir a quien me ama, mi amor ternísimo derrite mi corazón y todo se vierte sobre las penas y sobre el corazón de mi criatura amada. Por eso estoy contigo en el sufrir y hago dos oficios, de actor de penas y espectador, para gozarme los frutos de mis penas que en ella voy desarrollando; por eso para quien vive en mi Divina Voluntad soy Sol y centro de su vida, así que somos inseparables, Yo siento su vida palpitante en Mí, y ella siente mi Vida palpitante en lo íntimo de su alma. En cambio para quien vive en la circunferencia de la luz que el Sol de mi Divina Voluntad expande por todas partes, no es dueña de la luz, porque se dice verdadera dueña cuando un bien reside en sí misma, y el bien de adentro ninguno se lo puede quitar, ni en vida ni después de muerta, por el contrario el bien de afuera está sujeto a peligro, no tiene poder de tenerlo al seguro, y el alma sufre debilidad, inconstancia, pasiones que la atormentan, y llega a sentirse como lejana de su Creador. Por eso siempre en mi Voluntad te quiero, para hacerme continuar mi Vida sobre la tierra".

(4) Después continuaba mis pequeños actos de adoración, de amor, de alabanza, de bendiciones en el Fiat Divino a mi Creador, y conforme hacía mis actos así el Querer Divino los extendía por dondequiera y por todas partes donde se encontraba la Divina Voluntad, que no hay punto donde no se encuentre; y mi siempre amable Jesús ha agregado:

(5) "Hija queridísima de mi Voluntad, tú debes saber que mi Querer no sabe hacer actos a medias, sino completos, y con tal plenitud que puede decir: 'Donde está mi Voluntad está mi acto'. Y nuestra Divinidad, viendo en nuestra Voluntad Divina extendida la adoración, el amor de su criatura, encuentra su apoyo en su Inmensidad, en cualquier punto quiere apoyarse; entonces sentimos nuestra adoración profunda que la criatura nos ha puesto en nuestra Voluntad y nos apoyamos y reposamos, sentimos que dondequiera nos ama y nos apoyamos en su amor, y así de sus alabanzas y bendiciones. Así que la criatura en nuestra Voluntad se vuelve nuestro apoyo y nuestro reposo, no hay cosa que más nos agrade que el encontrar nuestro reposo en nuestra criatura, símbolo del reposo que tomamos después de haber creado toda la Creación.

(6) Además de esto, nuestra Divina Voluntad está por todas partes, y Cielo y tierra, y todo, están llenos hasta el tope de Ella, así que todos son velos que la esconden, pero velos mudos, y si en su mutismo elocuentemente hablan de su Creador, no son ellos, sino mi misma Voluntad escondida en las cosas creadas, habla por vía de signos como si no tuviera palabra, habla en el sol por vía de signos de luz y de calor, en el viento dando signos penetrantes e imperantes, en el aire da signos mudos al formarse respiro de todas las criaturas; ¡oh!, si el sol, el viento, el aire, y todas las otras cosas creadas tuvieran el bien de la palabra, cuántas cosas dirían de su Creador. En cambio, ¿quién es la obra parlante del Ser Supremo? Es la criatura, Nosotros al crearla la amamos tanto que le dimos el gran bien de la palabra, nuestra Voluntad se quiso hacer palabra de la criatura, quiso salir del mutismo de las cosas creadas, y formando el órgano de la voz en ella formó la palabra para poder hablar,

por eso la voz de las criaturas es velo hablante en el cual mi Voluntad habla elocuentemente, sabiamente, y como la criatura no dice ni hace siempre la misma cosa, como las cosas creadas que no cambian jamás acción, sino que están siempre en su puesto para hacer aquella misma acción que Dios quiere de ellos, por eso mi Voluntad mantiene la actitud continua de la multiplicidad de modos que hay en la criatura. Entonces, se puede decir que no sólo habla en la voz, sino que se hace hablante en las obras, en los pasos, en la mente y en el corazón de las criaturas. Pero, ¿cuál no es nuestro dolor al ver esta creación parlante servirse del gran bien de la palabra para ofendernos, servirse del don para ofender al donador e impedir el gran prodigio que puedo hacer de gracias, de amor, de conocimientos divinos, de santidad que puedo hacer en la obra hablante de la criatura? Pero para quien vive en mi Voluntad, son voces que hablan, y ¡oh! cuántas cosas le voy manifestando, están en movimiento y actitud continua, gozo la plena libertad de hacer y decir cosas sorprendentes y cumplo el prodigio de mi Voluntad hablante, amante y obrante en la criatura. Por eso dame plena libertad y verás lo que sabe hacer mi Querer en ti".

(7) Después estaba pensando en todo lo que mi dulce Jesús me había dicho, y mi amado Bien ha repetido:

(8) "Hija mía, la sustancia [2] de nuestro Ser Divino es una inmensidad de Luz purísima, que produce una inmensidad de amor; esta Luz posee todos los bienes, todas las alegrías, felicidad interminable, bellezas indescriptibles, esta luz inviste todo, ve todo, encierra todo, para Ella no existe ni pasado ni futuro sino un acto solo, siempre en acto, que produce tal multiplicidad de efectos de llenar Cielos y tierra. Ahora, la inmensidad de amor que produce esta nuestra luz, nos hace amar a nuestro Ser y a todo lo que sale de Nosotros con tal amor, de volvernos verdaderos y perfectos amantes, así que no sabemos hacer otra cosa que amar, dar amor y pedir amor. Para quien vive en nuestra Voluntad, nuestra luz y nuestro amor hacen el eco en la criatura y la transforma en luz y amor, y ¿cuál no es nuestra felicidad al formar los tipos y modelos nuestros de la obra de nuestras manos creadoras? Por eso sé atenta y haz que tu vida no esté formada de otra cosa que de luz y de amor si quieres volver contento a tu querido Jesús".

(9) Entonces hacía cuanto más podía por abandonarme toda en la Divina Voluntad, y pensaba en las tantas verdades que el bendito Jesús me había manifestado sobre su Santo Querer; cada verdad abrazaba el infinito y contenía tanta luz de llenar Cielo y tierra, y yo sentía la fuerza de la luz y el peso de lo infinito, que invadiéndome toda con un amor indecible me invitaban a amarlas y a hacerlas mías con ponerlas en práctica. Pero mientras mi mente se perdía en tanta luz, mi dulce Jesús me ha dicho:

(10) "Hija mía, nuestro trabajo hacia la criatura comenzó con la Creación, y nuestro trabajo está en la palabra, porque conteniendo ella nuestra fuerza creadora habla y crea, habla y forma las obras más bellas y maravillosas. En efecto, con el trabajo de seis Fiat que pronunciamos fue formada toda la gran máquina del universo, comprendido el hombre que debía habitarlo y ser el rey de las tantas obras nuestras. Entonces, después de haber ordenado todo, nuestro amor nos llamó al reposo, pero el reposo no es cumplimiento de trabajo, sólo significa un breve alto para volver de nuevo al trabajo. Ahora, ¿quieres tú saber cuándo reemprendemos de nuevo nuestro trabajo? Cada vez que manifestamos una verdad volvemos al trabajo de la creación, así que todo lo que fue dicho en el antiguo testamento fueron otros tantos reinicios de

trabajo; mi venida sobre la tierra no fue otra cosa que reemprender el trabajo por amor de las criaturas; mi doctrina, las tantas verdades dichas por mi boca, señalaban claramente mi intenso trabajo por las criaturas. Y así como en la Creación nuestro Ser Divino se reposó, así con mi muerte y resurrección quise reposarme también para dar tiempo a hacer fructificar entre las criaturas los frutos de mi trabajo, pero es siempre reposo, no cumplimiento de trabajo, nuestro trabajo hasta el fin de los siglos estará alternado de trabajo y reposo, de reposo y trabajo. Ves entonces hija buena qué largo trabajo he debido hacer contigo al manifestarte tantas verdades sobre mi Divina Voluntad, y cómo la cosa que más interesa a nuestro Ser Supremo es el hacerla conocer, por eso no he escatimado nada para un trabajo tan largo, si bien he tomado frecuentemente los pequeños altos de reposo para darte tiempo a recibir mi trabajo y prepararte a las otras sorpresas del trabajo de mi palabra creadora. Por eso sé atenta en conservar y a no perder nada del trabajo de mi palabra, que contiene un valor infinito que basta para salvar y santificar un mundo entero".

29-2
Febrero 15, 1931

La Vida Divina tiene necesidad de alimentos para crecer en la criatura. La criatura con su amor forma en Dios mismo su Vida Divina. El amor Divino tiene el germen de generar vida continua.

(1) Mi abandono en el Fiat Divino continúa, si bien vivo bajo la opresión de intensas amarguras, de lágrimas continuas, y estoy obligada a vivir del aire malsano de las agitaciones, que me quitan el bello día sereno de la paz gozada siempre por mí. Estoy resignada, beso la mano que me golpea, pero siento a lo vivo el fuego que me quema de las tantas tempestades que están cayendo sobre mi pobre existencia. Jesús mío, ayúdame, no me abandones, ¡ah! dame la paz, aquella paz que Tú tanto querías que yo poseyera. Y si bien Jesús frecuentemente rasga los velos de las densas nubes que me circundan con decirme alguna palabrita, sin embargo, aunque un poco reanimada, después regreso a mi estado inquieto. Entonces mi dulce Jesús sorprendiéndome me ha dicho:

(2) "Hija mía buena, ánimo, no temas que Yo te pueda abandonar, siento mi Vida en ti, y si Yo te abandonara, esta Vida mía en ti permanecería sin alimento para hacerla crecer, sin luz para hacerla feliz, faltaría el cortejo real a mi Vida Divina que Yo mismo he formado en ti; porque tú debes saber que mi Vida en Mí mismo no tiene necesidad de nada, ni de crecer, ni está sujeta a decrecer, pero mi Vida que voy formando en la criatura, para hacerla crecer tiene necesidad de alimentos divinos, de modo que poco a poco mi Vida Divina llene toda la criatura. Por eso no puedo dejarte, y mientras parece que te dejo y parece que todo ha terminado entre tú y Yo, de improviso regreso a mi pequeña hija para ponerte en la boca el alimento de mi Voluntad, porque tú debes saber que mi Voluntad es luz, y al alma que vive en Ella le vienen suministradas las propiedades de la luz, y mientras obra, sus obras se llenan de luz, pero tanto, de desbordarse fuera, de modo que se ve que fueron hechas en las propiedades de la luz de su Creador; si ama, las propiedades del amor Divino llenan el amor de la criatura; si adora, las propiedades de la adoración divina llenan la

adoración de la criatura; en suma, no hay acto que haga la criatura, que las propiedades divinas no llenen estos actos. En mi Voluntad lo humano cesa, queda anulado, y la criatura tiene siempre qué tomar, las propiedades divinas están a su disposición. ¡Oh! si todos supieran qué significa vivir en mi Querer Divino, el gran bien que les viene, y en el modo más simple".

(3) Después continuaba mi abandono en el Fiat Divino, y no sabiendo hacer otra cosa, iba diciendo y poniendo mi pequeño 'te amo' en los actos divinos, y no sólo esto, sino que decía entre mí: "Jesús mío, Amor mío, mi 'te amo' corra en tu latido, en tu respiro, sobre tu lengua, en tu voz, hasta en las más pequeñas partículas de tu adorable persona". Pero mientras esto hacía, mi querida Vida, haciéndose ver me hacía poner mi "te amo" en su corazón, dentro y fuera de toda su Divina Persona, y lo agradecía tanto que me incitaba a repetir cuantos más "te amo" podía, para poder encontrar en todo su Ser el querido "te amo", y después estrechándome a Sí me ha dicho:

(4) "Hija mía, el amor es vida, y cuando este amor sale del alma que vive en mi Voluntad, tiene virtud de formar en Dios mismo la Vida de amor, y como la sustancia de la Vida Divina es el amor, por eso la criatura con su amor forma en Dios otra Vida Divina, y Nosotros sentimos en Nosotros mismos nuestra Vida formada por la criatura. Esta Vida que con su amor unido a nuestra Voluntad, porque es Ella la que suministra la potencia para que la criatura pueda llegar a formar la misma Vida Divina toda de amor en Dios, esta Vida es el triunfo de Dios y el triunfo de la criatura, y en acto de triunfo tomamos esta Vida Divina que la criatura ha formado en Nosotros mismos, y la damos para bien de todas las criaturas como precioso regalo que hace a todos la pequeña hija de nuestro Querer, y con ansia esperamos que con su amor venga a formar otras Vidas Divinas en nuestro Ser Supremo. Hija mía, nuestro amor no es estéril, sino que tiene el germen de generar vida continua, así que conforme tú decías 'te amo' en mi latido, en mi respiro, así generaba otro latido, otro respiro, y así de todo lo demás, de modo que Yo sentía en Mí mismo la nueva generación de tu 'te amo' que formaba la nueva Vida de mi amor, y ¡oh! cómo me sentía feliz pensando que mi hija me estaba formando dentro de Mí mi misma Vida toda de amor. Si tú supieras cómo es conmovedor este acto de la criatura que con su amor da Dios a Dios, ¡oh! cómo nos rapta, y sintiéndonos raptados damos otro amor para tener el contento de hacerla repetir nuestras nuevas Vidas de amor. Por eso ama, ama mucho y harás más feliz a tu dulce Jesús".

29-3
Febrero 17, 1931

Imposiciones, lágrimas amarguísimas; Jesús la consuela asegurándole que le concede la gracia de no hacerla caer en los sufrimientos. El sufrir voluntario constituye la verdadera víctima.

(1) Paso días amarguísimos, mi pobre existencia se desarrolla bajo la pesadilla de una tragedia. Jesús mío, ¡ayúdame! ¡No me abandones! Tú que has sido siempre tan bueno conmigo y que con tanto amor me has sostenido en las luchas de mi vida, ¡ah! no me dejes ahora que las luchas son más tremendas y encarnizadas. Amor

mío, muestra tu potencia, mira ¡oh! Jesús, no son demonios que luchan conmigo, que con una señal de la cruz los haría huir quién sabe a dónde, sino que son superiores que sólo Tú los puedes poner en su lugar; soy la pobre condenada, y yo misma no sé qué he hecho, ¡oh! cómo es dolorosa mi historia. Me han dicho que me quieren poner otro sacerdote asignado por el Obispo, el cual llamará médicos y hará todas las pruebas que quiera, dejándome abandonada por todos los otros en poder de éste. Ante tal anuncio he roto en llanto, sin poder cesar de llorar, mis ojos se han vuelto fuentes, toda la noche la he pasado llorando y rogaba a Jesús que me diese la fuerza y que pusiera término a tantas tempestades; mira, decía, Amor mío, ya son dos meses y más en luchas continuas, luchas con las criaturas, luchas contigo para que no me hicieras caer en los sufrimientos, y ¡oh! cuánto me cuesta el luchar con mi Jesús, pero no porque no quisiera sufrir, sino porque así quieren quienes tienen derecho sobre mí, pero ahora no puedo más, y sólo dejaré de llorar cuando me diga que me concede librarme del fastidio que doy al sacerdote, por esto es toda la guerra, y lloraba y lloraba con tal amargura, que me sentía envenenar la sangre en las venas, tanto que a menudo me sentía como sin vida, sin respiro, pero como me sentía así, continuaba a llorar y sollozar. Entonces mientras me encontraba en un mar de lágrimas, mi dulce Jesús me ha estrechado a Sí entre sus brazos, y con voz tierna como si quisiera también Él llorar me ha dicho:

(2) "Mi hija buena, no llores, mi corazón no puede más, tus lágrimas han descendido hasta el fondo de él, y siento tu amargura tan viva que me lo siento estallar; hija mía, ánimo, tú sabes que te he amado mucho, mucho, y ahora este amor me obliga a contentarte, si hasta ahora te he tenido suspendida del estado de sufrimiento algún día, para hacerlos comprender que mi Voluntad era la de continuar teniéndote como te he tenido durante cuarenta y seis años. Pero ahora que te quieren poner de espaldas a la pared, me ponen en condición de hacer uso de mi Voluntad permisiva, no querida, de suspenderte del estado de víctima. Por eso no temas, de ahora en adelante no te comunicaré más mis penas, no me extenderé más en ti de modo que tú quedabas rígida y sin movimiento; por eso quedarás libre sin tener necesidad de ninguno. Estate tranquila hija, hasta en tanto que no se aquieten y que no quieran que tú caigas en los sufrimientos, no lo haré más. Ahora, tú debes saber que el estado de sufrimientos en los cuales Yo te ponía correspondían a mi Humanidad, la cual quería continuar su Vida de penas en ti. Ahora te queda la cosa más importante, mi Voluntad; ¿me das tu palabra de que vivirás siempre en Ella? ¿Que serás la sacrificada, la víctima de mi Voluntad, que haciéndola dominar en ti no cederás un solo acto de vida a tu voluntad? Asegúrame hija buena que nada omitirás de lo que te he enseñado a hacer, y de seguir lo que has hecho hasta ahora en mi Fiat. Éste es el punto culminante de tu Jesús sobre ti, poner a salvo los derechos de mi Voluntad en tu alma. Por eso hazlo pronto, dime que me contentarás".

(3) Y yo: "Jesús mío lo prometo, lo juro, lo quiero, seguir lo que Tú me has enseñado, pero Tú no me debes dejar, porque Contigo sé hacer todo, sin Ti no soy buena para nada". Y Jesús ha vuelto a decir:

(4) "No temas, no te dejo; debes saber que te amo y si me han inducido a ceder en que tú no caigas en el estado de sufrimiento, no ha sido otra cosa que un amor grande, intenso, excesivo hacia ti, mi amor al verte llorar tanto ha vencido a mi Voluntad y ha puesto un basta por ahora, pero debes saber que los flagelos lloverán

como lluvia tupida, lo merecen, cuando no quieren las víctimas como me agrada a Mí, y en el modo querido por Mí, justamente merecen que sean golpeados severamente, y no te creas que lo haré hoy mismo, pero deja que pase un poco de tiempo y entonces verás y oirás lo que mi Justicia tiene preparado".

(5) Entonces he pasado el primer día libre sin luchar con mi Jesús, porque habiéndome Él asegurado que no me habría hecho caer en los sufrimientos, no me sentía más incitar, empujar, a que aceptara someterme a las penas que Jesús quería darme. Por eso mientras la lucha había cesado, me había quedado aún un temor de que mi amado Jesús de improviso me sorprendiera, y para tranquilizarme me ha dicho:

(6) "Hija mía, no temas, te lo ha dicho Jesús, y basta, no soy una criatura que puedo faltar a la palabra, soy Dios, y cuando hablo no cambio, te he dicho que hasta en tanto no se tranquilicen y no quieran las cosas, no te haré caer, y así será, y aunque el mundo se ponga de cabeza, porque mi Justicia quiere castigar a las criaturas, Yo no cambiaré mi palabra, porque tú debes saber que no hay cosa que aplaque más mi Justicia, y que llegue a cambiar los más grandes castigos en reescritos de gracias, que el sufrir voluntario, y se pueden llamar verdaderas víctimas no aquéllas que sufren por necesidad, por enfermedad, por infortunio, todo el mundo está lleno de estos sufrimientos, sino aquéllas que voluntariamente se exponen a sufrir lo que Yo quiero y en el modo como quiero, éstas son las víctimas que me semejan, mi sufrir fue todo voluntario, ninguna pena podían darme, incluso mínima, si Yo no lo quisiera. Es por eso que casi siempre te preguntaba cuando debía hacerte caer en los sufrimientos, si tú voluntariamente aceptabas, para tener tu sufrir voluntario, no forzado; no es algo grande ante Dios un sufrir forzado o por necesidad, lo que enamora, que rapta y que llega a atar al mismo Dios, es el sufrir voluntario. Si tú supieras cómo me hería el corazón cuando te ponías en mis manos como una corderita, a fin de que te atara y te hiciera lo que quisiera, te quitaba el movimiento, te petrificaba, puedo decir que te hacía sentir penas mortales, y tú me dejabas hacer, y esto era nada, el nudo más fuerte era que tú no podías salir de aquel estado de penas en el cual tu Sacrificador Jesús te había puesto si no venía mi ministro a llamarte a la obediencia; era esto lo que te constituía verdadera víctima, a ningún enfermo, ni siquiera a los mismos encarcelados les es negado el movimiento y el pedir ayuda en las necesidades extremas, sólo para ti mi amor había preparado la cruz más grande, porque cosas grandes quería y quiero hacer de ti, cuanto más grandes son mis designios tanta más cruz singular forma, y puedo decir que no ha habido jamás en el mundo cruz similar a aquella que con tanto amor tu Jesús había preparado para ti. Por eso mi dolor es indescriptible al verme contrariado por las criaturas, por cuanta autoridad tienen, en los modos que quiero tener con las almas quieren imponerme las leyes como si ellos las entendieran mejor que Yo. Por eso mi dolor es grande, y mi Justicia quiere castigar a aquellos que han sido causa de tanto dolor mío".

29-4
Marzo 2, 1931

Cómo el ofrecer el sacrificio de los santos duplica la gloria. La Divina Voluntad tiene la virtud de hacer resurgir. Quien hace la Divina Voluntad adquiere los derechos a los bienes divinos.

(1) Estaba continuando mis actos en la Divina Voluntad, e iba ofreciendo los sacrificios que hicieron los santos del antiguo testamento, los de mi Mamá Celestial, todos los sacrificios de mi amado Jesús, y así uno a uno de todo el resto. El Divino Querer me los ponía todos en orden ante mi mente, y yo los iba ofreciendo como el más bello homenaje a mi Creador. Pero mientras esto hacía, mi dulce Jesús moviéndose en mi interior me ha dicho:

(2) "Hija mía, no hay cosa sufrida y obrada por todos los santos de la historia del mundo, en que mi Voluntad no haya tomado parte haciéndose actora y concurrente de fuerza, de ayuda, de sostén en aquel sacrificio u obra que hayan hecho. Ahora, el alma ofreciéndolos a Dios como homenaje de gloria, trae a la memoria aquel sacrificio y obra, y mi Divina Voluntad reconoce lo que ha puesto de suyo en tales actos, y da la virtud de duplicar la gloria de aquel sacrificio, para Dios y para quien ha tenido el bien de sacrificarse y obrar para cumplir mi Divina Voluntad. El verdadero bien no cesa jamás, ni en el Cielo ni en la tierra, basta una criatura que lo recuerde y lo ofrezca, y se renueva la gloria en el Cielo y descienden los efectos de aquel bien en la tierra a favor de las criaturas. Por eso la vida del verdadero bien no está sujeta a morir, de hecho, ¿quién es la vida de mi Iglesia? ¿Quién la alimenta y le hace de Maestro? Sino el breve curso de mi Vida acá abajo; puedo decir que son mis penas que la sostienen, es mi doctrina quien la enseña, son los sacramentos que la alimentan, así que todo el bien que Yo hice no murió, sino que permanece con la plenitud de la vida, y vida que vivifica, conserva, alimenta y hace crecer continuamente, y se da a quien la quiera. Y en cuanto la criatura lo recuerda, se pone en relación con mis bienes, y conforme los va ofreciendo así se duplican para darse a ella, y Yo me siento duplicar la gloria de lo que hice por amor de las criaturas. Mucho más que quien obra en mi Divina Voluntad adquiere la virtud de hacer resurgir; conforme el alma va haciendo sus actos, sus ofrecimientos en Ella, así mi Fiat corre para poner el germen de la luz, y su luz posee la virtud de surgir en cada instante y acto. Parece como el sol que surge para cada plantita, para cada flor, porque no da la misma cosa a todos, como si surgiera para cada una; da a la plantita un efecto, a la flor un color, y colores distintos uno del otro. Así son los actos hechos en mi Divina Voluntad, se exponen a los rayos de mi Sol Divino, y reciben el germen de luz, la cual hace surgir en cada acto de criatura tal variedad de bellezas y colores distintos, y un acto llama a surgir al otro. Así que quien vive en mi Voluntad con el germen renovado de mi luz, me da siempre cosas nuevas, y ella está siempre en acto de resurgir continuamente en el amor, en la gloria y en la misma Vida de su Creador".

(3) Después continuaba mis actos en la Divina Voluntad, quería abrazar todo para poner en cada cosa creada mi adoración, mi amor, mi gratitud para Aquél que tanto me había amado y que tantas cosas había creado por amor mío. Y mi dulce Jesús ha agregado:

(4) "Hija buena, quien vive en mi Divina Voluntad y obra en Ella, es tanto el amor de mi Fiat al ver la pequeñez de la criatura que gira en todas las cosas creadas para poner en ellas sus pequeños actos, para decir que no sólo ama esta Divina Voluntad,

sino que quiere reconocer todos sus actos como tantas prendas de amor; el amor hace surgir otro amor, y mi Querer da los derechos al alma en los bienes divinos, así que cada acto que hace la criatura es un derecho que adquiere en las propiedades de su Creador. Entonces sucede que por derecho se siente amar por el Ser Supremo, porque ha puesto su amor en el amor eterno, y ha adquirido el derecho de ser amada; el amor de la criatura y el amor divino se han fundido juntos, y por ambas partes sienten el derecho de amarse, por derecho goza de la luz del sol, por derecho respira el aire, bebe el agua, se alimenta de los frutos de la tierra, y así de todo lo demás. Y ¡oh! la gran diferencia de quien toma con derecho los bienes divinos, ésta se puede llamar hija, los otros se pueden llamar siervos, y la criatura con estos derechos nos da el amor de hijo, amor de desinterés, amor que dice verdadero amor. Por eso vive siempre en mi Voluntad, a fin de que sientas en ti, y goces todo el amor de la Paternidad Divina".

29-5
Marzo 6, 1931

Cómo sólo Jesús ha sido el autor del estado de sufrimiento de Luisa, y porque lo han obligado ha permitido una pausa. Cómo en Dios es reposo absoluto, fuera de Dios trabajo.

(1) Continúo viviendo entre las amarguras de mi estado presente, el pensamiento de que el bendito Jesús está haciendo llover flagelos, y que los pueblos permanecen desnudos y en ayunas, me tortura; y el pensar que mi amado y sumo Bien Jesús ha permanecido solo en su sufrir, y yo no estoy más junto con Él en las penas, ¡oh, cómo me atormenta! Me parece que Jesús es todo atención sobre mí para no hacerme caer como antes en los sufrimientos, más bien esconde en Sí todas las penas para dejarme libre. Y viéndome afligida, me parece que su intenso amor lo hace poner de lado sus penas para poner atención a mi aflicción, y me dice:
(2) "Hija buena, hija mía, ánimo, tu Jesús te ama todavía, nada ha disminuido mi amor por ti, y esto porque no has sido tú quien me ha rechazado el sufrir, no, mi hija no lo habría hecho jamás, te han obligado, y Yo para darte la paz y para hacerles ver que he sido Yo quien te ha tenido en aquel estado de sufrimiento por tan largos años, que no era ni la enfermedad ni otra causa natural, sino mi Paterna bondad que quería tener quien me supliera en la tierra en mis penas, y éstas para bien de todos. Y ahora que te han obligado a ti y me han obligado también a Mí con sus imposiciones, lo he hecho cesar del todo, dándote una pausa, esto dice claramente que sólo tu Jesús era el autor de tu estado, pero no puedo esconder mi dolor, es tan grande que puedo decir que en toda la historia del mundo no he recibido jamás un dolor similar de las criaturas. Mi corazón está de tal manera adolorido y desgarrado por este dolor, que estoy obligado a ocultarte el desgarro profundo para no amargarte de más, y además al ver la indiferencia de algunos, y tú sabes quienes son, como si nada me hubiesen hecho, acrecienta mi dolor y obligan a mi Justicia a continuar enviando los flagelos, y continuaré enviándolos; te lo decía antes, que si llegase a tenerte suspendida de tu estado de sufrimiento un solo mes, sentirán y verán cuántos castigos lloverán sobre la faz de la tierra. Y mientras mi Justicia hará su curso, nos

ocuparemos juntos de mi Divina Voluntad, Yo en hacértela conocer, y tú en recibir el bien de sus conocimientos, porque cada conocimiento lleva el crecimiento de la Vida de mi Voluntad en ti, y a cada acto tuyo hecho en el nuevo conocimiento, mi Fiat toma más terreno en tu alma, y en ella extiende mayormente su reino. Mucho más que las criaturas no tienen poder de entrar en mi Divina Voluntad para perturbarnos y dictarnos leyes, por eso somos libres de hacer lo que queramos, tenemos libertad absoluta, por eso sé atenta en continuar navegando sus mares interminables".

(3) Entonces, mientras esto decía, mi pequeña inteligencia me la he sentido transportar en un abismo de luz inaccesible; esta luz escondía todas las alegrías, todas las bellezas, aparentemente parecía luz, pero mirando dentro, no había bien que no poseyera. Y mi dulce Jesús ha agregado:

(4) "Hija mía, nuestro Ser Divino es luz purísima, luz que contiene todo, llena todo, ve todo, obra todo; luz que ninguno puede alcanzar a ver hasta dónde llegan nuestros confines, su altura y profundidad, la criatura se pierde en nuestra luz porque no encuentra su playa, su puerto para salir fuera de Ella. Y si la criatura toma de ésta nuestra luz, son gotitas apenas que le sirven para llenarse toda de luz, hasta desbordar fuera, pero nuestra luz no disminuye porque la criatura haya tomado de lo nuestro, sino que viene reemplazada al instante por la virtud renovadora de nuestra luz. Así que nuestro Ser Supremo está siempre a un nivel, en perfecto equilibrio. Podemos dar cuanto queramos sin perder nada, si encontramos almas que quieran tomar de lo nuestro. Es más, si encontramos quién quiera tomar, nos ponemos a trabajar, porque tú debes saber que dentro de Nosotros es reposo absoluto, no tenemos qué hacer, no hay ni qué quitar ni qué poner, nuestra felicidad es plena y completa, nuestras alegrías son siempre nuevas, nuestra única Voluntad como obrante en Nosotros nos da el perfecto reposo de las bienaventuranzas de nuestro Ser Divino, que no tiene principio ni tendrá fin. Así que este abismo de luz que tú ves contiene un abismo de alegría, de potencia, de belleza, de amor, de tantos etcétera, y Nosotros mientras nos felicitamos, nos reposamos en ellas, porque sólo se puede llamar verdadero y absoluto reposo cuando nada falta y nada hay que agregar. En cambio fuera de nuestra Divinidad sale nuestro trabajo en campo, y este campo son las criaturas; nuestras mismas cualidades divinas que dentro de Nosotros nos dan reposo, fuera de Nosotros mismos nos dan trabajo, y ahora hacemos trabajar a nuestra Voluntad en favor de las criaturas, aquel Fiat Divino que sacamos en campo en la Creación, del cual salieron todas las cosas, no cesa jamás de trabajar; incesantemente trabaja, trabaja conservando todo, trabaja porque quiere ser conocido, porque quiere reinar, trabaja al sacar nuevas almas a la luz del mundo y en ellas forma sus designios admirables para desarrollar su trabajo y para tener ocasión de trabajar siempre, trabaja en el retirar a las almas en el seno de la eternidad. A nuestra Voluntad Divina la podemos llamar la trabajadora que no escatima jamás su trabajo continuo, y aun a favor de quien no la reconoce. Trabaja nuestro amor, trabaja nuestra misericordia, nuestra potencia, y también nuestra Justicia trabaja a favor de las criaturas, de otra manera nuestro Ser Supremo no sería un Ser equilibrado y perfecto, sino tendría el defecto de la debilidad si nuestra Justicia se pusiera aparte, arrinconándola cuando tiene toda la razón de hacer su curso para castigar. Mira entonces, nuestro trabajo son las criaturas, porque habiéndolas sacado de dentro de nuestra hoguera de amor, nuestro amor nos lleva al trabajo para

amarlas siempre, siempre. Porque si cesara nuestro trabajo cesaría el amor y la Creación se resolvería en la nada".

29-6
Marzo 9, 1931

El primer amor de Dios hacia el hombre fue externado en la Creación. Amor cumplido en la creación del hombre.

(1) Mi abandono en el Fiat Divino continúa, y como estaba haciendo mis actos en Él para poderme unir a sus actos, toda la Creación se alineaba ante mi mente, y en su mudo lenguaje decía que tantas veces de más me había amado el Querer Divino por cuantas cosas de más había creado, y que ahora tocaba mi turno de amarlo en cada cosa creada, para corresponderle con otros tantos actos míos de amor, a fin de que su amor y el mío no estuvieran aislados, sino que se hicieran dulce compañía. Ahora, mientras esto hacía, mi dulce Jesús ha salido del fondo de mi alma, que parecía que estaba tan adentro de ella, que no me era dado verlo y me ha dicho:

(2) "Hija mía, nuestro amor por la criatura fue 'ab eterno', dentro de Nosotros la amamos siempre, pero fuera de Nosotros fue externado nuestro primer amor en la Creación. Conforme nuestro Fiat se iba pronunciando y paso a paso creaba el cielo, el sol, y todo lo demás, así iba externando en cada cosa creada, casi paso a paso nuestro amor contenido desde la eternidad por amor de las criaturas. Pero debes saber hija mía, que un amor llama al otro; habiéndose externado en la creación del universo y habiendo probado cómo es refrescante, cómo es dulce el desahogo del amor, y sólo con externarlo se desahoga, y se siente cómo es dulce amar, por eso nuestro amor habiéndose comenzado a externar no se dio más paz si no creaba a aquél, por causa del cual había dado principio a externar su amor, como sembrándolo en todas las cosas creadas. Por tanto rebosaba fuerte dentro de Nosotros, queriendo hacer acto cumplido de amor, llamándo de la nada a aquél para darle el ser y crear en él nuestra misma Vida de amor; si no creábamos en él la Vida de amor para ser amados, no había ninguna razón, ni divina ni humana de externar tanto amor hacia el hombre; si tanto lo amamos era razonable y con derecho que él nos amara, pero no teniendo nada de sí mismo, convenía a nuestra sabiduría el crear Nosotros mismos la Vida del amor para ser amados por la criatura. Pero escucha hija el exceso de nuestro amor, antes de crearlo no estábamos contentos de haber externado nuestro amor en la Creación, sino que llegó a tanto que poniendo fuera de nuestro Ser Divino nuestras cualidades, pusimos fuera mares de potencia y lo amamos en nuestra potencia, mares de santidad, de belleza, de amor, y así de lo demás, y lo amamos en nuestra santidad, en nuestra belleza, en nuestro amor, y estos mares debían servir para investir al hombre, a fin de que encontrara en todas nuestras cualidades el eco de nuestro amor potente, y nos amara con amor potente, con amor santo, y con amor de belleza raptora. Por eso cuando estos mares de nuestras cualidades divinas fueron puestos fuera de Nosotros, creamos al hombre enriqueciéndolo de nuestras cualidades por cuanto más podía contener, a fin de que también él tuviera un acto que pudiera hacer eco en nuestra potencia, en nuestro amor, en nuestra bondad, para podernos amar con nuestras mismas cualidades. Queríamos al hombre, no

siervo, sino hijo; no pobre, sino rico; no fuera de nuestros bienes, sino dentro de nuestra heredad, y como confirmación de esto le dábamos por vida y por ley nuestra misma Voluntad. Ésta es la causa por la que amamos tanto a la criatura, porque tiene de lo nuestro, y no amar las cosas propias es contra la naturaleza y contra la razón".

29-7
Marzo 16. 1931

El cielo y toda la Creación simbolizan la jerarquía celestial. Cómo se forma un acto de amor puro.

(1) Mi pobre mente me la sentía inmersa en la luz interminable de la Divina Voluntad, y trataba de seguir sus actos hechos en la Creación y decía para mí: "Quisiera ser cielo para poder extender en todos y por todas partes, y en todos los puntos, y sobre todos, mi amor, mi adoración, mi gloria hacia mi Creador; quisiera ser sol, y tener tanta luz de llenar cielo y tierra y convertir todo en luz, y en esta luz tener mi grito continuo: te amo, te amo". Pero mientras mi mente decía disparates, mi dulce y sumo bien Jesús, haciéndose ver me ha dicho:

(2) "Hija mía, toda la Creación simboliza a Dios, el orden de la diversidad de los santos y de las almas. Su armonía, la unión que posee toda la Creación, el orden, la inseparabilidad, simboliza la jerarquía celestial con su Creador a la cabeza. Observa el cielo que se extiende por todos lados y tiene bajo su bóveda azul todas las cosas creadas, imperando sobre todas, de modo que ninguno puede huir de su vista y de su imperio; ¡oh! cómo simboliza a Dios, que donde quiera extiende su dominio y que ninguno puede huir de su vista. Este cielo contiene todo, pero se ve una gran diversidad en las cosas creadas, algunas están como inmediatas al cielo, y son las estrellas, que si bien desde lo bajo aparecen pequeñas, más allá son tan grandes y con tal variedad de colores y bellezas, y tienen una sinfonía en su curso vertiginoso con toda la Creación, de formar una de las más bellas músicas, su movimiento es sonido tan dulce y vibrante, que no se puede comparar con ninguna de las más bellas músicas de acá abajo. Estas estrellas parece que viven de cielo, tan uniformadas están con él, símbolo de las almas que vivirán de la Divina Voluntad, estarán ellas tan inmediatas y fundidas con Dios, de recibir todas las variedades de las cualidades divinas, y vivir de ellas en modo de formar el más bello adorno al cielo de su Creador. Mira todavía hija mía, bajo este cielo, pero como separado de él, entre el cielo y la tierra se ve el sol, astro puesto a beneficio de la tierra, su luz desciende en lo bajo y se eleva a lo alto como si quisiera abrazar cielo y tierra, por eso se puede decir que su luz tocando el cielo vive de cielo, símbolo de aquellas almas escogidas por Dios para hacer descender las gracias del cielo y hacerlas descender sobre la tierra para llamarla a vivir en la Divina Voluntad, y la primera es mi Mamás Celestial, única como el sol que extiende sus alas de luz, y esta luz se eleva en lo alto, desciende en lo bajo para reunir a Dios y al hombre, para reconciliarlo y conducirlo por medio de su luz a su Creador; las estrellas parece que viven para sí, unidas con el cielo divino, en cambio el sol vive de Dios pero se da a todos, su misión es la de hacer bien a todos, así es la Soberana Reina, pero no será sólo este Sol, surgirán otros tantos pequeños

soles que tomarán la luz de este gran Sol, y serán aquellos pocos que tendrán por misión el hacer conocer mi Divina Voluntad. Lo bajo de la tierra, el mar, las plantas, las flores, los árboles, los montes, las selvas floridas, simbolizan a los santos, las almas buenas y todos aquellos que entran en el puerto de la salvación. Pero ve la gran diferencia: El cielo, las estrellas, el sol, no tienen ninguna necesidad de la tierra, más bien dan mucho a la tierra, le dan la vida, la sostienen, y no sólo esto, sino que todas las cosas creadas por Nosotros que están en lo alto, están siempre en su puesto, no cambian jamás, ni crecen ni decrecen, porque tienen tal plenitud que no tienen necesidad de nada, en cambio la tierra, las plantas, el mar, y todo lo demás, son cambiantes, ahora hacen una bella aparición, y ahora llegan a desaparecer del todo, tienen necesidad de todo, del agua, de la luz, del calor, de la semilla para reproducirse. Qué diferencia, las cosas creadas que están en lo alto pueden dar y tienen necesidad sólo de Dios para ser conservadas, en cambio la tierra tiene necesidad no sólo de Dios, sino de todo, y si la mano humana no la trabajara quedaría estéril, sin hacer nada de bien. Tal es la diferencia, quien vive en mi Voluntad siente sólo la necesidad de Dios para vivir de su Vida, en cambio quien no tiene por principio su Vida, va mendigando apoyo y ayuda de todos, y cuando no los encuentra queda como tierra que no sabe producir nada de bien. Por eso tu vida y el principio de todos tus actos sea sólo mi Voluntad Divina, si quieres sentir sólo la necesidad de tu Jesús, a Mí me encontrarás siempre pronto, deseoso más Yo de dártelo que tú de recibirlo; en cambio las ayudas de las criaturas vienen dadas con trabajos y de malas, tanto que quien las recibe siente la amargura de la ayuda que le viene dada por la criatura. En cambio mis ayudas llevan la alegría y la felicidad".

(3) Después continuaba mi te amo en el Fiat Divino, y pensaba entre mí: "¿Pero es puro mi amor?" Y mi amado Jesús ha agregado:

(4) "Hija mía, para poderme dar un amor puro, una mirada a tu interior lo dice todo, si tu corazón palpita, suspira, desea sólo mi amor, si tus manos obran sólo por mi amor, si tus pies caminan sólo por amor, si tu voluntad quiere sólo mi amor, si tu inteligencia busca siempre cómo amarme, tu te amo con la palabra ¿sabes qué hace? Recoge todo el amor que tienes dentro de ti y hace uno sólo, y forma un acto de puro amor y completo a tu Jesús, así que tu palabra no hace otra cosa que externar la extensión del amor que tienes dentro de ti; pero si dentro no es todo amor, faltando la fuente pura de adentro, no puede ser ni amor puro, ni completo".

29-8
Marzo 23, 1931

Sentir la propia voluntad es una cosa, quererla es otra. El más bello reposo que quiere dar la Divina Voluntad. Actos triples en el acto de la criatura.

(1) Mi abandono en el Querer Divino continúa, pero son tales y tantas las circunstancias en las que actualmente me encuentro, que mi pobre voluntad humana quisiera como salir de todas las partes de mi ser para tener algún acto de vida, y yo siento todo el peso enorme, me siento aplastar, triturar bajo mi humano querer, ¡oh! cómo es verdad que es el más cruel tirano. Jesús mío ayúdame, no me abandones,

no me dejes en poder de mi voluntad, si Tú quieres puedes, ponla bajo el dulce imperio de tu Divina Voluntad. Y mi amado Jesús haciéndose ver y oír me ha dicho:

(2) "Hija mía, ánimo, no te preocupes tanto, sentir el peso de la propia voluntad dice nada, es una pena más dolorosa que todas las otras penas, y si tú lo hubieras querido no sería más pena, sino que la pena se cambiaría en satisfacción; sentir es una cosa, querer es otra, por eso quítate el pensamiento de que cometes siempre pecados porque sientes tu voluntad. Por eso no temas, Yo te estoy mirando, y cuando veo que ella quiere la vida en tus cosas, Yo te doy la pena para hacerla morir de pena, por eso fíate de tu Jesús, porque lo que te hace más mal es la desconfianza, ¡ah! es siempre ella la que me hace estar inquietas a las almas, aun cuando las tengo estrechadas en mis brazos. Y además, esta pena de sentir el peso de la voluntad humana, ¡oh! cuánto la sintió más a lo vivo tu Jesús, me duró toda la vida, por eso la mía y la tuya unámoslas, y ofrezcámoslas por el triunfo de mi Voluntad en las almas. Haz todo a un lado y ven a reposarte en mi Divina Voluntad, Ella con todo amor te espera en el centro de mi corazón para amarte, y el más bello amor que quiere darte es el reposo en las penas que tú sufres, ¡oh! cómo es dulce y refrescante ver reposar a nuestra hija que amamos y nos ama, y mientras reposa quiere hacer llover sobre ti el celestial rocío de la luz de mi Divina Voluntad; Ella en la unidad de su luz hace siempre un acto, no cesa jamás de hacerlo, y un acto solamente se puede llamar completo cuando no está sujeto a interrupciones, este acto jamás interrumpido dice todo, abraza, ama a todos; desde la altura en la cual este acto jamás dice basta, hace salir una infinidad de efectos, que le hace tener como en un puño cielo y tierra, y comunica a las criaturas el rocío celestial de los efectos de su santidad, de su amor y de su Vida Divina, pero estos efectos para las criaturas se convierten en actos, de modo que siente en sí el acto de la Vida Divina, de la luz, de la santidad, del amor, y la criatura que vive en mi Voluntad de ellos forma su vida, su alimento, y crece bajo la lluvia del rocío celestial, del acto único de su Creador. Y estos efectos cambiados en actos en la criatura, forman su pequeño sol, que con sus pequeños reflejos dice: 'Amor, gloria, honor continuos a quien me ha creado'. Así que el Sol Divino y el sol formado por mi Voluntad Divina en la criatura se encuentran continuamente, se hieren, se trasforma el pequeño sol en el inmenso Sol del Eterno y forman vida juntos, amándose con amor recíproco y jamás interrumpido. Este amor continuo embriaga y adormece al querer humano, y da el más bello reposo a la criatura".

(3) Después de esto continuaba mis actos en la Divina Voluntad, y comprendía cómo cuando nos disponemos a hacer un acto, el Querer Divino antes que nosotros hagamos el acto pone su acto primero para dar la vida del acto en la criatura; y mi dulce Jesús ha agregado:

(4) "Hija mía, en cada acto de criatura hay un triple acto: Primero forma el acto la fuerza creadora; la criatura sobre el acto de la fuerza creadora forma el acto de su amor obrante, que viene alimentado por la fuerza creadora, y según la intensidad del amor de la criatura, su prolijidad, el bien, el valor, que contiene su acto, así recibe más o menos alimento del acto de la fuerza creadora, porque no hay gusto y deleite para Dios, más bello y grato, que alimentar los actos de la criatura, y esto porque viendo de lo nuestro en el acto humano, nos sentimos dueños, reconocidos por ellos, nos los sentimos unidos, no los hijos lejanos sino cercanos, más bien ensimismados

con Nosotros, que como tantos hijos nos hacen corona, que justamente quieren de lo nuestro, y Nosotros con todo amor, de buena gana damos nuestro alimento a los actos de ellos, mucho más que alimentados por Nosotros crecerán como nobles hijos dignos de su Padre Celestial. Ahora, al acto de la fuerza creadora y al acto del amor obrante de la criatura, sigue el acto del amor de cumplimiento; cada acto no se podría decir completo, ni dársele el justo valor, si faltara una coma, un punto, una pincelada cualquiera; un trabajo si no es completo no sólo no se puede dar el valor, sino que no se puede rescatar honor y gloria. Entonces, después del amor obrante surge el amor de reconocimiento, de agradecimiento y de dar a Dios lo que es de Dios, la criatura ha recibido de Dios el acto primero de su obrar, lo ha seguido con su amor obrante, pero alimentada por Dios lo completa con un amor más grande, con dar a Dios lo que de Dios ha tenido principio. Éste es el último punto y la más bella pincelada del acto de la criatura, al cual Dios mismo benignamente da su apreciación divina y se siente honrado y glorificado del pequeño don recibido. Y en virtud de esto, da otras ocasiones de hacer otros actos a la criatura para tenerla siempre junto y en continua correspondencia".

29-9
Marzo 30, 1931

Las humillaciones, portadoras de gloria. Las ternuras del corazón de Jesús. Un corazón duro es capaz de todos los males. Invitación a tomar las migajas de los bienes divinos.

(1) Estoy de nuevo bajo la opresión de mis acostumbrados sufrimientos. Después de un mes de descanso estoy de cabeza, me sentía como vacía de todas las penas, mi dulce Jesús no me hacía caer más en mi estado de rigidez, ni me dejaba inmóvil y sin movimiento; me sentía como si mi vida terminara al quedar sin movimiento y rígida, sin embargo vivía, pero con una vida destrozada, sin el mínimo control de mí misma, esperando con paciencia, que sólo Jesús me podía dar, a aquél que debía llamarme a la obediencia para darme el movimiento y hacerme salir del abismo en que me encontraba; así que viéndome libre, por cuanto amara el dividir las penas junto con Jesús, también mi naturaleza me la sentía triunfante, mucho más que no tenía más necesidad de ninguno, por eso al encontrarme de nuevo atada, impedida dentro del abismo primero, mi pobre naturaleza siente tal repugnancia, que si mi amado Jesús no me ayuda, no me fortalece, no me alienta con gracias especiales, yo no sé qué cosa haría para no caer en aquél estado de sufrimientos. ¡Ah! Jesús mío ayúdame, Tú que me has sostenido por tantos años en un estado tan doloroso. ¡Ah! si quieres que yo continúe, continúa Tú a sostenerme y usa tu misericordia sobre esta pobre pecadora, a fin de que no me oponga a tu Santísima Voluntad. Entonces mientras me encontraba entre repugnancias y miedo de ser sorprendida por mis acostumbrados sufrimientos, mi adorable Jesús haciendo ver que sufría mucho me ha dicho:
(2) "Hija mía, ¿qué pasa? ¿No quieres sufrir más junto conmigo? Cómo, ¿quieres dejarme solo? ¿Quieres quitarme los derechos que tantas veces me has dado, de que pudiera hacer de ti lo que Yo quiero? Hija buena, no me des este dolor, abandónate entre mis brazos y déjame hacer lo que quiero".

(3) Y yo: "Amor mío, perdóname, Tú conoces las luchas en que me encuentro, y en qué humillaciones profundas he sido puesta; si las cosas estuvieran como al principio, ¿cuándo te he rechazado algo? Por eso ten cuidado y piensa ¡oh! Jesús en lo que me haces, y en qué laberinto me pones si me haces caer en los acostumbrados sufrimientos, y si te digo Fiat es tanto el esfuerzo que hago, que me siento morir. ¡Jesús! ¡Jesús! Ayúdame".

(4) Y Jesús: "Hija mía buena, no temas, la humillación es portadora de gloria, al desprecio de las criaturas surge el aprecio divino, y el abandono de ellas es el llamado de la fiel compañía de tu Jesús, por eso déjame hacer. Si tú supieras cómo está armada la Divina Justicia, no te opondrías, más bien me rogarías que te hiciera sufrir para perdonar en parte a tus hermanos, serán devastadas otras regiones y la miseria está a las puertas de las ciudades y de las naciones. Mi corazón siente tales ternuras al ver a qué estado de desolación y de desorden se reducirá la tierra, y esta mi ternura tan sensible por las criaturas viene ofendida por la dureza del corazón humano. ¡Oh! cómo me es intolerable la dureza del corazón humano, mucho más ante el mío que es todo ternura amorosa y bondad hacia ellos. Un corazón duro es capaz de todos los males, y llega a tanto de hacer burla de las penas de otros, y cambia las ternuras de mi corazón para él en dolores y llagas profundas. La prerrogativa más bella de mi corazón es la ternura, todas las fibras, los afectos, los deseos, el amor, los latidos de mi corazón, tienen por principio la ternura, así que mis fibras son tiernas, mis afectos y deseos son ternísimos, mi amor y latidos son tan tiernos, que llegan a derretirme el corazón por ternura, y este amor tierno me hace llegar a amar tanto a las criaturas, que me contento de sufrir Yo, antes que verlos sufrir a ellos; un amor cuando no es tierno es como un alimento sin condimento, como una belleza envejecida que no sabe atraer a ninguno para hacerse amar, y como una flor sin perfume, como un fruto árido sin jugo y dulzura. Un amor duro, sin ternura, es inaceptable y no tendría virtud de hacerse amar por ninguno. Por eso mi corazón sufre tanto al ver la dureza de las criaturas, que llegan a cambiar mis gracias en flagelos".

(5) Después de esto me he encontrado, debido a una fuerza suprema a la cual no me era dado poder resistir, en mi estado doloroso, y si bien sentía gran repugnancia, he tratado de abandonarme en la Divina Voluntad, mi único refugio. Y Jesús para darme la fuerza, por poco tiempo se ha hecho ver y me ha dicho:

(6) "Hija mía, al crear al hombre nuestra Divinidad puso fuera de Nosotros mismos: santidad, amor, bondad, belleza, y así de lo demás, que debían servir al hombre para hacerse santo, bueno, bello, y darnos amor por amor. Ahora, nuestros bienes no han sido del todo tomados por él, y esperan quién los tome. Por eso ven en nuestros bienes, ven a tomar las migajas de la santidad, del amor, de la bondad, las migajas de la belleza, de la fortaleza; digo migajas en comparación de lo que dejarás, porque nuestros bienes son inmensos y aquello que puede tomar la criatura se pueden llamar migajas respecto de lo que deja, pero a ella la llenarán tanto hasta desbordar fuera. Nuestro amor sólo está contento cuando ve a la criatura amada en nuestros bienes, llena hasta el borde. Ahora, estas migajas forman tantos diversos alimentos, uno más bello que el otro, que toma de nuestra mesa celestial, y se nutre abundantemente de estos alimentos divinos, y como nos da de aquél alimento que tomó, así al darnos sus actos quien se ha nutrido de estas migajas divinas que dan

de santidad, bondad, fortaleza, amor, y llena de tal belleza, rápidamente reconocemos que es alimento de nuestras migajas que nos da en sus actos, y ¡oh! cómo quedamos contentos de que la criatura nos da sus actos que dan de lo divino, sentimos nuestros perfumes, tocamos nuestra santidad y bondad, y nos sentimos correspondidos por las migajas que le habíamos dado".

29-10
Abril 2, 1931

Lo más precioso que tiene la criatura es la voluntad. Potencia de las penas voluntarias. El apoyo. Cómo se enciende la llama en el alma y cómo se alimenta.

(1) Mi abandono continúa en el Santo Querer, pero por cuan abandonada, siento a lo vivo mis repugnancias al caer en el estado de mis habituales sufrimientos, y estas repugnancias son causadas por las luchas y por las imposiciones que hay sobre mí. Entonces en la amargura de mi alma decía a mi dulce Jesús: "Amor mío, quieres hacerme caer en los sufrimientos, hazlo entonces, pero de mi parte no quiero poner mi voluntad, lo harás Tú, estaré contenta, pero de mí no quiero poner nada". Y Jesús todo afligido me ha dicho:

(2) "Hija mía, ¿qué hago con tus penas sin tu voluntad? No tengo qué hacer con ellas, ni podrán servirme para desarmar a la Divina Justicia, ni para aplacar mi justo enojo, porque lo más bello y precioso que tiene la criatura es la voluntad, ella es el oro, todo el resto de ella son cosas superficiales, cosas sin sustancia, y las mismas penas sin valor. En cambio si corre el hilo de oro de la voluntad espontánea en las penas, tiene virtud de cambiarlas en oro purísimo, dignas de Aquél que todo sufrió voluntariamente, e incluso la misma muerte por amor de las criaturas. Si Yo quisiera penas sin voluntad, son tan abundantes en el mundo, que cuando las quisiera las podría tomar, pero como falta el hilo de oro de su voluntad, no son para Mí, no me atraen, no me hieren el corazón ni encuentro el eco de mis penas voluntarias en ellas, por eso no tienen virtud de cambiar los flagelos en gracia. Así que las penas sin voluntad están vacías por dentro, sin plenitud de gracia, sin belleza, sin potencia sobre mi divino corazón, basta un cuarto de hora de penas voluntarias para suplir y sobrepasar a todas las penas más atroces que hay en el mundo, porque éstas son en el orden humano, las voluntarias son en el orden divino. Y además, de la pequeña hija de mi Querer no aceptaría jamás sus penas sin la espontaneidad de su voluntad; era ésta la que te hacía bella y agraciada a mi vista, que abría la corriente de mis manifestaciones sobre mi Divina Voluntad, y que con fuerza magnética me atraía a hacer mis visitas tan frecuentes a tu alma. Tu voluntad sacrificada voluntariamente por amor mío era mi sonrisa, mi entretenimiento, y tenía virtud de cambiar mis dolores en alegrías, por eso me contentaré más con tener sólo para Mí las penas, antes que hacerte sufrir sin la aceptación espontánea de tu voluntad. ¡Oh! cómo te degradarías y descenderías en lo bajo de los hijos del querer humano, perdiendo el noble título, la preciosa característica de hija de mi Voluntad. En mi Voluntad no existe el esfuerzo, en efecto, ninguno la forzó a crear el cielo, el sol, la tierra, al mismo hombre, sino que lo hizo voluntariamente sin que ninguno le dijera nada, por amor de las criaturas; no

obstante sabía cuánto debía sufrir por causa de ellas, así quiero a quien quiera vivir de mi Voluntad; el esfuerzo es de la naturaleza humana, el esfuerzo es impotencia, es mutabilidad, el esfuerzo es el verdadero carácter de la voluntad humana. Por eso sé atenta hija buena, no cambiemos las cosas y no quieras dar este dolor a mi corazón tan amargado".

(3) Entonces yo en mi amargura he dicho: "Jesús mío, sin embargo aquellos que están sobre mí me dicen: ¿Cómo puede ser posible, por cuatro o cinco personas que han querido hacer el mal, debía mandar tantos castigos? Mas bien que Nuestro Señor tiene razón, que los pecados son muchos y por eso los flagelos, y tantas otras cosas que dicen y que Tú sabes". Y Jesús todo bondad ha agregado:

(4) "Hija mía, cómo se engañan, no es por el pecado de los cuatro o cinco que con tanta perfidia han llegado hasta a las calumnias, estos serán castigados individualmente, sino el puntal que me han quitado, tus sufrimientos me servían de puntal, habiéndoseme quitado el puntal mi Justicia no encuentra quien la sostenga y permaneciendo sin apoyo ha hecho llover en el tiempo que tú has estado libre de tus acostumbradas penas, flagelos continuos y terribles. En cambio si hubiera estado el puntal, los sucesos habrían sido la décima o la quinta parte. Mucho más que este puntal estaba formado de penas voluntarias y queridas por Mí, y en las penas voluntarias entra una fuerza divina, podría decir que Yo mismo en tus penas me hacía puntal para sostener mi Justicia, ahora faltándome tus penas me falta la materia para formar el puntal, y por eso mi Justicia queda libre de hacer lo que quiera. De esto deberían comprender el gran bien que he hecho a todos y al mundo entero al tenerte por tantos años en el estado de penas voluntarias. Por eso si no quieres que mi Justicia continúe a destrozar la tierra, no me niegues tus penas voluntarias, y Yo te ayudaré, no temas, déjame hacer".

(5) Después de esto me he abandonado toda en el Fiat Divino, con temor de que yo pudiera negar alguna cosa a Jesús y de poder negarme a hacer siempre la Divina Voluntad. Este temor me desgarra el alma y me inquieta, y sólo en la presencia de Jesús me siento en paz, pero en cuanto lo pierdo de vista regreso bajo la tempestad de los temores, de los miedos y repugnancias, y mi dulce Jesús para animarme ha agregado:

(6) "Hija buena, ánimo, levántate, no te abatas; ¿quieres saber cómo se forma la Luz de mi Divina Voluntad en tu alma? Los deseos repetidos son como tantos soplos que soplando sobre tu alma llaman la flama, las gotitas de luz a encenderse dentro de ella, y por cuanto más intensamente deseas, tanto más sopla para alimentar la llama y engrandecerla de más, si cesa el soplo hay peligro que la llama se apague. Así que para formar y encender la llama se requieren los deseos verdaderos e incesantes, y para madurar y engrandecer la luz se requiere el amor que contiene el germen de la luz, en vano soplarías con tus deseos si faltara la materia inflamable sobre tus soplos repetidos. Pero ¿quién puede poner al seguro esta llama en modo de hacerla imperecedera, sin peligro de apagarse? Los actos hechos en mi Divina Voluntad, ellos toman la materia para encender la llama de nuestra luz eterna que no está sujeta a apagarse, y la mantienen siempre viva y siempre creciente, y la voluntad humana ante esta luz se eclipsa y se vuelve ciega, y viéndose ciega no siente más el derecho de actuar y da la paz a la pobre criatura. Por eso no temas, Yo te ayudaré a soplar, soplaremos juntos, así la llama será más bella y más brillante".

29-11
Abril 4, 1931

El te amo es trueno, la Divina Voluntad es Cielo, nuestra humanidad es tierra. Las penas del corazón de Jesús. Intercambio de vida. La Divina Voluntad principio, medio y fin.

(1) Continúa mi abandono en los brazos de la Santísima Voluntad Suprema, y si bien me siento bajo las densas nubes de amarguras inenarrables, las cuales me quitan lo bello de la Luz divina, y si la siento está atrás de las nubes, sin embargo en cuanto digo mi 'te amo' y hago mis actos en el Fiat, se forma el trueno, y haciendo salir su luz deslumbrante desgarra las nubes, y por entre aquellos desgarros entra la luz brillante en mi alma y me lleva la luz de la verdad que Jesús quiere manifestar a su pequeña criatura. Me parece que por cuanto más repito mi te amo, tanto más seguido trueno y relampagueo, y estos relámpagos rasgando las nubes hieren a mi sumo Bien Jesús, el cual herido me manda su luz como anunciadora de su visita a su hija amargada. Después, mientras me encontraba en este estado, mi amado Jesús ha venido en un estado que daba compasión, y afligido tenía los brazos destrozados por las graves ofensas recibidas, y lanzándose en mis brazos me pedía ayuda en tantas penas; yo no he sabido resistir, y mientras me lo he estrechado entre mis brazos, me he sentido comunicar sus penas, pero tantas de sentirme morir, entonces he caído en el abismo de mi estado doloroso. ¡Fiat...! ¡Fiat...! Pero el pensamiento de poder aliviar a Jesús con mis pequeñas penas me daba la paz. Y si bien Jesús me había dejado sola en las penas, después ha regresado y me ha dicho:

(2) "Hija mía, el verdadero amor no sabe hacer nada, ni sufrir, si no hace partícipe a aquella que me ama; cómo es dulce la compañía de las personas queridas en las penas, su compañía me mitiga las penas y me siento como si me dieran de nuevo la vida, y sentirme dar de nuevo la vida por vía de penas es el amor más grande que Yo encuentro en la criatura, y Yo le doy de nuevo mi Vida en correspondencia. Así que es tanto el amor, que se intercambian el don de la vida la una por el otro. Pero ¿sabes tú quién me ha atraído en tus brazos para pedirte ayuda en mis penas? El continuo tronar de tu 'te amo', que relampagueando me ha atraído para venirme a arrojar en tus brazos para pedirte alivio. Además de esto tú debes saber que mi Divina Voluntad es Cielo, tu humanidad es tierra; ahora, conforme vas haciendo tus actos en Ella, tú tomas Cielo, y por cuantos más actos haces, tantos más puestos tomas en este Cielo de mi Fiat, y mientras tú tomas el Cielo, mi Voluntad toma tu tierra, y Cielo y tierra se funden juntos y quedan perdidos la una en el otro".

(3) Después de esto continuaba mi abandono en el Fiat Divino, y el bendito Jesús ha regresado con el corazón abierto, del cual derramaba sangre, y en aquél corazón divino se veían todas las penas de Jesús, que sufría en todas las partes de su Divina Persona, concentradas todas en el corazón, más bien en él estaba la sede y el principio de todas sus penas que derramándose por toda su santísima Humanidad, como tantos ríos salían de su santísimo corazón llevando el desgarro que sufría toda su Divina Persona. Y Jesús ha agregado:

(4) "Hija mía, cuánto sufro; mira mi corazón, cuántas heridas, cuántos dolores, cuántas penas esconde. Él es el refugio de todas las penas, no hay dolor, ni espasmo, ni ofensa que no se vierta en este mi corazón. Son tantas mis penas, que no pudiendo sostener su acerbidad voy buscando quien quiera aceptar alguna pequeña partecita de estas penas para tener un respiro de alivio, y cuando la encuentro la quiero tanto, que no sé dejarla nunca más, ni me siento más solo, tengo a quién hacer comprender mis penas, a quién confiar mis secretos, y en quién derramar mis llamas de amor que me consumen. Por eso frecuentemente te pido que aceptes parte de mis penas, porque son muchas; y si no voy a mis hijos a pedir alivio, ¿a quién debo ir? Quedaría como un padre sin hijos, que, o no tiene prole, o bien los hijos ingratos lo han abandonado. ¡Ah! no, no, tú no me abandonarás, ¿no es verdad hija mía?"

(5) Y yo: "Jesús mío, jamás te abandonaré, pero Tú me darás la gracia, me ayudarás en mis condiciones presentes, que Tú sabes cómo son penosas. Jesús mío, ayúdame, y también yo te digo de corazón, ¡ah! no me abandones, no me dejes sola, ¡oh! cómo siento a lo vivo la necesidad de Ti. ¡Ayúdame, ayúdame!" Y Jesús tomando un aspecto más dulce, tomaba mi pobre alma entre sus manos, y en el fondo de ella escribía: "Pongo mi Voluntad Divina en esta criatura, como principio, medio y fin". Y después ha repetido:

(6) "Hija mía, pongo mi Divina Voluntad en tu alma como principio de vida, de la cual descenderán todos tus actos como de un solo punto, que difundiéndose en todo tu ser, en el alma y en el cuerpo, te harán sentir la Vida palpitante de mi Querer Divino en ti, el cual esconderá en Sí mismo, como dentro de un sagrario, todos tus actos, como compañía de su principio Divino. Ahora con tener mi Divina Voluntad como principio, quedarás toda ordenada en tu Creador, y reconocerás que todo principio viene de Dios, y nos darás la gloria y la correspondencia del amor de todas las cosas creadas que han salido de nuestras manos creadoras. Con hacer esto abrazarás la obra de la Creación, de la cual fuimos el principio, la vida y la conservadora de ella.

(7) Del principio pasarás al medio, tú debes saber que el hombre sustrayéndose de nuestra Voluntad Divina desconoció el principio y se desordenó, y quedó vacilante, sin apoyo, sin fuerza, a cada paso se sentía empujado a caer como si se sintiera faltar el terreno bajo sus pies, y el Cielo sobre su cabeza en acto de descargarse sobre él en una fiera tempestad. Ahora se requería un medio para reafirmar la tierra y hacer sonreír al Cielo, y he aquí mi venida sobre la tierra como medio para reunir Cielo y tierra, Dios y hombre. Por eso quien tiene mi Divina Voluntad como principio, le develará el medio y abrazará toda la obra de la Redención, y me dará la correspondencia del amor y la gloria de todas las penas que sufrí para redimir al hombre.

(8) Ahora, si está el principio y el medio, debe estar el fin; fin del hombre es el Cielo, y quien tiene mi Divina Voluntad como principio, todos sus actos corren en el Cielo, hasta donde debe llegar su alma y como principio de su bienaventuranza que jamás tendrá fin. Y si tú tienes mi Divina Voluntad como fin, me darás la gloria y la correspondencia del amor con que he preparado una Patria Celestial a las criaturas para su feliz estancia. Por eso sé atenta hija mía, y Yo sello en tu alma mi Divina Voluntad como principio, medio y fin, la cual te servirá de vida, de guía segura, de sostén, y te conducirá entre sus brazos a la Patria Celestial".

29-12
Abril 16, 1931

El coraje es de las almas decididas. Seis ángeles con Jesús a la cabeza. Los actos hechos en la Divina Voluntad son prendas de valor infinito, vínculos eternos, cadenas no sujetas a romperse.

(1) Mi vida continúa bajo el imperio del Fiat eterno, el cual me envuelve dentro y fuera de mí y me hace sentir su peso infinito, y yo como átomo quedo envuelta por esta infinitud que no tiene límites, y por cuanto lo amo y suspiro, siento a lo vivo el dolor de mi voluntad humana destrozada y casi muriendo bajo el imperio de una Divina Voluntad inmensa y eterna. Jesús mío, ayúdame y dame la fuerza en el estado doloroso en que me encuentro, mi pobre corazón sangra y busca un refugio en tantas penas, sólo Tú, Jesús mío, puedes ayudarme, ¡ah! ayúdame, no me abandones... Y mientras la pobre alma se ahogaba en el dolor, mi dulce Jesús se hacía ver en mi interior crucificado, con seis ángeles, tres a la derecha y tres a la izquierda de su adorable persona, dichos ángeles tenían cada uno su corona entre las manos, adornadas de gemas brillantísimas, en acto de ofrecerlas a Nuestro Señor. Yo he quedado maravillada al ver esto, y mi amado Jesús me ha dicho:

(2) "Ánimo hija mía, la firmeza es de las almas resueltas a hacer el bien, ellas son imperturbables bajo cualquier tempestad, y mientras oyen el estruendo de los truenos y relámpagos, hasta ser sacudidos por ellos, y quedan bajo la abundante agua que les llueve encima, se sirven del agua para lavarse y salir más bellas, y sin poner atención a la tempestad, están más que nunca resueltas y animosas a no apartarse del bien comenzado. El desánimo es de las almas indecisas, que no llegan jamás a cumplir un bien. El coraje le muestra el camino, el coraje pone en fuga cualquier tempestad, el coraje es el pan de los fuertes, el coraje es el luchador que sabe vencer cualquier batalla. Por eso hija buena, ánimo, no temas; y además ¿de qué temes? Te he dado seis ángeles para tu custodia, cada uno de ellos tiene la misión de guiarte por los caminos interminables de mi Eterno Querer para hacer que tú pudieras corresponder con tus actos, con tu amor, lo que hizo la Divina Voluntad al pronunciar seis Fiat en la Creación. Por eso cada ángel tiene en custodia un Fiat y lo que salió de este Fiat, para llamarte a corresponder cada uno de estos Fiat, incluso con el sacrificio de tu vida. Estos ángeles recogen tus actos y con ellos forman corona, y postrados los ofrecen a la Divinidad como correspondencia de lo que hizo nuestra Divina Voluntad, a fin de que sea conocida y forme su reino sobre la tierra. Pero esto no es todo, a la cabeza de estos ángeles estoy Yo que te guío y vigilo en todo, y que formo en ti los mismos actos y aquel amor que se requiere para que tú puedas tener amor suficiente para poder corresponder tantas obras grandes de nuestro Querer Supremo. Por eso no te detengas, hay mucho qué hacer, tienes que seguirme a Mí que no me detengo jamás, tienes que seguir a los ángeles porque quieren cumplir su cometido asignado, tienes qué cumplir tu misión de hija de la Divina Voluntad".

(3) Después de esto me sentía pensativa, y temiendo pensaba entre mí: "Las circunstancias de mi vida son dolorosísimas, tanto, que muchas veces me siento sucumbir bajo una tempestad tan grande que no da señas de terminar, más bien

parece que arrecia más, y si Nuestro Señor no me da ayuda y gracia sobreabundante, mi debilidad es tanta, que me siento como si quisiera salir de la Divina Voluntad, y si, jamás sea, esto sucede, pobre de mí, todo se perderá". Pero mientras esto pensaba, mi adorable Jesús extendiéndome sus brazos para sostenerme me ha dicho:

(4) "Hija mía, tú debes saber que los actos hechos en mi Divina Voluntad son imperecederos e inseparables de Dios, y permanecen como continuo recuerdo de que el alma ha tenido el bien de obrar junto con una Voluntad Divina, y que Dios ha tenido junto con Él a la criatura para hacerla obrar con su misma Divina Voluntad. Este recuerdo feliz, obrante y santo, nos hace tener siempre ante la vista a Dios y al alma, de modo que quedamos inolvidables el uno y el otro, tanto, que si la criatura tuviera la desventura de salir de nuestra Voluntad, irá vagando, girará lejana, pero sentirá el ojo de su Dios sobre sí que la llama dulcemente, y su ojo mirará hacia Aquél que la mira continuamente; y si bien va vagando, siente la irresistible necesidad, las fuertes cadenas que la atraen a los brazos de su Creador. Esto le sucedió a Adán, porque el principio de su vida fue hecho en mi Voluntad Divina; a pesar de que pecó y fue expulsado del Edén, que estuvo vagando toda su vida, pero ¿acaso él se perdió? ¡Ah no! Porque sentía sobre de sí la potencia de nuestra Voluntad en la cual él había obrado, sentía nuestro ojo que lo miraba y que atraía su ojo a vernos, y el amado recuerdo que las primicias que sus actos habían tenido vida en nuestra Voluntad. Tú no puedes comprender todo el bien y qué significa obrar en nuestra Voluntad; con obrar en Ella el alma adquiere tantas prendas de valor infinito por cuantos actos hace en nuestro Fiat, y estas prendas quedan en Dios mismo, porque la criatura no tiene capacidad ni lugar dónde tenerlas, tanto es el valor que contienen, y además ¿puedes tú creer que mientras tenemos estas prendas de valor infinito de la criatura, debemos permitir que se pierda aquél a quien pertenecen estas prendas tan preciosas? ¡Ah no! ¡No! Por eso no temas, los actos hechos en nuestro Querer son vínculos eternos, cadenas no sujetas a romperse, y supón que tú salieras de nuestro Querer Divino, lo que no será, tú puedes salir, pero tus actos quedan, no pueden salir, porque han sido hechos en nuestra casa, y la criatura tiene derechos sobre ellos hasta en tanto está en nuestra casa, esto es en nuestra Voluntad, en cuanto sale pierde sus derechos, pero estos actos tendrán tal potencia de hacer volver a aquella que era poseedora de ellos. Por eso no quieras estropear la paz de tu corazón, abandónate en Mí y no temas".

29-13
Abril 24, 1931

Dios en el obrar requiere de los actos de las criaturas como pequeño terreno donde apoyar sus obras. Quién forma el respiro, el latido de la Creación. Las obras de Dios son portadoras de vida.

(1) Continuaba haciendo mis actos en el Fiat Divino, ¡oh! cómo desearía no dejar escapar nada de lo que ha hecho, tanto en la Creación como en la Redención, para poder hacer competencia con mi pequeño 'te amo' incesante, te adoro, te agradezco,

te bendigo, y te ruego que venga el reino de la Divina Voluntad sobre la tierra. Pero mientras esto pensaba, mi amable Jesús me ha dicho:

(2) "Hija mía, nuestro obrar divino, si bien sobreabunda, pero tanto que la criatura no puede llegar a tomar toda la sobreabundancia de los bienes que ponemos en nuestras obras creadoras, sin embargo para obrar requerimos siempre el pequeño obrar de la criatura, y según el más o el menos obrar de ella, así disponemos el más o el menos de los bienes que queremos dar en la obra que queremos hacer en provecho de las criaturas, porque el obrar de ellas nos sirve como pequeño terreno o espacio donde apoyar nuestros bienes; si un terreno o espacio es pequeño, poco podemos poner, si es grande podemos poner mucho, y si queremos poner de más, será incapaz de tomarlo y de comprender lo que Nosotros le hemos dado. Mira entonces cuán necesario es el pequeño obrar de la criatura para hacer que nuestras obras tengan vida en medio a las humanas generaciones, mucho más que en cuanto la criatura comienza sus pequeños actos, sus plegarias, sus sacrificios para obtener el bien que le queremos dar, así se pone en comunicación con su Creador, abre una especie de correspondencia, y todos sus actos no son otra cosa que cartitas que le hace llegar, en las cuales ahora ruega, ahora llora, y ahora le ofrece su misma vida para moverlo a dar el bien que le queremos dar. Esto dispone a la criatura a recibirlo, y a Dios a darlo; si esto no fuera faltaría el camino y todas las comunicaciones estarían cerradas, faltaría el conocimiento de Aquél que quiere dar el don, y sería dar y exponer nuestros dones a personas enemigas, que no son ni amadas por Nosotros, ni amantes de Nosotros, lo que no puede ser; mientras que cuando Nosotros queremos hacer una obra elegimos siempre a quien nos ama y amamos, porque el amor es el germen, la sustancia, la vida de nuestras obras, y cuando falta el amor falta la respiración, el latido de una obra y no se aprecia el don recibido, y con no apreciarlo corre peligro de morir al nacer. He aquí la necesidad de tus actos y del sacrificio, incluso de tu vida, para hacer conocer mi Querer Divino y hacerlo reinar; no hay obra más grande de Ella, y por eso quiero tus actos repetidos, tus oraciones incesantes, y tu sacrificio prolijo de una vida sepultada viva, no es otra cosa que el terreno amplio donde apoyar tanto bien. Cada acto tuyo es una cartita que nos mandas, y Nosotros leyéndola decimos: ¡Ah sí, hay quien quiere nuestro Querer sobre la tierra y quien nos quiere dar su misma vida para hacerlo reinar! Con esto disponemos las cosas, las gracias, los eventos, para llenar tu pequeño terreno, y esperamos que lo agrandes de más para apoyar el gran don del reino de nuestra Voluntad. Esto sucedió en la Redención, esperé largo tiempo para descender del Cielo a la tierra para dar el tiempo suficiente al pueblo elegido para preparar con sus actos, plegarias y sacrificios, el pequeño terreno donde podía apoyar los frutos de la Redención, que fueron tan sobreabundantes, que las criaturas todavía deben tomar todo, y si más hubieran hecho, más habría dado; y si hubiera querido dar más, sin ni siquiera una coma, un punto de sus actos, habría sido para ellos como un libro ilegible del cual no se conoce la lengua, como un tesoro sin llave que no se conoce lo que está adentro, porque el acto de la criatura es el ojo que lee y la llave que abre para tomar mis dones. Y además, dar sin ser conocido el bien que se da, habría sido un dolor, y no habría sido digno de nuestra sabiduría. Por eso sé atenta en seguir mi Voluntad Divina, cuanto más la sigas más la reconocerás y más será sobreabundante en dar sus bienes".

(3) Después de esto estaba siguiendo mi giro en la Creación para unirme a los actos hechos por la Divina Voluntad en ella, y mi dulce Jesús ha agregado:

(4) "Hija mía, el respiro, el latido, la circulación de la sangre de la Creación es el amor, la adoración, la gloria nuestra. Nosotros poníamos en ella lo que Nosotros somos en Nosotros mismos; nuestra Naturaleza es amor purísimo, y nuestra santidad es tanta, que lo que produce este amor no es otra cosa que adoración profunda y gloria perenne a nuestro Ser Divino. Por eso poniendo fuera la Creación debíamos poner lo que Nosotros poseemos, no podíamos poner cosas que a Nosotros no pertenecieran, por eso el latido de la Creación es el amor, y conforme late, así la adorna con nuevo amor, que dándole la carrera de la circulación repite incesantemente: 'Adoración y gloria a nuestro Creador.' Ahora la criatura, si gira en las cosas creadas poniendo su amor, pone el suyo y toma nuestro amor, y hace surgir otro amor para esperarla de nuevo para recibir y dar su amor, así que sucede un intercambio y una competencia entre las cosas creadas y la criatura, que uniéndose juntas, dan amor, adoración, gloria a nuestro Ser Supremo. Por eso si quieres amor, piensa que todas las cosas creadas tienen nuestro mandato de darte amor siempre que reciban el tuyo, así será mantenida la fiesta de nuestro amor entre el Cielo y la tierra, y tú sentirás la felicidad de nuestro amor y te será sustituido el respiro del amor, el latido de la adoración, y circulará en tu sangre gloria perenne a tu Creador.

(5) Tú debes saber que nuestras obras están llenas de vida, nuestra fuerza creadora tiene virtud de poner el germen vital en todas las obras que hacemos, y de comunicarla a las criaturas que hacen uso de ellas. La Creación está llena de nuestras obras creadoras, la Redención es un campo inmenso de nuestras acciones hechas para que llevaran la vida y el bien que contienen a las criaturas; así que estamos circundados por la magnificencia de nuestras obras, pero tenemos el dolor de que estas obras no son tomadas, y muchas ni siquiera conocidas por las criaturas, y por eso están para ellas como muertas, porque portan vida y producen frutos de vida por cuanto uso hacen de ellas, y tener tantas obras vitales expuestas, tantas propiedades nuestras sin producir los frutos que contienen; y mucho más, ver a las criaturas pobres, débiles y sin la vida del verdadero bien, nos duele tanto que tú no puedes comprender en qué condiciones de dolor nos ponen las criaturas. Nosotros nos encontramos en las condiciones de un padre, que teniendo muchos hijos prepara el alimento, y mientras lo prepara está todo en fiesta pensando que sus hijos no estarán en ayunas, sino que comerán de lo suyo; después pone la mesa, dispone los platos con la diversidad de alimentos que ha preparado, llama a los hijos a fin de que vengan a degustar los ricos alimentos que ha preparado, pero los hijos no escuchan la voz del padre y la comida queda sin que ninguno la toque. Cuál no es el dolor de este padre al ver que los hijos no se sientan a su mesa y no se alimentan de los alimentos que él ha preparado, el sólo ver la mesa llena de alimentos le produce dolor. Así estamos Nosotros al ver que las criaturas no se ocupan de las tantas obras que hemos hecho con tanto amor para ellas. Por eso, por cuanto más tomes de lo nuestro, más Vida Divina recibirás, nos volverás más contentos y nos cicatrizarás la llaga profunda de la ingratitud humana".

29-14

Mayo 4, 1931

Potencia de la palabra de Jesús. Los actos repetidos son como la sabia a las plantas. Las penas forzadas pierden la frescura. Jesús quiere estar libre en el alma.

(1) Mi abandono en el Querer Divino continúa, su dulce imperio alienta mi pobre voluntad, que si bien frecuentemente quisiera salir como en campo para hacer su vida, dadas las circunstancias dolorosas en las que me encuentro, pero el Fiat omnipotente, con la fuerza irresistible de su luz, se fija sobre la noche de mi voluntad, y me impide el paso, y formando su día de luz en mi alma me atrae para hacer mis pequeños actos en su Querer Divino. Y yo pensaba entre mí: "¿Por qué Jesús tiene tanto interés que no interrumpa mis repetidos actos en su adorable Voluntad?" Y Jesús todo ternura y bondad me ha dicho:

(2) "Hija mía, porque todos los actos que haces en tu interior son actos enseñados y formados por Mí, así que son actos míos, y Yo no quiero que tú te quedes atrás, sin unirte conmigo para seguirlos. Porque tú debes saber que cuando hago un trabajo en el alma, cuando hablo y enseño, tu Jesús tiene tal potencia, de convertir en naturaleza el bien enseñado y obrado en la criatura, y el bien en naturaleza no se puede destruir, sería como si tú tuvieras el ojo dado a ti por Dios como propiedad de tu naturaleza y no te sirviera para ver; la voz, las manos, los pies, y no te sirvieran para hablar, para obrar y caminar, ¿no serías digna de condena? Ahora, así como doy los dones en naturaleza al cuerpo, así cuando hablo, mi palabra creadora tiene la potencia de dar al alma, como en naturaleza, el don que intento dar con mi palabra, porque un Fiat mío puede encerrar un cielo, un sol, una plegaria incesante por don, con la cual mi Fiat tiene la potencia de convertir como en naturaleza del alma estos dones. Por eso lo que tú haces en tu interior son dones en naturaleza que mi palabra ha formado en ti, por eso estarás atenta para no tener inútiles mis dones, Yo los he puesto en ti para hacer que con estos actos repetidos en mi Querer podamos juntos impetrar el gran don de que mi Divina Voluntad venga a reinar sobre la tierra. Mucho más hija buena, que los actos repetidos son como la sabia a la planta, si la planta no tiene sabia está seca y no puede producir ni flores ni fruta, la sabia es como la sangre vital de la planta, que circulando en ella la conserva, la hace crecer y le hace producir los frutos más bellos y sabrosos, que llegan a formar la gloria y la utilidad del agricultor; pero esta sabia no se forma por sí misma en la planta, es el agricultor que debe estar atento a regarla y cultivarla, pero no una vez, sino siempre, dándole como en naturaleza la sabia suficiente para hacer que la pobre planta encuentre el alimento diario para vegetar y crecer, para poder dar sus frutos a aquél que la cultiva, pero si el agricultor es un holgazán, la planta pierde la sabia y muere. Ve entonces qué cosa son los actos repetidos, son la sangre del alma, el alimento, la conservación y el crecimiento de mis dones, a los cuales Yo, como Agricultor Celestial no ceso jamás de regarte, por lo que no hay peligro de que pueda ser holgazán, pero tú debes recibir esta sabia vital, y sólo la recibes cuando repites los actos en mi Voluntad en el fondo de tu alma, entonces abre la boca, y Yo regándote te doy la sangre en tu alma para darte el calor divino, el alimento celestial, y agregándote otras palabras mías te conservo y te acreciento mis dones. ¡Oh! si la planta tuviera razón y rechazara ser

regada por el agricultor, ¿qué suerte correría la pobre planta? ¡La suerte de perder la vida! Y ¡qué dolor del pobre agricultor! Por eso el repetir los actos es querer la vida, es tomar el alimento; el repetir es amar, apreciar y apagar las ansias y contentar a tu Agricultor Celestial, que con tanto amor ha trabajado en el campo de tu alma, y conforme te siento repetir tus actos junto Conmigo, o sola, me das los frutos de mi trabajo, y Yo me siento amado nuevamente y correspondido por los tantos dones que te he dado, y me dispongo a darte dones mayores. Por eso sé atenta y haz que tu constancia sea la fuerza vencedora, que vence y domina a tu Jesús".

(3) Después de esto me sentía como si debiera caer en mi acostumbrado estado de sufrimiento, y dadas las imposiciones que hay, sentía repugnancia de aceptar, mi pobre naturaleza temblaba y sentía la necesidad de decir junto con mi dulce Jesús: 'Padre, si es posible pase de mí este cáliz, pero hágase tu Voluntad no la mía'. Y mi amado Jesús ha agregado:

(4) "Hija mía, no quiero en ti las penas forzadas, sino voluntarias, porque las penas forzadas pierden la frescura, la belleza y el dulce encanto de la semejanza con las penas de tu Jesús, que todas fueron sufridas por Mí en forma voluntaria, y son como aquellas flores marchitas, como aquellos frutos inmaduros que la vista desdeña y la boca no puede comer, tanta es la falta de sabor y dureza de aquellas frutas. Tú debes saber que cuando elijo un alma, Yo formo en ella mi habitación, y quiero ser libre de hacer en mi casa lo que Yo quiero, y de estar como me agrada, no quiero restricciones de parte de la criatura, quiero absoluta libertad, de otra manera me volvería infeliz y estaría obstaculizado en mi modo de actuar; sería la más grande desventura, incluso al más pobre, el no gozar la libertad en su pequeño tugurio, e incurriría en la desventura de un pobre individuo que habiéndose formado con tanto amor una habitación, cuando la ha acondicionado y puesto en orden, entra para habitarla, pero con su dolor le vienen hechas imposiciones y restricciones, y se le dice: 'En esta habitación no puedes dormir, en ésta no puedes recibir, en ésta otra no puedes pasar'. En suma no puede estar como quiere ni hacer lo que quiere, así que pobrecito, se siente infeliz porque ha perdido su libertad, y está arrepentido de los sacrificios que ha hecho para fabricarse esta habitación. Así soy Yo, cuántos trabajos, cuántos sacrificios, cuántas gracias no he derramado para convertir una criatura en mi habitación, y cuando tomo posesión, más que todo amo y quiero la libertad en mi casa, y cuando encuentro, ahora la repugnancia, ahora las restricciones, en vez de adaptarse la habitación a Mí, Yo me debo adaptar a ella, por eso no puedo desarrollar mi Vida, ni mis modos divinos, ni me es dado el cumplir la finalidad para la cual con tanto amor, me he escogido esta habitación. Por eso quiero libertad, y si quieres hacerme feliz déjame libre de hacer lo que quiero".

29-15
Mayo 10, 1931

Quien quiere recibir debe dar. Modos que tiene Jesús. Los dones divinos, portadores de paz. La Divina Voluntad tiene la virtud de fermentar. Bien que encierra un acto completo de Divina Voluntad.

(1) Estoy siempre en la querida heredad de la Divina Voluntad, a donde quiera que dirijo la mente, el paso, la encuentro como Reina imperante, que con su dulce imperio quiere reinar sobre mi pobre alma, y con la voz más elocuente, suave y fuerte, me dice emanando amor, de poder convertir en fuego todo el mundo entero: 'Como Reina te espero en cada obra mía, para que tú vengas a formar y extender tu pequeño reino divino en mis mismas obras; mírame, soy Reina, y quien es Reina tiene el poder de dar a sus hijos lo que quiere, mucho más que mi reino es universal, mi poder es sin límites, y como Reina amo el no estar sola en mi reino, sino que quiero el cortejo, la compañía de mis hijos, y de dividir con ellos mi imperio universal. Por eso tu camino sean mis obras, que como tantas señales te llevarán a tantos encuentros con tu Celestial Reina que te espera para darte sus dones como prenda cierta de su reino".

(2) Entonces, mientras mi pobre mente se perdía en la inmensa luz de la Divina Voluntad, mi siempre amable Jesús me ha dicho:

(3) "Hija mía, quien quiere recibir debe dar; el dar dispone a la criatura a recibir, y a Dios a dar. Muchas veces también tu Jesús tiene este modo, cuando quiero algo de la criatura doy, y si quiero grandes sacrificios, doy mucho, para que ella viendo lo mucho que le he dado, se avergonzará y no tendrá el ánimo de negarme el sacrificio que le pido. El dar es casi empeñar a la persona que recibe, es atraer su atención, su amor, el dar es apreciar, el dar es esperanza, el dar es hacer surgir en el corazón el recuerdo del donador; y ¿cuántas veces personas que no se conocían se vuelven amigos por medio de un regalo? Ahora, en el orden divino el donador siempre es Dios, quien es el primero en mandar sus dones a la criatura, pero si ella no se mueve a dar nada a su Creador, aunque sea su pequeño amor, su gratitud, un pequeño sacrificio, porque si habíamos dado es porque queríamos, no enviamos más otros dones, porque con no darnos nada ha cerrado la correspondencia y ha interrumpido la bella amistad que debía hacer surgir nuestro don. Ahora hija mía, dar y recibir son actos primeros e indispensables que claramente indican que Nosotros amamos a la criatura y ella nos ama; pero no basta, se debe saber recibir convirtiendo en naturaleza el bien recibido, comiéndolo y masticándolo muy bien, de modo de convertir el don en sangre del alma. Este es nuestro propósito al dar nuestros dones, querer ver convertido en naturaleza el don que hemos dado, porque entonces nuestros dones no corren peligro, y nos disponen a dar dones más grandes; y la criatura habiéndolo convertido en naturaleza, pone al seguro nuestro don, queda poseedora y sentirá en sí el bien, la fuente, y convertido en naturaleza el don recibido. Y así como nuestros dones son portadores de paz, de felicidad, de fortaleza invencible, de aire celestial, por eso sentirá en sí la naturaleza de la paz, de la felicidad, de la fuerza divina, que formarán en sí el aire del Cielo. Ésta es la causa por la que cuando te hago el gran don de mi palabra después hago silencio, es porque estoy esperando que tú te alimentes y mastiques bien mi palabra, de manera de ver en ti cambiado en naturaleza lo que te he dicho, y cuando veo esto, entonces siento la irresistible necesidad de amor de hablarte de nuevo, porque un don mío llama a otro, no saben estar solos, y Yo tengo siempre qué dar, siempre qué decir y qué hacer con quien convierte en naturaleza mis dones".

(4) Después de esto estaba pensando en la Divina Voluntad, cómo me parecía difícil que viniera su reino. Y mi amado Jesús ha continuado:

(5) "Hija mía, así como la levadura tiene la virtud de fermentar el pan, así mi Voluntad es la fermentadora de los actos de la criatura; en cuanto ella llama a mi Voluntad Divina en sus actos, así quedan fermentados por Ella y forman el pan del reino de mi Querer. Ahora, no basta la levadura para hacer mucho pan, sino se requiere mucha harina, se requiere quien debe unir harina y levadura, se requiere el agua, vínculo de unión para poder revolver harina y levadura, para hacer que la levadura comunique la virtud fermentadora y la harina la reciba, además se requiere el fuego para cocer este pan, pan que se pueda digerir y que alimente. Ahora, ¿no se requiere más tiempo, más actos para formarlo que para comerlo? El sacrificio está en el formarlo, comerlo es rápido y se siente el gusto del sacrificio. Entonces hija mía, no basta la levadura de mi Fiat Divino que tiene virtud de fermentar tus actos, vaciarlos del querer humano para convertirlos en pan de Voluntad Divina, sino se requiere una continuación de actos, de sacrificios y por largo tiempo, de modo que mi Querer con su virtud fermentadora fermentará todos estos actos para formar mucho pan y tenerlo preparado y en reserva para los hijos de su reino. Cuando todo esté formado, queda disponer los eventos, y esto es más fácil y se hace más rápido, porque está en nuestro poder mover las causas secundarias para hacer lo que Nosotros queremos. ¿No hice otro tanto por la Redención? Mis treinta largos años de mi Vida oculta fueron como la levadura en que quedaron fermentados todos mis actos para formar y fermentar el gran bien de la Redención, lo breve de mi Vida pública y mi Pasión fue mi pan fermentado que mi Voluntad Divina formó y fermentó en mis actos, que como pan lo dividió para todos y dio a comer para hacer que todos recibieran el pan de los redimidos, para conquistar las fuerzas necesarias para ponerse a salvo. Por eso no pienses en nada más, sino en hacer tu deber y no dejar huir ningún acto tuyo en que no se ponga la levadura de mi Divina Voluntad, para que tu ser quede fermentado por Ella, y Yo pensaré en todo lo demás".

(6) Entonces continuaba pensando: "¿Pero qué cosa quiere Jesús de este mi pobre estado, y por qué tiene tanto interés que yo caiga en mis habituales sufrimientos con tanta molestia y fastidio que me hace dar a los otros, que podría llamarlo mi martirio? ¡Oh! cómo es duro tener que hacer con las criaturas, sentir por pura necesidad la necesidad de ellas, esto me humilla tanto que quedo como aniquilada en mi propia nada". Pero mientras esto y otras cosas pensaba, mi dulce Jesús me ha dicho:

(7) "Hija mía, ¿quieres saber por qué? Quiero el cumplimiento de mi Divina Voluntad, y esto es todo para Mí; un acto cumplido de mi Voluntad encierra todo el cielo, el sol, la tierra, e incluso a Mí mismo, no hay amor que no encuentre, bienes que no posea, gloria que no me dé, todo queda concentrado en un acto cumplido en mi Voluntad, y la feliz criatura que lo cumple puede decirme: 'Te he dado todo, incluso a Ti mismo, no tengo más que darte'. Porque mi Divina Voluntad contiene todo, no hay cosa o bien que le huya, por eso cumpliéndola en lo que Yo quiero, la criatura encuentra lo que es en sí misma mi Voluntad, y Yo puedo decir: 'Con el darte la gracia de hacerte cumplir un acto en Ella, todo te he dado'. Más bien con cumplirla, mis penas surgen, mis pasos, mis palabras, mis obras se duplican y se ponen en movimiento para darse a las criaturas, porque mi Divina Voluntad obrante, incluso en la criatura, pone en movimiento todas nuestras obras para hacerlas surgir a nueva vida. Y tú me preguntas el ¿por qué? Hija mía, piensa en hacerla y haz que tu vida pueda ser un acto continuado de mi Voluntad".

29-16
Mayo 16, 1931

La Divina Voluntad es la que da forma a los actos de la criatura. Ímpetu de amor divino al crear al hombre; toques de las cualidades divinas.

(1) Estoy siempre en mi querida heredad del Fiat Divino, me parece que me susurra al oído: "Como era en el principio, seré siempre, en los siglos de los siglos, también tú si estás en mi Divina Voluntad serás siempre igual a ti misma, jamás cambiarás acción, harás siempre mi Voluntad, y la variedad de tus acciones las podrás llamar efectos de aquel acto primero y único de Ella, que corre en tus actos para hacer de ellos uno sólo, que tiene virtud de producir como sol, el bello arco iris de la variedad de los colores como efecto de su luz, sin cambiar su acto único de dar siempre luz". Qué felicidad se siente en el alma al poder decir: "Hago siempre la Divina Voluntad". Ahora, mi pequeña y pobre inteligencia me la sentía absorbida en la luz de la Voluntad Divina, sentía en mí la fuerza única y potente de Ella, y la variedad de sus innumerables efectos haciéndome corona e invistiéndome eran portadores de alegría, de paz, de fortaleza, de bondad, de amor, de santidad, de belleza indescriptible; estos efectos eran como tantos besos de vida que daban a mi alma, de los cuales quedaba poseedora. Yo he quedado maravillada por esto, y mi siempre amable Jesús me ha dicho:

(2) "Hija mía, todos los actos hechos por la criatura en la Divina Voluntad son confirmados por Dios como actos divinos, y esta confirmación forma la vida de los mismos actos, y vienen sellados con el sello divino como actos imperecederos, siempre nuevos, frescos, y de una belleza encantadora. Los actos hechos por la criatura en mi Voluntad, podría llamarlos nueva creación que Yo hago en la criatura; conforme ella va haciendo su acto en mi Voluntad, mi Fiat se impone con su fuerza creadora, y forma ahí su acto, y con derecho lo confirma. Sucede como sucedió en la Creación, como corría la fuerza creadora de mi Voluntad en el crear tantas cosas, quedaron inmutables, sin cambiarse jamás; ¿acaso se ha cambiado el cielo, las estrellas, el sol? En absoluto, tal como fueron creados tales son, porque donde mi Querer pone su fuerza creadora, queda la vida perenne de su mismo acto, y como confirmación no se puede cambiar jamás. Ve entonces qué significa hacer y vivir en mi Divina Voluntad: 'Estar bajo el imperio de una fuerza creadora y confirmadora, que pone al seguro todos los actos de la criatura volviéndolos inmutables'. Así que con vivir en mi Querer ella quedará confirmada en el bien que hace, en la santidad que quiere, en el conocimiento que posee, en el triunfo del sacrificio. Nuestra Divinidad, de nuestra espontánea Voluntad, está bajo el imperio de un amor que corre irresistiblemente porque quiere dar a la criatura, tanto que al crear al hombre fue creado en nuestro ímpetu de amor por los toques de nuestras cualidades divinas. Nuestro Ser Divino, siendo purísimo espíritu no tenía ni manos ni pies, nuestras cualidades divinas nos sirvieron de manos para formar al hombre, y volcándose sobre él como un impetuoso torrente lo modelamos, y tocándolo le infundimos los efectos de nuestras cualidades supremas. Estos toques permanecen en el hombre, y por eso se ven en él ciertas bellas cualidades de bondad, de ingenio, de inteligencia y otras,

son la virtud de nuestros toques divinos, que continuando a modelar al hombre producen sus efectos, son nuestras prendas de amor con las cuales lo amasamos, y que a pesar de que él no se recuerda y tal vez ni siquiera nos conoce, continúan su oficio perenne de amarlo. Y así como cuando se toca un objeto o una persona, quién toca siente la impresión de la persona tocada, por eso, así como nuestros toques de las cualidades divinas quedaron en el hombre, así quedó en nuestras cualidades supremas la impresión de haberlo tocado. Así que lo sentimos en Nosotros mismos, ¿cómo no amarlo? Por eso, por cuanto haga el hombre, le vamos al encuentro con nuevos encuentros de amor, y con nuestro agradable estribillo de amarlo siempre".

29-17
Mayo 19, 1931

Escenas del Edén. Caída del hombre. La Reina del Cielo aplasta la cabeza a la serpiente infernal. Las palabras de Jesús tienen la virtud comunicativa. Habla acerca de las dudas y dificultades.

(1) Continuaba haciendo mis actos en el Querer Divino uniéndome a sus actos que hizo en la Creación, para darle el homenaje, el amor, la adoración por cada cosa creada por amor de las criaturas, y mi pobre mente se ha transportado al Edén, en el acto de la caída del hombre, cuando la serpiente infernal con su astucia y mentira indujo a Eva a sustraerse de la Voluntad de su Creador, y Eva con sus modos lisonjeros indujo a Adán a caer en el mismo pecado. Y mientras esto pensaba, mi amado Jesús me ha dicho:

(2) "Hija mía, mi amor no se extinguió por la caída del hombre, sino que se encendió de más, y si bien mi justicia justamente lo castigó y lo condenó, mi amor besando mi justicia, sin dejar pasar un solo instante prometió el futuro Redentor y dijo a la serpiente engañadora con el imperio de mi potencia: 'Tú te has servido de una mujer para arrancarme al hombre de mi Divina Voluntad, y Yo por medio de otra mujer que tendrá en su poder la potencia de mi Fiat, abatiré tu orgullo, y con su pié inmaculado te aplastará la cabeza'. Estas palabras quemaron más que el mismo infierno a la serpiente infernal, y encerró tanta rabia en su corazón, que no podía estar más quieto, no hacía otra cosa que girar y girar la tierra para descubrir a Aquella que debía aplastarle la cabeza, no para hacérsela aplastar, sino para poder con sus artes infernales, con sus astucias diabólicas, hacer caer a Aquella que debía derrotarlo, debilitarlo, y atarlo en los oscuros abismos. Por eso por cuatro mil años anduvo siempre girando, y cuando veía mujeres más virtuosas y buenas, armaba su batalla, las tentaba en todos los modos, y sólo las dejaba cuando se aseguraba, por medio de cualquier debilidad o defecto, que no era Aquella por medio de la cual debía ser derrotado, y seguía su girar. Entonces vino la Celestial Criatura que le aplastó la cabeza, y el enemigo sentía tal potencia en Ella, que lo arrojaba por tierra y no tenía la fuerza de acercársele; esto lo consumía de rabia y ponía todas sus armas infernales para combatirla, ¡pero qué! Hacía por acercarse y se sentía paralizado, se sentía romper las piernas y obligado a retroceder, y desde lejos espiaba sus admirables virtudes, su potencia y santidad, y Yo para confundirlo y hacerlo dudar le hacía ver a la Soberana Celestial, sus cosas humanas, como el tomar alimento, el

llorar, el dormir y las demás cosas, y él se persuadía de que no era Aquella, porque siendo tan poderosa y santa no debía estar sujeta a las necesidades naturales de la vida, pero después volvía a dudar y quería regresar al ataque, pero en vano. Mi Voluntad es potencia que debilita todos los males y todas las potencias infernales, es luz que se hace conocer por todos, y donde Ella reina hace sentir su potencia, que ni siquiera a los mismos demonios les es posible desconocer, por eso la Reina del Cielo era y es el terror de todo el infierno. Ahora la serpiente infernal siente sobre su cabeza mi palabra fulminante dicha en el Edén, mi condena irrevocable de que una mujer le aplastará la cabeza, por eso sabe que con ser aplastada la cabeza será derrotado su reino sobre la tierra, perderá su prestigio, y todo el mal que él hizo en el Edén por medio de una mujer, será rehecho por otra mujer, y si bien la Reina del Cielo lo debilitó, le aplastó la cabeza, y Yo mismo lo até a la cruz, y por eso no es más libre de hacer lo que quiere, sino sólo a quien desafortunadamente se acerca, de él hace desgarro; mucho más que ve que la voluntad humana no está sujeta a la Divina, y su reino no está formado todavía, teme que otra mujer tenga que terminar de quemarle las sienes para hacer que la condena divina tenga sobre su cabeza aplastada por el pié de la Inmaculada Reina su cumplimiento, porque sabe que cuando Yo hablo mi palabra tiene la virtud comunicativa a otras criaturas. Entonces, cuando se aseguró que Aquella a la que él temía era la Virgen Santísima, y no pudiéndola combatir más retomó su giro, está observando y como vigía para ver si otra mujer tiene el encargo de Dios, de hacer conocer la Divina Voluntad para hacerla reinar, y habiéndote visto escribir tanto sobre mi Fiat, la sola duda de que esto pudiera ser, ha levantado a todo el infierno contra ti, esta es la causa de todo lo que has sufrido, sirviéndose de hombres malvados, haciéndolos inventar calumnias y cosas que no existen. Entonces, al verte llorar tanto se ha persuadido que no eres tú quien puede llevarle la ruina que tanto teme para su reino diabólico. Esto es lo que corresponde a la Reina del Cielo por parte de la serpiente infernal, ahora quiero decirte lo que concierne la parte de las criaturas a favor de Ella.

(3) Hija mía, la Celestial criatura era pobre, sus dotes naturales aparentemente eran comunes, nada de extraordinario aparecía en lo externo; toma por esposo un pobre artesano que gana su pan diario con su modesto trabajo. Supón que se hubiera sabido por los grandes del mundo, por los doctores y sacerdotes, antes que fuera Madre del Verbo, que Ella era la Madre del futuro Mesías; le habrían hecho una guerra encarnizada, ninguno lo habría creído, habrían dicho: '¿Es posible que no haya habido ni haya mujeres en Israel, que debía ser esta pobre la Madre del Verbo Eterno? Había una Judith, una Esther y tantas otras'. Por eso ninguno lo habría creído y habrían puesto dudas y dificultades sin número, si pusieron dudas sobre mi Divina Persona, de no creerme que Yo fuera el Mesías suspirado, y muchos llegan a no creerme todavía que Yo descendí sobre la tierra a pesar de que Yo hice muchos milagros, de inducir a los más incrédulos a creerme, ¡ay! cuando en los corazones entra la dureza, la obstinación, se vuelven incapaces de recibir ningún bien, las verdades, los mismos milagros están para ellos como muertos y sin vida; por eso mucho más la Madre Celestial, que nada de milagroso se veía en su exterior. Ahora hija mía, escúchame, las dudas más serias, las dificultades más graves que han encontrado en tus escritos son propiamente éstas: 'Que Yo te he dicho que te llamaba a vivir en el reino de mi Divina Voluntad, dándote la misión especial y única

de hacerla conocer, a fin de que como Yo mismo dije en el Pater Noster, y la Santa Iglesia lo dice hasta ahora: 'Venga tu reino'. Esto es, que tu Voluntad se haga como en el Cielo así en la tierra'. No dice en el Pater que este reino está sobre la tierra, sino dice venga, y Yo no habría compuesto una oración si no debiera tener sus efectos. Por eso para llegar a esto, ¿no debía elegir a otra mujer, que la serpiente infernal tanto teme, y que él por medio de la primera mujer me arruinó al género humano, y Yo para confundirlo me sirvo de la mujer para rehacerme de su ruina y hacer surgir el bien a todos, bien que él trató de destruir? He aquí la necesidad de los preparativos, de las gracias, de mis visitas y comunicaciones. Esto ha sonado mal ha quien ha leído, por eso, dudas y dificultades, que no puede ser posible que de tantos otros grandes santos ninguno haya vivido en el reino de mi Voluntad, así que es ella sola que se prefiere a todos; y cuando han leído que Yo te ponía junto a la Soberana Reina, porque habiendo vivido Ella en el reino de mi Fiat Divino tú pudieras imitarla, queriendo hacer de ti una copia que la semejara, y te ponía en sus manos para que te guiara, te asistiera, te protegiera, para que pudieras imitarla en todo, les ha parecido tan absurdo, y tergiversando siniestramente el sentido, han dicho, como si te hubiera dicho, como si tú fueras otra reina; cuántos desatinos, no he dicho que tú seas como la Celestial Reina, sino que te quiero similar a Ella, como he dicho a tantas otras almas queridas por Mí, que las quería similares a Mí, pero con esto no se volvían Dios como Yo, y además, siendo la Celestial Señora la verdadera Reina del reino de mi Voluntad, es trabajo suyo el ayudar y enseñar a las afortunadas criaturas que quieren entrar a vivir en él. Con esto hacen ver como si Yo no tuviera poder de elegir a quien quiero y cuando quiero; pero del resto, el tiempo dirá todo, y así como no pueden desconocer que la Virgen de Nazaret es mi Mamá, así no podrán desconocer que te he elegido para el único propósito de hacer conocer mi Voluntad, y que por medio tuyo me serviré para que el, venga tu reino, tenga su cumplimiento. Es cierto que las criaturas son instrumento en mis manos y no miro quién sea, sino que miro si mi Divina Voluntad ha decidido obrar por medio de este instrumento, y eso me basta para cumplir mis más altos designios, y de las dudas y dificultades de las criaturas me sirvo a su tiempo para confundirlos y humillarlos, pero no me detengo y sigo adelante en la obra que quiero hacer por medio de la criatura. Por eso también tú sígueme y no retrocedas. Del resto se ve del modo de pensar de ellos que han calculado sólo tu persona, pero no han calculado lo que puede hacer mi Divina Voluntad, y lo que sabe hacer, y cuando decide obrar en una criatura para cumplir sus más grandes designios en medio a las humanas generaciones no se deja dictar leyes por ninguno, ni quién debe ser, ni el tiempo, ni el modo, ni el lugar, sino que en modo absoluto actúa, no toma en cuenta a ciertas mentes cortas que no se saben elevar en el orden divino y sobrenatural, ni inclinar la frente ante las obras incomprensibles de su Creador, y mientras quieren razonar con su razón humana, pierden la razón divina y quedan confundidos e incrédulos".

29-18
Mayo 27, 1931

La vida del bien no muere y es defensa de todas las criaturas. Un bien prolijo pone al seguro a Dios y al alma.

(1) Mi pobre mente nadaba en el mar inmenso del eterno Fiat, yo corría en Él como un pequeño río, y en mi pequeñez quería abrazar su Inmensidad para llenarme toda de un Querer tan santo, para poder tener el contento de poder decir: "Mi pequeño ser no es otra cosa que un acto solo de Voluntad Divina, mi pequeño querer está lleno dentro y fuera de aquel Querer que llena Cielo y tierra. ¡Oh! Querer Santo, sé tú la Vida, el Actor y el Espectador de todos mis actos, a fin de que resurgiendo todos en Ti, puedan ser la llamada a todos los actos de las criaturas para hacerlos resurgir en tu Fiat, a fin de que su reino se extienda en todas las criaturas". Pero mientras esto hacía, el pensamiento me ha dicho: "¿Cuál es el bien que hago con llamar a los actos de las criaturas a resurgir en la Divina Voluntad?" Y mi amable Jesús me ha dicho:

(2) "Hija mía, el bien no está sujeto a morir, y en cuanto la vida del bien surge, se pone en defensa de todas las criaturas, y si las criaturas dispuestas toman aquel bien, no sólo quedan defendidas, sino que toman la vida de aquel bien, y el bien surge y forma tantas otras vidas por cuantas criaturas lo toman; y para las indispuestas queda siempre en su defensa, esperando que se dispongan. Los actos hechos en mi Querer adquieren el germen de la luz, y así como la luz, si bien una, tiene virtud de dar luz a cualquier ojo que quiere el bien de la luz para hacerla suya, así los más pequeños actos hechos en mi Querer Divino, como es inmenso y envuelve a todos, el más pequeño acto se convierte en luz y defensa de todos, y no sólo esto, sino que corresponde a su Creador del amor, gloria y adoración que con derecho espera y exige de las criaturas. Los actos hechos en mi Querer tienen siempre lo prodigioso, y por sí mismos dicen: 'Somos la defensa de todos, estamos entre el Cielo y la tierra para defender a las criaturas, y con nuestra luz somos luz de cada mente, somos los defensores de nuestro Creador con repararle con nuestros actos perennes las ofensas que de la tierra se elevan'. Y además, el bien es siempre bien, ¿crees tú que todo lo que Yo hice estando sobre la tierra ha sido tomado todo por las criaturas? ¡De ningún modo, cuánto queda todavía! Pero con esto no se puede decir que no hay bien, pasarán siglos y siglos y vendrá el tiempo que todo el bien que Yo hice tendrá vida en medio a las criaturas, lo que no se toma hoy, otras criaturas lo pueden tomar mañana, en otras épocas, por eso la verdadera vida del bien no se cansa de esperar, y con aire de triunfo dicen: 'No estamos sujetos a morir, por eso con certeza vendrá el tiempo en que daremos nuestros frutos, los cuales harán resurgir tantas otras vidas que nos asemejen'. ¿Tú crees que por no ver ningún efecto de todos tus actos en nuestro Fiat Divino no habrá nada de bien? De ninguna manera, hoy así parece, pero espera los tiempos y ellos dirán el gran bien que vendrá, por eso continúa y no retrocedas, porque tú debes saber que la prolijidad del bien es sólo la prueba más cierta, que asegura a Dios y al alma del estado en que se encuentra. Un estado prolijo de paciencia en los sufrimientos y encuentros dolorosos de la vida, una oración continua sin jamás cansarse de repetirla, una fidelidad, constancia e igualdad de modos en todas las circunstancias, forman un terreno suficiente, regado por la sangre del propio corazón, donde Dios se siente llamado por todos los actos de la criatura, como tantas certificaciones de que puede cumplir sus más grandes designios, y la misma criatura siente en la prolijidad de sus actos el dominio de sí misma y la seguridad de que no vacilará. El bien de un día

dice nada, un bien, hoy sí y mañana no, dice debilidad y volubilidad, todos frutos de la voluntad humana, un bien inconstante dice que la criatura no es dueña de aquel bien, aquella virtud, y por eso no están en su poder, el bien se cambia en mal y la virtud en vicio. Ve entonces que el alma para estar segura que posee un bien, una virtud, debe sentir en sí la vida de aquella virtud, y con constancia férrea de años y años, y por toda la vida debe ejercitarse en aquel bien. Y Dios se siente seguro de poner de lo suyo y obrar cosas grandes en la constancia de la criatura. Esto hice con la Reina del Cielo, quise la prolijidad de quince años de vida pura, santa y toda de Voluntad Divina para descender del Cielo a la tierra en su seno virginal; hubiera podido hacerlo antes, pero no quise, quise primero sus actos de confirmación, y la prolijidad de su vida santa, casi para darle el derecho de ser mi Mamá, y a mi sabiduría infinita darle la razón de haber obrado en Ella prodigios inauditos. Y, ¿no es acaso esta la causa, la larga prolijidad de los largos sufrimientos, porque quería estar seguro de ti, y no de palabra, sino con los hechos; no ha sido acaso la causa de mis tantas visitas y de las tantas verdades que te he manifestado en la prolijidad de tu vida sacrificada? Puedo decir que me hacía ver y te hablaba en el centro de la hoguera de tu sacrificio, y cuando te oigo decir, ¿es posible Jesús mío, tan largo mi exilio, cómo no tienes piedad de mí? Y Yo, ¿sabes qué digo? '¡Ah! mi hija no conoce bien el secreto que contiene un sacrificio prolijo'. Y cuanto más largo, más grandes son nuestros designios por cumplir, por eso fíate de Mí y déjame hacer".

29-19
Mayo 31, 1931

La felicidad de Jesús es encontrar a su criatura en la Divina Voluntad. Dios se vuelca en la criatura y ella en Dios. La pequeña casita de Nazaret.

(1) Mi abandono en el Querer Divino continúa, y mi pobre mente ahora se detiene en un punto y ahora en otro, como si quisiera tomar reposo en cada uno de los efectos de la Divina Voluntad, que si bien su acto es uno, sus efectos son innumerables, tanto, que yo no llego jamás a encontrarlos todos, mucho menos a comprenderlos, y por eso viendo que no me es dado el abrazarlos todos, siendo demasiado pequeña, me detengo en uno de sus efectos para gozármelo y reposarme. Y mi dulce Jesús que se complace tanto en encontrarme en su adorable Voluntad, detenida para respirarla como vida me ha dicho:

(2) "Hija mía, cómo me es dulce encontrarte en mi Divina Voluntad, y no como aquellas criaturas que se encuentran en Ella forzadas, por necesidad y porque no pueden hacer de otra manera, y mientras están en Ella no la conocen, ni la aman, ni la aprecian; sino que encontrándote te encuentro voluntariamente, la conoces y amas, y llegas hasta a encontrar tu dulce reposo, y me siento muy atraído a ti; mucho más que la misma potencia de mi Voluntad se impone sobre tu Jesús para develarme, y Yo no sé negarle nada, porque podría decir que la única felicidad que me viene de la tierra es encontrar a la criatura en mi Divina Voluntad, y cuando la encuentro quiero corresponderle por la felicidad que me da, primero con hacerla feliz, y después con prepararla y disponerla a hacer un acto en mi Voluntad, preparo el espacio, porque es tanta la grandeza, la santidad, la potencia que contiene un acto

hecho en Ella, que la criatura no podría contenerlo si Yo no le diera la capacidad. Por eso quien vive en mi Querer es inseparable de Mí, porque mientras ha hecho un acto debo prepararla para otro acto, mucho más que Yo no dejo jamás a la criatura en un punto, sino que la hago crecer siempre hasta poder decir: 'No tengo más qué darle, estoy contento porque le he dado todo'. Porque tú debes saber que cada vez que la criatura hace un acto en mi Divina Voluntad se arroja en Ella, y Dios se arroja en la criatura, entonces en el arrojarse recíprocamente Dios comunica su acto nuevo jamás interrumpido, y la voluntad humana queda en poder de la Voluntad Divina y siente nuevo amor, nueva potencia, nueva frescura, con todos los refrigerios divinos, de modo que en cada acto se siente renacer nuevamente en la Vida Divina, sin perder lo que ha recibido en los otros actos adquiere e incorpora en sí la nueva Vida que le ha sido comunicada, tanto que se siente crecer, alimentar con nuevo crecimiento y con alimentos nuevos. Entonces quien vive en nuestra Voluntad adquiere siempre nuevos conocimientos de su Creador, y el nuevo conocimiento le lleva la corriente del continuo acto nuevo que Dios posee. No ves tú el cielo, las estrellas, el sol, ¿ves acaso algún cambio en ellos? O bien después de tantos siglos, ¿no están siempre frescos, bellos, nuevos, como fueron creados? ¿Y por qué? Porque están bajo el imperio de la fuerza creadora de nuestro Fiat que los creó, y permanece en ellos como vida perenne. Por eso la permanencia de mi Voluntad en la criatura produce con su imperio dominante vida nueva de paciencia, de oración, de paz, de sacrificio y de alegrías infinitas. Así como es mi Voluntad, tal quiere volver a quien vive en Ella".

(3) Después continuaba pensando en el Querer Divino, y mi dulce Jesús ha agregado:

(4) "Hija mía, cuando mi Divina Voluntad hace un acto, Ella no lo retira jamás, más bien se hace vida perenne de su acto. La misma Creación lo dice, con el hacer continuamente aquellos actos que mi Querer puso en las cosas al crearlas, las cosas creadas se pueden llamar las repetidoras de los actos de mi Divina Voluntad, el cielo está siempre en su lugar, no se retira jamás de ningún punto, y con el estar siempre extendido hace siempre repetidos actos de Voluntad Divina; el sol da siempre luz y está todo afanado en cumplir los innumerables actos de Voluntad Divina que le fueron confiados en su luz, y conforme da el color y el perfume a cada flor, la múltiple dulzura y sabores a los frutos, el desarrollo a las plantas, la luz y el calor a cada criatura, y tantos otros actos que hace, tantos actos de mi Voluntad va cumpliendo, parece que hace su curso con toda la majestad imperante al cumplir tantos actos confiados a él, verdadero símbolo del modo majestuoso e imperante de mi Voluntad. El mar cuando murmura, el agua cuando se da a las criaturas, la tierra cuando reverdece y produce plantas y flores, tantos múltiples actos de mi Voluntad cumplen, Ella es la motriz de todo y tiene a toda la Creación en acto de hacer cumplir su Voluntad, y por eso son todos felices, no pierden jamás su lugar de honor ni están sujetos a morir, porque mi Voluntad obrante en las cosas creadas les da vida perenne. Sólo la criatura, quien debía ostentar más en el hacer un continuado acto de mi Voluntad, es la única que sale del motor de Ella y llega hasta ponerse en contra de un Querer tan Santo, ¡qué dolor! Y ¿qué cuentas no me dará?"

(5) Mi dulce Jesús ha hecho silencio, y retirándose me ha dejado en la luz de su Voluntad, y ¡oh! cuántas cosas comprendía; pero, ¿quién puede decirlas todas? Mucho más que en Ella se habla con palabras celestiales, y al encontrarme en mí

misma debo adaptar las palabras celestiales a las humanas, y temiendo hacer un embrollo me contento con pasar adelante, esperando que si Jesús quiere se adaptará a hablar con las palabras del bajo mundo. Después de esto continuaba mis actos en el Fiat Divino, y mi pobre mente se ha detenido en la pequeña casa de Nazaret, donde la Reina del Cielo, el Celestial Rey Jesús, y San José, estaban en posesión y vivían en el reino de la Divina Voluntad, así que este reino no es extraño a la tierra, la casa de Nazaret, la pequeña familia que vivía en Ella, pertenecían a este reino y lo tenían en pleno vigor; pero mientras esto pensaba, mi gran Rey Jesús me ha dicho:

(6) "Hija mía, cierto que el reino de mi Divina Voluntad ha existido sobre la tierra, y por eso hay la esperanza cierta que regrese de nuevo en su pleno vigor; nuestra casa de Nazaret era su verdadero reino, pero estábamos sin pueblo. Ahora tú debes saber que cada criatura es un reino, por eso quien hace reinar mi Voluntad en ella se puede llamar un pequeño reino del Fiat Supremo, así que es una pequeña casita de Nazaret que tenemos sobre la tierra, y por cuan pequeña, estando en ella nuestra Voluntad reinante, el Cielo no está cerrado para ella, observa las mismas leyes de la patria celestial, ama con el mismo amor, se alimenta con los alimentos de allá arriba, y es incorporada en el reino de nuestras regiones interminables. Ahora para formar el gran reino de nuestra Voluntad sobre la tierra, haremos primero las tantas casitas de Nazaret, esto es las almas que la querrán conocer para hacerla reinar en ellas. Yo y la Soberana Reina estaremos a la cabeza de estas pequeñas casitas, porque habiendo sido Nosotros los primeros que hemos poseído este reino en la tierra, es nuestro derecho que no cederemos a ninguno el ser los dirigentes de ellas. Entonces estas pequeñas casitas, repetidoras de nuestra casa de Nazaret, formarán tantos pequeños estados nuestros, tantas provincias, que después de que se hayan formado bien, y ordenadas como tantos pequeños reinos de nuestra Voluntad, se fundirán juntos y formarán un solo reino y un gran pueblo. Por eso para tener nuestras obras más grandes, nuestro modo de actuar es el de comenzar primero solos, al tú por tú con una sola criatura; cuando hemos formado a ésta, la hacemos canal para encerrar en nuestra obra otras dos, tres criaturas, después agrandamos formando un pequeño núcleo, y después lo agrandamos tanto de tomar todo el mundo entero; nuestras obras comienzan en el aislamiento de Dios y el alma, y terminan continuando su vida en medio a pueblos enteros. Y cuando está el principio de una obra nuestra, es señal cierta que no morirá al nacer, a lo más podrá vivir escondida por algún tiempo, pero después saldrá y tendrá su vida perenne. Por eso siempre adelante te quiero en mi Divina Voluntad".

29-20
Junio 5, 1931

Cómo es necesario hacerse de amigos en los buenos tiempos. Dolor de Jesús por el abandono de los apóstoles. La voluntad humana, cárcel de la criatura.

(1) Estoy siempre en el mar del Querer Supremo, ¡oh! cuántas cosas bellas se encuentran en Él, están todos los actos de Jesús como en acto, están aquellos de la Soberana Señora, los de nuestro Padre Celestial, que ha hecho y que hará; es un

mar no dividido, sino único, interminable, es todo. En este mar no hay peligros, ni temores de caídas, porque la feliz criatura que entra en él deja sus vestiduras y toma las vestiduras divinas. Entonces, mientras estaba en este mar, mi dulce Jesús me ha hecho presente cuando en su Pasión los apóstoles se dispersaron, huyeron de Él dejándolo solo y abandonado en medio a los enemigos. Y mi Sumo Bien Jesús me ha dicho:

(2) "Hija mía, el dolor más grande que tuve en mi Pasión, el clavo que más me traspasó el corazón, fue el abandono y la dispersión de mis apóstoles, no tenía un ojo amigo en el cual pudiera poner mi mirada; el abandono, las ofensas, la indiferencia de los amigos, supera, ¡oh! por cuánto a todos los dolores e incluso la muerte que pueden dar los enemigos. Yo sabía que los apóstoles me debían dar este clavo, y vilmente habrían huido de Mí, pero no puse atención a esto, porque hija mía, quien quiere hacer una obra no debe preocuparse por sus penas, más bien debe hacerse de amigos en los buenos tiempos, cuando todo le sonríe alrededor, paso a paso siembra triunfos y prodigios, y no sólo esto, sino que comunica la fuerza milagrosa a quien se hace su amigo y discípulo, entonces todos se vanaglorian de ser amigos de quien está rodeado de gloria y honor, todos esperan, y cuantos amigos y discípulos se quieren, se tienen, porque la gloria, los triunfos, los buenos tiempos, son imanes potentes que atraen a las criaturas a seguir al triunfador. ¿Quién quiere seguir y ser amigo o discípulo de un pobre calumniado, humillado, despreciado? Ninguno, por el contrario sienten miedo, horror de acercarse, y llegan a desconocer a aquél con quien antes tenían amistad, como hizo Conmigo San Pedro. Así que es inútil esperar amigos cuando la pobre criatura se encuentra bajo la opresión de las humillaciones, desprecios y calumnias, por eso se necesita hacer amigos cuando el Cielo nos sonríe y la fortuna nos quisiera poner sobre el trono, si queremos que el bien, las obras que se quieren tengan la vida y la continuación en las otras criaturas. Yo con hacerme de amigos cuando sembraba milagros y triunfos, que llegaban a creer que Yo debía ser su Rey sobre la tierra, y que por haber sido mis discípulos debían ocupar los primeros puestos junto a Mí, a pesar que me abandonaron en mi Pasión, cuando mi Resurrección proclamó mi pleno triunfo, los apóstoles volvieron a creer, se reunieron entre ellos y como triunfadores siguieron mi doctrina, mi Vida, y formaron la Iglesia naciente. Si Yo hubiera puesto atención a que debían huir de Mí y no los hubiera hecho mis discípulos en el tiempo de mis triunfos, no habría tenido quién hablara de Mí después de mi muerte, quién me hiciera conocer. Por eso es necesario el buen tiempo, la gloria, es también necesario recibir clavos traspasantes y tener paciencia para sufrirlos, para tener material en mis obras más grandes, para que tuvieran vida en medio a las criaturas. Ahora, ¿no ha sido todo esto una semejanza de mi Vida en tu estado doloroso de humillaciones, de calumnias y desprecios que has pasado? Yo sentía en ti repetirme el clavo del abandono y dispersión de mis apóstoles, al ver a quien tanto habíamos tenido para asistirte, alejarse de ti y con la voluntad de abandonarte, y viéndote abandonada te veía sola, sola en mis brazos con el clavo del abandono de quien debía sostenerte, y en mi dolor decía: 'Mundo malvado, cómo sabes bien repetir las escenas de mi Pasión en mis hijos.' Y Yo ofrecía tu amargura por el triunfo de mi Voluntad y para ayuda de aquellos que deberían hacerla conocer; por eso ánimo en las circunstancias dolorosas de la vida, pero debes saber que tu Jesús no te abandonará jamás, Yo no sé hacer estas cosas, mi amor no es de

naturaleza voluble, sino firme y constante, y lo que digo con la boca me sale de la vida del corazón; en cambio las criaturas dicen una cosa y sienten otra en el corazón, mezclan muchos fines humanos incluso en el hacer amigos, por esto cambian de acuerdo a las circunstancias. Por eso la dispersión de quienes parecía que querían poner la vida en los buenos tiempos y que vilmente huyen en el tiempo de las humillaciones y desprecios, son todos efectos de la voluntad humana, ella es la verdadera cárcel de la criatura, y es hasta en el arte de saber formar tantas pequeñas estancias, pero todas sin ventanas, porque ella no pretende formar aperturas para recibir el bien de la luz, por eso las pasiones, las debilidades, el miedo, los temores excesivos, la inconstancia, son tantas estancias oscuras de su cárcel, y que ahora queda obstaculizada por una, y ahora por otra, y el miedo la hace temer y alejarse de quien esta poniendo la vida por amor suyo. Por el contrario, en quien reina mi Voluntad vive en mi morada real, donde hay tanta luz que las penas, las humillaciones, las calumnias, no son otra cosa que escalones de triunfos y de gloria, y cumplimiento de obras grandes y divinas, por eso, en vez de huir del pobre mártir que ha sido arrojado en el polvo por la perversidad humana, se estrecha más a él, esperando con paciencia la hora del nuevo triunfo. ¡Oh! si en los apóstoles hubiese reinado plenamente mi Voluntad, con certeza no habrían huido en una hora en la que Yo sentía la necesidad de su presencia, de su fidelidad en tantas penas mías; en medio a los enemigos que querían devorarme Yo quería a mis fieles cercanos, porque no hay consuelo mayor que tener un amigo cerca en tiempos de amarguras, Yo habría visto en mis queridos apóstoles cercanos a Mí, los frutos de mis penas, y ¡oh! cuántos dulces recuerdos se habrían suscitado en mi corazón que me habrían servido de bálsamo a mis intensas amarguras, mi Divina Voluntad les habría impedido con su luz el paso para huir de Mí, y entonces se habrían estrechado más a mi alrededor; pero como vivían en la oscura cárcel de la voluntad humana, su mente se oscureció, el corazón se enfrió, el miedo los invadió, en un momento olvidaron todo el bien que habían recibido de Mí, y no sólo huyeron de Mí, sino que se dispersaron entre ellos; todo esto son efectos del querer humano que no sabe mantener la unión, y sólo sabe dispersar en un día el bien que se ha hecho en tantos años, con tantos sacrificios. Por eso tu único temor sea el de no hacer mi Voluntad".

29-21
Junio 8, 1931

Dios agradece cuando se recuerda lo que hizo en la Creación. Los actos repetidos forman el alimento del alma. Cómo en la tierra se comienza y en el Cielo se cumple.

(1) Siento la fuerza potente del Fiat Divino que me llama en Él a seguir sus actos. Mi pequeña inteligencia se ha detenido en el Edén, en el acto de la creación del hombre. ¡Qué acto solemne! Después de haber creado todas las cosas como preparación, como para festejar a aquél por el cual había creado toda la Creación como morada real donde el hombre debía habitar con toda suntuosidad y comodidad, donde nada debía faltarle, basta decir que era una morada formada por nuestro Padre Celestial,

por la potencia de su Fiat Divino. Y mientras esto pensaba, mi dulce Jesús me ha dicho:

(2) "Hija bendita, el más dulce recuerdo que más inmensamente agradezco, es cuando la criatura recuerda mi amor en la Creación, de modo especial la del hombre; nuestro amor se desahogó más que una madre cuando pone fuera, a la luz del día a su querido hijo. Nuestro amor corría, corría para encerrarlo en Él, a fin de que dondequiera, dentro y fuera de sí, pudiese encontrar el apoyo de nuestro amor que le dice: 'Te amo, te amo.' El dulce sonido de nuestro amor le susurra al oído, late en su corazón, resuena fuerte, le da ardientes besos en los labios, apretados abrazos, para llevarlo en nuestros brazos paternos como triunfo de nuestro amor, que a cualquier costo quiere amar a la criatura. Así que no hay cosa más dulce, más amada, que más agradezcamos, que el recordarnos con cuánto amor creamos al hombre y todas las cosas. Es tanto nuestro agradecimiento, que a la afortunada criatura que viene ante nuestra Majestad adorable para recordarnos este nuestro amor tan grande, le duplicamos nuestros vínculos amorosos con ella, le damos nuevas gracias, nueva luz, y la llamamos la repetidora de nuestra fiesta, porque en la Creación todo era fiesta para Nosotros y para todos. Y la criatura con recordarnos lo que hicimos en la Creación pone en fiesta nuestro amor, nuestra potencia, nuestra sabiduría creadora, que con tanta maestría inimitable había creado todo el universo, y después la maestría en el crear al hombre que supera todo. Por eso todas nuestras cualidades divinas festejan, y mirando a la criatura que con su recuerdo y con su pequeña correspondencia de amor las han puesto en fiesta, hacen competencia entre ellas, y quién le duplica el amor, quién la bondad, quién la santidad, en suma, cada una de nuestras cualidades divinas quiere dar de lo suyo para repetir con ella lo que hacemos en la Creación. Por eso repite frecuentemente el dulce recuerdo de nuestro amor insuperable que tuvimos en la Creación. Era una criatura nuestra, una imagen nuestra, un hijo nuestro que sacábamos a la luz, y por eso desahogamos tanto amor, y al sentírnoslo recordar sentimos amarlo más. Así que toda la Creación no es otra cosa que un desahogo de nuestra Voluntad amante de la criatura, y en su desahogo amoroso va repitiendo: 'Fiat, Fiat', para emperlar la Creación toda con su desahogo de amor. Mucho más que cada acto, palabra, pensamiento, hecho en nuestro Querer Divino, forman el alimento del alma; el alimento conserva la vida, la hace crecer y le mantiene la fuerza necesaria para poder formar alimentos suficientes para no quedar en ayunas. Por eso los actos continuados no son otra cosa que alimentos que se preparan de un día para otro, para tener siempre de qué nutrirse; si los actos no se hacen, no tendrá alimento, así que la pobre criatura no tendrá con qué quitarse el hambre, por eso la vida de los actos buenos, santos y divinos morirá en ella; si los actos no son continuados, sino de vez en cuando, tendrá escasos alimentos, y cuando el alimento no es suficiente la vida del bien crece débil, y la debilidad hace perder el gusto y el apetito de nutrirse. En cambio cuando los actos son continuados, cada acto tiene su ejercicio, quién se hace alimento, quién agua, quién fuego para cocinarlos, quién condimento para hacerse saborear, de manera de estimular el apetito. En suma, los actos repetidos no son otra cosa que cocina divina, que forman la mesa celestial a la criatura. Y ¡oh! cómo es bello ver a la criatura que con la continuación de sus actos en nuestro Fiat se prepara alimentos divinos, y se alimenta de los alimentos de su patria celestial; porque tú debes saber que un pensamiento

santo llama a otro, una palabra, un acto bueno llama a otro, y uno se sirve del otro para alimentarse, y el alimento forma la vida".

(3) Después continuaba pensando en la Divina Voluntad y en el gran bien que se recibe con vivir toda abandonada en sus brazos. Y mi dulce Jesús ha agregado:

(4) "Hija buena, el gran bien de vivir de un Querer Divino es sorprendente y casi incomprensible a la criatura humana. Tú debes saber que todo lo que se hace de bueno, de santo en mi Divina Voluntad, no son otra cosa que semillas que germinan en el campo del alma, poniendo como tantas semillas de luz divina, que ponen un principio que no tendrá fin, porque todo lo que se hace en mi Divina Voluntad se siembra, germina, crece de manera admirable sobre la tierra mientras se vive, pero el cumplimiento será formado en el Cielo, el último desarrollo, la variedad de las bellezas, los matices, los colores más bellos y hermosos, le serán dados en la patria celestial. Así que cada acto hecho en la tierra será un tomar más puesto en el Cielo, un derecho de más, y una posesión anticipada en la morada Celestial. La criatura, por cada acto de más que haya hecho, llevará consigo nuevas beatitudes, nuevas alegrías comunicadas por mi Querer. Mi Fiat Divino jamás dice basta a la criatura, la quiere hacer crecer en santidad, en gracia, en belleza, hasta el último respiro de la vida acá abajo, y por eso se reserva de dar la última pincelada y cumplimiento como su pleno triunfo en las regiones Celestiales. Así que en mi Voluntad no hay pausas, y las circunstancias de la vida, ahora de penas, ahora de humillaciones, y ahora de gloria, forman las carreras para poder siempre correr en Ella, para darle el campo libre de hacerla poner en la criatura nuevas semillas divinas, que el Fiat Divino tomará el empeño de cultivarlas y hacerlas crecer de manera admirable, y darles el cumplimiento en la gloria Celestial. Así que en el Cielo nada se inicia, sino que todo se comienza en la tierra, y en el Cielo se cumple".

29-22
Junio 16, 1931

Jesús ruega. La necesidad de poseer un bien para poderlo comunicar a los demás. Las pequeñas luces se entrelazan a la gran luz de la Divina Voluntad.

(1) Mi abandono en el Querer Divino continúa, si bien bajo la opresión de las privaciones de mi dulce Jesús; pobre de mi corazón, cómo es torturado, afligido porque no encuentra a Aquél que le hace respirar su aire celestial, y palpitar la vida de su mismo latido. Jesús mío, Vida mía, ¿no me decías Tú mismo que querías que viviera y respirara tu aire divino, y que formara mi vida en tu mismo latido a fin de que la mía se perdiera en la tuya y viviera de tu latido, y por lo tanto de tu amor, de tus penas y de todo Tú mismo? Pero mientras mi pobre corazón se desahogaba por el dolor de la privación de mi amado Jesús, lo he sentido moverse sensiblemente en mi interior, y con voz clara sus palabras sonaban en mi oído, y decía con ternura indecible: "Padre Santo, te ruego por mis hijos, y por todos aquellos que me has dado y que yo reconozco que son míos, Yo los estrecho en mis brazos a fin de que queden defendidos y al seguro de la tempestad que están armando contra mi Iglesia". Después ha agregado:

(2) "Hija mía, cuántas traiciones habrá, cuántas máscaras se caerán. Yo no podía soportar más su hipocresía, mi Justicia estaba llena de tantos fingimientos, y por eso no han podido tener más la máscara que los cubrían. Por eso ruega junto Conmigo, a fin de que se salven aquellos que deben servir a mi gloria, y confundidos los que quieren golpear a mi Iglesia".

(3) Después ha hecho silencio, y mi pobre mente veía tantas cosas funestas y trágicas, y mientras rezaba mi sumo Bien Jesús ha repetido:

(4) "Hija mía, para comunicar el bien a los demás es necesario poseer la plenitud del mismo bien, porque con poseerlo se conocen los efectos, la sustancia, la práctica de cómo se adquiere aquel bien; por eso tendrá virtud de poderlo infundir en los demás, de saber decir las bellezas, las prerrogativas, los frutos que produce aquel bien. En cambio, si el alma apenas ha conquistado un sorbo de un bien, de una virtud, y quiere comenzar a enseñarla a los demás, no conocerá a fondo la plenitud de aquella virtud, por eso no sabrá repetir su gran bien, ni dar la práctica de cómo adquirirla; por eso será como un niño, que habiendo aprendido apenas las vocales quiere hacer de maestro a los otros, pobre niño, será el maestro de burla porque no podrá seguir adelante en las enseñanzas. He aquí por qué los verdaderos santos primero se han llenado ellos de amor, de conocimientos divinos, de paciencia invicta y demás, y cuando se han llenado de tal manera que no pueden contenerlos más dentro de ellos, el desahogo que salía de los bienes que poseían lo han comunicado a los pueblos, y su palabra era fuego, era luz, y enseñaban no en modo superficial, sino en modo práctico y sustancioso el bien que poseían. Ésta es la causa por la que tantos quieren hacer de maestros y no hacen ningún bien, porque si falta el alimento suficiente en ellos, ¿cómo pueden nutrir a los demás?"

(5) Entonces después de esto me he abandonado toda en el Fiat Supremo, y mi pobre mente se perdía en Él y he quedado como raptada al ver frente a mí al Ser Divino, y una luz interminable dispuesta en innumerables rayos que salían del centro de Él, estos rayos eran entretejidos frecuentemente por pequeñas luces que estaban atadas a los rayos interminables de la Majestad Adorable, las cuales parecían parto de la misma luz, y que se nutrían de luz para formarse la vida de luz y crecer como Dios las quería. Qué encanto es la Alteza Divina, su presencia rapta, el ojo se pierde en su inmensidad y es tanta su belleza, la multiplicidad de sus alegrías infinitas, que parece que más que tupida lluvia caen de su Ser Divino, así que uno se siente enmudecer y por eso poco o nada se sabe decir. Entonces, mientras estaba toda inmersa en lo que estaba presente a mi mente, mi amado Jesús me ha dicho:

(6) "Hija de mi Querer Divino, mira, esta Luz inmensa no es otra cosa que las emanaciones de nuestra Voluntad del centro de nuestro Ser Divino; conforme pronunciamos el Fiat, así se extendía para formar con su fuerza creadora cada cosa creada, y para hacer que ninguna cosa saliera de dentro de su luz, permanecía en Ella lo que salía de nuestras manos creadoras. Así que aquellos entretejidos que tú ves a los rayos de nuestra luz, no son otra cosa que todas las cosas creadas, algunas están como en custodia en nuestra luz a fin de que no sufran ningún cambio, otras, y son las criaturas que viven en nuestro Querer, están no sólo en custodia, sino en acto de recibir continuamente de Dios para crecer, para alimentarse de luz, y con sus pequeñas luces formar entretejidos al mismo Querer Divino para hacerlo obrar en la pequeña luz; así que estas pequeñas luces dan lugar a nuestro Fiat Divino para

hacerlo obrar continuamente en ellas, parece que nos dan qué hacer y nos hacen continuar el trabajo que con tanto amor comenzamos en la Creación. Y cuando la criatura nos da ocasión de continuar nuestro trabajo dándonos libertad de obrar en su pequeña luz, nosotros se lo agradecemos tanto, que volvemos obrante la pequeña luz junto con nuestro trabajo, y no nos sentimos aislados por parte de las criaturas, sino que gozamos lo bello de su compañía y ella goza la nuestra. Por eso con vivir de Voluntad Divina no nos dejas jamás solos, y tú tendrás el gran bien de gozar nuestra compañía".

29-23
Junio 23, 1931

La Creación manifiesta la Paternidad Divina, y Dios se siente Padre de quien lo reconoce en sus obras.

(1) Estaba haciendo mi giro en la Creación para seguir los actos hechos en ella por la Divina Voluntad, me parecía que en cada cosa creada estaba como noble Reina, como centro de vida, la Voluntad adorable, para hacer en cada cosa su dulce encuentro con las criaturas, pero recibía este encuentro quien la reconocía en cada cosa creada. En este encuentro feliz se abren las correspondencias de ambas partes, se festeja juntos, y la Divina Voluntad da y la criatura recibe. Pero mientras mi mente se perdía al girar en las cosas creadas, mi sumo Bien Jesús me ha dicho:
(2) "Hija mía, toda la Creación manifiesta la Paternidad Divina, la potencia, el amor, la armonía de Aquél que la ha creado. ¿Pero sabes tú de quién nos sentimos Padre? De quien recuerda y reconoce toda la Creación como propiedad de su Creador, que queriendo manifestar su Paternidad por las criaturas ha creado tantas cosas bellas por amor suyo, por eso quien lo reconoce para corresponderle amándolo y agradeciéndole, se estrecha en torno a su Padre Celestial como hija que reconoce sus bienes, y que si los ha creado significa que quiere que su hija posea sus posesiones en las posesiones de su Padre. ¡Si tú supieras cual es nuestra alegría y felicidad al sentirnos Padre, y al ver a nuestros hijos estrechados a nuestro alrededor por medio de nuestras cosas creadas! Así que la criatura con recordar y reconocer lo que Dios ha hecho por ella nos ama como Padre, y Nosotros la amamos como hija, sentimos que nuestra Paternidad no es Paternidad estéril, sino fecunda. Así quien recuerda y reconoce lo que hice y sufrí en mi Vida y Pasión, me hace sentir Redentor, y doy a poseer los bienes de la Redención, así que mis penas, mis obras, mis pasos, se ordenan en torno a la feliz criatura para ayudarla, santificarla, y hacerle sentir los efectos en ella de toda mi Vida. Y por quien reconoce lo que nuestro amor ha hecho y puede hacer en el orden de la Gracia, me siento Amante apasionado y le doy la posesión de mi amor, de manera que sentirá tal amor por Mí de no poder vivir sin amarme, y como el verdadero amor está en el hacer siempre mi Voluntad, Yo hago de ella un prodigio de mi amor y de mi Querer. ¿Qué dolor no sería para un padre tener hijos y no verlos a su alrededor para amarse recíprocamente, y gozarse el fruto de sus entrañas? Y si estos hijos no poseyeran los bienes del padre, ¿no sería un dolor mayor? Tal es nuestra Divinidad, hemos extendido nuestra Paternidad en modo infinito en toda la Creación, como Padre somos todo ojos sobre nuestros hijos para

que nada les falte, nuestros brazos sienten la extrema necesidad de amor de estrecharlos a nuestro seno para darles amor y recibir amor, y cuando vemos a la criatura que corre a Nosotros, quiere nuestros abrazos, ¡oh! cómo nos sentimos felices de que nuestra Paternidad es reconocida y puede desarrollar el oficio de Padre hacia nuestros hijos. Nuestra generación es casi innumerable, sin embargo pocos hijos nos circundan, todos los otros están lejanos de Nosotros, lejanos con el corazón, con la voluntad, lejanos de nuestra semejanza, y en nuestro dolor al ver los pocos hijos en torno a Nosotros decimos: '¿Y nuestros otros hijos dónde están? ¿Cómo no sienten la necesidad de tener un Padre Celestial, de recibir nuestras caricias paternas, de poseer nuestros bienes?' Por eso sé atenta, reconoce nuestros bienes, nuestras obras, y sentirás nuestra Paternidad en el cielo adornado de estrellas, que en su callado centelleo te llaman hija y te atestiguan el amor de tu Padre; nuestra Paternidad se extiende en el sol, que con su luz vibrante te llama hija y te dice: 'Reconoce en mi luz el gran don de tu Padre, que te ama tanto que quiere que seas la poseedora de esta luz'; nuestra Paternidad se extiende por todas partes, en el agua que bebes, en el alimento que tomas, en la variedad de las bellezas de toda la naturaleza, todas tienen una voz común, todas te llaman hija del gran Padre Celestial, y como hija suya quieren ser poseídas por ti. Ahora, cuál sería nuestro contento si en todas las cosas creadas por Nosotros, a nuestra voz tierna de llamarte hija, oyéramos tu voz que nos llamara Padre y nos dijera: Esto es don de mi Padre, ¡oh! cómo me ama, y yo quiero amarlo mucho, mucho".

29-24
Junio 30, 1931

La gracia más grande que Dios hizo al hombre en la Creación, fue el poder hacer sus actos en la Divina Voluntad. Cómo este reino existe, y hay Humanidades que han vivido y lo han poseído.

(1) Estaba pensando en el Santo Querer Divino: "¿Cómo podrá venir su reino sobre la tierra, dados los tiempos tempestuosos que amenazan tempestades, y las tristes condiciones de las generaciones humanas? Es imposible. Y me parece que aumenta la imposibilidad la indiferencia e indisposición de aquellos que al menos se dicen buenos, porque no tienen ningún interés de hacer conocer un Querer tan santo, y su Voluntad que quiere dar la gran gracia de querer reinar en medio de las criaturas, entonces, ¿cómo podrá tener vida un bien que no se conoce?" Pero mientras esto pensaba, mi amable Jesús sorprendiéndome me ha dicho:
(2) "Hija mía, lo que es imposible a la vista humana, para Dios todo es posible. Tú debes saber que la gracia más grande que hicimos al hombre en su creación, fue que podía entrar en nuestra Voluntad Divina para poder hacer sus actos humanos, y como el querer humano era pequeño y el Divino grande, por eso tenía virtud de absorber el pequeño en el grande, y de cambiar el humano en el Divino Querer. Por eso Adán, en el principio de su creación entró en el orden de nuestra Voluntad Divina, y en Ella hizo muchos de sus actos, y mientas con sustraerse de nuestro Querer él salió de dentro de Él, pero sus actos humanos hechos en nuestro Querer quedaron como prenda y derecho del hombre, y como principio y fundamento de un reino divino

que él adquiría; en la Divina Voluntad, lo que se hace en Ella es imborrable, Dios mismo no puede cancelar un solo acto de la criatura hecho en el Fiat Supremo. Ahora, siendo Adán el primer hombre creado, era como consecuencia, siendo él como la raíz, el tronco de todas las generaciones humanas, que ellas heredaran, casi como ramas, lo que poseyera la raíz y el tronco del árbol del hombre; y así como todas las criaturas, como por naturaleza heredaron el germen del pecado original, así heredaron los primeros actos suyos hechos en nuestro Querer, que constituyen el principio y el derecho del reino de nuestro Querer Divino para las criaturas. Para confirmar esto vino la humanidad de la Virgen Inmaculada a obrar y a seguir los actos de Adán, para cumplir por completo el reino de la Divina Voluntad, para ser la primera heredera de un reino tan santo y para dar los derechos a sus queridos hijos de poseerlo; y para completar todo esto vino mi Humanidad que poseía en naturaleza mi Divina Voluntad, lo que Adán y la Soberana Reina poseían por gracia, para confirmar con el sello de sus actos este reino de la Divina Voluntad. Así que este reino existe en realidad, porque humanidades vivientes han formado sus actos en Ella, como materiales necesarios para formar este reino, para dar el derecho a las otras humanidades de poseerlo. Y para confirmarlo mayormente enseñé el Padre Nuestro, a fin de que con la plegaria se dispusieran y adquirieran los derechos para recibirlo, y Dios se sintiera como con el deber de darlo. Con enseñar el Padre Nuestro, Yo mismo ponía en sus manos el derecho de recibirlo, y me empeñaba en dar un reino tan santo, y cada vez que la criatura recita el Padre Nuestro adquiere una especie de derecho de entrar en este reino, primero porque es oración enseñada por Mí, que contiene el valor de mi oración; segundo, porque es tanto el amor de nuestra Divinidad hacia las criaturas, que ponemos atención en todo, registramos todo, incluso los más pequeños actos, los santos deseos, las pequeñas oraciones, para corresponderlos con grandes gracias; podemos decir que son pretextos, ocasiones que vamos buscando para decirle: 'Tú has hecho esto, y Nosotros te damos esto, tú has hecho lo pequeño, y Nosotros te damos lo grande.' Por eso el reino existe, y si tanto te he hablado de mi Divina Voluntad, no ha sido otra cosa que los preparativos de tantos siglos de mi Iglesia, las oraciones, los sacrificios y el continuo recitar el Padre Nuestro lo que ha inclinado a nuestra bondad a escoger una criatura para manifestarle los tantos conocimientos sobre nuestra Voluntad, sus grandes prodigios, así vinculaba mi Voluntad a las criaturas dándoles nuevas prendas de su reino. Y conforme tú escuchabas y tratabas de modelarte a mis enseñanzas que te daba, así formabas nuevos vínculos para vincular a las criaturas en mi Voluntad.

(3) Tú debes saber que Yo soy el Dios de todos, y cuando hago un bien no lo hago jamás aislado, lo hago a todos, a menos que, quien no quiere tomar, no toma, y cuando una criatura me corresponde Yo la veo no como una sola, sino perteneciente a toda la familia humana, y por eso el bien de una viene comunicado a las otras. Ahora, sí existe el reino, humanidades que han vivido lo han poseído y han hecho vida en él, y ahora mi Voluntad quiere reinar en medio de las criaturas, mis mismos conocimientos lo dicen claramente, ¿cómo entonces tú piensas que es imposible que venga este reino? Para Mí todo es posible, me serviré de las mismas tempestades y de nuevos sucesos para preparar a aquellos que deben ocuparse en hacer conocer mi Voluntad. Las tempestades sirven para purificar el aire malo, y también para quitar cosas nocivas; por eso Yo dispondré el todo, sé hacer todo, tengo los tiempos a mi

disposición. Por eso deja hacer a tu Jesús, y verás cómo mi Voluntad será conocida y cumplida".

29-25
Julio 2, 1931

La Divina Voluntad tiene virtud de convertir en naturaleza el bien que se hace. El regreso de las obras a su Creador. La Creación tiene un acto determinado, la criatura un acto creciente.

(1) Estaba haciendo mi giro en la Divina Voluntad para seguir sus actos, y habiendo llegado al punto donde el Celestial Niño se encontraba en Egipto, y la Celestial Mamá arrullándolo trataba de hacerlo dormir, y al mismo tiempo se ocupaba con sus manos maternas de hacer la ropita al divino Niño, yo uniéndome con su Mamá hacía correr entre sus dedos y en el hilo, mi 'te amo' a Jesús, para hacer formar y tejer la ropita junto con mi 'te amo', y sobre el pie de la Reina que movía la cuna ponía el mío, para poder también yo arrullar a Jesús y hacerle lo que le hacía su Mamá. Y mientras esto hacía, el Celestial Niño entre la vigilia y el sueño decía: 'Mis dos Mamás.' Entonces yo, recordando esto que está escrito en el volumen 24, pensaba entre mí: ¿Pero repite todavía mi querido Jesús las dulces palabras, mis dos Mamás? Después de una tempestad tan terrible, que como granizada devastadora ha golpeado mi pobre alma, quién sabe cuántos defectos he cometido, Jesús no sentirá más aquel tierno amor de decir tan dulcemente, mis dos Mamás. Y mientras esto pensaba, mi amable Jesús me ha dicho:

(2) "Hija mía, si tú no has cesado de repetir, de unirte con nuestra Mamá Celestial, de arrullarme, de poner tu 'te amo' para Mí en lo que Ella hacía, ¿podría Yo cesar de decir: 'Mis dos Mamás'? En tal caso sería menos que tú en el amarte, mientras que Yo no me dejo superar jamás por el amor de la criatura; y no solo esto, sino que tú debes saber que todo lo que la criatura hace en mi Voluntad, Ella tiene la virtud de convertir en naturaleza el bien que hace, y el verdadero bien, por naturaleza, no se pierde jamás, ni hay cansancio en repetirlo cuantas veces se quiere, ¿acaso te cansas de respirar o latir? Porque está en la naturaleza, es más, si no quieres hacerlo debes hacer un esfuerzo, pero un esfuerzo que si lo pudieras hacer te costará la vida. Y es éste el más grande prodigio de mi Voluntad, convertir en naturaleza la plegaria, el amor, la santidad, sus conocimientos, y Yo cuando veo que la criatura se ha dado en poder de mi Voluntad, pero tanto que Ella ha podido cambiar en naturaleza los bienes divinos, mis palabras resuenan en el alma con mi potencia creadora y dan en naturaleza la maternidad, y ¿cómo puedo no repetir, mis dos Mamás? Cuando Yo hablo es realidad lo que digo, ¿no es acaso verdadero que mi Mamá es mi Madre según el orden natural, y me es también Madre en el orden divino en virtud de la Voluntad Divina que Ella poseía? Si Ella no poseyera mi Querer no podía ser mi Madre en el orden humano, ni en el orden divino. ¡Oh! cuántas cosas sabe hacer en quien se hace dominar por Ella, sabe hacer descender el orden divino en el humano, y convierte en naturaleza el orden divino, y con eso hace tantos prodigios de sorprender Cielo y tierra, por eso hazte dominar por mi Voluntad, y Yo

haré resonar en ti mi dulce palabra: Mi querida mamá que mi Fiat me tiene sobre la tierra".

(3) Después de esto, seguía al Fiat Divino en la Creación y decía entre mí: "Quiero entrar en el sol para vaciarlo del amor que Dios puso en él por amor de las criaturas, y sobre las alas de su luz volverlo a llevar a mi Creador como correspondencia de mi amor; quiero vaciar el viento, para llevarle la correspondencia del amor impetuoso, del amor gimiente, dominante, a fin de que impere sobre el corazón divino para arrebatarle el reino de la Divina Voluntad sobre la tierra; quiero vaciar el cielo del amor que contiene para volver a darle el amor que no termina jamás, que jamás dice basta, para tomarlo por todos lados y llevarle la correspondencia de amarlo por todas partes y en todos". Pero, ¿quién puede decir todos los disparates que decía en cada cosa creada? Sería muy largo, por eso no continúo. Y mientras esto hacía, mi dulce Jesús me ha dicho:

(4) "Hija de mi Voluntad, cómo me es agradable el alma que entra en mi Querer para encontrar en Él todas mis obras, y sobrevolando de una cosa creada a la otra, hace con su pequeña capacidad sus cálculos para encontrar cuánta dosis de amor, de bondad, de potencia, de belleza, y otras cosas más he puesto en cada cosa creada, y como quien está en mi Voluntad lo que es mío es suyo, lo abraza todo y me lo lleva a mi seno, lo pone a mi alrededor como correspondencia de su amor, y Yo me siento regresar el amor que sacamos al crear toda la Creación, la bondad, la potencia, la belleza con que adornamos toda la Creación, y en nuestro énfasis de amor decimos: 'La hija de nuestra Voluntad nos regresa nuestras obras, nuestro amor, nuestra bondad, y lo demás, y al mismo tiempo que nos las regresa las deja en su puesto'. Y nos sentimos repetir la alegría, la felicidad, como si de nuevo pusiéramos fuera toda la Creación. Ahora, tú debes saber que al crear todo el universo, la variedad de tantas múltiples cosas, pusimos un acto determinado, un basta a cada cosa, de manera que no pueden sobrepasar ningún límite del como fueron creadas, pero aunque fue un acto determinado y no pueden ir más allá, pero fue un acto pleno, tanto, que las criaturas no pueden, ni tienen la capacidad de tomar todo el bien que cada cosa creada contiene. Tan es verdad, que ¿quién puede decir?: Yo puedo tomar toda la luz del sol, el cielo no basta sobre mi cabeza, no me alcanzan todas las aguas para quitarme la sed, la tierra no es suficiente bajo mis pies, y tantas otras cosas, y esto porque nuestra Divinidad al hacer un acto, al crear las cosas, es tanto nuestro amor, la sobreabundancia que poseemos, que ponemos la suntuosidad, el lujo, la magnificencia, ninguna obra nuestra se puede decir que es pobre, todas llevan con ostentación, quién un lujo de luz, quién hace ostentación de belleza, quién de variedad de colores y más, parece que dicen en su mudo lenguaje: 'Nuestro Creador es inmensamente rico, bello, poderoso, sabio, y por eso todas nosotras como obras dignas de Él, hacemos derroche de lujo en el oficio dado a nosotros por Dios".

(5) Ahora hija mía, no fue así al crear al hombre, en él no fue puesto un acto determinado, sino un acto siempre creciente, nuestro amor no quiso decir un basta al hombre, habría sido como obstaculizar nuestro amor, detener nuestro arrebato, no, no, nuestro basta no se pronunció en la creación del hombre, no puse un límite, sino un acto siempre creciente, dejando casi a su elección hasta donde quería llegar, poniendo a su disposición nuestro acto creciente a fin de que nuestro desahogo de amor no tuviera un término, sino que pudiera hacer ostentación de lujo, de gracia, de

santidad, de belleza, de bondad y demás, por cuanto más le agradara; atábamos nuestro acto creciente a su libre voluntad, para que no tuviera ningún obstáculo para hacer cuanta más ostentación pudiera. Y para hacer que este nuestro acto creciente tuviera en el hombre todas las ayudas posibles e imaginables, le dábamos también nuestra Voluntad Divina a su disposición, para que pudiera mantener a sus expensas todo el lujo que quisiera, y la sobreabundancia de los bienes de su Creador. Nuestro amor no quiso decir basta al hombre, decirle, hijo nuestro, hasta aquí puedes llegar; no, no, habría sido como si un padre quisiera decir a su hijo: 'Hasta tal día te sentarás en mi mesa, y después basta'. Esto no sería amor de paternidad sino de autoridad; que el hijo pueda poner un término de recibir los alimentos de su padre, puede darse, pero que el padre le diga que estará en ayunas, no lo hará jamás. Así es nuestra bondad, jamás diremos basta a la criatura, nuestro acto creciente le servirá de alimento continuo para crecer siempre y conservarse, y si ingrata no se servirá de nuestro acto creciente, don grande dado por su Creador, tendremos el dolor de ver a nuestro querido hijo en ayunas, pobre, y nuestro acto obstaculizado y sin vida, y cambiará nuestro arrebato de amor en arrebato de dolor. Por eso si quieres que nuestro acto creciente tenga vida en ti, no salgas jamás de nuestra Divina Voluntad, la cual será celosa de hacerte crecer siempre, siempre".

29-26
Julio 6, 1931

El libro del Fiat en el fondo del alma. El libro del Fiat en la Creación. La Divina Voluntad tiene bajo la lluvia de su acto continuo a todas las criaturas.

(1) Mi pobre mente parece que no sabe hacer otra cosa que pensar en la Divina Voluntad, en cada cosa que veo voy encontrando su Vida, y haciendo esto en lo interno, en lo externo no encuentra otra cosa que aquel Fiat Divino que tanto la ama y quiere amor. Siento la necesidad de encontrarla en todas las cosas para respirarla, para sentir su latido de luz que como sangre circula en el alma, y se constituye vida primaria de mi pobre ser, y donde no sé encontrarla me siento que me falta un latido continuo, una bocanada de aire para facilitar la Vida de la Divina Voluntad en mi alma. Y rogaba a Jesús que me enseñara a encontrarla en todas las cosas, para hacer que en mí jamás pudiera faltar su Vida perenne. Y mi sumo Bien Jesús con toda bondad me ha dicho:
(2) "Hija mía, quien hace mi Voluntad y vive en Ella, forma en su alma el libro del Fiat Divino, pero este libro debe de estar lleno, no vacío, o bien alguna página escrita, si no está lleno terminará pronto de leerlo, y no teniendo qué leer se ocupará de otra cosa, y entonces la Vida de mi Divina Voluntad será interrumpida y como destrozada en la criatura. En cambio si está lleno, tendrá siempre qué leer, y si parece que termina Yo agregaré otras páginas más sublimes para hacer que jamás le falte la vida, el conocimiento siempre nuevo y el alimento sustancioso de mi Querer Divino. Así que el interior debe ser como tantas páginas para formar este libro: Página la inteligencia, página la voluntad y la memoria, página el deseo, el afecto, el latido, página la palabra que debe saber decir lo que ha leído, de otra manera quedará un libro que no hará bien a ninguno, mientras que quien hace un libro, su primer objetivo

es propagarlo. Por eso todo el interior debe estar escrito de páginas de mi Divina Voluntad, y debe estar tan lleno este libro, de no poder encontrar otra cosa que leer sino sólo mi Voluntad. Ahora, cuando el alma tiene lleno su libro interior, conocerá muy bien el libro exterior de la Divina Voluntad; toda la Creación no es otra cosa que un libro de Ella, cada cosa creada es una página que forma un libro grandísimo y de muchos volúmenes. Por eso habiendo formado su libro interior y habiéndolo leído muy bien, sabrá leer muy bien el libro exterior de toda la Creación, y en todas las cosas encontrará mi Divina Voluntad en acto de darle su Vida, sus lecciones altísimas y sublimes, y su alimento exquisito y santo. Sucederá a quien ha formado en su interior este libro del Fiat Divino y leído muy bien, como a quien ha poseído un libro, lo ha leído y releído, ha estudiado bien las cosas más difíciles, ha superado todas las dificultades, dilucidado los puntos más oscuros, de manera que ha consumido su vida sobre aquel libro, si una persona le diera otro libro similar, lo sabrá leer con certeza y reconocerá en aquel libro al suyo. Mucho más que mi Divina Voluntad ha encerrado a la criatura en su cerco santísimo, y ha puesto en el fondo del alma el libro de su Fiat, y en la Creación ha repetido su libro divino, de modo que uno hace eco en el otro y se entienden admirablemente. Por esto es necesario reconocer el libro del Fiat Divino en el fondo de la propia alma, leerlo muy bien para hacer de él vida perenne, y así con facilidad podrá leer las bellas páginas y el gran libro de mi Voluntad de toda la Creación".

(3) Después de esto continuaba mis actos en la Divina Voluntad, y mi dulce Jesús ha agregado:

(4) "Hija mía, mi Querer Divino tiene su acto continuo que no cesa jamás de derramar sobre todas las criaturas su acto continuo y de investirlas con su acto de luz continuo, de santidad, de belleza, de amor, de ayuda, de potencia, de felicidad; es tanto su amor que un acto no espera al otro y a torrentes, más que tupida lluvia, se derraman sobre todas las criaturas. Este acto continuo es reconocido y recibido por todos los habitantes de la Patria Celestial, de modo que forma la siempre y nueva sorpresa de alegrías inefables y de felicidad sin fin, se puede decir que forman la vida y la sustancia de la bienaventuranza de todos los bienaventurados. Ahora, como mi Divina Voluntad posee en naturaleza este acto continuo, no puede ni quiere cambiar régimen, así como da en el Cielo este acto continuo de bien, así lo da a toda la Creación y a todas y a cada una de las criaturas, para que todos reciban vida de este su acto continuo; si éste cesara, cesaría la vida de todos, a los más puede haber cambio de efectos, porque obra según las disposiciones de cada uno, y por eso su mismo acto continuo, en quién produce un efecto, en quién otro, y quién, desgraciadamente mientras está bajo la lluvia de este acto continuo de luz, de santidad, de belleza, y de otras cosas, no queda ni siquiera bañado, ni iluminado, ni santo, ni bello, y convierte en sí mismo el acto continuo de bien en tinieblas, en pasiones e incluso también en pecado. Pero con todo esto mi Querer no cesa jamás su acto continuo de hacer llover sus bienes divinos sobre todos, porque se encuentra en las condiciones en que se encuentra el sol, que a pesar de que los seres humanos no quisieran recibir su luz, ni árboles, ni plantas, ni flores, a los que podría comunicar los admirables efectos que contiene su acto de luz continuo, es decir, de dulzura, sabor, el bello arco iris de todos los colores, continuaría su acto de dar siempre luz; pero si el sol tuviera razón, lloraría con lágrimas de luz ardiente por el dolor de ver en

la gran rueda de su luz todos los bienes que en realidad da, pero no son recibidos. Más que sol es mi Querer Divino, tiene envuelto en su luz infinita a todos y a todo, su naturaleza es de querer siempre dar, y de hecho da; si todos tomasen todos serían santos, el mundo se cambiaría en felicidad, pero con sumo dolor sus bienes no son recibidos, sino rechazados en su misma luz, pero no se detiene, con amor tierno e insuperable continúa su acto continuo de dar lo que su luz posee".

29-27
Julio 13, 1931

El movimiento es signo de vida. El pasaporte para entrar en el reino de la Divina Voluntad; el lenguaje y el ciudadano de él. La pacificadora entre Dios y la criatura

(1) Estaba siguiendo mis actos en la Divina Voluntad, y pensaba entre mí: "¿Cómo se puede saber si reina en la criatura el Fiat Divino y en mi pobre alma, o lo bien o mal que Él reina?" Pero mientras esto pensaba, mi dulce Jesús me ha dicho:
(2) "El movimiento es la señal de vida, donde no hay movimiento no puede haber vida. Por lo tanto para conocer si la criatura posee mi Voluntad, es si en lo íntimo de su alma siente como primer movimiento de todo lo que se desarrolla en ella, solamente mi Voluntad, porque siendo Ella movimiento primario, donde reina hará sentir su primer movimiento divino, del cual penden todos los actos internos y externos, como del centro del primer movimiento de mi Divina Voluntad. Por este motivo será el primer movimiento, la palabra de orden, el comandante, el regidor, de modo que cada acto estará a la expectativa de recibir el primer movimiento para moverse y obrar. Por esto, si la criatura siente en sus actos el primer movimiento de mi Querer, es señal de que reina en su alma; pero si en cambio siente en su primer movimiento el fin humano, el propio placer, las satisfacciones naturales, el gusto de agradar a las criaturas, mi Voluntad no sólo no reinará, sino que de Reina hará de sierva, sirviéndola en sus actos, porque no hay acto que pueda hacer la criatura si mi Divina Voluntad no concurre, ya sea dominándola o sirviéndola.
(3) Ahora tú debes saber hija mía, que el pasaporte para entrar en mi reino es la voluntad resuelta de no hacer jamás la propia voluntad, incluso a costo de la propia vida y cualquier sacrificio. Este acto decidido y verdadero, es como la firma que pone sobre el pasaporte para partir al reino de mi Divina Voluntad, y mientras la criatura firma para partir, Dios firma para recibirla; esta última tendrá tanto valor que todo el Cielo irá a su encuentro para recibirla en el reino del Fiat Divino en el cual ellos viven, y serán todo ojo sobre esta criatura que desde la tierra tiene por vida y por reino la misma Voluntad que ellos tienen en el Cielo. Pero no basta el pasaporte, sino se debe estudiar la lengua, los modos, las costumbres de este reino divino, y éstos son los conocimientos, las prerrogativas, las bellezas, el valor que contiene mi Voluntad, de otra manera estaría como extranjera, no tomaría amor ni sería amada; si no se sacrifica en estudiar para poder hablar con este mismo lenguaje, y no se adapta a las costumbres de aquellos que viven en este reino tan santo, vivirá aislada, porque no entendiendo la apartarán, y el aislamiento no hace feliz a ninguno. Además se

necesita pasar del estudio a la práctica de lo que se ha aprendido, y después de una larga práctica, al final viene declarada ciudadana del reino de mi Divina Voluntad, y entonces disfrutará todas las felicidades que hay en un reino tan santo, es más, serán propiedad suya, y adquirirá el derecho de vivir en él como en su patria".

(4) Después de esto ha agregado: "Hija mía, quien vive en mi Querer se convierte en la pacificadora entre Dios y las criaturas, todos sus actos, palabras, pasos, sus plegarias, sus pequeños sacrificios, son como tantos vínculos de paz entre el Cielo y la tierra, son como armas pacificadoras que combaten a su Creador con armas de paz y de amor para desarmarlo y hacerlo propicio, y cambiar los flagelos en misericordia. Y como la humana voluntad formó la guerra para guerrear a Aquél que la había creado, y no solo esto, sino que rompió el acuerdo, el orden y la paz, entonces mi Querer, con la fuerza de su Omnipotencia reinando en la criatura, convierte lo que la criatura hace en vínculos de acuerdo, de orden, de paz y de amor. Así que de ella sale como una nubecita blanca, que elevándose se expande y se eleva hasta el trono divino, y prorrumpiendo en tantas voces por cuantos actos ha hecho dice: 'Gran Dios, paz te llevo de la tierra, y Tú dame tu paz para llevarla como vínculo de paz entre Tú y las generaciones humanas'. Esta nubecita sube y desciende, desciende y sube y hace el oficio de pacificadora entre el Cielo y la tierra".

29-28
Julio 17, 1931

Lluvia benéfica. Creación continua de la Divina Voluntad; orden externo e interno de Ella. La criatura es llevada en sus brazos.

(1) Me sentía toda inmersa en el Fiat, su aire es tan dulce, refrescante, que se siente a cada instante renacer a nueva vida; ¿pero qué cosa se respira en este aire del Querer Divino? Se respira aire de luz, de amor, de dulzura, de fortaleza, de conocimientos divinos, y así de lo demás, de manera que se siente renovada a vida nueva; este aire benéfico y balsámico, conforme se respira así hace crecer la Vida Divina en la criatura, y como cuando se respira el aire, con el respiro se encierra dentro, y con repetir el respiro se pone fuera, porque es tanta la fuerza del aire, que se puede tener dentro cuanto basta para vivir, lo que sobra, con el mismo respiro se debe poner fuera, ¿pero qué cosa pone fuera? Lo que ha recibido después que se ha llenado; amor, luz, bondad ha respirado, amor, luz, bondad da. Pero mientras mi pobre mente se perdía en este aire divino, mi dulce Jesús me ha dicho:

(2) "Hija mía, todos los actos buenos que hace la criatura en mi Divina Voluntad se elevan a Dios, porque Ella tiene la potencia divina para atraer arriba, a la patria celestial lo que se hace en su Querer, y después con su misma potencia lo hace descender como lluvia benéfica sobre la misma criatura, de manera que si la criatura ama, bendice, adora, agradece, alaba, Dios la corresponde con nueva lluvia de amor, de bendiciones, lluvia de agradecimientos, porque se ha sentido amar y agradecer por la criatura, y prorrumpiendo en lluvia de alabanzas, la alaba frente a toda la corte celestial. ¡Oh! cómo nuestra bondad divina está esperando las adoraciones, el agradable te amo de la criatura, para poder dar a nuestro amor el desahogo de poder

decirle: 'Hija, te amo'. Por eso no hay acto que la criatura haga por Nosotros, en que nuestra ternura toda paterna no le dé la correspondencia multiplicada".

(3) Después continuaba mis actos en el Fiat Divino, y mi amado Jesús ha agregado:

(4) "Hija mía, la criatura es llevada en brazos por mi Divina Voluntad, y es tanto su amor, que le tiene a su alrededor toda la Creación, como si en acto la estuviera siempre, siempre creando para darle placer y hacerla feliz y decirle: 'Mi fuerza creadora mantiene toda esta máquina del universo, si Ella se retirara, el sol como por encanto desaparecería, el cielo y todas las otras cosas se resolverían en la nada, como de la nada salieron, así que mi potencia creadora mantiene el crearla continuamente, y puede decir con toda certeza, propiamente por ti estoy creando el sol para que tu vida, tu camino fueran esparcidos de luz, por ti el cielo azul, a fin de que tu ojo se extienda y se deleite en su extensión, todo estoy creando por ti, mantengo todo en orden porque te amo'. Mi Divina Voluntad se hace Vida en acto de todas las cosas, las sostiene y conserva, las pone en torno a la criatura para hacerla sentir en todas las cosas y por todas partes su Vida inamovible, su fuerza inmutable, su amor invencible. Se puede decir que la estrecha por todas partes como triunfo de su amor. Y no sólo mantiene el orden externo y todas las cosas en acto, como si las estuviera creando, sino que mantiene internamente con su fuerza creadora todo el orden interno de la criatura, así que está siempre en acto de crear el latido, el respiro, el movimiento, la circulación de la sangre, la inteligencia, la memoria, la voluntad; corre como vida en el latido, en el respiro, en todo, sostiene y conserva sin jamás retirarse del alma y del cuerpo. Ahora, no obstante que mi Suprema Voluntad es todo, hace todo, da todo, no es reconocida, más bien olvidada; podría decir como Yo dije a los apóstoles: 'Hace tanto tiempo que estoy con ustedes y no me conocen todavía'. Tratan de conocer tantas cosas que no forman la vida de la criatura, y mi Voluntad que forma la vida y es acto continuo de vida, de otra manera no podría vivir, no la conocen en nada. Por eso hija mía sé atenta, reconócela en ti y fuera de ti, en todo, más que tu misma vida, y sentirás cosas admirables, su acto continuo que con amor incansable te ama, y sólo porque te ama te da la vida".

29-29
Julio 23, 1931

Fecundidad de luz. La Creación, fiesta de Dios y de la criatura. La Divina Voluntad régimen y regla.

(1) Estoy de regreso en los brazos del Fiat Divino, me parece que su luz inmensa corre como mar a mi alrededor, y conforme yo hago mis actos de amor, de adoración, de agradecimiento, tomo de dentro de esta luz, el amor que posee la Divina Voluntad, pero tomo cuanto puedo tomar, porque como criatura no me es dado el tomarlo todo, pues es inmenso y yo no tengo ni capacidad ni espacio donde encerrar este amor interminable, sin embargo me lleno toda, de modo que a pesar de que soy criatura, mi amor hacia quien me ha creado es pleno y total; así mi adoración, porque los actos hechos en el Querer Divino deben poseer tal plenitud, que la criatura debe poder decir: "Mi ser se ha resuelto todo en amor, en adoración, nada me ha quedado". Y el Creador debe poder decir: "Todo el amor que podía darme me ha dado, nada se ha

quedado para sí". Ahora, conforme hacía mis pequeños actos en este mar se formaban las pequeñas olas, que descargándose en mi inteligencia se cambiaban en luz de conocimientos sobre la Divina Voluntad. Y mi siempre amable Jesús me ha dicho:

(2) "Hija mía, quien vive en mi Divina Voluntad tiene siempre qué hacer con la luz, jamás con las tinieblas; y como la luz es fecunda, da a luz en el alma las verdades que ella posee. La virtud de la luz es maravillosa y milagrosa, y mientras que al mirarla no se ve otra cosa que luz, por dentro posee la plenitud de los bienes, pero comunica estos bienes no a quien sólo la ve, sino a quien se hace tocar, modelar, estrechar, besar con sus besos ardientes; conforme toca purifica, conforme modela transforma, conforme estrecha así encierra su luz en el alma, y con su fecundidad que no sabe estar jamás ociosa, su trabajo es incesante, comunica el bello arco iris de los colores y bellezas divinas, y con sus besos infunde las verdades más bellas y los secretos inefables de su Creador. Vivir en la luz de mi Divina Voluntad y no estar al día de las cosas divinas, de nuestros secretos, no sentir la virtud fecundadora de esta luz, sería como si Dios quisiera hacer vida separada de su criatura; en cambio fue este el único objetivo, que queremos que nuestra Voluntad sea también la de la criatura, porque queremos hacer vida junto y permanente con ella. Por eso sería absurdo vivir en mi Querer y no sentir la fecundidad de los bienes que esta luz posee, la cual es la de hacer vivir del mismo Dios a la criatura".

(3) Después ha agregado: "Hija mía, por eso en la Creación hubo tantos preparativos, como preparación a una de las más grandes fiestas solemnes, que nuestra Divinidad quería solemnizar con la criatura; desde el principio de su existencia, ¿qué cosa no preparamos para hacer que esta fiesta fuera una de las más solemnes? Cielos tapizados de estrellas, sol resplandeciente de luz, vientos refrescantes, mares, flores y frutos encantadores con la variedad de tantos sabores y dulzuras. Después de haber preparado todo creamos al hombre para que festejara, y Nosotros junto con él; era justo que el Señor de la fiesta, que con tanto amor la había preparado, asistiera y gozara junto con él. Mucho más que la sustancia de la fiesta la forman la compañía de los invitados que se quisieron en la fiesta, y para hacer que esta fiesta no fuera jamás interrumpida entre Nosotros y el hombre, le dábamos nuestra misma Voluntad que regulaba nuestro Ser Divino, a fin de que uno fuera el régimen y la regla entre Dios y la criatura. En cuanto el hombre se sustrajo de nuestra Voluntad, perdió nuestro régimen y nuestra regla, y terminamos de festejar por ambas partes. Por eso, conforme tú haces tus actos en Ella y nos recuerdas todo lo que hicimos en la Creación para preparar nuestra fiesta a la criatura, sentimos que nuestro Fiat es tu régimen y tu regla, esto nos ata y estrecha de nuevo y nos forma la nueva fiesta, y nos hace repetir la de la Creación".

(4) Y yo: "Mi amado Jesús, por cuanto más quiero vivir en tu Querer y morir antes que no hacer tu Santísima Voluntad, sin embargo me siento mala, sucia, entonces ¿cómo puedo repetirte esta fiesta? Y Jesús ha respondido:

(5) "Es tanto nuestro amor por quien está decidida a vivir en Ella y hacerla siempre, que se hace pincel de luz, y pintando con su toque de luz y calor, purifica a la criatura de cualquier mancha, a fin de que no se avergüence en nuestra presencia adorable, y la pone con toda confianza y amor a festejar junto con Nosotros. Por eso déjate

pintar por mi Divina Voluntad, aun a costa de sufrir cualquier pena, y Ella pensará en todo".

29-30
Julio 27, 1931

El gran mal de quien no hace la Divina Voluntad. Ejemplo de Adán, interesantísimo.

(1) Mi abandono en el Santo Querer Divino continúa, y comprendía el gran bien que mi pequeña alma sentía al vivir en poder de un Querer tan Santo. Él tiene tal celo, la ama tanto, toma empeño de todo, incluso de las cosas más pequeñas de esta criatura, que parece que dice: "Ninguno me la toque, y hay de quien se atreva". Entonces yo pensaba: Me ama tanto, y yo ¿he tenido alguna vez la gran desventura de oponerme a una Voluntad tan amable y adorable? Yo dudo fuertemente, en especial en este último periodo de mi existencia, en lo que he pasado, que haya habido alguna ruptura entre mi voluntad y la Voluntad Divina. Y mientras mi pobre mente estaba afligida por la triste duda, mi dulce Jesús, no soportando el verme angustiada, todo bondad me ha dicho:

(2) "Hija mía buena, ánimo, aleja de tu mente toda duda y angustia, porque éstas te debilitan y te hacen interrumpir el vuelo hacia aquel Querer que tanto te ama; es verdad que ha habido reflexiones, miedos, faltas de pleno abandono, de modo que tú sentías el peso de tu voluntad como si quisiera salir en campo para hacer su camino, y te volvía como una niña pequeña que teme de todo, tiene miedo de todo, y tanto, que frecuentemente llora, y Yo te tenía estrechada entre mis brazos para sostenerte, y vigilaba más que nunca tu voluntad para tenerla segura. Por eso hija, verdaderas rupturas entre mi Divina Voluntad y la tuya no hay, ni ha habido, y si, jamás sea, esto hubiera sido, el Cielo te libre hija mía, habrías incurrido en la misma desgracia de Adán. De cuántos preparativos no fue precedida su existencia, nuestro amor no se daba paz, ponía fuera el cielo y el sol, un agradable jardín y tantas otras cosas, todos actos preparatorios como desahogo de nuestras obras por amor de este hombre, y al crearlo se vertió nuestra Vida Divina en él, haciéndose vida permanente de éste, de manera que nos sentía dentro como vida perenne, y nos sentía fuera en nuestras obras creadas por amor suyo. Nuestro amor fue tanto, que se hizo revelador de nuestro Ser Divino en el interior del hombre, porque había establecido nuestra Vida permanente en él, y revelador por fuera, de modo que cada cosa creada era una revelación de nuestro amor que le hacía. Mucho más que en la Creación le fueron dados al hombre, tanto nuestra Vida como todas las cosas creadas de manera permanente, no a intervalos. Un bien, hoy sí y mañana no, es un amor roto, y la naturaleza de nuestro amor no se adapta a un amor interrumpido, Él es eterno y jamás dice basta. Así que Adán en cuanto rompió con nuestra Voluntad Divina, se jugó toda la Creación y también nuestra Vida en él; es tan grande la ofensa de sustraerse de nuestra Divina Voluntad, que ponemos a un lado todos nuestros preparativos, el gran bien que habíamos puesto fuera, y nos retiramos del hombre, y con Nosotros queda ofendida toda la Creación. Así que en cuanto Adán formó la ruptura con nuestra Voluntad, se ofendió el cielo, las estrellas, el sol, el aire que

respiraba, el mar, la tierra que pisaba, todos se sintieron ofendidos, porque mi Divina Voluntad es como latido y circulación de sangre de todas las cosas creadas, por eso todos sintieron el dolor de la ruptura del querer humano, sintiéndose tocar el latido del que recibían vida y conservación. Ahora, si jamás sea, hubiera habido ruptura de voluntad entre la tuya y la mía, habría hecho a un lado mis tantos preparativos hechos en tu alma, mis tantas gracias derramadas y me habría retirado haciéndote a un lado. Si continúas oyéndome es señal de que mi Voluntad está firme en ti, y la tuya está en su puesto.

(3) ¡Si tú supieras qué significa no hacer mi Divina Voluntad! La criatura trataría de impedir y de hacer morir aquel movimiento que jamás termina, y dar muerte a los actos santos que mi Voluntad Divina ha establecido cumplir en la criatura. Ella quiere dar Vida Divina, y mientras está por darla, si la voluntad humana no la recibe y se opone, se hace cuchillo para matar y sofocar esta Vida Divina en su alma; parece que sea nada el no hacer mi Voluntad, mientras que es todo el mal de la criatura, es la ofensa más grande para nuestra Majestad Suprema. Por eso sé atenta, y tu abandono en Ella sea continuo.

29-31
Agosto 3, 1931

Cada acto hecho en el Querer Divino forma el alimento para hacer crecer la Vida Divina en la criatura. El don más grande que hace Dios: "La verdad."

(1) Estoy siempre ahí, en el centro del Fiat Divino, si bien bajo la opresión de la privación de mi dulce Jesús, ¡oh! cómo es doloroso sentirse huir a aquel Jesús que me ama y amo, y que formando mi vida de fuerza, de amor, de luz, huye de dentro de mi vida su Vida de amor, de fuerza, de luz. ¡Oh Dios, qué pena, sentir la vida, pero la verdadera Vida no está, qué tortura, qué tormento! ¡Oh, cómo siento el deseo de repetir: "No hay dolor similar a mi dolor, cielo y tierra lloren conmigo, y todos imploren el regreso de aquel Jesús que me ama y amo!" Entonces me abandonaba más que nunca en aquel Fiat Divino que ninguno me puede quitar, ni siquiera el mismo Jesús; si Él se esconde, se me escapa, pero su Querer Divino jamás me deja, está siempre conmigo, y mi pobre mente gira entorno a todo lo que el Fiat Divino ha hecho y hace por amor nuestro, y como pensaba en su gran amor al crearnos, mi amado Jesús saliendo de su escondite me ha dicho:

(2) "Hija mía, la creación del hombre fue el centro donde nuestra Divinidad concentraba todos los bienes que debían surgir en la criatura, poníamos en ella Vida Divina y Voluntad Divina, vida humana y voluntad humana; la vida humana debía servirnos de habitación, y las dos Voluntades fundidas juntas debían hacer vida en común, con sumo acuerdo, más bien la voluntad humana debía tomar de la nuestra para formar sus actos, y la nuestra debía estar en acto continuo de dar de lo suyo para hacer que la voluntad humana quedase modelada y toda uniformada en la Divina Voluntad. Ahora, no hay vida, tanto humana, espiritual y Divina, que no tenga necesidad de alimento para crecer, para fortalecerse, embellecerse y felicitarse. Nosotros poníamos nuestra Vida Divina en el hombre porque era incapaz de recibir

toda la plenitud de nuestro Ser Divino, pusimos en él cuanto podía contener de nuestra Vida, dándole libertad de hacerla crecer cuanto más pudiera y quisiera, pero nuestra Vida en el hombre, para crecer, tenía necesidad de alimento, he aquí la necesidad de poner en él una Voluntad Divina; nuestra Vida Divina no se habría adaptado a alimentos de voluntad humana. Por esto todos los actos de la criatura hechos en virtud, y en nuestra Voluntad Divina, servirían para alimentar y hacer crecer nuestra Vida Divina en ella, de modo que conforme iba haciendo sus actos en nuestro Fiat, ahora tomaba nuestro amor y nos alimentaba, ahora tomaba nuestra fuerza, ahora nuestra dulzura infinita, ahora nuestras alegrías divinas para alimentarnos. Qué orden, qué armonía poníamos al crear al hombre entre él y Nosotros, hasta pedirle nuestros mismos alimentos por medio suyo, no porque tuviéramos necesidad, no, sino para mantener el ímpetu de amor, la correspondencia, la unión inseparable entre él y Nosotros; y mientras él se ocupaba de Nosotros, Nosotros nos ocupábamos de alimentarlo a él y de conservar nuestra amada habitación, y no sólo eso, sino que le dábamos otros dones más bellos para hacerlo más feliz, amarlo de más y hacernos amar más. ¿Pero quieres saber tú cuáles son nuestros dones más bellos que dimos a la criatura? Manifestarle un conocimiento de nuestro Ser Supremo, una verdad que nos pertenece, un secreto nuestro, esto es el don más bello que les hacemos; cada uno de estos dones es un vínculo de más que ponemos entre ella y Nosotros, cada verdad nuestra es una propiedad que ponemos en su alma. Es por esto que en el alma donde reina nuestra Voluntad, encontramos nuestros alimentos divinos, nuestras propiedades por cuanto a criatura es posible, nuestra habitación, por tanto nos encontramos en nuestra casa, en nuestro centro, en medio de nuestras propiedades. Mira entonces qué significa hacer reinar nuestra Voluntad y el gran bien de hacerte conocer nuestras verdades, cada conocimiento nuestro lleva cada uno un don distinto: Quién lleva la luz, quién la fuerza, quién la bondad, quién la sabiduría, quién el amor, y así de lo demás, cada uno de ellos vincula a la criatura en modo especial a Dios, y Dios a ella. Por eso debes saber corresponder a los tantos dones que tu Jesús te ha hecho, y vive siempre en nuestro Querer".

29-32
Agosto 10, 1931

Fealdad de la naturaleza humana sin la Divina Voluntad; belleza de quien vive en Ella. Sonrisa del Cielo sobre la tierra.

(1) Mi abandono en el Querer Divino continúa, siento su fuerza raptora que dulcemente se impone sobre mí, pero sin forzarme, porque las cosas forzadas no le agradan, no son para Él, son cosas que no le pertenecen. Por eso es todo ojos para hacer que todos mis actos reciban la Vida de la Divina Voluntad y se vuelvan como si fueran actos suyos, y me parece que cada acto mío hecho en su Voluntad adorable es una victoria que hace sobre la pequeñez de mi voluntad. Entonces pensaba entre mí: "Cómo es fea la naturaleza humana sin la Divina". Y mi dulce Jesús me ha dicho:

(2) "Hija mía, fea es la naturaleza humana que vive sin mi Voluntad, porque ella fue creada por el Ente Divino para vivir unida con el Fiat Divino, así que con vivir sin Él se da un cambio en la naturaleza humana, en éste viene cambiado el orden, la fuerza, el amor, la luz, la santidad, la misma razón; todas estas bellas dotes están en la criatura, porque fueron puestas por Dios como dentro de un sagrario, pero están fuera de su lugar, todos en desorden, y como están fuera de su lugar, una está contra otra, las pasiones combaten a la santidad, la debilidad combate a la fuerza, el amor humano combate al divino, la criatura al Creador, y así de lo demás. La naturaleza humana sin la Divina Voluntad se transforma en fea, se trastorna, y en su desorden hace guerra a su Creador. Sucede como al alma y al cuerpo, que han sido creados por Dios para hacer vida juntos, si el cuerpo quisiera hacer vida separada del alma, ¿no le tocaría la triste suerte de sufrir tal transformación de no reconocerse más por lo que era? Al crear al hombre nuestra Divinidad, concurrió nuestra infinita sabiduría, que como artífice y como perito que posee toda la ciencia del arte de saber crear, en nuestra Omnividencia vio que para hacer que este hombre fuera nuestro honor, y obra digna de nuestras manos creadoras, y nuestra gloria y también la suya, debía ser formado cuerpo y alma, y poníamos nuestra Voluntad como vida primaria del alma y del cuerpo, así que lo que es el alma al cuerpo, nuestra Voluntad debía ser para la una y para el otro. Así que la criatura ha sido creada y ha tenido en su principio: Cuerpo, alma, voluntad humana y Divina, todo junto, los cuales debían hacer vida en común con sumo acuerdo. Y nuestra Voluntad que tenía el primado debía hacerse alimentadora, conservadora y dominadora de esta criatura.

(3) Ahora, si la naturaleza humana sin nuestra Voluntad Divina es fealdad, unida con la nuestra es de una belleza singular y encantadora; en su creación le fue puesto por Nosotros el germen de la luz, y nuestro Fiat, más que madre ternísima, se extiende con sus alas de luz sobre este germen y lo acaricia, lo alienta, lo besa, lo alimenta, lo hace crecer y le comunica con su calor y luz todas las variedades de las bellezas divinas, y la naturaleza humana recibe la participación, si está bajo el influjo impetuoso y continuo de una fuerza, de una santidad, de un amor todo Divino, y crece bella, amable y admirable a todos. Por eso, la naturaleza humana tal como fue creada por Nosotros, no es fea sino bella, ni Nosotros sabemos hacer cosas feas, pero se puede volver fea con no estar en los modos como fue creada y querida por Nosotros. Ve entonces cómo es necesario que las criaturas hagan y vivan en nuestra Voluntad, porque Ella entra en el primer acto de su creación. Entonces, destruido esto, queda desfigurada y sin verdadera vida. Todas las cosas creadas fueron creadas con dos, e incluso con tres elementos juntos: El sol posee luz y calor, si la luz quisiera vivir aislada sin calor, sería luz estéril, sin fecundidad, y si el calor quisiera aislarse de la luz, se cambiaría en tinieblas, y quedaría desfigurado el más bello planeta que forma el encanto de todo el universo, y con su luz domina y hace bien a todos. La tierra esta formada del elemento de tierra y agua, si la tierra quisiera apartar el agua se volvería polvo, y no formaría el sólido pavimento donde el hombre podría levantar edificios, caminar con paso firme, todo vacilaría bajo sus pies; pero no basta, si la tierra no quisiera recibir la semilla en su seno no formaría las bellas flores, la abundancia de los frutos; así que tierra, agua y semilla, deben vivir juntas, una debe ser vida de la otra, deben estar unidas como fue en el principio de su creación, de otra manera darían terror y quedarían sin la vida del bien asignado a ellas por

Dios, que debían hacer a las criaturas. Todas las cosas no fueron creadas aisladas, y todo el bien está en mantenerse como fueron creadas por Dios. Y también las ciencias, si una persona quisiera aprender a leer y no quisiera aprender las vocales, y también la unión de las consonantes, que son los principios, el fundamento, la sustancia, de la que derivan las ciencias, ¿podría aprender a leer? ¡Jamás! Podría volverse loco sobre sus libros, pero aprender, nunca. Ve entonces la estrecha necesidad de ajustarse al modo como han sido formadas las cosas al principio de su existencia, si no se quieren cambiar de bellas en feas, de bien en mal, de vida en muerte. Ahora, ¿qué cosa puede esperar de bien la criatura si no vive unida con nuestra Voluntad Divina, en la cual fue establecido el principio de su creación? ¡Oh! si todos lo comprendieran, cómo estarían atentos en hacerse dominar, alimentar, crecer por mi Voluntad, que siendo principio de su existencia formaría en ellos todo lo bello, lo bueno, lo santo y la gran fortuna de la vida acá abajo, y después la gran gloria de su vida allá arriba".

(4) Después de esto continuaba mis actos en la Divina Voluntad, y me parecía que estos actos hechos en Ella tenían virtud de unir Cielo y tierra, y de atraer a todos los habitantes celestiales a mirar a la criatura que se hace investir por el Querer Divino, para darle el campo de acción en sus actos. Y mi dulce Jesús ha agregado:

(5) "Hija mía, no hay cosa más bella, más santa, más agraciada y que posee una fuerza y virtud raptora, que un alma que se hace dominar por mi Divina Voluntad; ella es la sonrisa del Cielo y de la tierra, cada acto suyo forma un éxtasis a su Creador, el Cual siente la fuerza de su Voluntad en la criatura, y dulcemente se deja raptar, y todos los bienaventurados sienten que de la tierra hay quien rapta la Voluntad del Cielo para hacerla suya y vivir en común con ellos. ¡Oh! cómo se sienten doblemente felices al ver que también en la tierra reina aquel Fiat, que mientras los beatifica y forma su suprema felicidad, reina en un punto de la tierra, obrante y triunfante. Por eso se ve en aquel punto de la tierra un pedazo de Cielo, una Voluntad Divina obrante, una sonrisa de la Patria Celestial que llama la atención de todo el Cielo sobre aquel punto, para tenerlo defendido y gozarse la sonrisa que forma la Voluntad Divina en aquella criatura, porque los santos son inseparables de todos los actos de Ella, y gozan y toman parte según sus méritos. Mucho más, porque los actos hechos en mi Divina Voluntad son tantas cadenas de amor que corren entre el Cielo y la tierra, y aman a todos sin hacer a un lado a ninguno, y como ama a todos, es la bien querida de todos. Por eso hija mía sé atenta, vuela, corre siempre en mi Querer Divino, a fin de que formes la sonrisa del Cielo sobre la tierra; es bello ver sonreír al Cielo, pero como son propiedades suyas la felicidad y la sonrisa, por eso se vuelve más bella la tierra, más atractiva, ya que no es su propiedad la celestial sonrisa que forma mi Divina Voluntad en la criatura".

29-33
Agosto 22, 1931

**Mensajeros divinos que portan la bella noticia a la Patria Celestial.
La Divina Voluntad no se contenta con palabras, quiere los hechos.**

(1) Mi abandono en el Querer Divino continúa, y trato por cuanto puedo de unir mis pequeños actos a los de la Divina Voluntad para formar uno sólo con los suyos, casi para poder decir: "Lo que haces Tú hago yo, me sumerjo en tu luz para extenderme junto Contigo, y así puedo abrazar y amar a todos con tu misma Voluntad". Pero mientras esto hacía, mi amado Jesús me ha dicho:

(2) "Hija mía, los actos hechos en mi Divina Voluntad tienen tal virtud y potencia, que se transforman en mensajeros divinos, que parten de la tierra hacia el Cielo. Y como estos mensajeros parten de dentro de mi Divina Voluntad, pero enviados por una criatura que obra y vive en Ella, llevan consigo la entrada libre en nuestra Patria Celestial, y llevan la alegre noticia que la tierra quiere el reino de nuestro Querer, ya que una pequeña exiliada vive y obra en Ella, y no hace otra cosa que servirse de aquel mismo Querer que reina en el Cielo para pedir que descienda a reinar sobre la tierra como reina en el Cielo. Estos mensajeros de luz, cuántos secretos no esconden; ya por sí misma la luz de nuestro Querer Divino es la secretaria de todas las cosas divinas y humanas, y sabe mantener el verdadero secreto, y mientras aparentemente se ve luz, dentro de esta luz esconde todos los secretos y todas las cosas, ninguno le puede huir. Esta luz contiene el gran secreto de toda la historia de la Creación, y sólo confía sus secretos a quien quiere vivir en su luz, porque la luz tiene virtud de disponer a la criatura a vivir y a comprender sus secretos divinos, y si es necesario, la dispondrá a poner la vida para hacer dar vida a sus íntimos secretos y al propósito de la Creación, que fue el que nuestra Voluntad reinara como en el Cielo así en la tierra. Por eso hija mía, si tú estás atenta a vivir siempre de mi Voluntad, Ella te confiará todos los secretos de la historia de la Creación, hará el depósito en tu alma de todas sus alegrías e íntimos dolores suyos, y como secretaria suya, con su luz vibrante transformándose en pincel, pintará en ti el sol, el cielo, las estrellas, el mar, las bellas flores, porque Ella cuando habla no se contenta con las solas palabras; a su inextinguible amor y a su luz interminable no les bastan las palabras, sino que quiere los hechos, y por eso con su virtud creadora, mientras confía sus secretos habla y forma la nueva creación en la criatura, no se contenta con decir sus secretos, sino que quiere hacer las obras que contienen sus secretos. Por eso en la criatura que vive en mi Voluntad se verán nuevos cielos, soles más brillantes que los de la misma Creación, porque tú debes saber que Ella tiene una inquietud, un deseo ardiente de querer obrar siempre, pero va buscando quién la quiere escuchar, y quién quiere recibir su virtud creadora para no exponer a la inutilidad sus obras, y para estar segura va buscando su misma Voluntad en el alma, y encontrándola encuentra sus obras garantizadas por su mismo Fiat Divino, por eso no toma en cuenta nada y hace sus obras más bellas y los prodigios más grandes. ¡Oh! potencia de mi Querer Omnipotente, si todos te conocieran te amarían y te harían reinar, y la tierra se cambiaría en Cielo".

29-34
Agosto 30, 1931

Dios quiere consigo a la criatura para darle la sorpresa de nuevos dones; el amor, el orden, la inseparabilidad de todas las cosas creadas, y cómo la criatura está vinculada con ellas.

(1) Estaba haciendo mis actos en el Querer Divino, rogándole que invistiera todo mi ser, a fin de que pudieran salir de mí latidos, respiros, palabras, plegarias, como tantos actos repetidos de Divina Voluntad. ¡Oh! cómo amaría ser un acto continuado de Ella para poder decir: "Tengo en mi poder todos tus actos, tu mismo amor, y por eso hago lo que haces, y no soy menos que Tú al amarte". Me parece que el verdadero amor no se sabe restringir, sino que se quiere extender tanto, que quiere en su poder el amor infinito, y como a la criatura no le es dado el poderlo abrazar, recurre a la Divina Voluntad para tenerlo, y sumergiéndose en Ella dice con sumo contento: "Amo con amor infinito". Pero mientras mi pequeña inteligencia se perdía en el Fiat Divino, mi siempre amable Jesús me ha dicho:

(2) "Hija mía, quien se contenta con el pequeño amor que posee la criatura, no es de la naturaleza del verdadero amor, mucho más que el pequeño amor está sujeto a acabarse, y al contentarse viene a faltar la fuente necesaria que da la vida para alimentar la llama del verdadero amor. Es por esto hija mía que la Paterna bondad al crear al hombre, le daba toda la libertad de poder venir a Nosotros cuantas veces lo quisiera, no le fue puesto ningún límite, al contrario, para estimularlo mayormente a venir frecuentemente a Nosotros, le prometíamos que cada vez que viniera le sería dada la bella sorpresa de un nuevo don. A nuestro amor inextinguible le habría sido doloroso si no tuviera siempre qué dar a sus hijos, al contrario, con ansia espera su venida para darles ahora una sorpresa, y luego otra, de dones uno más bello que el otro; nuestro amor quiere tomar un banquete junto con la criatura, y se contenta con prepararlo a sus expensas para tener ocasión de dar siempre. Hace igual que un padre que quiere la corona de sus hijos a su alrededor, no para recibir, sino para dar y preparar fiestas y banquetes para divertirse junto con sus hijos, ¿qué dolor sería para un padre amante si los hijos no acudieran, o no tuviera qué darles? Para nuestra Paterna bondad no hay peligro que no tengamos qué darles, pero sí hay peligro de que los hijos no vengan, y nuestro amor delira porque quiere dar. Y para estar más seguro de que la criatura tiene dónde poner nuestros dones, quiere encontrar en ella nuestra Divina Voluntad, la cual conservará el valor infinito de nuestros dones, y la criatura no se sentirá más pequeña en su amor, en sus oraciones, en sus actos, sino sentirá junto con nuestra Voluntad que corre en ella, una vena infinita, de modo que todo se vuelve infinito para ella: Amor, oraciones, actos y todo. Por eso sentirá en sí el contento de que no es menos que Nosotros en amarnos, porque tiene un Querer Divino en su poder y corre en sus actos".

(3) Después seguía mi giro en los actos que el Fiat Omnipotente había hecho en la Creación, para amar, honrar, y agradecer lo que había hecho en ella, y comprendía el orden, la unión, la inseparabilidad que poseen todas las cosas creadas, y esto sólo porque una Voluntad Divina las domina, así que la Creación toda se puede llamar un solo acto continuo de Voluntad Suprema, la cual siendo una la Voluntad que reina, mantiene la paz, el orden, el amor, la inseparabilidad entre todas las cosas creadas, de otra manera, si no fuera una sola voluntad la que las dominara, sino más de una, no habría verdadera unión entre ellas, por el contrario, el cielo haría guerra al sol, el sol a la tierra, la tierra al mar, y así de lo demás, imitarían a los hombres que no se hacen dominar por un solo Querer Supremo, que no hay verdadera unión entre ellos, sino uno contra el otro. Jesús mío, Amor mío, ¡oh! cómo quisiera ser un acto solo de

tu Voluntad para estar en paz con todos, y poseer la unión, la inseparabilidad del cielo, del sol, de todo, y Tú encontrarías en mí el amor que pusiste en el cielo, en el sol, en todo. Y mi dulce Jesús ha agregado:

(4) "Hija mía, todas las cosas creadas por Nosotros poseen la fuerza que une y el vínculo de la inseparabilidad; nuestro Fiat Divino, por cuanto sepa hacer cosas distintas una de la otra, de modo que una cosa creada no puede decir, yo soy como la otra, el cielo no puede decir que es sol, el sol no puede decir que es mar, sin embargo no sabe hacer cosas aisladas y separadas entre ellas; le agrada tanto la unión, que las pone en condiciones de que una no puede separarse de la otra, y mientras son distintas y cada una hace su oficio, pero en el movimiento, en el giro que hacen, es tanto el orden y la unión que tienen, que uno es el movimiento, uno es el giro incesante que hacen, pero ¿por qué mi Fiat las hace mover y girar continuamente? Para darles el curso del amor hacia Aquél que las ha creado y para hacerlas correr hacia las criaturas, para hacerlas ejercitar su oficio de llevar el amor de su Creador a aquellas por causa de las cuales fueron creadas. Ahora la criatura posee el vínculo de todas las cosas creadas y gira junto con ellas, y he aquí cómo si tú respiras, es el aire que te hace respirar, latir, circular la sangre en tus venas; ahora, el aire te da el respiro, el latido, y se lo toma para dártelo nuevamente, y mientras incesantemente da y toma tu respiro, él gira, corre junto con todas las cosas creadas, y tu respiro gira, corre junto con el aire; tu ojo con llenarse de luz corre en el sol; tus pies corren junto con la tierra. ¿Pero quieres saber quién tiene el gran bien de sentir a lo vivo la fuerza, la unión, el orden, la inseparabilidad de todas las cosas creadas, y el curso de todo su ser hacia su Creador? Quien se hace dominar y posee la Vida de mi Voluntad. Ella nada ha cambiado del cómo tuvieron principio todas las cosas, más bien es la criatura quien ha cambiado las cosas al no hacer mi Voluntad; pero para quien la hace y se hace dominar, tiene su puesto de honor como ha sido creada por Dios, y por eso la encontramos en el sol, en el cielo, en el mar, junto con la unión de todas las cosas creadas. Y ¡oh! cómo es bello encontrarla junto con todas las cosas creadas por Nosotros, porque sólo por amor suyo fueron creadas por Nosotros".

29-35
Septiembre 7, 1931

El llamado a todas las obras salidas del Fiat. La vida palpitante de la criatura en Ella. Defensas, voces parlantes, asaltantes.

(1) Mi pobre mente girando en los actos hechos por la Divina Voluntad, va encontrando todo lo que Ella ha hecho, para reconocerlos, amarlos, apreciarlos y después ofrecerlos como el más bello homenaje a la misma Divina Voluntad, como frutos dignos de sus obras. Pero mientras esto hacía, mi dulce Jesús me ha dicho:

(2) "Hija mía, cómo es agradable a mi corazón, y cómo me suena dulce al oído tu encontrar todo lo que ha hecho mi Divina Voluntad, para reconocer sus obras, amarlas, y dárnoslas como el más bello homenaje por el amor que hemos tenido por las criaturas al crear tantas cosas por amor de ellas. Tu alma con encontrarlas suena la campana como para llamar a todas las obras salidas del Fiat Divino, para decirnos: 'Cuántas cosas bellas has creado para mí, para dármelas como dones y prendas de

vuestro amor, y yo haciéndolas mías te las doy nuevamente como dones y prendas de mi amor por Vosotros'. Así que sentimos la vida palpitante de la criatura en nuestras obras, su pequeño amor correr en el nuestro, y la finalidad de la Creación realizada. Conocer nuestras obras y la finalidad por la cual fueron hechas, es el punto de apoyo de la criatura, donde encuentra una Voluntad Divina en su poder, y es nuestro pretexto para dar otras sorpresas de nuevos dones y gracias".

(3) Y yo: "Amor mío, un pensamiento me aflige, temo que me falte la continuación de mis actos en tu Divina Voluntad, e interrumpiendo el sonido de mi campana, Tú, ofendido por mí me hagas a un lado, y no me des más la gracia de hacerme vivir en tu Voluntad". Y Jesús ha agregado:

(4) "Hija mía, no temas, tú debes saber que un paso da vida al otro paso, un bien es vida y sostén del otro bien, un acto llama a vida al otro acto, y también el mal, la culpa, es vida de otros males y de otras culpas; las cosas jamás quedan aisladas, sino que tienen casi siempre su cortejo. El bien es como la semilla, que tiene la virtud generativa, con tal que se tenga la paciencia de arrojarla en el seno de la tierra, ella producirá el diez, el veinte por ciento. Así la criatura, si tiene paciencia y está atenta a encerrar en su alma la semilla del bien que ella misma ha hecho, tendrá la generación, la multiplicidad, el céntuplo de los actos buenos que ha hecho; ¡y si tú supieras qué significa hacer un acto bueno! Cada acto es una protección que adquiere y una voz que habla ante nuestro trono de quien ha hecho un bien, cada acto de más de bien, tantos defensores de más tiene la criatura en su defensa, y si las circunstancias de la vida la hacen encontrar en tales estrecheces y peligros que parece que quiera vacilar y caer, los actos buenos que ha hecho toman el aspecto de asaltantes y nos asaltan a fin de que quien nos ha amado y ha tenido un séquito de muchos actos buenos no vacile, y corren en torno a la criatura como sostenedores a fin de que no ceda en la prueba. Y supón que hubiera habido una secuela de actos hechos en nuestra Voluntad, ¡oh! entonces en cada acto hay un valor, una virtud divina que defiende a la criatura, vemos en cada acto suyo como comprometida nuestra Voluntad, por eso Nosotros mismos nos hacemos defensores y sostenedores de aquella que ha dado vida en sus actos a nuestro Fiat Divino. ¿Podemos acaso negar nada a Nosotros mismos? ¿O desconocer nuestra Voluntad obrante en la criatura? No, no, por eso no temas, más bien abandónate como pequeña recién nacida en nuestros brazos, a fin de que sientas nuestro sostén y la protección de tus mismos actos. ¿Crees tú que sea nada un bien repetido, continuado? Son propiedades divinas que se adquieren, son ejércitos que se forman, que hacen conquistar la Patria Celestial. Sucede a quien ha continuado tantos actos buenos, como a aquél que ha adquirido muchas propiedades, si éste tiene un revés, no le podrá dañar tanto, porque las muchas propiedades llenarán el vacío del revés que ha sufrido; si por el contrario, poco ha adquirido o nada tiene, basta un pequeño revés para lanzarlo sobre el empedrado de la más escuálida miseria. Igual es el hacer mucho bien, o bien, poco o nada. Por eso te repito siempre, sé atenta, séme fiel y tu vuelo en mi Voluntad sea continuo".

(5) Después de esto ha agregado:

(6) "Hija mía, tú debes saber que cuando tú te vas disponiendo a hacer tus actos en mi Divina Voluntad, Ella queda concebida en tu acto, y conforme lo haces, le das el campo para formar su Vida en el acto que haces; y no sólo esto, tus actos nuevos

sirven de alimento a aquellos ya hechos. Porque mi Divina Voluntad siendo vida, siente la necesidad, cuando ha sido encerrada en los actos de la criatura, de aire, de respiro, de latido, de alimento, he aquí la necesidad de nuevos actos, porque éstos sirven para mantener su aire divino, su respiro continuo, su latido no interrumpido y el alimento para crecer mi misma Voluntad en la criatura. Ve entonces la gran necesidad de la continuación de los actos para hacerla vivir y reinar en la criatura, de otra manera mi Querer se encontraría a disgusto sin su pleno triunfo en todos los actos de ella".

29-36
Septiembre 12, 1931

El verdadero amor forma la hoguera donde consumirse a sí mismo, para revivir a Aquél que ama. La jornada de Jesús en la Eucaristía.

(1) Mi abandono en el Querer Divino continúa, y mientras hacía mis actos pensaba entre mí: "¿Pero será cierto que mi dulce Jesús agradece la continuidad de mis pequeños actos?" Y Jesús haciéndose oír me ha dicho:
(2) "Hija mía, un amor interrumpido jamás puede ser heroico, porque con no ser continuo forma muchos vacíos en la criatura, los cuales producen debilidad, frialdad, y casi están en acto de apagar la llama encendida, y por eso le quitan la fortaleza del amor, que con su luz hace comprender a quién es que ama, y con su calor mantiene encendida la llama que produce el heroísmo del verdadero amor, tanto, que se siente feliz de dar la vida por Aquél que ama. Un amor continuo tiene virtud de generar en el alma de la criatura a Aquél que siempre ama, y esta generación viene formada en el centro de su amor continuo. Ve entonces qué significa un amor incesante: 'Formarse la hoguera dónde consumir y quemarse a sí misma para poder formar en aquella hoguera la Vida de tu amado Jesús'. Se puede decir: 'En el amor continuo consumo mi vida para hacer revivir a Aquél que incesantemente amo'. ¡Oh! si Yo no hubiera amado siempre a la criatura, y no la amara con un amor que jamás dice basta, jamás habría descendido del Cielo a la tierra para darle mi Vida, con tantas penas y heroísmo por amor suyo. Fue mi amor continuo que como dulce cadena me atrajo y me hizo hacer el acto heroico de dar mi Vida para conquistar la suya. Un amor continuo a todo puede llegar, todo puede hacer, facilita todo, y sabe convertir todo en amor. En cambio un amor interrumpido se puede llamar amor de circunstancia, amor interesado, amor vil, que puede llegar, si las circunstancias cambian, a desconocer e incluso a despreciar a Aquél que amaba. Mucho más que sólo los actos continuos forman vida en la criatura, ella, en cuanto forma su acto, surge en su mismo acto la luz, el amor, la santidad, la gracia, de acuerdo al acto que hace. Por eso un amor y un bien interrumpido no se pueden llamar, ni verdadero amor, ni verdadera vida, ni verdadero bien".
(3) Después ha agregado con un acento más tierno:
(4) "Hija mía, si quieres que tu Jesús cumpla en ti sus amorosos designios, haz que tu amor y tus actos sean continuos en mi Querer, porque Él cuando encuentra la continuidad encuentra su modo de actuar divino, y queda comprometido en el acto perenne de la criatura, y apremiado a hacer lo que ha establecido para ella,

encontrando en virtud de sus actos incesantes el espacio, los preparativos necesarios y la misma vida donde poder formar sus admirables designios, y cumplir sus obras más bellas. Mucho más que cada acto hecho en mi Voluntad es una unión de más que viene formada entre la Voluntad Divina y humana, es un paso de más que hace en el mar del Fiat, es un derecho mayor que el alma conquista".

(5) Después de esto seguía rogando ante el Tabernáculo de amor, y en mi interior decía para mí: "¿Qué haces Amor mío en esta prisión de amor?" Y Jesús todo bondad me ha dicho:

(6) "Hija mía, ¿quieres saber qué hago? Hago mi jornada, tú debes saber que toda mi Vida pasada acá abajo la encierro dentro de un día. Comienza mi jornada al concebir y nacer, los velos de los accidentes sacramentales me sirven de fajas para mi infancia, y cuando por la ingratitud humana me dejan solo y buscan ofenderme, hago mi exilio, dejándome sólo la compañía de alguna alma amante, que como segunda madre no se sabe separar de Mí, y me hace fiel compañía. Del exilio paso a Nazaret, haciendo mi Vida oculta en compañía de aquellos pocos buenos que me rodean. Y siguiendo mi jornada, en cuanto las criaturas se acercan a recibirme hago mi vida pública, repitiendo mis escenas evangélicas, dando a cada uno mis enseñanzas, las ayudas, los consuelos que le son necesarios, hago de Padre, de Maestro, de Médico, y si se necesita también de Juez; por tanto paso mi jornada esperando a todos y haciendo bien a todos. Y ¡oh! cuántas veces me toca quedarme solo, sin un corazón que palpite cerca de Mí, siento un desierto a mi alrededor y quedo solo, solo a orar, siento la soledad de mis días que pasé en el desierto acá abajo, y ¡oh! ¡cómo me es doloroso! Yo que soy para todos latido en cada corazón, que celoso estoy en guardia de todos, sentirme aislado y abandonado. Pero mi jornada no termina sólo con el abandono, no hay día que almas ingratas no me ofendan y me reciban sacrílegamente, y me hacen terminar mi jornada con mi Pasión y con mi muerte de cruz. ¡Ah! la muerte más despiadada que recibo en este Sacramento de amor es el sacrilegio. Así que en este Tabernáculo hago mi jornada al cumplir todo lo que hice en los treinta y tres años de mi Vida mortal. Y así como todo lo que Yo hice y hago, el primer objetivo, el primer acto de vida es la Voluntad de mi Padre, que se haga como en el Cielo así en la tierra, así en esta pequeña Hostia no hago otra cosa que implorar que una sea mi Voluntad con mis hijos; y te llamo a ti en esta Divina Voluntad en la cual encuentras toda mi Vida en acto, y tú siguiéndola, rumiándola y ofreciéndola, te unes Conmigo en mi jornada Eucarística para obtener que mi Voluntad se conozca y reine sobre la tierra. Y así también tú podrás decir: Hago mi jornada junto con Jesús".

29-37
Septiembre 16, 1931

Admirables efectos de la luz de la Divina Voluntad. Cómo el Cielo se abre sobre las almas actuantes. Cómo nuestros actos son como tantos soplos que hacen madurar el bien.

(1) Mi pobre mente parece que no sabe hacer otra cosa que perderse en el Fiat Divino, y ¡oh! cómo me resulta doloroso, cuando aun por breves instantes estoy

afligida por cualquier sombra o pensamiento que no sea todo Voluntad de Dios; ¡oh! entonces me siento interrumpir mi felicidad, interrumpir la corriente de la luz, de la paz. ¡Pobre de mí! Siento el peso de mi infeliz voluntad. Por el contrario, si nada que no sea Voluntad de Dios entra en mí, me siento feliz, vivo en la inmensidad de su luz, es más, no sé ni siquiera ver dónde debe terminar esta luz, la cual forma en mí la celestial morada de la paz perenne. ¡Oh! potencia del Querer Supremo, Tú que sabes cambiar lo humano en divino, lo feo en bello, las penas en alegrías, aun cuando quedaran penas, no me dejes un instante, tus brazos de luz me tengan tan estrechada, que todas las otras cosas, ahuyentadas por tu luz, no osen molestarme e interrumpir mi felicidad. Pero mientras esto pensaba, mi dulce Jesús, como si quisiera aprobar y confirmar lo que yo pensaba me ha dicho:

(2) "Hija mía, cómo es bella mi Divina Voluntad ¿no es cierto? ¡Ah! es Ella sola la portadora de la verdadera felicidad, y de la más grande fortuna a la pobre criatura, la cual con hacer su voluntad no hace otra cosa que interrumpir su felicidad, interrumpir la corriente de la luz, y cambiar su fortuna en la más grande desventura; y conforme la criatura se dispone a hacer mi Voluntad, así la va rehabilitando en los bienes perdidos, porque la sustancia de mi Divina Voluntad es luz, y todo lo que obra se puede llamar efectos de esta luz. Así que quien se hace dominar por Ella, uno será el acto, pero como posee sustancia de luz, sentirá sus tantos efectos, que producirá como efecto de su luz las obras, los pasos, la palabra, los pensamientos, los latidos de mi Voluntad en la criatura; por eso puede decir: 'Soy un acto solo de Voluntad Suprema, todo el resto no es otra cosa que los efectos de su luz'. Los efectos de esta luz son admirables, toman todas las similitudes, todas las formas: De obras, de pasos, de palabras, de penas, de plegarias, de lágrimas, pero todas animadas por la luz, que forman tal variedad de bellezas, que tu Jesús queda raptado por ellas. Semejanza del sol que anima todo con su luz, pero no destruye ni cambia las cosas, sino pone en ellas de lo suyo y comunica la variedad de los colores, la diversidad de las dulzuras, haciéndolas conquistar una virtud y belleza que no poseían. Tal es mi Divina Voluntad, sin destruir nada de lo que hace la criatura, sino que las anima con su luz, las embellece y les comunica su potencia divina".

(3) Después de esto continuaba mi abandono en el Fiat Divino siguiendo sus actos, y mi amado Jesús ha agregado:

(4) "Hija mía, cada bien sale de Dios madurado, y esta maduración se forma entre Dios y el alma. Mira, con hacer tus actos te expones a los rayos del Sol Divino, y conforme recibes el calor y la luz, tus actos no permanecen áridos, insípidos, sino madurados, y tú junto con ellos quedas madurada en el amor, en los conocimientos divinos, en todo lo que haces. Y Yo viéndote madurada en aquellos actos, preparo en Mí otro amor para darte, y otras verdades para decirte, y como de todo lo que sale de Mí nada es estéril, sino que todo es fecundo y bien madurado en la viva llama de mi amor, tú recibes la virtud de formar en ti nuevas maduraciones. Por eso muchas veces estoy esperando el cumplimiento de tus actos para darte la sorpresa de hacerte conocer otras verdades; éstas, como tantos soplos de luz y de calor acaban de madurar en tu alma los bienes y las verdades que tu Jesús te ha comunicado. Ve entonces la necesidad de tus actos para disponerte a recibir otros conocimientos sobre mi Fiat Divino, es para hacerme encontrar en ti la continuación de tus actos para volverlos maduros, de otra manera, ¿qué cosa podrías hacer? Quedarías como

sol que mientras recorre la tierra no encuentra ni una flor que colorear, ni un fruto que madurar, así que todos los admirables efectos que contiene el sol quedarían en su luz, y la tierra nada recibiría. Por eso el Cielo se abre sobre las almas obrantes, la fuerza milagrosa de la luz de mi Querer Divino, no sobre las almas ociosas, sino sobre aquellas que trabajan, que se sacrifican, que aman, que tienen siempre que hacer alguna cosa por Mí. Es más, tú debes saber que las bienaventuranzas del Cielo se derraman sobre la tierra y van a depositarse en el alma que vive y obra en mi Voluntad, porque no quieren dejarla privada de las alegrías y felicidad celestiales, mientras forma una sola Voluntad con el Cielo; los bienaventurados, mientras nadan en las alegrías divinas nada adquieren de mérito, en cambio para el alma viadora no sólo la felicitan, sino agregan el mérito, porque para quien hace mi Voluntad en la tierra, todo es meritorio, la palabra, la oración, el respiro y las mismas alegrías se convierten en mérito y en nuevas adquisiciones".

29-38
Septiembre 21, 1931

Cómo la Divina Voluntad forma el día en el acto de la criatura, y cómo con hacer su voluntad se forma el camino para salir; los pasos dolorosos, la noche de las vigilias.

(1) Estaba siguiendo mis actos en el Querer Divino y rogaba a mi sumo Bien Jesús que hiciera surgir en cada acto mío el Sol de la Divina Voluntad, a fin de que pudiera darle en cada acto mío el amor, el homenaje, la gloria, como si le formara en cada acto mío un día de luz divina, de amor, de adoración profunda, comunicado a mí, en mi acto, por su misma Voluntad. ¡Oh! cómo quisiera decir en cada acto mío, grande o pequeño: "Hago un día a Jesús para amarlo más". Pero mientras esto pensaba, mi amado Jesús me ha dicho al repetir su acostumbrada visita a mi alma:
(2) "Hija mía, mi Divina Voluntad es el verdadero día para la criatura, pero para formar este día quiere ser llamada en el acto de ella, porque en cuanto es llamada se encierra en el acto para hacer surgir su día divino, tiene virtud de cambiar el acto, la palabra, el paso, las alegrías y las penas, en días esplendidísimos y encantadores. Así que mi Voluntad está esperando, en cuanto la criatura surge de su reposo nocturno, para ser llamada a formar su jornada de acción en ella, y como es luz purísima no se adapta a trabajar en el acto oscuro de la voluntad humana, sino que con su luz cambia el acto en día, y forma en él su espléndida jornada llena de acciones heroicas y divinas, con tal orden y belleza, digna sólo de su virtud vivificadora y operadora. Se puede decir que está esperando detrás de las puertas del acto de la criatura, así como el sol detrás de las ventanas de las habitaciones, en que a pesar de que afuera hay mucha luz, las habitaciones están a oscuras, porque todavía no se abren las puertas; así mi Divina Voluntad, a pesar de que es luz que todo llena, el acto humano esta siempre oscuro si no se le llama a surgir en él. Por eso llámala a surgir en cada acto tuyo si quieres que forme en ti su bella jornada, y Yo pueda encontrar en ti y en cada acto tuyo mis días de amor que me circunden de alegría y de delicias, que me harán repetir: 'Mis delicias son el estarme con los hijos de mi Divina Voluntad'. Pasaré en ti mis días feliz, no en la infeliz noche de tu

voluntad humana, sino en la plena estancia de mi luz y de la paz perenne de mi Patria Celestial. ¡Ah! sí, repetiré: 'Soy feliz en esta criatura, en ella oigo el eco de mi jornada pasada acá abajo sobre la tierra, y el eco de mi jornada que hago en mi prisión en el Sacramento de amor, jornada toda llena de mi Divina Voluntad'. Así que si quieres hacerme feliz, haz que encuentre en ti la virtud obrante de mi Divina Voluntad, que me sabe formar mis bellos días de luz fulgidísima, todos empapados de alegrías inefables y de felicidad celestial.

(3) Mucho más que la criatura desde el principio de su creación fue puesta por Dios en el día feliz y pacífico de nuestra Voluntad Divina, dentro y fuera de ella todo era luz, mejor dicho pleno medio día, dentro de su corazón, ante sus ojos, sobre su cabeza, y hasta bajo de sus pasos veía y sentía la Vida palpitante de mi Santo Querer, el cual, mientras la tenía inmersa en la plenitud de la luz y de la felicidad, le cerraba todos los caminos y los pasos de la infelicidad humana. Y la criatura con hacer su voluntad humana se formó las salidas, los caminos infelices, los pasos dolorosos, las densas oscuridades, en las cuales ella misma se formaba la infelicidad, las torturas, el dolor, la noche oprimente, no de reposo, sino de desvelos, de pasiones, de agitaciones y de tormentos, y esto en mi misma Voluntad Divina, y esto porque habiendo sido creada la criatura sólo por Ella y para vivir de Ella y en Ella, no hay lugar para la criatura, ni en la tierra ni en el Cielo, ni en el mismo infierno, fuera de mi Fiat Divino. Entonces quien trata de vivir en mi Voluntad Divina cierra estas salidas, cada acto suyo en Ella suprime los caminos infelices que se ha formado, hace desaparecer los pasos dolorosos, sofoca la noche, surge el reposo y pone término a todos sus males. Es más, mi mismo Querer en cuanto ve que quiere vivir en Él, la acaricia, la pone en fiesta y le ayuda a suprimir las salidas, cierra las puertas a sus males, porque no queremos, ni amamos a la criatura infeliz, esto nos deshonra y forma nuestro dolor y el suyo, por eso la queremos ver feliz y de nuestra misma felicidad. ¡Oh! cómo es doloroso para nuestro corazón paterno poseer inmensas riquezas, alegrías infinitas, y ver a nuestros hijos en nuestra misma casa, esto es, en nuestra misma Voluntad, pobres, en ayunas, e infelices".

29-39
Septiembre 29, 1931

Crecimiento de la criatura ante la Majestad Divina. El vivir en la Divina Voluntad es don que Dios hará a la criatura.

(1) Estaba haciendo mi giro en la Divina Voluntad para seguir sus tantos actos hechos por amor nuestro, y habiendo llegado al Edén me he detenido en el acto en que Dios creaba al hombre; ¡qué momentos solemnes! ¡Qué arrebato de amor! Así que aquel acto se puede llamar un acto purísimo, completo, sustancioso, jamás interrumpido de amor divino. El hombre fue formado, tuvo principio, nació, en el amor de su Creador, por eso era justo que debía crecer como fundido y recibiendo el aliento, como una llama, del soplo de quien tanto lo amaba. Pero mientras esto pensaba, mi dulcísimo Jesús visitando mi pequeña alma me ha dicho:

(2) "Hija mía, la Creación del hombre no fue otra cosa que un desahogo de nuestro amor, pero tanto, que no lo pudo recibir todo dentro de sí, no teniendo capacidad de

poder encerrar en su interior un acto de Aquél que lo sacaba a la luz. Por lo tanto nuestro acto permanecía dentro y fuera de él, a fin de que le pudiera servir de alimento para poder crecer ante Aquél que con tanto amor lo había creado, y que tanto lo amaba. Y como no fue sólo nuestro amor que desahogó al crear al hombre, sino todas nuestras cualidades divinas, por eso desahogó la potencia, la bondad, la sabiduría, la belleza, y así de lo demás, por eso nuestro amor no se contentó con amarlo, sino desahogando todas nuestras cualidades divinas, quedaba la mesa siempre preparada y a disposición del hombre, para que cada vez que lo quisiera pudiera venir a sentarse a esta mesa celestial para alimentarse de nuestra bondad, potencia, belleza, amor y sabiduría, y así crecer ante Nosotros con nuestras mismas cualidades divinas, con el modelo de nuestra semejanza, y cada vez que venía a nuestra presencia para tomar los sorbos de nuestras cualidades divinas, Nosotros debíamos arrullarlo sobre nuestras rodillas para hacerlo tomar reposo y hacerle digerir lo que había tomado, a fin de que pudiera alimentarse de nuevo de nuestros desahogos divinos para formar su crecimiento completo de bondad, de potencia, de santidad, de belleza, como nuestro amor lo deseaba y nuestro Querer lo quería. Nosotros cuando hacemos una obra, es tanto nuestro amor que todo damos y preparamos, a fin de que nada falte a nuestra obra creadora; hacemos obras completas, jamás a medias, y si alguna cosa parece que falta, es la parte de la criatura que no toma todo lo que Nosotros hemos puesto fuera para su bien y para gloria nuestra".

(3) Después continuaba pensando en la Divina Voluntad, y mi amado Jesús ha agregado:

(4) "Hija mía, el vivir en mi Voluntad es un don que hacemos a la criatura, don grande que supera en valor, en santidad, en belleza y en felicidad todos los otros dones, en modo infinito e inenarrable. Cuando hacemos este don tan grande, no hacemos otra cosa que abrir las puertas para hacerla poseedora de nuestras posesiones divinas, lugar donde no tienen más vida las pasiones, los peligros, ni ningún enemigo la puede dañar o hacerle algún mal; este don confirma a la criatura en el bien, en el amor, en la misma Vida de su Creador, y el Creador queda confirmado en la criatura, por tanto se da la inseparabilidad entre uno y el otro; con este don la criatura sentirá cambiada su suerte: De pobre, rica; de enferma, perfectamente curada; de infeliz, sentirá que todas las cosas se cambian para ella en felicidad. Hay gran diferencia entre vivir en nuestra Voluntad como don, y entre hacerla, lo primero es premio y nuestra decisión de vencer a la criatura, y con una fuerza invencible e irresistible llenar la voluntad humana con la nuestra en modo sensible, de modo que tocará con la mano y con claridad el gran bien que le viene, y que sólo un loco podría huir de tanto bien, porque mientras el alma es viadora, no se cierran las puertas detrás del don, sino que quedan abiertas para que libremente, no forzada, pueda vivir en nuestro don; mucho más que este don no lo hará nuestra Voluntad por necesidad, sino porque la ama y es toda suya. En cambio el hacer nuestra Voluntad no es premio, sino deber y necesidad, porque quiera o no quiera debe someterse, y las cosas que se hacen por deber y por necesidad, si se pueden rehuir se rehuyen, porque en ellas no entra el amor espontáneo que hace amar y reconocer nuestra Voluntad como digna de ser amada y conocida, la necesidad esconde el bien que contiene, y hace sentir el peso del sacrificio y del deber. En cambio el vivir en nuestro

Querer no es sacrificio sino conquista, no es deber sino amor, siente en nuestro don a sí misma perdida en Él, y lo ama no sólo como Voluntad nuestra, sino también porque es exclusivamente suya, y no dándole el primer lugar, el régimen, el dominio, no se amaría a sí misma.

(5) Ahora hija mía, es esto lo que queremos dar a las criaturas, nuestra Voluntad como don, porque mirándola y poseyéndola como cosa propia, resultará fácil el hacerla formar su reino. Este don fue dado al hombre en el Edén, e ingrato nos lo rechazó, pero Nosotros no cambiamos Voluntad, lo teníamos en reserva, y lo que uno nos rechaza, con gracias más sorprendentes lo tenemos preparado para darlo a los otros, no nos preocupa el tiempo, porque los siglos para Nosotros son como un solo punto. Sin embargo se necesitan grandes preparaciones por parte de las criaturas, conocer el gran bien del don para suspirarlo, pero tiempo vendrá en que nuestra Voluntad será poseída como don por la criatura".

29-40
Octubre 4, 1931

Las dudas, los temores, son heridas al amor. La Divina Voluntad es un solo acto. La más grande de las maravillas. La noche y el día del alma.

(1) Me sentía oprimida por las privaciones de mi dulce Jesús, que clavo desgarrante que ninguno puede quitar ni endulzar para dar un pequeño alivio a tanto martirio. Sólo su regreso, su amable presencia puede destruir como por encanto el clavo y el dolor, y hace surgir las alegrías más puras que sólo Jesús sabe dar con su amable presencia. Entonces no hacía otra cosa que abandonarme en los brazos de la Divina Voluntad, rogándole que me develara a Aquél que tanto suspiraba; y mientras esto hacía, mi amable Jesús como relámpago ha alumbrado mi pobre alma y me ha dicho:

(2) "Hija buena, ánimo, tú te oprimes demasiado, y tu opresión te reduce a los extremos y te hace surgir la triste duda de que tu Jesús no te ama, y que tal vez no vendrá más a ti. No, no, no quiero esa duda; las opresiones, las dudas, los temores, son heridas a mi amor y debilitan tu amor por Mí, quitándote el arrojo y el vuelo de correr siempre hacia Mí para amarme, e interrumpida la corriente continua de amor hacia Mí, tú quedas como una pobre enferma, y Yo no encuentro más el imán potente de tu amor continuo que me atrae a ti. Ahora, tú debes saber que todos los actos de mi Divina Voluntad, que son innumerables, se reducen todos a un punto y a un acto solo, y esta es la más grande maravilla de nuestro Ser Supremo, formar, poseer, ver todos los actos posibles e imaginables en un solo acto. Así todos los actos hechos por la criatura en nuestra Voluntad se reducen a un acto solo; ahora, para tener virtud de encerrar todos los actos en un solo acto, debe formar y poseer en sí el amor continuo, mi Voluntad perenne, la cual dará principio y hará partir todos los actos desde dentro de la virtud de un solo acto. Mira entonces, todo lo que has hecho en mi Voluntad se ha unificado junto en un acto solo, y forman tu cortejo, tu sostén, tu fuerza, tu luz que jamás se apaga, y te aman tanto, que haciéndose brazos te custodian como la amada predilecta de mi Fiat, porque en Él han sido formadas y han

recibido la vida; por eso no te oprimas, goza los frutos de mi Querer, y si vez que tardo en venir, espérame con amor paciente, y cuando menos lo pienses Yo te sorprenderé y haré mi acostumbrada visita, y seré feliz de encontrarte en mi misma Voluntad siempre en acto de amarme".

(3) Después de esto ha agregado:

(4) "Hija mía, nuestro Ser Divino es grande, inmenso, potente, etc., esto no despierta tanta maravilla porque todas estas nuestras cualidades divinas son en naturaleza, las cuales forman todo el conjunto de nuestro Ser Supremo. Así que en naturaleza somos inmensos en la potencia, inmensos en el amor, en la belleza, en la sabiduría, en la misericordia, y así de lo demás, y como somos inmensos en todas las cosas, todo lo que sale de Nosotros queda en las redes de nuestras inmensas cualidades divinas. Ahora, lo que despierta la más grande admiración, es ver al alma que vive en nuestra Divina Voluntad, la cual encierra en su pequeño acto el acto poderoso e inmenso de su Creador, ver como ordenados en los pequeños actos del ser finito el amor inmenso, la sabiduría inmensa, la belleza infinita, la misericordia sin límites, la santidad interminable de Aquél que la ha creado. Lo pequeño encerrar a lo grande es más maravilloso que lo grande que encierra a lo pequeño; a nuestra grandeza le es fácil abrazar todo, encerrar a todos, no se requiere arte ni ingenio, porque de nuestra inmensidad ninguno puede huir, pero que lo pequeño encierre a lo grande, se requiere un arte especial, un ingenio divino que sólo nuestra potencia y nuestro grande amor puede formar en la criatura; si no ponemos de lo nuestro, por sí sola no podría hacerlo, por eso el vivir en nuestro Fiat Divino es la maravilla de las maravillas, es el más grande de los prodigios; el alma se hace tan hermosa, que es un encanto verla, se puede decir que en cada pequeño acto suyo concurre un milagro nuestro, de otra manera no podría ser que lo pequeño encierre a lo grande, y nuestra bondad es tanta, que toma sumo placer y espera con tanto amor que la criatura le dé la ocasión de hacerle hacer este arte divino de milagros continuos. Por eso el vivir en nuestro Querer te debe importar más que todo, así estarás tú más contenta, y Nosotros más contentos de ti, y serás en nuestras manos creadoras nuestro campo de acción y nuestro trabajo continuo. Si supieras cuánto nos agrada nuestro trabajo en las almas que viven en nuestro Querer, estarías más atenta a no salir jamás de Él".

(5) Después seguía mi abando en el Fiat, pero acompañada de una tristeza por tantas cosas que afligen y que se acumulan en mi pobre mente, pero no es necesario poner sobre el papel ciertos secretos íntimos, es justo que los sepa sólo, sólo Jesús; y mi amado Jesús ha repetido con un acento ternísimo:

(6) "Hija mía, tú debes saber que así como la naturaleza tiene la noche y el día, así el alma tiene su noche, la aurora, el despuntar del día, el pleno mediodía, y su ocaso. La noche llama al día, y el día a la noche, se puede decir que se llaman recíprocamente. Ahora, la noche del alma son mis privaciones, pero para quien vive en mi Voluntad son noches preciosas, no de reposo perezoso, de sueño inquieto, no, no, sino noches de reposo activo, de sueño pacífico, porque en cuanto ve que se hace de noche se abandona en mis brazos para apoyar su cabeza cansada sobre mi corazón divino y sentir en él mis latidos para tomar en su sueño nuevo amor y decirme durmiendo: 'Te amo, te amo, ¡oh! mi Jesús'. El sueño de quien me ama y que vive en mi Voluntad, es como el sueño de la pequeña que en cuanto siente que sus ojos se cierran por el sueño, llama medio dormida: Mamá, mamá, porque quiere

sus brazos y su seno materno para dormir, y en cuanto se despierta la pequeña, la primera palabra es mamá, la primera sonrisa, la primera mirada es para la mamá. Tal es el alma que vive en mi Querer, es la pequeña niña que en cuanto llega la noche busca a Aquél que ama, para tomar nueva fuerza y nuevo amor para amarme más, y ¡oh! cómo es bello verla en el sueño pedir, desear, suspirar Jesús; este pedir, desear y suspirar, llaman al alba, forman la aurora y hacen despuntar el pleno día, el cual llama al Sol, y Yo surjo y formo el curso del día y su pleno mediodía. Pero tú sabes hija mía, que aquí sobre la tierra las cosas se alternan, sólo en el Cielo es siempre pleno día, porque mi presencia es perenne en medio a los bienaventurados. Por eso cuando ves que estoy por dejarte, ¿sabes donde me quedo? Dentro de ti, después instruyo tu alma dándote mis lecciones ante la luz de mi presencia para que las comprendas bien y te sirvan de alimento y de trabajo durante el día, luego Yo me retiro y formo el ocaso, y escondido en ti en la breve noche, me hago actor y espectador de todos tus actos, y mientras para ti parece noche, para Mí es el más bello reposo, porque después de haberte hablado tomo reposo en mi misma palabra, y los actos que tú haces me sirven de arrullo, de alivio, de defensa y de dulce refrigerio a mis espasmos de amor. Por eso déjame hacer, Yo sé cuando es necesaria la noche o el día para ti y para Mí en tu alma; lo que quiero es la paz perenne en ti, a fin de que pueda cumplir lo que quiero, si tú no estás en paz me siento molestado en mi trabajo, y con dificultad, no con facilidad, voy cumpliendo mis designios".

29-41
Octubre 8, 1931

La Divina Voluntad depositaria de todos los actos de todos los santos. Cómo Dios y la criatura se dan la mano. Cuáles son los actos extraviados de la finalidad de nuestro Creador.

(1) Mi pobre mente gira en torno al Sol del Fiat Supremo, y lo encuentro circundado por todas las obras, sacrificios penas, heroísmos, que han hecho todos los santos antiguos y nuevos, los de la Reina del Cielo, como también lo que ha hecho por amor nuestro el bendito Jesús. El Querer Divino todo conserva, habiendo sido Él el primer actor de todos los actos buenos de las criaturas, celosamente los custodia, los tiene en depósito en Sí mismo, y se sirve de Dios, siendo Ella también mía, todo era mío, y girando en cada acto los ofrecía como míos para glorificar mayormente al Eterno Querer, y para rogar que venga su reino sobre la tierra. Pero mientras esto hacía, mi siempre amable Jesús sorprendiéndome me ha dicho:
(2) "Hija mía, escucha los admirables secretos de mi Querer, si la criatura quiere encontrar todo lo que ha sido hecho de bello, de bueno, de santo, en toda la historia del mundo, por Mí, por la Mamá Celestial, y por todos los santos, debe entrar en la Divina Voluntad; en Ella todo se encuentra en acto. Conforme tú ponías atención a cada acto, lo recordabas, lo ofrecías, así el santo que había hecho aquel acto, aquel

sacrificio, se sentía llamar por el alma viadora y veía su acto de nuevo palpitante sobre la tierra, y por lo tanto duplicada la gloria a su Creador y al él mismo, y tú que lo ofrecías, cubierta por el rocío celestial del bien de qel acto santo, y según el propósito noble y alto con que es ofrecido, así más intensa y grande es la gloria y el bien que produce. ¡Cuántas riquezas posee mi Voluntad1! Están todos mis actos, los de la Reina Soberana, que están todos en espera de ser llamados, recordados, ofrecidos por la criatura para duplicar el bien a favor de las criaturas y para darnos doble gloria, quieren ser recordados, llamados, para palpitar como nueva vida en medio a las criaturas, pero por falta de atención hay quién muera, quién se fatiga por debilidad, quién tiemble por el frío, quién no tiene con qué alimentarse. Nuestros bienes, actos y sacrificios, no se dan si no son llamados, porque con recordamos y ofrecerlos se disponen a reconocerlos y a recibir el bien que nuestros actos contienen. Además, no hay honor más grande que puede dar a todo el Cielo, que ofrecer los actos que hicieron en la tierra, por la finalidad noble, altísima y sublime de que venga el reino de la Divina Voluntad sobre la tierra".

(3) Después continuaba pensando en el Querer Divino, y mi amado Jesús ha agregado:

(4) "Hija mía, un acto, una oración, un pensamiento, un afecto, una palabra, para ser aceptos, perfectos, ordenados, completos, deben elevarse a la misma finalidad querida por Dios mismo. Porque conforme la criatura en su acto se eleva a la finalidad querida por el Ente Supremo, abraza el principio y toma en su acto la finalidad con que Dios la ha creado, Dios y la criatura se dan la mano y quieren y hacen la misma cosa; con hacer esto entra en el acto de la criatura el orden divino, el acto divino, y la misma finalidad con la cual Dios quiere que se haga aquel acto. Entonces, entrando la finalidad divina, el acto por sí mismo se vuelve completo, santo, perfecto y todo ordenado. Tal como es el autor de la finalidad de aquel acto, tal se vuelve el acto; en cambio si la criatura no se eleva a la finalidad querida por Dios en su acto, desciende el principio de su creación y no sentirá la vida del acto divino en el suyo, quizá hará muchos actos, pero incompletos, imperfectos, desordenados; serán como actos extraviados de la finalidad de su Creador. Por eso la cosa que más nos agrada es ver nuestra finalidad en el acto de la criatura; se puede decir que ella continúa nuestra Vida sobre la tierra y nuestra Voluntad obrante en su actos, palabras, y en todo".

29-42
Octubre 12, 1931

Aliento incesante de Dios. Vida Divina y acto completo de Dios en la criatura. Las copias, el pueblo, los príncipes, la corte noble, y el ejército real del reino celestial.

(1) Siento la fuerza omnipotente del Fiat Divino que toda me inviste, me absorbe y me transforma en su luz; esta luz es amor y hace palpitar en mí la Vida de mi Creador, esta luz es palabra y me da las más bellas noticias del principio de mi

existencia, las relaciones, los vínculos de unión, la virtud comunicante, la inseparabilidad que existe hasta ahora entre Dios y yo; pero ¿quién mantiene todo esto en pleno vigor sino el Querer Divino? ¡Oh! potencia del Fiat Supremo, postrada en la inmensidad de tu luz yo te adoro profundamente, y mi pequeña nada amándote se pierde en Ti. Pero mientras esto pensaba, mi dulce Jesús me ha dicho:

(2) "Mi buena hija, sólo mi Querer mantiene y conserva intacto, con un acto continuo, el principio de la creación de la criatura. Nuestro Ente Supremo daba el principio y animaba su vida con la potencia de nuestro aliento divino, este aliento no debía jamás ser interrumpido, mucho más que cuando Nosotros damos y hacemos un acto no lo retiramos jamás, y esto sirve para formar obras completas del ser que sacamos a la luz. Este nuestro primer acto, mientras sirve para dar principio y formar la vida, la continuación sirve para hacer de la criatura un acto nuestro completo, y conforme le damos el aliento así formamos en ella nuestros actos continuos para completar nuestra Vida Divina. Nuestro aliento, en cuanto lo damos, forma paso a paso el crecimiento de esta Vida nuestra en la criatura; nuestro aliento, en cuanto se da, así forma nuestro acto completo de santidad, de belleza, de amor, de bondad, y así de lo demás, y cuando la hemos llenado tanto, de modo que no tenemos más dónde poner del acto nuestro en la criatura, porque ella es limitada, nuestro aliento cesa y termina su vida en la tierra, y para eternizar nuestro aliento en el Cielo, transportamos nuestra Vida formada en ella, nuestro acto completo, a nuestra patria celestial como triunfo de nuestra Creación. No hay cosas más bellas que estas vidas y actos completos nuestros en la celestial morada, ellas son las narradoras de nuestra potencia, del ímpetu de nuestro amor, son voces que hablan de nuestro aliento omnipotente, que era el único que podía formar la Vida Divina, nuestro acto completo en la criatura. ¿Pero sabes tú dónde podemos formar esta Vida y este nuestro acto completo, por cuanto a criatura es posible e imaginable de recibir de su Creador? ¡Ah! sólo en el alma que vive en nuestra Divina Voluntad y se hace dominar por Ella, sólo en ella podemos formar la Vida Divina y desarrollar nuestro acto completo; nuestro Querer dispone a la criatura a recibir todas las cualidades y colores divinos, y nuestro aliento jamás interrumpido, como pincel expertísimo pinta con maestría admirable e inimitable los más bellos matices y forma las copias de nuestro Ser Supremo; si no fuera por estas copias no habría sido una gran cosa la obra de la Creación, ni una gran obra de la potencia de nuestras manos creadoras; crear el sol, el cielo, las estrellas y todo el universo habría sido una bella nada para nuestra potencia, por el contrario, toda nuestra potencia, el arte de nuestras artes divinas, el indescriptible exceso de nuestro intenso amor, es hacer nuestro acto completo en la criatura, con formar nuestra Vida en ella, y es tanta nuestra complacencia, que Nosotros mismos quedamos raptados en nuestro acto que desarrollamos. Para Nosotros hacer un acto completo es la gloria más grande, que más nos glorifica; es el amor más intenso, que más nos ensalza; es la potencia que nos alaba continuamente. Pero ¡ay de Mí! Para quien no vive en nuestro Querer, cuántos actos nuestros interrumpidos, sin cumplimiento, cuántas Vidas Divinas nuestras apenas concebidas, o a lo más nacidas, sin crecer. Interrumpen la continuación de nuestro trabajo y nos atan los brazos sin poder seguir adelante, nos

ponen en la impotencia de un señor que tiene su terreno y le es impedido por sus siervos ingratos hacer el trabajo que se requiere en su terreno, de sembrarlo, de sembrar las plantas que quiere, pobre señor, tener el terreno estéril sin el fruto que podría recibir, por causa de sus siervos inicuos. Nuestro terreno son las criaturas, y el siervo ingrato es el querer humano, que oponiéndose al nuestro nos pone en la impotencia de formar nuestra Vida Divina en ellas. Ahora tú debes saber que en el Cielo no se entra si no se posee nuestra Vida Divina, o al menos concebida o nacida, y tal será la gloria, la bienaventuranza del bienaventurado, por cuanto crecimiento ha formado de nuestra Vida en él. Ahora, ¿cuál será la diferencia de quien apenas ha sido concebida, nacida, o crecida en pequeñas proporciones, con quien nos ha hecho formar Vida completa? Será tanta la diferencia que se vuelve incomprensible a la criatura humana. Aquellos serán como el pueblo del reino celestial, en cambio nuestras copias serán como príncipes, ministros, la corte noble, el ejército real del gran Rey. Por eso quien hace mi Divina Voluntad y vive en
Ella, puede decir: Hago todo y pertenezco aun desde esta tierra a la familia de mi Padre Celestial".

+ + + +

29-43
Octubre 20, 1931

Encuentro de pasos entre Dios y la criatura. Dios ha formado a la criatura como centro de la Creación.

(1) Mi pequeña existencia gira siempre en el Santo Querer Divino, siento que me atrae siempre más a Sí, y cada palabra suya, luz o conocimiento de Él es una nueva Vida que me infunde, una alegría insólita que siento, y una felicidad sin fin, que no pudiendo contener más porque soy muy pequeña, me siento como si me quisiera estallar el corazón de alegría y de felicidad divina. ¡Oh! Voluntad Divina, hazte conocer, poseer y amar, para que todos sean felices, pero de felicidad celestial, no terrenal. Mientras esto pensaba, mi dulce Jesús haciéndome su pequeña visita me ha dicho:

(2) "Hija mía, por cada acto que haces en mi Divina Voluntad, tantos pasos das hacia Dios, y Dios hace sus pasos hacia ti. El paso de la criatura es la llamada que mueve el paso divino para irle al encuentro, y como no nos dejamos jamás vencer ni superar por sus actos, si ella da un paso, Nosotros damos cinco, diez, porque nuestro amor siendo más grande que el suyo, acelera, multiplica los pasos para hacer más rápido el encuentro y sumergirse el uno en el otro. Es más, muchas veces somos Nosotros que movemos el paso para llamar al paso de la criatura para venir a Nosotros; queremos a nuestra criatura, queremos darle cualquier cosa de lo nuestro, queremos que nos asemeje, queremos hacerla feliz, y por eso hacemos

sonar el paso para llamarla, y quien está en nuestra Voluntad, ¡oh! en cuanto escucha el dulce golpeteo de nuestros pasos, corre para venir a Nosotros, para recibir los frutos de nuestros pasos. ¿Pero quieres saber cuáles son estos frutos? Nuestra palabra creadora; en cuanto sucede el encuentro, la criatura se arroja en el centro de nuestro Ser Supremo, Nosotros la recibimos con tanto amor, que no pudiendo contenerlo, la ensimismamos, y con nuestra palabra vertemos sobre ella nuestros conocimientos, haciéndole parte de nuestro Ser Divino. Así que cada palabra nuestra es un desahogo que hacemos sobre la criatura, y por cuantos grados de conocimiento adquiera por medio de nuestra palabra, tantos grados de participación de más recibe de su Creador. Ve entonces, cada acto hecho en mi Divina Voluntad es el camino que te formas para mover el paso para formarte toda de Voluntad Divina, y mi palabra te servirá de formación, de luz y de participación de nuestra Divinidad".

(3) Después de esto mi abandono en el Fiat Divino continuaba, y mi amado Jesús ha agregado:

(4) "Mi pequeña hija de mi Querer, tú debes saber que la finalidad única de la Creación fue nuestro amor, que saliendo de Nosotros formaba su centro, donde mostrándose debía concentrarse para desarrollar la finalidad por la cual nuestro amor había salido de Nosotros, así que nuestro centro era la criatura, donde fijándose debíamos hacer sentir nuestra Vida palpitante y nuestro amor obrante en ella. Y toda la Creación debía ser la circunferencia de este centro, casi como rayos solares que debían circundar, embellecer, sostener este centro, que fijándose en Nosotros debían darnos campo para exteriorizar siempre nuevo amor, para hacer más bello, más rico, más majestuoso el centro donde nuestro amor se apoyaba, para hacer de él una obra digna de nuestras manos creadoras. Ahora, todas las criaturas debían formar unidas el lugar de centro de nuestro amor externado, pero muchas se dispersaron del centro, y nuestro amor quedó suspendido, no tenía donde fijarse para concentrarse, para tener su finalidad primaria, el por qué había salido. Ahora, el orden de nuestra sabiduría, la vida obrante de nuestro amor externado, no podía tolerar el fracaso de nuestra finalidad, he aquí el por qué en todos los siglos ha estado siempre alguna alma que Dios ha formado como centro de toda la Creación, y en ella nuestro amor se apoyaba y nuestra Vida palpitaba y obtenía la finalidad de toda la Creación; es por medio de estos centros que es mantenida toda la Creación, y la razón de que el mundo exista todavía, de otra manera no tendría ninguna razón de existir, porque faltaría la vida y la causa de todo. Por eso no ha habido siglo, ni habrá, en que no elijamos almas queridas por Nosotros, más o menos portentosas, que formarán el centro de la Creación, en las cuales tendremos nuestra Vida palpitante y nuestro amor obrante, y según las épocas, los tiempos, las necesidades, las circunstancias, se han ofrecido para bien de todos, se han dado a todos, han defendido a todos, han sido sólo ellas las que han sostenido mis sacrosantos derechos y me han dado campo para mantener el orden de mi sabiduría infinita. Ahora, tú debes saber que estas almas han sido escogidas por nuestro Ser Divino en cada siglo como centro de toda la Creación, de acuerdo a lo que Nosotros queríamos, al bien que queríamos hacer, y lo que queríamos hacer conocer, y

también de acuerdo a las necesidades de los centros desunidos, y esta es la causa de la diversidad de su modo, del decir y del bien que han hecho, pero toda la sustancia de estas almas era mi Vida palpitante y mi amor externado, apoyado y obrante en ellas. Ahora, en este siglo te hemos escogido a ti como centro de toda la Creación, para hacer el gran bien de hacer conocer con más claridad qué significa hacer nuestra Voluntad, a fin de que todos la suspiraran y la llamaran a reinar en medio a ellos, así los centros separados se unirán al único centro para formar uno solo. La Creación es parto salido de la potencia de mi Divina Voluntad, y es justo y necesario que todos reconozcan quién es esta Madre que con tanto amor los ha parido y puesto fuera a la luz del día, a fin de que todos sus hijos vivan unidos con la Voluntad de su Madre, y teniendo una sola Voluntad resultaría fácil formar un solo centro, donde esta Madre Celestial haría palpitar nuestra Vida Divina y nuestro amor obrante. Mucho más que el vicio predominante de este siglo, el ídolo de muchos, es el querer humano, aun en el mismo bien que hacen, y por eso se ve que de dentro del bien salen muchos defectos y pecados, esto indica que la fuente por la cual era animado el bien, no era pura sino viciosa, porque el verdadero bien sabe producir frutos buenos, y en esto se conoce si es verdadero o falso el bien que se hace. Por eso hay una extrema necesidad de hacer conocer mi Divina Voluntad, vínculo de unión, arma potente de paz, reparadora benéfica de la sociedad humana".

29-44
Octubre 26, 1931

Los actos buenos hechos en la Divina Voluntad se cambian en luz. Efectos admirables del abandono en los brazos de Jesús. Quien se hace dominar por la Divina Voluntad se convierte en pueblo de su reino.

(1) Estoy siempre en los brazos de la Divina Voluntad, la cual forma su día de luz en mi pequeña alma, y si bien alguna nube se asoma en este día, la potencia de su luz la fija, y la nube viéndose fijada escapa, se disipa, y parece que dice: "Se ve que no hay lugar para mí en este día que forma la Voluntad Divina en la criatura". Y Ella parece que le responde: "Donde estoy Yo no hay lugar para ninguna, porque de la criatura quiero hacer un acto solo de mi Voluntad, la cual no admite nada que a Mí no pertenezca". ¡Oh! Voluntad Divina, cómo eres admirable, potente y amable, y sumamente celosa donde Tú reinas, ¡ah! ponme siempre en fuga mis miserias, las debilidades, las nubes de mi voluntad, a fin de que mi día sea siempre perenne, y el cielo de mi pequeña alma sea siempre sereno. Pero mientras esto pensaba, mi amable Jesús me ha dicho:

(2) "Hija mía, el bien es luz, y si este bien se hace en mi Divina Voluntad, se forman tantos rayos por cuantos actos buenos se hacen, y mi Fiat fija estos rayos de luz en la circunferencia de su luz eterna. Así que estos actos toman lugar en

nuestros actos y hacen doble oficio, de alabanza, de adoraciones, de amor perenne hacia nuestra Majestad adorable, y de defensa, de misericordia, de ayuda, de luz hacia el género humano, de acuerdo a las circunstancias en que se encuentra. Por el contrario si los actos buenos no son hechos en mi Voluntad y con su potencia, por cuanto son luz, no tienen la fuerza de extenderse para fijarse en la circunferencia de nuestra luz, y quedan sin sostén y como rayos divididos, y por eso no tienen vida perenne, y faltando la fuente de la luz hay peligro de que poco a poco se extingan".

(3) Después de esto, siguiendo mi abandono en el Querer Divino, me sentía toda afligida por la privación de mi dulce Jesús, su privación es como un martillo que siempre golpea para recrudecer mayormente el dolor, y sólo cesa de golpear cuando el Huésped Divino sale de su escondite para hacer su visita a su amada criatura; su dulce presencia, su trato amable, hace resurgir del mismo dolor la alegría, y el martillo detiene su trabajo cruel; pero en cuanto el Celestial Visitante se retira, comienza su golpear de nuevo, y mi pobre alma se siente toda ojos, toda oídos, quién sabe si pudiera verlo y oírlo de nuevo, y ansiosa espera y sigue esperando a Aquél que habiéndome herido, sólo Él tiene el poder de cicatrizar la herida que me ha hecho, ¡ay de mí! demasiado dolorosa. Pero mientras desahogaba mi dolor, mi dulce Jesús ha regresado y abrazando mi pobre alma me ha dicho:

(4) "Hija, estoy aquí, abandónate en mis brazos y repósate en Mí, tu abandono en Mí llama a mi abandono en ti y forma mi dulce reposo en tu alma. El abandono en Mí forma la dulce y potente cadena que me ata tanto al alma, que no puedo desvincularme de ella, hasta volverme su amado y dulce prisionero. El abandono en Mí da a luz la verdadera confianza, y ella tiene confianza en Mí, y Yo tengo confianza en ella, tengo confianza en su amor que jamás disminuirá, tengo confianza en sus sacrificios que no me rechazará jamás nada de lo que quiero, y tengo toda la confianza de que puedo cumplir mis designios. El abandono en Mí dice que me da libertad y soy libre de hacer lo que Yo quiero, y Yo confiándome a ella le manifiesto mis más íntimos secretos. Por eso hija mía, te quiero toda abandonada en mis brazos, y cuanto más abandonada en Mí, más sentirás mi abandono en ti".

(5) Y yo: "Amor mío, ¿cómo puedo abandonarme en ti si me huyes? Y Jesús ha agregado:

(6) "El abandono sólo es perfecto cuando viéndome huir te abandonas más, esto no me da lugar para dejarme huir, más bien me ata más".

(7) Después ha agregado: "Hija mía, la vida, la santidad, consisten en dos actos: Dios en dar su Voluntad, y la criatura en recibirla, y después que ha formado la vida en sí de aquel acto de Voluntad Divina que ha recibido, darlo de nuevo como acto de su voluntad, para recibirla de nuevo, dar y recibir, recibir y dar, en esto está todo. Dios no podría dar de más que su acto continuo de su Voluntad a la criatura; la criatura no podría dar de más a Dios, por cuanto a criatura es posible, que su Voluntad Divina recibida en ella como formación de Vida Divina. En este modo, dar y recibir, recibir y dar, mi Fiat Divino toma el dominio y ahí forma su reino, y todo el interior de la criatura forma como el pueblo del reino de la Divina Voluntad: La inteligencia, pueblo fiel que se gloría de ser dirigida por el Soberano Comandante del Fiat Divino, y la multitud de los pensamientos que se estrechan en torno y

ambicionan conocer siempre más y amar al gran Rey que se sienta como en un trono en el centro de la inteligencia de la criatura; los deseos, los afectos, los latidos que salen del corazón, aumentan el número al pueblo de mi reino, y ¡oh! cómo se juntan alrededor de su trono, están todos atentos para recibir las órdenes divinas, y poner aun la vida para seguirlas; qué pueblo obediente, y ordenado, es el pueblo del reino de mi Fiat, no hay discusiones, no divergencias, sino toda esta multitud de pueblo del interior de esta afortunada criatura quieren una sola cosa, y como ejército aguerrido se ponen en la fortaleza del reino de mi Querer Divino. Entonces, cuando el interior de la criatura se convierte todo en pueblo mío, sale fuera del interior y aumenta el pueblo de las palabras, el pueblo de las obras, de los pasos, se puede decir que cada acto que forma este pueblo celestial, contiene la palabra de orden escrita con caracteres de oro: 'Voluntad de Dios'. Y cuando esta multitud de pueblo se mueve para ejercitar cada uno su oficio, ponen enfrente la bandera con el emblema Fiat, seguido de las palabras escritas de viva luz: 'Pertenecemos al gran Rey del Fiat Supremo'. Ve entonces, cada criatura que se hace dominar por mi Querer forma un pueblo para el reino de Dios".

**Siempre Deo Gratias y
bendita la Divina Voluntad.**

[1]
I. M. I.
In Voluntate Dei! Deo G.

30-1
Noviembre 4, 1931

La confianza forma los brazos y los pies del alma. Dios continúa el trabajo de la creación en el alma que hace su Voluntad. La Voluntad Divina cemento de la humana voluntad.

(1) Jesús mío, centro y vida de mi pequeña alma, mi pequeñez es tanta, que siento la extrema necesidad de que Tú, Amor mío, me tengas estrechada entre tus brazos y te muevas a piedad de mi gran debilidad. Soy pequeña, y Tú sabes que las pequeñas tienen necesidad de fajas para afirmarse los miembros y de la leche de la mamá para alimentarse y crecer, y yo siento la viva necesidad que Tú me fajes con las fajas del amor, y estrechándome a tu pecho divino me des por alimento la leche de tu Divina Voluntad para alimentarme y crecer. Escucha, ¡oh! Jesús, siento la necesidad de tu Vida para vivir; quiero vivir de Ti, y entonces Tú escribirás, no yo, y podrás escribir lo que quieras y como quieras. Por eso el trabajo es tuyo, no mío y yo sólo te prestaré mi mano y Tú harás todo el resto. Así quedamos de acuerdo, oh Jesús. Entonces, abandonándome en los brazos de Jesús escuchaba susurrarme al oído su voz dulcísima que me decía:

(2) "Mi pequeña hija, por cuanto más abandonada estés en Mí, tanto más sentirás mi Vida en ti, y Yo tomaré el puesto de vida primaria en tu alma. Debes saber que la verdadera confianza en Mí forma los brazos del alma, y los pies para subir hasta Mí y estrecharme tan fuerte, de no poderme separar de ella, por lo tanto quien no tiene confianza no tiene brazos ni pies, así que es una pobre lisiada, por eso tu confianza será tu victoria sobre Mí, y Yo te tendré estrechada en mis brazos, pegada a mi pecho para darte la leche continua de mi Divina Voluntad.

(3) Ahora, tú debes saber que cada vez que el alma hace mi Voluntad, Yo me reconozco a Mí mismo en la criatura, reconozco mis obras, mis pasos, mis palabras, mi amor; por ello sucede que el Creador se reconoce a Sí mismo y sus obras en la criatura, y la criatura obrando se proyecta en el Creador y se reconoce en Él. Este reconocerse recíprocamente, Dios y el alma, llama al primer acto de la Creación, y Dios sale de su reposo y continúa el trabajo de la Creación con esta criatura que vive y obra en mi Querer, porque nuestro trabajo no ha terminado, sólo hemos tomado un reposo, y la criatura, con hacer nuestra Voluntad nos llama al trabajo, pero dulce llamada, porque para Nosotros el trabajo es nueva felicidad, nuevas alegrías y prodigiosas conquistas. Por eso no hacemos otra cosa que continuar nuestros desahogos de amor, de potencia, de bondad y de sabiduría inalcanzable, los cuales dieron principio en la Creación, y la criatura siente que su Dios no reposa para ella, sino que continúa el trabajo de su obra creadora; y conforme obra en nuestro Querer,

así siente sobre su alma la lluvia del amor obrante de Dios, su potencia y sabiduría que no están inactivas, sino que trabajan en su alma. ¡Oh! si tú supieras el agrado, el placer que sentimos cuando la criatura nos llama al trabajo: Con llamarnos nos reconoce, con llamarnos nos abre las puertas, nos da el dominio y nos da toda la libertad de hacer lo que queremos en su alma. Por lo tanto haremos un trabajo digno de nuestras manos creadoras, por eso no dejes escapar jamás nuestra Voluntad Divina si quieres que nuestro trabajo sea continuo, Ella será tu portavoz y el nuestro, donde tú emitirás tu voz para llamarnos, y Nosotros oiremos el dulce susurro, y rápido descenderemos en nuestro mismo Querer en tu alma para continuar nuestro trabajo, porque tú debes saber que los actos continuos forman vida y obras completas, lo que no es continuo se puede llamar efecto de mi Querer, no vida que se forma en la criatura, y los efectos poco a poco se desvanecen y se queda en ayunas. Por eso, ánimo y confianza, y siempre adelante a navegar el mar de la Divina Voluntad".

(4) Después de esto estaba siguiendo los actos que mi sumo bien Jesús había hecho en su Humanidad cuando estaba en la tierra, y haciéndose oír ha agregado:

(5) "Hija mía, mi voluntad humana no tuvo ningún acto de vida, sino que estaba en acto de recibir el acto continuo de mi Divina Voluntad, que Yo como Verbo del Padre Celestial poseía, por eso todos mis actos y penas, oraciones, respiros, latidos que hacía, recibiendo mi voluntad humana la Vida de la Voluntad Divina, formaba tantas ataduras para volver a anudar las voluntades humanas a la mía, y como estas voluntades humanas eran como habitaciones, algunas en ruinas, otras lesionadas, y otras reducidas a escombros, mi Voluntad Divina obrando en mi Humanidad, con mis actos preparaba las ayudas para sostener a las que se encontraban en peligro de caer, para cimentar las lesionadas, y para volver a construir sobre los mismos escombros las habitaciones destruidas. Yo nada hacía para Mí, no tenía ninguna necesidad, hacía todo para rehacer, rehabilitar las voluntades humanas, mi única necesidad era el amor y que quería ser amado. Ahora, para recibir todas mis ayudas y todas mis penas y obras como obras actuantes, voz hablante, y mensajeros que ayudan, la criatura debe unir su voluntad a la mía, y rápidamente se sentirá atada de nuevo con la mía, y todos mis actos se dispondrán alrededor para hacer su oficio, para sostener, cimentar, y levantar nuevamente la voluntad humana. En cuanto la criatura se une y se decide a hacer mi Voluntad Divina, todos mis actos, como ejército aguerrido se ponen a defensa de la criatura, y forman la barca de seguridad en el mar tempestuoso de la vida. Pero para quien no hace mi Voluntad, podría decir que nada recibe, ni puede recibir, porque sólo Ella es la dadora de todo lo que Yo hice por amor de las criaturas".

30-2
Noviembre 9, 1931

Dios tiene establecidos los actos de la criatura. Acto obrante e incesante de la Divina Voluntad. Quien no hace la Divina Voluntad queda sin Madre y permanece huérfana y desamparada.

(1) Mi abandono en el Querer Divino continúa, ¡oh! con qué ternura me espera en su regazo materno para decirme: "Hija de mi Querer, no me dejes sola, tu Mamá te

quiere junto; quiero tu compañía en el trabajo incesante que hago para todas las criaturas. Yo hago todo para ellas, no las dejo un instante, porque si las dejara perderían la vida. Sin embargo hay quien no me reconoce, es más, me ofenden, mientras que Yo soy toda para ellas. ¡Oh! cómo es dura la soledad, por eso te suspiro hija mía, ¡oh, cómo me es querida tu compañía en mis actos! La compañía vuelve dulce el trabajo, aligera el peso y es portadora de nuevas alegrías".

(2) Pero mientras mi mente se perdía en la Divina Voluntad, mi amable Jesús haciéndome su breve visita me ha dicho:

(3) "Hija mía, mi Voluntad es incansable, queriendo mantener la vida, el orden, el equilibrio de todas las generaciones y del universo entero, no puede ni quiere cesar en su trabajo, mucho más que cada movimiento es como dado a luz por Ella y atado con vínculos inseparables. Imagen del aire que mientras ninguno lo ve, también da a luz el respiro en las criaturas, y es inseparable de la respiración humana, ¡oh! si el aire detuviera su trabajo de hacerse respirar, de un golpe cesaría la vida de todas las criaturas. Más que aire es mi Voluntad, el aire no es mas que un símbolo, imagen, y que produce la vida de la respiración por la virtud vital de mi Querer Divino, mientras que la mía es Vida en Sí misma e increada. Ahora, Dios tiene establecidos todos los actos de las criaturas y el número de los actos de ellas; por eso el empeño de estos actos, porque establecidos por Dios vienen tomados por mi Divina Voluntad, los ordena y pone su Vida dentro de ellos, pero, ¿quién da el cumplimiento a estos actos establecidos por el Ser Supremo? Quien coopera y se hace dominar por la Voluntad Divina, con la cooperación y con su dominio siente el vínculo y la inseparabilidad de Ella, y siente correr su Vida Divina en sus actos. Mientras que cuando no coopera pierde el dominio de mi Voluntad Divina, y en vez de hacer la mía, hace su voluntad, y cada acto de voluntad humana forma un vacío para lo divino en el alma. Estos vacíos desfiguran a la pobre criatura, y como ha sido hecha para Dios, sólo Él puede llenar estos vacíos, porque los actos, cuyo número está establecido, debían servir para llenarla del Ser Divino. ¡Oh! cómo son horribles estos vacíos, se ven en ellos vías torcidas, actos sin principio divino y sin vida, por eso no hay cosa que arruine más a la criatura que su voluntad. Ahora, mi Voluntad es acto obrante e incesante dentro y fuera de la criatura, pero, ¿quién recibe su acto operante? Quien la reconoce en todos sus actos, quien la reconoce, la ama, la estima, la aprecia; con ser reconocida, mi Voluntad hace tocar con la mano su acto operativo e incesante, y la criatura siente los brazos de Ella en los suyos, la potencia de su movimiento en los suyos, su virtud vivificadora en su respiro, la formación de su Vida en el latido de su corazón, por todas partes, por dentro, por fuera, se siente vivificar, tocar, abrazar, besar por mi Voluntad. Y Ella, en cuanto ve que la criatura siente sus abrazos amorosos, se la estrecha más a su seno divino y va formando sus dulces cadenas de inseparabilidad entre Ella y su criatura amada. Parece que se siente pagada con ser reconocida por su trabajo incesante, y con su potencia quita el velo que la escondía a la criatura, y le hace conocer quién es quien forma la vida de todos sus actos. Por eso cuanto más la reconozcas, tanto más sentirás cuánto te ama y tú la amarás más.

(4) Además de esto, tú debes saber que el alma sin mi Divina Voluntad es como una flor cortada de la planta; pobre flor, le han quitado la vida, porque no está más unida a la raíz, y separada de ella no recibe más los humores vitales, que como sangre circulaban y la mantenían viva, fresca, bella, olorosa; ha perdido la raíz que como

madre la amaba, la alimentaba y la tenía estrechada a su seno, y mientras la raíz se está bajo tierra, como sepultada viva para dar vida a las flores, hijas suyas, y hacerlas hacer una bella aparición, tanto de llamar la atención humana con su dulce encanto, pero como es cortada de la planta, como si hubiera perdido a la madre, parece que se pone en actitud de tristeza, pierde su frescura y termina por marchitarse. Tal es el alma sin mi Divina Voluntad, se separa de la raíz divina, que más que madre la amaba, la alimentaba, y mientras vive como sepultada, vive en todos sus actos y en el fondo de su alma para suministrarle los humores divinos, que como sangre hace circular en todos sus actos para mantenerla fresca, bella, perfumada por sus virtudes divinas, de formar el más bello y dulce encanto a la tierra y a todo el Cielo. Por lo tanto en cuanto se separa de mi Divina Voluntad, pierde a su verdadera Mamá, que con tantos cuidados maternos la custodiaba, la tenia estrechada a su seno, la defendía de todos y de todo, y termina por desfigurarse y marchitarse a todo lo que es bien, y llegan a sentir la triste melancolía porque viven sin Aquélla que la ha generado, sin la vida, las caricias de su Mamá. Así que se pueden llamar pobres huérfanas abandonadas, sin tutela, y quizá en manos de enemigos y tiranizada por las pasiones del propio yo. ¡Oh! si la raíz tuviera razón, ¿cuántos gritos desgarradores de dolor no emitiría al verse arrancar la vida de sus flores, y que la han obligado, como madre estéril, a permanecer sin la corona de sus hijos? Pero si no llora la planta, llora mi Voluntad al ver a tantos hijos suyos huérfanos, pero huérfanos voluntarios, que sienten todas las penas de la orfandad, mientras que su Madre vive y no hace otra cosa que llorar y llamar a la corona de sus hijos en torno a Sí".

30-3
Noviembre 16, 1931

Cada acto humano es un juego, una prenda para vencer las gracias celestiales. El acto humano es tierra donde el Querer Divino pone su semilla. Cómo el amor constituye un derecho.

(1) Me siento en poder de la Divina Voluntad, pero no forzada, sino voluntaria, y siento la viva necesidad de lograr también yo una presa que me haga feliz en el tiempo y en la eternidad, y por eso en todos mis actos trato de tomar presa a la luz de la Divina Voluntad, a su santidad, a su misma Vida. Por eso la llamo, la tomo para raptarla en mis actos, para encerrarla en ellos y poder decir: "Cada acto mío es una presa y una conquista que hago". Presa y conquista de Voluntad Divina, mucho más, que habiendo apresado la mía, sin voluntad no puedo vivir, por lo tanto es justo y derecho, que yo haga presa de la suya, y en este tomarnos como presa recíprocamente me parece que mantenemos la correspondencia, el juego, y el amor de ambas partes se enciende más. Ahora, mientras esto pensaba, mi dulce Jesús parecía que se complacía al oír mis desatinos, y yo decía entre mí: "Además soy pequeña y recién nacida apenas, si digo desatinos no es gran cosa, más bien hay que compadecerme, porque los pequeños es fácil que digan desatinos, y muchas veces el amado Jesús se deleita de los desatinos hechos por puro amor, y toma ocasión de ellos para dar una leccioncita, como de hecho lo ha hecho". Visitando mi pequeña alma me ha dicho:

(2) "Mi pequeña hija de mi Querer, es cierto que todo lo que pasa entre el Creador y la criatura, los actos que ella hace, y lo que recibe de Dios, sirve para mantener la correspondencia, para conocerse más, para amarse más y para mantener el juego entre uno y otro, para conseguir el intento de lo que quiere Dios de la criatura, y de lo que ella quiere de Dios. Así que cada acto es un juego que se prepara para hacer las más bellas victorias y tomarse en prenda recíprocamente. El acto sirve como materia para jugar y como prenda para tener qué dar a quien vence. Dios con dar pone su prenda, la criatura con hacer su acto pone la suya y organizan el juego, y nuestra bondad es tanta, que nos hacemos débiles para hacer vencer a la criatura, otras veces nos hacemos fuertes y vencemos Nosotros, y esto lo hacemos para ponerla en el punto de que haciendo más actos, ponga más prendas y así poder vencer para rehacerse de la derrota. Además, ¿cómo se podría mantener la unión si nada debíamos dar, y nada debía darnos la criatura? Mira entonces, cada acto es un empeñarnos para dar gracias mayores, y una correspondencia que abres entre el Cielo y la tierra, y un juego donde llamas a tu Creador a entretenerse contigo. Mucho más que cada acto hecho por la Divina Voluntad en el acto de la criatura, es una semilla divina que germina en ella, el acto prepara la tierra donde mi Voluntad arroja su semilla para hacerla germinar en planta divina, porque de acuerdo a la semilla que se arroje en el seno de la tierra, esa planta nace; si la semilla es de flores, nacen flores; si la semilla es de fruto, nace el fruto. Ahora, mi Divina Voluntad en cada acto de criatura arroja una semilla diferente, dónde arroja la semilla de la santidad, dónde la semilla del amor, en otros la semilla de la bondad, y así de lo demás, cuantos más actos hace en Ella, tanta más tierra prepara donde mi Querer pone su semilla distinta para llenar la tierra de estos actos humanos. Entonces, quien se hace dominar por mi Voluntad Divina es bella, es hermosa, cada acto suyo conteniendo la variedad de semillas divinas, es una nota de su Creador: Un acto dice santidad, otro misericordia, otro justicia, sabiduría, belleza, amor, en suma, se ve una armonía divina, con tal orden que señala el dedo de Dios obrante en ella. ¿Ves entonces la necesidad del acto de la criatura para poder encontrar la tierra dónde poner nuestra semilla divina? De otra manera, ¿dónde la pondríamos? Nosotros tierra no tenemos, por eso nos la debe formar con sus actos, para poder con nuestras semillas germinar nuestro Ser Divino en la criatura. Por eso quien hace y vive en nuestro Querer Divino, se puede llamar aquél que reproduce a su Creador, y alberga en ella a Aquél que la ha creado".

(3) Después continuaba mis actos en el Divino Querer, y mi pequeñez quería abrazar todo en mi abrazo de amor, para poder hacer correr mi pequeño amor en todas las cosas y por todas partes. Pero mientras esto hacía, mi dulce Jesús ha continuado:

(4) "Hija mía, amar significa poseer y querer hacer suya a la persona o al objeto que se ama. Amar significa vínculo, o de amistad o de parentesco o de filiación, de acuerdo más o menos a la intensidad del amor. Así que si entre la criatura y Dios no hay ningún vacío de amor divino, si todos sus actos corren hacia Dios para amarlo, si del amor tienen principio y en el amor terminan, si mira todas las cosas que pertenecen al Ser Supremo como suyas, esto dice amor de hijo hacia su Padre, porque en este modo no se sale ni de las propiedades divinas ni de la habitación del Padre Celestial, porque el amor verdadero constituye un derecho en la criatura, derecho de filiación, derecho de participación de bienes, derecho de ser amado. Cada acto suyo de amor es una nota vibrante que late en el corazón divino y con su

sonido dice 'te amo, y ámame', y el sonido no termina si no escucha la nota de su Creador, que haciendo eco al sonido del alma le responde, 'te amo oh hijo'. ¡Oh! cómo esperamos el 'te amo' de la criatura para hacerla tomar su lugar en nuestro amor, para tener el dulce gusto de poderle decir, 'te amo, oh hijo', y así poderle dar mayor derecho de amarnos y de hacerlo pertenecer a nuestra familia. Un amor interrumpido y que no hace suyas nuestras cosas, ni las defiende, no se puede llamar amor de hijo, a lo más podrá ser amor de amistad, amor de circunstancia, amor de interés, amor de necesidad, que no constituye un derecho, porque sólo los hijos tienen derecho de poseer los bienes del Padre, y el Padre tiene el sacrosanto deber, incluso con leyes divinas y humanas de hacer poseer los bienes a sus hijos. Por eso ama siempre, a fin de que encuentres en todos tus actos el amor, el encuentro, el beso de tu Creador".

30-4
Noviembre 29, 1931

Arrojo e imperio de los actos hechos en la Divina Voluntad. Intercambio de vida entre Creador y criatura. Dulce murmullo en el Ser Divino.

(1) Siento el santo deber, la fuerza irresistible, la necesidad extrema de vivir en la habitación dada a mí por el Celestial Jesús, esto es, su adorable Voluntad, y si alguna vez hago las pequeñas salidas, ¡oh! cuánto me cuestan, siento que todos los males me llueven encima, y sintiendo el gran contraste que hay entre el vivir en mi querida habitación donde el amado Jesús me ha dado mi lugar, y fuera de ella, me vuelvo a tomar mi lugar que Él me ha asignado, y bendigo a Aquél que me ha dado una habitación tan feliz y me ha dado el gran bien de hacerme conocer su Santísima Voluntad.

(2) Pero mientras mi pequeña inteligencia navegaba el gran mar del Fiat Supremo, mi amado Bien Jesús se ha hecho oír en mi pobre alma, y me ha dicho:

(3) "Hija mía, estar en la habitación de mi Divina Voluntad es estar en su puesto de honor, dado por Dios cuando la criatura fue puesta fuera a la luz del día, y a quien está en su puesto Dios no le hace faltar nada, ni santidad, ni luz, ni fuerza, ni amor. Es más, pone a disposición de la criatura lo que quiere tomar de dentro de la fuente divina, así que vive en la abundancia de todos los bienes, todos los actos hechos en la Divina Voluntad tienen la virtud operativa de Dios, el Cual se siente, por su misma potencia, atraído a obrar en el acto de la criatura, y por eso estos actos tienen virtud de arrojarse con tal ímpetu e imperio en el mismo mar de la Divina Voluntad, para moverla y ponerla en actitud de duplicar su gloria, y hacerla obrar nueva bondad, nueva misericordia, nuevo amor y luz hacia todas las criaturas, así que con sus actos, no hace otra cosa que girar el motor divino para hacerlo obrar. Es verdad que por Nosotros mismos somos movimiento continuo que produce obras incesantes, pero también es verdad que con hacer ella sus actos en nuestro Querer, entra en este movimiento, pone en él de lo suyo, y nuestro movimiento se siente poner a girar y mover por la criatura para producir nuestras obras, y sentimos su acto inmediato con todas nuestras obras. Por eso sentirla junto con Nosotros, con nuestros actos, es la

gloria y la felicidad más grande que podemos recibir. ¿Te parece poco que le demos a ella la virtud de mover todo nuestro Ser Divino? Y así como gozamos por que está en su puesto, así le hacemos hacer lo que quiere, porque estamos seguros que no hará sino lo que queremos Nosotros. Todo al contrario para quien vive de voluntad humana, sus actos no tienen poder divino, están sin impulso, quedan en lo bajo y muchas veces amargan a su Creador".

(4) Después de esto decía entre mí: "¡Oh! cómo quisiera dar a mi Jesús, para atestiguarle mi amor, tantas vidas por cuantos actos yo hago". Y mi Jesús ha agregado:

(5) "Hija mía, tú debes saber que en cada cosa que hace la criatura, damos el acto de vida que sale de Nosotros, si piensa, le damos la vida del pensamiento de nuestra Inteligencia; si habla, le damos en su voz la vida de nuestra palabra; si obra, corre la vida de nuestras obras en la suya; si camina, damos la vida de nuestros pasos en los suyos; mira, son dos actos de vida que deben concurrir en cada uno de los actos de la criatura: Primero el acto de Vida Divina, e inmediatamente el acto de ella. Ahora, si en todas las cosas que hace, las hace por amor de Quien le da la vida, se forma un intercambio de vida; vida damos y vida recibimos. Y aunque hay gran diferencia entre los actos de Vida nuestra y los de la criatura, sin embargo quedamos glorificados y satisfechos, porque eso nos puede dar, y eso nos da, mucho más que todos los actos hechos por ella para darnos el intercambio de vida, quedan no fuera de Nosotros, sino dentro de Nosotros, como testimonios de vida perenne de la criatura; sentimos el intercambio de su vida a la Vida que le hemos dado. En nuestro Ser Divino, en nuestro Querer y en nuestro amor, nos lleva el dulce murmullo de la vida de sus pensamientos en nuestra Inteligencia, el suave murmullo de su palabra en nuestra voz, sus obras murmuran dulcemente en nuestras obras, y el pisar de sus pasos, conforme caminan, así murmuran amor y testimonios de vida a mi Creador. Y Nosotros, en nuestro énfasis de amor decimos: '¿Quién es quien murmura en nuestro Ser Divino con la vida de sus actos? Quien está en nuestro Querer y obra por puro amor nuestro'. Pero cuál no es nuestro dolor cuando damos vida a los actos de la criatura y nada recibimos, estos actos suyos quedan fuera de Nosotros y como dispersos, porque falta la corriente de nuestro Querer y de nuestro amor que nos los trae, y estos actos, la mayor parte llevan el sello de la ofensa a quien les ha dado la vida. ¡Oh! si las criaturas comprendieran con claridad qué significa hacer su voluntad, morirían de pena al comprender el gran mal en el cual se precipitan, y el gran bien que pierden con no hacer nuestra Voluntad Divina. Sé atenta hija mía si no quieres perder los ojos del alma, cual es mi Voluntad, y perdidos éstos, tú misma no comprenderás tu gran desventura, como no la comprenden tantas otras criaturas que se juegan la Divina Voluntad para hacer la propia; pero ¿para hacer qué? Para volverse infelices".

30-5
Diciembre 6, 1931

El bien de la prolijidad del tiempo. Dios cuenta las horas y los minutos para llenarlos de gracias. Quien hace la Divina Voluntad rompe el velo que esconde a su Creador. Baño de luz que da la Divina Voluntad.

(1) Me sentía oprimida por las privaciones de mi dulce Jesús y como cansada de mi largo exilio, y pensaba entre mí: "Jamás lo habría creído, una vida tan larga. ¡Oh! si hubiera sido más breve, como tantas otras, no habría pasado tanto, pero ¡Fiat! ¡Fiat!" Sentía que mi mente quería desatinar, por eso he rogado a Jesús que me ayudara y le he jurado que quiero hacer siempre su Voluntad adorable. Y el Soberano Jesús alejando las tinieblas que me circundaban, ha hecho su visita a mi alma y me ha dicho con ternura indecible:

(2) "Hija buena, ánimo, como tu Jesús te quiere dar más y recibir más de ti, permito la prolijidad del tiempo. No hay comparación posible entre quien me ha dado pruebas por pocos años, y quien por largos años. Un tiempo prolongado dice siempre de más: Más circunstancias, más ocasiones, más pruebas, más penas, y mantenerse fiel, constante, paciente en tantas circunstancias, y no por poco sino por largo tiempo, ¡oh! cuántas cosas dice de más. Tú debes saber que cada hora de vida bajo el imperio de mi Divina Voluntad, son nuevas Vidas Divinas que se reciben, nuevas gracias, nuevas bellezas, nuevas ascendencias hacia Dios, correspondientes a nueva gloria. Nosotros medimos el tiempo por lo que damos, y esperamos la correspondencia del acto de la criatura para dar de nuevo; y a la criatura le es necesario el tiempo para digerir lo que le hemos dado, y así hacerla dar otro paso hacia Nosotros; si nada agrega a lo que le hemos dado, Nosotros no damos súbito, sino que esperamos su acto para dar de nuevo. Por eso no hay cosa más grande, más importante, más aceptable ante Nosotros, que una vida larga, santamente vivida, ya que cada hora es una prueba más de amor, de fidelidad, de sacrificio que nos ha dado, y Nosotros contamos también los minutos, a fin de que ninguno de ellos no sea llenado de gracias y de nuestros carismas divinos. A una vida breve, pocas horas podemos contar, y no le podemos dar gran cosa, por eso déjame hacer, y quiero que quedes contenta de lo que Yo hago, y si quieres estar contenta piensa que cada hora de tu vida es una prenda de amor que me das, la cual servirá para empeñarme en amarte de más, ¿no estás contenta?".

(3) Después de esto estaba siguiendo mis actos en la Divina Voluntad y sentía sobre mí el imperio, su inmensidad que toda me arrollaba dentro, y mi amado Jesús ha agregado:

(4) "Hija amada de mi Voluntad, el vivir en Ella significa reconocer su Paternidad, y sintiéndose hija quiere estar abrazada, estrechada sobre las rodillas de su Padre, y vivir en su casa, y con derecho, porque se reconoce como parto suyo, que con tanto amor lo ha generado y dado a la luz, y mira todas las otras cosas como extrañas, y sin el dulce vínculo, ni de Paternidad ni de filiación; por eso ve con claridad que saliendo de la casa de su Padre, será una hija extraviada que no tendrá ni siquiera un nido donde poder formar su habitación. Quien hace y vive en mi Querer Divino rompe los velos de nuestra potencia, y encuentra que su Creador potentemente la ama y atrae con su potencia a su criatura para hacerse amar potentemente, desgarrando el velo encuentra el sagrario de la potencia divina y no teme más, porque si es potente, es potente para amarla y para hacerse amar, y amando con amor potente, se hace osada y rompe el velo de la sabiduría divina, de la bondad, de la misericordia, del amor y de la justicia, y encuentra como tantos sagrarios divinos que sabiamente la aman, y con una bondad ternísima y excesiva, unida a misericordia inaudita, la aman,

encuentra el amor rebosante, que inmensamente la ama, y siendo el Ser Divino orden, la ama con justicia, y la criatura pasando de un sagrario a otro, no fuera sino dentro de estos velos, siente los reflejos de su Creador y lo ama sabiamente, con bondad y ternura, unidas a misericordia, que no teniendo necesidad su Dios, lo dirige para bien de todas las generaciones, y sintiéndose el amor que le rebosa en el seno, ¡oh! cómo quisiera deshacerse en amor para amarlo, pero la justicia conservándola le da el amor justo por cuanto a criatura es posible y la confirma en vida. Hija mía, cuántas cosas esconden estos velos de nuestras cualidades divinas, pero a ninguno es dado el romper estos nuestros velos, sino a quien hace y vive en nuestro Querer, ella sola es la afortunada criatura que no ve a su Dios velado, sino como Él es en Sí mismo. Pero como no somos reconocidos cuales somos en Nosotros mismos, de nuestro Ser Supremo tienen ideas tan bajas e incluso también torcidas, y esto es porque no teniendo en ellos nuestra Voluntad, no sienten en sí mismos la Vida de Aquél que los ha creado, tocan nuestros velos, pero no lo que hay dentro, y por eso sienten nuestra potencia como opresiva, nuestra luz eclipsante como en acto de alejarlos de Nosotros y ponerlos a distancia, sienten nuestra santidad velada que les da vergüenza, y desconfiados viven inmersos en su pasiones, pero la culpa es toda de ellos, porque existe una sentencia dicha por Nosotros en el paraíso terrenal: 'Aquí no se entra, este es lugar sólo para quien hace y vive en nuestra Voluntad', y por eso las primeras criaturas fueron puestas fuera, poniendo un ángel de guardia a fin de que les impidiera la entrada. Nuestra Voluntad es paraíso terrestre en la tierra, y celestial en el cielo de las criaturas, y se puede decir que un ángel es puesto a guardia de Ella. Quien no la quiere hacer, y no quiere vivir en sus brazos y hacer vida común en su habitación, sería un intruso si esto hiciera, pero ni siquiera lo puede hacer, porque nuestros velos se hacen tan densos que no encontraría el camino para entrar; y así como un ángel le prohíbe el ingreso, así otro ángel guía y da la mano a quien quiere vivir de nuestra Voluntad. Por eso conténtate con morir miles de veces antes que no hacer nuestra Voluntad, tú debes saber que Ella es toda ojos sobre la feliz criatura que quiere vivir de Ella, y conforme hace sus actos, así le hace su baño de luz divina; este baño la refresca y le hace sentir los refrigerios divinos, y así como la luz, conforme se forma, así produce por propia naturaleza suya, dentro de sus velos de luz, fecundidad, dulzura, gustos, colores, así que mientras aparentemente parece sólo luz, dentro esconde tantas bellas riquezas e innumerables cualidades, que ningún otro elemento puede decirse similar a ella, es más, es de la luz que imploran la fecundidad y el bien que cada elemento debe hacer en el orden en el cual ha sido puesto por Dios. La luz se puede llamar el alma de las cosas creadas, símbolo de nuestra luz increada de nuestro Fiat Divino que anima todo. Por eso con este baño de luz divina, mientras está por hacer sus actos en Ella, el alma se siente endulzar, embalsamar, fortalecer, purificar e investir por el bello arco iris de los colores divinos que vuelven al alma tan agraciada, hermosa y bella, que Dios mismo se siente raptar por una belleza tan especial. Este baño de luz es como el preparativo para poder atravesar el umbral y romper el velo que esconde nuestro Ser Divino a las criaturas humanas. Mucho más, que es nuestro interés, que quien viva en nuestro Querer nos asemeje, y no haga nada que sea indigno de nuestra Majestad tres veces Santa, por eso piensa en que, cada vez que te dispongas a hacer tus actos en su luz interminable, mi Voluntad te da un baño de luz, a fin de que seas atenta a recibirlo".

30-6
Diciembre 8, 1931

La Reina del Cielo retira los actos buenos de las criaturas en sus mares de gracia. La inmutabilidad de Dios y la mutabilidad de la criatura.

(1) Continúo mi abandono en el Fiat Divino, sus dulces cadenas me estrechan tanto, pero no para quitarme la libertad, no, no, sino para volverme más libre en los campos divinos y para tenerme defendida de todos y de todo, así que yo me siento más segura encadenada por la Divina Voluntad. Y mientras hacía mis actos en Ella, sentía la necesidad de mi Mamá Celestial, que me ayudara y que sostuviera mis pequeños actos, a fin de que pudieran encontrar la complacencia y la sonrisa divina. Y el Celestial Consolador que nada sabe negarme cuando se trata de agradarle, visitando mi pobre alma me ha dicho:

(2) "Hija mía, nuestra Mamá Celestial tiene el primado sobre todos los actos buenos de las criaturas. Ella, como Reina, tiene el mandato y el derecho de retirar todos los actos de ellas en sus actos; es tanto su amor de Reina y de Madre, que en cuanto la criatura se dispone a formar su acto de amor, así desde la altura de su trono hace descender un rayo de su amor, inviste y circunda el acto de amor de ellas para poner en él el suyo como primer amor, y en cuanto es formado, lo pone nuevamente en su mismo rayo de amor en la fuente de su amor y dice a su Creador: 'Majestad adorable, en mi amor que siempre surge para Ti, está el amor de mis hijos fundido en el mío, que Yo, con derecho de Reina, he retirado en mi mar de amor, para que puedas encontrar en mi amor el amor de todas las criaturas'. Si las criaturas adoran, si ruegan, si reparan, si sufren, descienden de la altura de su trono, el rayo de la adoración, el rayo de su oración, el rayo de su reparación, emite el rayo vivificante de dentro del mar de sus dolores, e inviste y circunda la adoración, la oración, la reparación, los sufrimientos de las criaturas, y cuando han hecho y formado el acto, el mismo rayo de luz los eleva hasta su trono y se funden en la fuente de los mares de la adoración, de la oración, de la reparación, de los dolores de la Mamá Celestial, y repite: 'Majestad Santísima, mi adoración se extiende en todas las adoraciones de las criaturas, mi plegaria ruega en la plegaria de ellas, repara con sus reparaciones, y como Madre, mis dolores invisten y circundan sus penas, no me sentiré Reina si no corro y pongo mi acto primero sobre todos los actos de ellas, ni gustaré las dulzuras de Madre si no corro para circundar, ayudar, suplir, embellecer, fortificar todos los actos de las criaturas, y así poder decir: Los actos de mis hijos son uno con los míos, los tengo en mi poder junto a Dios para defenderlos, ayudarlos y como prenda segura que me alcanzarán en el Cielo".

(3) Por eso hija mía, tú jamás estás sola en tus actos, tienes a la Mamá Celestial junto contigo, que no sólo te circunda, sino que con la luz de sus virtudes alimenta tu acto para darle la vida, porque tú debes saber que la Soberana Reina, desde su Inmaculada Concepción, fue la primera y única criatura que formó el anillo de

conjunción entre el Creador y la criatura, roto por Adán. Ella aceptó el divino mandato de vincular a Dios y a los hombres, y los vinculaba con sus primeros actos de fidelidad, de sacrificio, de heroísmo de hacer morir su voluntad en cada acto suyo, no una vez, sino siempre, para hacer revivir la de Dios. De esto brotaba una fuente de amor divino que cimentaba a Dios y al hombre y todos los actos de ellos, así que sus actos, su amor materno, su dominio de Reina, son cemento que corre, que consolida los actos de las criaturas para volverlos inseparables de los suyos, a menos que algún ingrato rechace recibir el cemento del amor de su Mamá. Por lo tanto, tú debes estar convencida que junto a tu paciencia está la paciencia de la Mamá Reina, que circunda, sostiene y alimenta la tuya en torno a tus penas; te circundan sus dolores que sostienen y alimentan como aceite balsámico la dureza de tus penas, en resumen, en todo. Ella es la Reina hacendosa que no sabe estar ociosa en su trono de gloria, sino que desciende, corre como Madre en los actos y necesidades de sus hijos, por eso agradécele por sus tantos cuidados maternos, y agradece a Dios que ha dado a todas las generaciones una Madre tan santa, amable, y que ama tanto, que llega a ser la que recoge todos los actos de ellos para cubrirlos con los suyos, y para suplir a lo que en ellos falta de bello y de bueno".

(4) Después continuaba mi acostumbrado giro en las cosas creadas, para seguir lo que había hecho la Divina Voluntad en ella, y ¡oh! cómo me parecía bella y encantadora, cada vez que giro en ella encuentro sorpresas que me raptan, noticias que antes no había entendido, el antiguo y el nuevo amor de Dios que jamás se cambia. Pero mientras mi mente se extendía en los horizontes de la Creación, mi amable Jesús sorprendiéndome ha agregado:

(5) "Mi pequeña hija de mi Querer, cómo son bellas nuestras obras, ¿no es verdad? Todo es solidez, equilibrio perfecto, inmutabilidad que no está sujeta a cambiarse ni puede mudarse. Mira, toda la Creación dice y revela nuestro Ser Divino, nuestra firmeza en nuestras obras, nuestro equilibrio es universal en todas las cosas, y por cuantas cosas agradables y desagradables pueden suceder, nuestra inmutabilidad está siempre en su puesto de honor. Nada hemos cambiado del cómo fue creada, y si la criatura ve y siente tantos y múltiples cambios, es ella que se cambia, se cambia a cada circunstancia, y como está dentro y fuera de ella el cambiarse, siente como si nuestras obras se cambiaran para ella, son sus cambios que la rodean los que tienen fuerza para alejarla de nuestra inmutabilidad. Todo es continuado y equilibrado en Nosotros; lo que hicimos en la Creación continúa todavía, y como todo fue hecho para quien debía vivir de nuestra Voluntad, en cuanto la criatura se pone en orden con Ella, nuestra obra creadora desarrolla en ella su acto continuado, y siente la vida de nuestra inmutabilidad, el perfecto equilibrio de nuestras obras, nuestro amor que la ama siempre sin jamás cesar. Donde encontramos nuestra Voluntad continuamos la obra de nuestra Creación, no porque la nuestra sea interrumpida, porque no se hace nuestra Voluntad, no, no, no hay peligro, es porque falta en ellos la causa por la que fueron creados, cual es el hacer nuestra Voluntad, y por tanto no tienen ojos para ver nuestro perfecto equilibrio, que está sobre ellos para equilibrar sus obras y hacerlos inmutables junto con nuestra inmutabilidad, ni oídos para escuchar qué cosa dicen nuestras obras, ni manos para tocarlas y recibir nuestro amor continuado que les ofrecemos, por eso ellos mismos se hacen como extraños en la casa de su Padre

Celestial, y nuestros actos continúan, hacen su curso, pero para ellos quedan como suspendidos y sin efectos".

30-7
Diciembre 14, 1931

Quien hace la Divina Voluntad es llevada entre los brazos de su inmensidad. El hombre fortaleza de Dios. Diferencia entre quien vive y entre quien hace la Divina Voluntad.

(1) Estoy siempre de regreso en el Querer Divino. Mi pequeña alma me parece que toma su vuelo en su luz para consumirse y perder mi vida en ella, ¿pero qué? Mientras me consumo resurjo a nuevo amor, a nueva luz, a nuevo conocimiento, a nueva fuerza, a nueva unión con Jesús y con su Divina Voluntad. ¡Oh! feliz resurrección que tanto bien lleva a mi alma, me parece que mi alma en la Divina Voluntad, está siempre en acto de morir para recibir la verdadera vida y formar poco a poco la resurrección de mi voluntad en la suya. Después mi sumo Bien Jesús, visitando mi pequeña alma me ha dicho:

(2) "Hija mía, nuestra Voluntad es el punto primero y el apoyo irremovible e inquebrantable de la criatura, ella es llevada entre los brazos de nuestra inmensidad, de modo que dentro y fuera de ella nada vacila, sino todo es firmeza y fortaleza insuperables, por eso no queremos otra cosa sino que se haga nuestra Divina Voluntad, para encontrar en el fondo de su alma nuestro sagrario divino, el fogón que siempre arde y jamás se apaga, la luz que forma el día divino y perenne. Y como nuestra Voluntad cuando reina en la criatura se desembaraza de todo lo que es humano, por eso sucede que del centro de su alma nos da actos divinos, honores divinos, oraciones y amor divino, que poseen fuerza invencible y amor insuperable, tanto, que conforme tú en mi Querer querías abrazar todas las obras de aquellos que están en el Cielo, y de las criaturas que están en la tierra, para que todas pidieran que se haga la Divina Voluntad como en el Cielo así en la tierra, todas las obras quedaban marcadas por el gran honor de pedir que mi Fiat sea la vida de cada criatura, y que en ellas reine y domine, y nuestra Divinidad recibía el honor más grande, que todas las obras pidieran la vida, el reino de la Divina Voluntad. Ningún reescrito de gracia es concedido por Nosotros si no está firmado con la firma de oro de nuestro Querer, las puertas del Cielo no se abren sino a quien quiere hacer nuestra Voluntad, nuestras rodillas paternas no se adaptan a tomar en nuestros brazos, para hacerla reposar en nuestro seno amoroso, sino a quien viene como hija de nuestro Querer. He aquí por esto la gran diferencia que nuestro Ser Supremo tuvo al crear el cielo, el sol, la tierra y lo demás, con el crear al hombre; en las cosas creadas puso un basta, de modo que no pueden ni crecer ni decrecer, si bien les puso toda la suntuosidad, belleza y magnificencia de obras salidas de nuestras manos creadoras, en cambio al crear al hombre, debiendo tener nuestra sede en él, y por tanto nuestra Voluntad dominante y obrante, no puso un basta, no, sino le di virtud de hacer multiplicidad de obras, de pasos, de palabras, pero una diferente de la otra. Nuestra Voluntad en el hombre quedaría obstaculizada si no le diera virtud de hacer obras siempre nuevas, no sujeto a hacer una sola obra, de decir la misma

palabra, de caminar sobre un mismo camino, él fue creado por Nosotros como rey de la creación, porque debiendo habitar en él su Creador, el Rey de reyes, era justo que aquél que formaba la habitación a nuestro Ente Supremo, debía ser el pequeño rey que debía dominar las mismas cosas creadas por Nosotros, y él mismo por amor nuestro debía tener el poder de hacer no una sola obra, sino muchas obras nuevas, ciencias para poder iniciar cosas nuevas, también para dar honor a Aquél que lo habitaba dentro, y que entreteniéndose con él en familiar conversación, le enseñaba tantas cosas bellas que hacer y que decir. Por eso nuestro amor al crear al hombre fue insuperable, pero tanto, que debía arrollar todos los siglos para dar amor y pedir amor, y formar en él el reino de nuestra Divina Voluntad. No tenemos otra mira sobre las criaturas, ni pedimos otro sacrificio, sino que hagan nuestra Voluntad, y esto para darle el derecho de rey de sí mismo y de las cosas creadas, y para poder habitar en él con nuestro decoro y honor como nuestra fortaleza y palacio real que nos pertenece".

(3) Después de esto, continuando mi abandono en el Querer Divino, mi amado Jesús ha agregado:

(4) "Hija mía buena, tú debes saber que nuestra Voluntad tiene su Vida, su dominio, su sede, su centro, en nuestro Ser Divino, forma una sola cosa con Nosotros y nuestra misma Vida, de su centro emanan sus rayos plenos de su Vida que llena Cielo y tierra. Ahora quien vive en nuestro Querer, sus actos vienen formados en el centro de su Vida, es decir en nuestro Ser Divino, en cambio quien hace sólo nuestra Voluntad, hace también el bien, pero no vive en Ella, sus actos son formados en los rayos que emanan de su centro. Hay diferencia entre quien pudiera obrar en la luz que el sol expande del centro de su esfera, y entre quien pudiera subir a su centro de luz, ésta sentiría la consumación de su ser y el resurgimiento de su ser en aquel centro de luz, de modo que le resultaría difícil separarse de dentro de aquella esfera de luz, en cambio los otros que obran en la luz que llena la tierra, no sienten la fuerza intensa de la luz que los consume, ni la fuerza de resurgir en la misma luz, a pesar de que hace el bien, permanece tal cual es. Tal es la diferencia entre quien vive y quien hace mi Voluntad; por tanto, cuantos actos hace en Ella, tantas veces resurge a Vida Divina, y consume y muere a lo que es humano. Cuán bellas son estas resurrecciones en el alma, basta decir que vienen formadas por la sabiduría y maestría del Artífice Divino, y esto lo dice todo, todo lo bello y todo lo bueno que podemos hacer de la criatura".

30-8
Diciembre 21, 1931

**Un acto continuado es como juez, orden y centinela de la criatura.
Quiénes son las depositarias de Jesús. Campos y mares divinos.**

(1) Mi abandono en el Fiat Divino continúa, su potencia se impone sobre mí, y quiere que yo lo reconozca en cada uno de mis actos, como vida de mi acto, para poder extender con su potencia los nuevos cielos de belleza, de amor, para poder reconocer en mi acto el acto suyo, que no sabe hacer cosas pequeñas sino grandes, que deben maravillar a todo el cielo y que puedan hacer competencia con todas sus

obras. En cambio, si yo no lo reconozco, mi acto no se presta a recibir la potencia del acto de la Divina Voluntad, y mi acto queda acto de criatura y su potencia queda aparte. ¡Oh! Voluntad Divina, haz que yo te reconozca siempre, para poder encerrar en mi acto tu potencialidad obrante y glorificante de obras de tu Voluntad adorable. Después, mientras esto pensaba, mi amado Jesús ha hecho su breve visita a mi pobre alma, y me ha dicho:

(2) "Hija mía, el reconocer lo que puede hacer mi Voluntad en el acto de la criatura, forma el acto divino en ella, y en este acto, como fondo pone el principio divino, y conforme se va formando así la inviste de su inmutabilidad, de modo que la criatura sentirá en su acto un principio divino que no termina jamás, y una inmutabilidad que jamás se cambia, oirá en sí el sonido de la campana de su acto continuado que hace su curso continuo. Esta es la señal si el alma ha recibido en sus actos el principio divino: 'La continuación', un acto prolijo dice que Dios habita en ella y en sus actos, dice confirmación en el bien, porque es tanto el valor, la gracia, la potencia de un acto continuado, que llena los pequeños vacíos de intensidad de amor, las pequeñas debilidades a que la naturaleza humana está sujeta. Se puede decir que un acto, una virtud continuada es como el juez, el orden, el centinela de la criatura. Por eso me importa tanto que tus actos sean continuos, porque tienen de lo mío dentro, y si no son continuos Yo sentiría deshonrado mi acto en el tuyo. Mira hija mía, es tanto el ímpetu de amor, que quiero ser reconocido en todo lo que he hecho por amor de las criaturas, pero esto no por otra cosa sino para dar, siento una necesidad de dar, quiero formar las depositarias de mi Vida, de mis obras, de mis penas, de mis lágrimas, de todo, pero éstas no salen de Mí si no son reconocidas, con no reconocerlas me impiden el acercarme para poner en ellas lo que con tanto amor quiero dar, y además quedarían sin efectos, serían como tantos ciegos que no ven lo que los rodea. En cambio, el reconocer es vista al alma, que hace surgir el deseo y el amor, y por lo tanto la gratitud hacia Mí que tanto quiero dar, y con celo custodian mi tesoro depositado en ellas, y en las circunstancias se sirven de mi Vida como guía, de mis obras para confirmar sus obras, de mis penas como sostén de las penas de ellas, y de mis lágrimas para lavarse si están manchadas, y ¡oh! cómo estoy contento de que se sirvan de Mí y de mis obras para ayudarse. Fue esta mi finalidad al venir a la tierra, para quedar como su hermanito en medio a ellas, y dentro de ellas como ayuda en sus necesidades. En cuanto me reconocen, Yo no hago otra cosa que reflejar en ellas para sellar el bien que han conocido, casi como sol, que con reflejar, con su luz sobre las plantas y sobre las flores comunica la sustancia de la dulzura y de los colores, no aparentemente sino en realidad. Entonces, si quieres recibir mucho, trata de conocer lo que hizo y hace mi Voluntad en la Creación, y lo que hizo en la Redención, y Yo seré magnánimo y nada te negaré de lo que te hago conocer. Es más, debes saber que si no me detengo ahora para hacerte de maestro, para hacerte conocer tantas otras cosas que me pertenecen, es porque quiero darte todavía lo que te hago conocer. No quedaría contento si no tuviese qué dar, y siempre cosas nuevas para dar a mi hija, por eso espero con ansia que pongas en su lugar en tu alma lo que has conocido, a fin de que lo tengas como cosa tuya, y mientras las pones en su lugar, para ayudarte a ordenarlas te voy acariciando, modelando, fortificándote, ensancho tu capacidad, en suma renuevo lo que hice en la creación de la primera criatura. Mucho más que siendo cosas mías que tú has conocido y que

quiero ponerlas en ti, no quiero fiarme de ninguno, ni siquiera de ti, quiero ser Yo mismo, con mis mismas manos creadoras preparar el lugar y ponerlas en ti, y para tenerlas seguras las circundo con mi amor, con mi fuerza y pongo por guardia mi luz. Por eso sé atenta, no dejes escapar nada, y así me darás el campo para poderte hacer las más bellas sorpresas".

(3) Después de esto, mi pequeña inteligencia continuaba navegando el mar interminable de la Divina Voluntad, y mi sumo Bien Jesús ha agregado:

(4) "Hija mía, Nosotros tenemos campos y mares divinos interminables, que están llenos de alegrías, de bienaventuranzas, de bellezas encantadoras de toda especie, y poseen la virtud de hacer surgir alegrías siempre nuevas y bellezas tales, que una no asemeja a la otra, pero en estos nuestros mares y campos divinos, aunque hay cosas y bienaventuranzas innumerables, no tenemos vidas que palpiten, mientras que Nosotros somos vida y latido de todo, también de nuestras alegrías; nos falta el latido de la criatura que palpite en el nuestro y como vida llenen estos nuestros campos y mares innumerables. Ahora, ¿quieres tú saber quién nos da su vida, no una cosa nueva, pues tenemos tantas? Quien viene a vivir en nuestra Voluntad, porque Ella, desbordando de Nosotros nos forma nuestros campos y mares divinos, llenos de todas las felicidades posibles e imaginables, y la criatura viene a ellos como vida, y tenemos el gran contento y la gran gloria que nos puede dar una vida, y si bien esta vida ha salido de Nosotros, pero es libre de estar o no estar en nuestros campos divinos, y ella pierde, sacrifica su libertad humana, y en nuestra Voluntad toma la libertad divina, y como vida vive en nuestros campos y mares sin confines. Y ¡oh! cómo es bello ver esta vida que agranda su puesto en medio a los apretados grupos de nuestras felicidades y alegrías, y en ellas arroja su semilla, su grano de trigo, imagen de su voluntad que ahí forma su espiga, tan alta, pero como realidad, y no aparente, de la vida palpitante y obrante en nuestro campo celestial, o bien como pececito, símbolo también de su voluntad, que como vida palpita, nada en nuestro mar, vive y se nutre, se entretiene, nos hace miles de bromas y recrea, no como alegría sino como vida, a su Creador. Hay gran diferencia entre aquellas que nos pueden dar nuestras alegrías, y aquellas que nos puede dar una vida. Y por esto podemos decir: 'Nuestros campos están desiertos, nuestros mares están sin peces'. Porque falta la vida de las criaturas para llenarlos, para poder dar y recibir vida por vida, pero vendrá el tiempo que estarán llenos, y tendremos el pleno contento y la gran gloria de tener en medio a nuestras muchas alegrías, multitudes de vidas que vivirán dentro de estos campos y nos darán vida por vida.

(5) Ahora, tú debes saber que estos nuestros campos y mares están a disposición de aquellos que viven en la tierra y que quieren hacer vida en nuestra Divina Voluntad, no para aquellos que viven en el Cielo, porque ellos no pueden agregar ni siquiera una coma de más de lo que han hecho, estos son las vidas gozosas en nuestros campos divinos, no las vidas obrantes, se puede decir de ellos: 'Lo que ha hecho ha hecho'. En cambio, son las vidas obrantes y conquistantes de la tierra las que suspiramos, y que mientras están en la tierra entren en estos nuestros campos y obren y hagan de conquistadoras en modo divino, mucho más, que desde que el hombre pecó, salió de nuestra Voluntad, y le fueron, con justicia, cerradas las puertas de estos nuestros campos. Ahora queremos abrir estas nuestras puertas, después de tantos siglos, a quien quiera entrar, no forzarlas, sino libremente, para hacerlos poblar

estos nuestros campos divinos, para dar una nueva forma, un modo de vida todo nuevo a la criatura, y poder recibir, no obras de ella, sino en cada acto suyo, vida formada en nuestra misma Vida. Esta es la causa de mi tanto hablar sobre mi Voluntad, la fuerza de mi palabra creadora las dispondrá, les dará el deseo, cambiará la voluntad humana, y sabiendo que quiero abrir las puertas, tocarán, y Yo rápido les abriré a fin de que Yo mismo quede satisfecho, y tenga mi pueblo afortunado que me dará a cambio de mi Vida que he dado por ellos, su vida a cambio de la mía. Jamás he hablado sin obtener nada, o en vano, hablé en la Creación, y mi palabra sirvió para formar las cosas admirables de todo el universo, hablé en la Redención, y mi palabra, mi Evangelio, sirve de guía a mi Iglesia, sirve de luz, de sostén, se puede decir que mi palabra es la sustancia y mi Vida palpitante en el seno de la Iglesia. Ahora, si he hablado y hablo todavía sobre mi Divina Voluntad, no será en vano, no, sino que tendré sus admirables efectos, y la Vida de mi Voluntad conocida, obrante y palpitante en medio a las criaturas. Por eso déjame hacer y Yo dispondré las cosas de modo que mi palabra no será palabra muerta, sino viva, que dará vida con todos sus admirables efectos. Mucho más, que estos nuestros campos y mares celestiales harán de madre a las almas afortunadas que quieran vivir en ellos, las educarán en modo divino, las nutrirán con alimentos exquisitos tomados de la mesa celestial y las crecerán de manera noble y santas, que en todos sus actos, pasos y palabras se verá claramente escrito: 'Son similares a su Creador'. Dios oirá la melodía de su voz en la palabra de ellas, su potencia en sus obras, su dulce movimiento de los pasos que corren junto a todos porque los quiere consigo, en los pasos de ellos, y como raptado dirá: '¿Quién es quien me asemeja? ¿Quién sabe imitar mi voz dulce, armoniosa y fuerte de poder sacudir Cielo y tierra? ¿Quién tiene tanta fuerza de raptarme en sus obras para hacerme obrar junto con ella? ¿Quién es? ¿Quién es?' ¡Ah! es quien vive en nuestros campos divinos, es justo que nos asemeje en todo, por cuanto a criatura es posible, es nuestra hija, y basta, dejémosla que nos imite, que nos asemeje, será nuestra gloria de nuestra obra creadora, la suspirada de su Padre Celestial, estas almas formarán la nueva jerarquía en la patria celestial, donde hay un puesto reservado para ellos, que a ningún otro es dado ocupar".

30-9
Diciembre 25, 1931

Deseo de Jesús de la compañía de la criatura. Extrema necesidad del niño Jesús de ser amado con amor divino por su Madre Celestial.

(1) Me siento como inundar por el mar de luz de la Divina Voluntad, ¡oh! cómo quisiera ser en verdad el pececito en este mar, de modo de no ver mas que luz, tocar, respirar, vivir de luz, ¡oh! cómo sería feliz de oírme decir que soy la hija del Padre Celestial. Pero mientras esto y otras cosas pensaba, mi querida vida, el dulce y soberano Jesús, visitando mi pequeña alma, hacía ver que de dentro de su adorable persona salían mares de luz interminable, y de dentro de ella salían almas que poblaban la tierra y todo el Cielo, y Jesús llamándome me ha dicho:
(2) "Hija mía, ven en esta luz, aquí te quiero, la virtud de mi luz, su movimiento como fuente de vida, no hace otra cosa que hacer salir de dentro de su seno de luz almas,

es decir, vida de criaturas, su potencia es tanta, que conforme se mueve hace salir almas, y Yo quiero a mi amada junto Conmigo, en el seno de mi luz, es decir de mi Voluntad, porque conforme las almas vengan formadas y salgan fuera, no quiero estar solo, quiero tu compañía a fin de que reconozcas el gran portento de la creación de las almas, nuestro amor excesivo, y como te quiero en mi Voluntad quiero ponerlas en ti, confiártelas, no dejarlas solas mientras peregrinan la tierra, quiero tener junto Conmigo quién me las proteja y defienda. ¡Oh! cómo es dulce la compañía de quien tiene cuidado de las vidas salidas de Mí, me es tan grato, que hago, a quien vive en mi Voluntad, depositaria de la creación de las almas, canales por los cuales las hago salir a la luz, y canales para hacerlas entrar de nuevo a nuestra patria celestial. Todo quiero dar a quien quiere vivir en mi Fiat, su compañía, necesidad a mi amor, a mis desahogos y a mis obras, que quieren ser reconocidas; hacer y no ser reconocidas, son como obras que no saben producir triunfo, ni cantar victoria y gloria. Por eso no me niegues tu compañía, negarías un desahogo de amor a tu Jesús, y a mis obras les faltaría el cortejo y el contento de la criatura, y quedarían como obras aisladas, y mi amor contenido se cambiaría en justicia".

(3) Después de esto estaba pensando en el nacimiento del Niñito Jesús, especialmente en el acto cuando salió del seno materno, y el celestial Infante me ha dicho:

(4) "Hija queridísima, tú debes saber que en cuanto salí del seno de mi Mamá sentí la necesidad de un amor y afecto divinos. Yo dejé a mi Padre Celestial en el Empíreo, que nos amábamos con amor todo divino, todo era divino entre las Tres Divinas Personas: Afectos, santidad, potencia, y así de lo demás. Ahora, Yo no quise cambiar modos viniendo a la tierra, mi Divina Voluntad me preparó la Madre Divina, de modo que tuve Padre Divino en el Cielo, y Madre Divina en la tierra, y en cuanto salí del seno Materno, sintiendo extrema necesidad de estos afectos divinos, corrí a los brazos de mi Mamá para recibir, como el primer alimento, el primer respiro, el primer acto de vida a mi pequeñita humanidad, su amor divino, y Ella hizo salir de Sí los mares de amor divino que mi Fiat había formado en Ella, y me amó con amor divino, como me amaba mi Padre en el Cielo. Y ¡oh! cómo estuve contento, encontré mi paraíso en el amor de mi Mamá. Ahora, tú sabes que el verdadero amor jamás dice basta, si pudiera decir basta perdería la naturaleza del verdadero amor divino, y por eso, desde los brazos de mi Madre, mientras tomaba el alimento, el respiro, el amor, el paraíso que Ella me daba, mi amor se extendía, se hacía inmenso, abrazaba los siglos, buscaba, corría, llamaba, deliraba, porque quería las hijas divinas, y mi Voluntad para tranquilizar a mi amor, me presentó a mis hijas divinas, que en el transcurso de los siglos me habría formado, y Yo las miré, las abrasé, las amé y recibí el respiro de sus afectos divinos, y vi que la Reina Divina no habría quedado sola, sino que habría tenido la generación de mis y sus hijas divinas. Mi Voluntad sabe cambiar y dar la transformación y formar el noble injerto de humano en divino. Por eso cuando te veo obrar en Ella, me siento dar y repetir el paraíso que me dio mi Mamá cuando de niño me recibió en sus brazos. Quien hace y vive en mi Divina Voluntad, hace surgir y forma la dulce y bella esperanza de que su reino vendrá sobre la tierra, y Yo me deleitaré en el paraíso de la criatura que mi Fiat ha formado en ellas".

(5) Y mientras mi mente continuaba pensando en lo que Jesús me había dicho, con un amor más intenso y tierno ha agregado:

(6) "Mi buena hija, nuestro amor corre continuamente hacia la criatura, nuestro movimiento amoroso que no cesa jamás corre en el latido del corazón, en los pensamientos de la mente, en el respiro de los pulmones, en la sangre que circula, corre, corre siempre y vivifica con nuestra nota y movimiento de amor el latido, el pensamiento, el respiro, y quiere el encuentro del amor palpitante, del respiro amante, del pensamiento que recibe y nos da amor, y mientras nuestro amor corre con rapidez inalcanzable, el amor de la criatura no se encuentra con el nuestro, se queda atrás, y no sigue la carrera de nuestro amor que corre sin jamás detenerse, y no viéndonos ni siquiera seguir mientras continuamos a girar en el latido, en el respiro, en todo el ser de la criatura, delirantes exclamamos: 'Nuestro amor no es conocido, ni recibido, ni amado por la criatura, y si lo recibe es sin conocerlo'. ¡Oh! cómo es duro amar y no ser amado. Sin embargo si nuestro amor no corriera, cesaría al instante la vida de ellas; sucedería como al reloj: si tiene cuerda hace oír su tic tac, y admirablemente señala las horas y los minutos, y sirve para mantener el orden del día, el orden público, si termina la cuerda, el tic tac no se oye más, queda detenido, como sin vida, y puede haber muchos desordenes por causa del reloj que no camina. La cuerda de la criatura es mi amor, que conforme corre esta cuerda celestial, late el corazón, circula la sangre, forma el respiro, se pueden llamar las horas, los minutos, los instantes del reloj de la vida de la criatura, y al ver que si no hago correr la cuerda de mi amor, no pueden vivir, y no obstante que no soy amado, mi amor continúa su curso, pero poniéndose en actitud de amor doloroso y delirante. Ahora, ¿quién nos quitará este dolor y endulzará nuestro delirio amoroso? Quien tendrá por vida nuestra Divina Voluntad. Ella como vida formará la cuerda en el latido, en el respiro y así de lo demás de la criatura, formará el dulce encuentro con nuestro amor, y nuestra cuerda y la de ellas caminarán juntas. Nuestro tic continuo será seguido del tac de ellas, y nuestro amor no estará más solo en el correr, sino que tendrá su curso junto con la criatura. Por eso no quiero otra cosa, que Voluntad mía, Voluntad mía en la criatura".

30-10
Enero 3, 1932

Certeza de la venida del reino de la Divina Voluntad a la tierra. Todas las dificultades se derretirán como nieve frente a un sol ardiente. La voluntad humana es la estancia oscura de la criatura.

(1) Mi abandono continúa en el Fiat Divino, pero me sentía preocupada por el pensamiento, ¿cómo podrá venir este reino de la Voluntad Divina? El pecado abunda, los males empeoran, las criaturas me parecen indispuestas para recibir un bien tan grande, tanto, que no hay alma, por cuan buena fuera, que verdaderamente quiera ocuparse en hacer conocer lo que respecta a la Divina Voluntad. Si Dios no obra un prodigio de su Omnipotencia, el reino del Fiat Divino podrá estar en el Cielo, pero para la tierra es inútil pensarlo. Mientras esto y otras cosas pensaba, mi amado Jesús haciendo su acostumbrada visita a mi alma me ha dicho:

(2) "Hija mía, todo es posible para Nosotros. Las imposibilidades, las dificultades, los obstáculos insuperables de las criaturas, se disuelven ante nuestra Majestad Suprema como nieve frente a un sol ardiente; todo está en si Nosotros queremos, todo lo demás es nada. ¿No sucedió así en la Redención? El pecado abundaba más que nunca, apenas un pequeño núcleo de gente suspiraba al Mesías, y en medio de este núcleo, cuántas hipocresías, cuántos pecados de todas las especies, frecuentemente idolatraban, pero estaba decretado que Yo debía venir a la tierra, y frente a nuestros decretos, todos los males no pueden impedir lo que queremos hacer. Un acto solo de nuestra Voluntad nos glorifica más de lo que nos ofenden todos los males y pecados que cometen las criaturas, porque nuestro acto de Voluntad es divino e inmenso, y en su inmensidad abraza toda la eternidad, todos los siglos, se extiende a todos; por eso no es de nuestra infinita sabiduría el no dar vida a un solo acto de nuestra Voluntad por los males de las criaturas, Nosotros nos ponemos de nuestro lado divino y hacemos lo que debemos hacer, y a las criaturas las dejamos en el lado humano, y haciendo de Soberanos, señoreamos todo y a todos, aun sobre el mal, y ponemos fuera nuestros decretos.

(3) Ahora, así como fue decreto nuestro mi venida sobre la tierra, así es decreto nuestro el reino de nuestra Voluntad sobre la tierra, más bien se puede decir que el uno y el otro es un solo decreto, y que habiendo cumplido el primer acto de este decreto, nos queda por cumplir el segundo. Es verdad que nos sujetamos a la buena disposición de las criaturas para dar el gran bien que puede producir un acto de nuestra Voluntad, y por eso, a lo más tomamos tiempo y nos abrimos camino en medio a sus males para disponerlos. Es verdad que los tiempos son tristes, los mismos pueblos están cansados, se ven cerrados todos los caminos, no encuentran caminos de salida, aun para los necesarios medios naturales, las opresiones, las exigencias de los gobernantes son insoportables, justa pena por haber elegido por gobernantes hombres sin Dios, de mala vida, sin justo derecho para ser cabezas, que merecían más una cárcel que el derecho de regir. Muchos tronos e imperios han sido arrollados, y los pocos que han permanecido están todos vacilantes y a punto de destruirse, así que la tierra permanecerá casi sin rey, en manos de hombres inicuos. Pobres pueblos, pobres hijos míos, bajo el régimen de hombres sin piedad, sin corazón, y sin la gracia de poder servir de guía a sus dependientes; se está repitiendo la época del pueblo hebreo, que cuando Yo estaba próximo a venir sobre la tierra, estaba sin rey, y estaba bajo el dominio de un imperio extranjero, hombres bárbaros e idólatras que ni siquiera conocían a su Creador, sin embargo era esta la señal de mi próxima venida en medio a ellos. Entre aquella época y ésta, en muchas cosas se dan la mano, y la desaparición de los tronos y de los imperios, es el anuncio de que el reino de mi Divina Voluntad no está lejos. Debiendo ser una reino universal, pacífico, no habrá necesidad de rey que lo domine, cada uno será rey para sí mismo; mi Voluntad será para ellos ley, guía, sostén, vida y Rey absoluto de todos y de cada uno, y todas las cabezas arbitrarias y sin derecho se reducirán a pedazos, como polvo al viento. Las naciones continuarán debatiéndose entre ellas, quién para guerra, quién para revoluciones entre ellas y contra mi Iglesia, tienen un fuego que las devora en medio a ellas que no les da paz, y no saben dar paz, es el fuego del pecado y el fuego del hacer sin Dios lo que no les da paz, y no harán jamás la paz si no llaman a Dios en medio a ellos, como régimen y vínculo de unión y de paz, y Yo

los dejo hacer, y haré tocar con la mano qué significa hacer sin Dios. Pero esto no impide que venga el reino de mi Fiat Supremo, estas son cosas de la criatura, del bajo mundo, que mi potencia cuando quiere, arroja por tierra y destruye, y hace surgir de la tempestad el cielo más sereno y el sol más refulgente. En cambio, el reino de mi Divina Voluntad es de lo alto, de los Cielos, formado y decretado en medio a las Divinas Personas, ninguno nos lo pueda tocar ni destruir. Primero lo trataremos con una sola criatura, formando el primer reino en ella, después con pocos, y después, haciendo uso de nuestra Omnipotencia lo divulgaremos por todas partes. Estate segura, no te preocupes porque los males empeorarán, nuestra potencia, nuestro amor vencedor que tiene virtud de siempre vencer, nuestra Voluntad que todo puede y que con paciencia invicta sabe esperar incluso siglos, pero lo que quiere y debe hacer vale más que todos los males de las criaturas; ante su potencia invencible y su valor infinito, serán como gotitas de agua los males de ellas, como tantas pequeñeces que servirán al triunfo de nuestro amor y a la mayor gloria de nuestra Voluntad cumplida. Y después, cuando tengamos la gran gloria de formar este reino dentro de una sola criatura, ella será como sol, que todos tienen derecho de gozar y poseer su luz, más que sol dará el derecho a todas las criaturas de hacer poseer un reino tan santo, y Nosotros con sabiduría infinita abundaremos de gracias, de luz, de ayudas, de medios sorprendentes, para que hagan reinar el reino de mi Voluntad en medio a ellos. Por eso déjame hacer, si te lo ha dicho Jesús, es suficiente, es como si ya estuviera hecho. Todas las criaturas y todos los males juntos no tienen poder ni derecho sobre nuestra Voluntad, ni pueden impedir un solo acto de nuestra Voluntad querida con decretos de nuestra sabiduría".

(4) Después seguía pensando en el Fiat Divino, y mi dulce Jesús ha agregado:

(5) "Hija mía, mi Voluntad es luz, la voluntad humana es la estancia oscura en la cual vive la pobre criatura; en cuanto mi Querer entra en esta estancia oscura, así queda toda investida de esta luz que todo ilumina, incluso los más remotos y pequeños escondites del alma. Se hace luz del pensamiento, de la palabra, de las obras, de los pasos, pero con una diversidad maravillosa; el pensamiento toma una variedad de colores animados por la luz, la palabra toma otra variedad de colores, la acción, el paso, otras variedades de colores, y conforme repite el pensamiento, la palabra, la acción, el paso, animados por la luz de mi Voluntad, así se forman los matices de los colores divinos, y la belleza es que todos los colores están animados por la luz. ¡Oh! cómo es bello ver a la criatura animada por el arco iris de nuestros colores divinos, es una de las escenas más bellas que ella nos presenta, y nos hace gozar, la miramos y vemos que no son otra cosa que los reflejos de nuestros pensamientos, de nuestras acciones, y así de lo demás, que ha formado la variedad de nuestros colores divinos, y nuestra Voluntad que hace alarde de luz en los actos de la criatura, que con su dulce encanto nos rapta y nos hace espectadores de nuestros actos, y ¡oh! cómo esperamos con todo amor la repetición de estas escenas tan bellas y deleitables".

30-11
Enero 7, 1932

La Divina Voluntad puede ser querida, ordenada, obrante y cumplida. Ejemplo: La Creación.

(1) Continúo siguiendo al Querer Divino, lo siento siempre sobre de mí, en acto de encerrarse en mis actos para tener el contento de decirme: "Tu acto es mío, porque dentro está mi Vida que lo ha formado". Me parece que con una paciencia invicta, pero paciencia amorosa, dulce, amable, que rapta mi pobre alma, numera, observa cuando debo obrar, dar un paso y lo demás, para encerrar su Vida obrante y el mover su paso en el mío, como si se quisiera encerrar en mi acto, si bien permanece inmensa cual es. ¿Pero quién puede decir lo que experimento y siento bajo el imperio de la Divina Voluntad? Soy siempre la pequeña ignorante que apenas sé decir el a, b, c, de la Divina Voluntad. En muchas cosas me faltan las palabras, mientras que mi mente está llena y quién sabe cuántas cosas quisiera decir, pero hago por decirlo y no encuentro las palabras para expresarme, y por eso sigo adelante. Después, mi dulce Jesús, sorprendiéndome me ha dicho:

(2) "Hija mía, mi Voluntad tiene modos sorprendentes y diferentes de obrar, y obra según las disposiciones de las criaturas. Muchas veces hace conocer lo que Ella quiere, pero deja a decisión de las criaturas el hacerlo o no hacerlo, y ésta se llama Voluntad querida. Otras veces, al querer agrega la orden, y da gracias duplicadas para hacer que se cumpla dicha orden, y esto es de todos los cristianos, el no hacer esto significa no ser ni siquiera cristianos. El otro modo es obrante, en éste, desciende en el acto de la criatura y obra como si el acto de la criatura fuera acto suyo, y por eso como acto suyo pone en él su Vida, su santidad, su virtud operativa; pero para llegar a esto, el alma debe estar habituada a la Voluntad querida y ordenada, éstas preparan el vacío en el acto humano para recibir el acto obrante del Fiat Divino, pero no se detiene ahí, el acto obrante llama al acto cumplido y completo, y éste es el acto más santo, más potente, más bello, más refulgente de luz que puede hacer mi Divina Voluntad, y siendo su acto completo, todo lo que ha hecho viene encerrado en este acto, de modo que se ve correr y encerrado en él: El cielo, el sol, las estrellas, el mar, las bienaventuranzas celestiales, todo y todos".

(3) Y yo como sorprendida: "¿Pero cómo puede ser que un solo acto pueda encerrar todo? Parece increíble".

(4) Y Jesús ha agregado: "¿Cómo que increíble? ¿No puede acaso mi Voluntad hacer todo y encerrar todo, tanto en el grande como en el más pequeño acto? Tú debes saber que en los actos cumplidos de mi Voluntad, entra la inseparabilidad de todo lo que ha hecho y hará, de otra manera no sería un acto solo, sino que estaría sujeto a sucesión de actos, lo que no puede ser, ni en nuestro Ser Divino, ni en nuestra Voluntad, y la Creación es un ejemplo palpable: Todas las cosas creadas son inseparables entre ellas, pero distintas una de la otra, mira el cielo, acto cumplido del Fiat, el cual por la parte de arriba sirve de escabel a la patria celestial, donde corren todas las felicidades y alegrías, ocupado por todos los ángeles y santos y donde formamos nuestro trono. Ese mismo cielo forma la bóveda azul sobre la cabeza de las criaturas, y en el mismo espacio se ven multitud de estrellas, pero no se extienden más allá del cielo; más abajo está el sol, el viento, el aire, el mar, pero bajo aquel mismo espacio de cielo, y mientras cada uno hace su oficio, es tanta su inseparabilidad, que al mismo tiempo y en el mismo lugar se siente y se ve que el sol golpea con su luz, el viento sopla y da sus ráfagas refrescantes, el aire se hace respirar, el mar hace oír su murmullo, parece que están fundidos juntos, tanta es su

inseparabilidad, tanto, que la criatura en el mismo tiempo y lugar puede gozar el cielo, el sol, el viento, el mar, la tierra florida. Los actos cumplidos de mi Divina Voluntad no están sujetos a separarse, porque de la Voluntad única de donde han salido, han salido con la fuerza y potencia unitiva, por eso no es ninguna maravilla si en los actos cumplidos que hace en la criatura encierra todo, y se ven delineadas como si se pudiera ver dentro de un vidrio todas sus obras, mientras que cada cosa está en su lugar, pero se reflejan con una potencia admirable en el acto cumplido de mi Voluntad en el acto de la criatura. Es esta la razón que en un acto cumplido de mi Voluntad, tanto en la criatura como fuera de ella, es tanto el valor, que por cuanto damos quedamos siempre por dar, porque no tiene la capacidad de tomar todo el valor que contiene. Se llena hasta el borde, derrama fuera, se forma los mares alrededor, ¿y qué cosa ha tomado? Se puede decir que poquísimo, porque este acto encierra el infinito y la criatura es incapaz de tomar el valor de un acto infinito de mi Fiat Divino, sería más fácil que encerrara toda la luz del sol en el breve giro de su pupila, lo que también es imposible, puede llenarse el ojo de luz, pero cuántos mares de luz no quedan fuera de su pupila, ¿por qué? Porque hay un Fiat Divino en aquel sol, por lo cual a todas las pupilas no les es dado encerrarlo, tomarán cuanta luz quieran, pero agotarla jamás; tendrán siempre qué tomar; verdadera imagen de un acto cumplido de mi Voluntad en la criatura. Por eso sé atenta y haz que Ella sea la vida en tus actos".

30-12
Enero 12, 1932

Giro en la Divina Voluntad. Garantías, anticipos y compromisos por parte de las criaturas. Capital de parte del Creador. Eco que forma la Divina Voluntad en las criaturas.

(1) Estaba según mi costumbre haciendo mi giro en los actos de la Divina Voluntad, sentía que en Ella y con Ella podía abrazar todo, recordar todo, admirar todo lo que había hecho la Divina Voluntad. Era el teatro infinito que se presentaba ante mi pequeña mente, que con escenas divinas e innumerables, hacía gustar dulzuras indecibles y las escenas más bellas y encantadoras que la potencia del Fiat Divino ha puesto fuera, en el giro de la Creación, Redención y Santificación. Parece que es un giro que ha hecho en el curso de los siglos, y en este giro ha hecho tantas cosas bellas, maravillosas, de hacer estremecer Cielo y tierra, y este giro lo ha hecho para hacernos girar a nosotros alrededor, para hacernos conocer cuánto puede hacer, y sabe hacer por amor nuestro. Entonces, mientras giraba en el giro infinito del Querer Divino, mi amable Jesús visitando a su pequeña recién nacida me ha dicho:
(2) "Mi pequeña hija de mi Voluntad, si tú supieras cuánto gozo al verte girar en el infinito giro de mi Fiat Supremo, y al ver que te detienes como suspendida frente a sus prodigios, a sus obras admirables y adorables, a sus escenas encantadoras y que raptan, en mi ímpetu de amor digo: 'Cómo estoy contento de que mi hija sea espectadora y goce las escenas admirables de Aquélla que la ha creado.' Pero esto no basta, tú debes saber que para adquirir una propiedad, se requiere que quien la quiere ceder, debe dar la libertad a quien debe tomarla, de visitarla, llevarla casi de la

mano para hacerle conocer todos los bienes que hay en ella, las fuentes que posee, la rareza y preciosidad de las plantas, la fertilidad del terreno, y esto sirve para enamorar a quien la debe adquirir; y quien debe adquirirla es necesario que dé los anticipos, haga los compromisos relevantes para comprometer a aquél que debe ceder la propiedad, a fin de que no pueda retractarse.

(3) Ahora, hija bendita, queriendo dar el reino de mi Divina Voluntad, es necesario que tú gires en sus propiedades divinas, y Yo, llevándote de la mano, te hago conocer sus mares interminables, los bienes, los prodigios, las maravillas sorprendentes, las alegrías, las felicidades, cosas todas de valor infinito que posee, a fin de que tú conociéndolo lo ames, y te enamores tanto, que no sólo no sabrías vivir si él, sino que darías la vida para adquirir un reino tan santo, pacífico y bello. Pero no es todo aún, se requiere tu parte, tus garantías, tus anticipos y compromisos. Y nuestro amor y bondad es tanta, que quieren dar nuestra Voluntad como propiedad que le pertenece a la criatura, que pone a su disposición lo que Ella ha hecho, a fin de que se sirva de ello como garantías y compromisos equivalentes para recibir un don tan grande. Ahora, cuando tú giras en la Creación y ves el cielo y te regocijas al ver la bella bóveda azul tapizada de estrellas, el sol rebosante de luz, y reconozcas y sientas al Fiat Divino palpitante todavía, que lo ha creado por amor de las criaturas, y tú haciendo salir de tu corazón tu pequeño amor, ama a Aquél que tanto te ha amado, tu amor se sella en el acto del cielo, en la luz del sol, y nos da como prenda el cielo, por anticipo las estrellas, por compromiso el sol, porque fue creado para ti, y basta que poseas como vida tuya nuestra Voluntad, y ya todo es tuyo y puede ser el válido compromiso para obtener su reino. Y así conforme gires en todas las otras cosas creadas, las reconozcas y nos ames, y cuantas veces repitas tus giros, tantas veces repites las prendas, haces los compromisos, y nos comprometes a disponer las cosas, a dar gracias, ayudas, para dar como reino el gran don del Fiat Voluntas Tua como en el Cielo así en la tierra. Nosotros sabemos que la criatura no tiene qué darnos, y nuestro amor se impone para darle nuestros actos como si fueran suyos, poniendo en sus manos nuestras obras como moneda divina, para que tenga medios suficientes para poder contratar con nuestro Ser Supremo. Pero si no tiene nada, tiene su pequeño amor, desprendido del nuestro en el acto de crearla, por eso tiene una partecita del amor infinito de Dios, y cuando la criatura nos ama, pone el infinito en actitud, sentimos la fuerza magnética de la partecita de nuestro amor infinito, que haciéndose sentir nos ama en ella, se eleva, se extiende, llega hasta Nosotros y quiere entrar en el infinito de donde salió, ¡oh! cómo nos rapta, y en el ímpetu de nuestro amor decimos: '¿Quién puede resistir a la fuerza de nuestro amor infinito que sale de la criatura y nos ama?' Dar cielos y tierra nos parece poco para corresponderla por su pequeño amor, que si bien es pequeño, posee la partecita del infinito, y esto nos basta. ¡Oh! cómo es dulce y querida la preciosa prenda del amor de la criatura, y como no hay cosa que en el giro de los siglos no haya salido de nuestra Voluntad, tu girar en la creación del hombre es una visita que le haces, para conocer lo que obró, y conocer en qué mares de gracias, de santidad, de amor fue puesto en el acto de ser creado, y tú quisieras hacer todo tuyo aquel amor para amarnos, y nos comprometes con los mismos actos con los cuales creamos al hombre. Y así cuando giras en la creación de la Virgen, en sus mares de gracias, en mi venida a la tierra y en todo lo que Yo hice y sufrí, tú pones por compromiso a la

Reina del Cielo, mi misma Vida y todos mis actos. Mi Voluntad es todo, y para darse a la criatura quiere ser reconocida, quiere tener qué hacer, quiere contratar con ella, y cuanto más la visites en sus actos, tanto más se encuentra empeñada y comprometida y comienza el desembolso de su capital; todas las verdades, los conocimientos que te he dado sobre la Divina Voluntad, ¿no ha sido acaso capital que he puesto en tu alma? Y es tan exuberante, que puede llenar de luz, de amor, de santidad, de gracias, de paz, todo el mundo entero, ¿y no ha sido acaso después de un giro que has hecho en sus actos, que ya te esperaba con todo amor para darte sus prendas y anticipos de que su reino habría venido sobre la tierra? Tú dabas tus prendas y mi Fiat te daba las suyas, se puede decir que cada verdad y palabra que decía respecto a Él, eran disposiciones que tomaba de cómo formar este reino, leva que llamaba para formar su ejército, capital que desembolsaba para mantenerlo, alegrías y delicias para atraerlos, fuerza divina para vencerlos, porque primero Nosotros hacemos los actos, ordenamos todo, y después mostramos y hacemos conocer los actos que hemos hecho. Y como este bien lo queremos dar a las criaturas, es necesario, justo y razonable que nos entendamos al menos con una criatura, a fin de que de una pase a la otra. Nosotros no hacemos nuestras obras en el aire, sino queremos un pequeño apoyo donde formar nuestras obras más grandes, ¿no fue nuestro pequeño apoyo la Reina del Cielo en la obra grande de la Redención, que después se extendió a todos y a quien la quiera? Por eso tu vuelo en mi Voluntad sea continuo, a fin de que intercambiemos, tú tus garantías y Ella sus capitales, para acelerar su reino sobre la faz de la tierra".

(4) Después de esto me sentía más de lo acostumbrado toda inmersa en el Fiat Divino, y mi soberano Jesús ha agregado:

(5) "Hija mía, rápidamente se conoce cuando mi Divina Voluntad obra en el alma, en cuanto Ella obra extiende en el ser humano suavidad, dulzura, paz, fortaleza, firmeza, antes de que obre sopla e imprime su Fiat Omnipotente, el cual extiende su cielo en torno a la obra que quiere hacer, parece que sin su cielo mi Voluntad no sabe obrar, y mientras obra hace resonar su eco dulce, armonioso en las Tres Divinas Personas, poniéndolas al día de lo que está haciendo en el alma, porque siendo una la Voluntad que está obrando en ella, con la de las Divinas Personas, sucede que lo que hace en las Divinas Personas, hace resonar su eco potente en la criatura, y en este eco le lleva los admirables secretos, las dulzuras inefables, el amor inseparable, como se aman las Divinas Personas, el dulce acuerdo entre Ellas. Este eco es el portador de las cosas más íntimas del Ente Supremo a la criatura; donde está obrando mi Voluntad, el eco de uno se funde en el otro, el de arriba se hace revelador divino, aquel de abajo, resonando en Dios, tiene virtud de hablar potentemente con los modos divinos del bien de las criaturas y del mismo amor con que Ellos la quieren. Mi Voluntad con su potencia forma las dulces cadenas, y funde y transforma a Dios y a la criatura, de manera que Dios se siente rehecho en la criatura, y ella se sienta rehecha en Dios. ¡Oh! Voluntad mía, cómo eres admirable y potente, extiende tus dulces cadenas y ata a Dios y a las criaturas, a fin de que todos regresen a mi seno divino".

30-13
Enero 12, 1932

Modos dominantes, hablantes y felicitantes de la Divina Voluntad. Cómo el cielo queda atrás. Victoria de Dios y conquista de la criatura. La Divina Voluntad recolectora de sus obras. Ejemplo de una madre que llora a su hijo lisiado.

(1) Mi pequeña alma continúa navegando el mar interminable del Fiat Divino, y ¡oh! cómo quedo sorprendida, porque mientras me parece que he hecho un largo camino, hago por mirar y no encuentro otra cosa que pocos pasos en comparación de los que me quedan por hacer. Su interminabilidad es tanta, que aunque debiera caminar siglos me encontraría siempre al principio, y hay tanto por conocer del Querer Divino, que encontrándome en su mar me siento siempre la pequeña ignorante que apenas ha aprendido las vocales de la Divina Voluntad, y tal vez las consonantes las iré a aprender en la patria celestial, que espero alcanzar pronto. ¡Oh! cómo quisiera mover a piedad a todo el Cielo, para que termine mi largo exilio; pero del resto ¡Fiat! ¡Fiat! ¡Fiat! Y mi siempre amable Jesús, teniendo compasión de mí, me ha estrechado entre sus brazos diciéndome:

(2) "Hija bendita, ánimo, no te aflijas demasiado, por ahora quiero que tu Cielo sea mi Divina Voluntad, Ella será tu patria celestial en la tierra, y no dejará de felicitarte y de darte las puras alegrías de allá arriba; donde Ella reina tiene múltiples modos para dar nuevas sorpresas de alegrías, de contentos, para hacer que el alma que la posee pueda gozar su paraíso en la tierra, y por eso ahora toma modos dominantes, y su dominio se extiende en la mente, en la palabra, en el corazón, en todo el ser de la criatura, hasta en el más pequeño movimiento, y ¡oh! cómo es dulce su dominio, es dominio y vida, es dominio y fuerza, es dominio y luz que se hace camino, y su luz aleja las tinieblas, quita las barreras que pueden impedir el bien, y su dominio pone en fuga a los enemigos, en suma, la criatura se siente llevada por el dominio de la Divina Voluntad, y mientras es dominada queda dominadora de sí misma, de sus actos y de la misma Divina Voluntad que mientras domina e impera, es tanta su suavidad, fuerza y dulzura, que se funde con la criatura y quiere que domine junto, porque su dominio es pacífico, y a todos los actos que hace la criatura da su beso de paz dominante. Este beso, suavidad y dulzura raptan la voluntad humana en la Divina y extienden el dominio juntos para formar el reino divino en el fondo del alma. No hay cosa más bella, más querida, más grande, más santa, que sentir correr el dominio de mi Voluntad en todos los actos, y en todo el conjunto de la criatura, podría decir que el Cielo queda atrás ante el dominio de mi Voluntad en el corazón de la criatura viadora, porque en los santos no tiene nada qué agregar, no queda otra cosa que hacerlos felices continuamente; en cambio en el alma viadora hay obras que puede hacer, nueva vida que puede infundir, nuevas conquistas que puede adquirir para agrandar y extender mayormente su dominio. El dominio total de mi Voluntad Divina en la criatura es nuestra victoria continuada, por cada acto suyo que hace en ella con su dominio, tantas victorias hacemos, y la criatura queda vencedora de mi Divina Voluntad en sus actos; en cambio en el Cielo no tenemos nada qué vencer, porque todo es nuestro, y cada bienaventurado cumple su trabajo en el acto de expirar, por eso nuestra obra conquistante es sobre la tierra, en las almas viadoras, no en el Cielo; en el Cielo no tenemos ni qué perder ni qué adquirir.

(3) Ahora, cuando mi Divina Voluntad se ha asegurado su total dominio en la criatura, toma su modo hablante, tú debes saber que cada palabra suya es una creación, donde Ella reina no sabe estar ociosa, y como posee la virtud creadora no sabe hablar si no crea, ¿pero qué cosa crea? Quiere crearse a Sí misma en la criatura, quiere hacer desahogo de sus cualidades divinas, y lo hace palabra por palabra, casi como hizo en la Creación del universo, en que no dijo una sola palabra, sino tantas palabras por cuantas cosas distintas quiso crear. El alma nos cuesta más que todo el universo, y cuando está segura de su dominio, no ahorra sus palabras, más bien, conforme la criatura recibe el acto de su palabra creadora, así ensancha su capacidad y prepara otra. Así que habla y crea la luz, habla y crea la dulzura, habla y crea la fuerza divina, habla y crea su día de paz, habla y crea sus conocimientos, cada palabra suya es portadora de creaciones del bien que Ella posee y revela; su palabra se hace anunciadora de los bienes que quiere crear en el alma. ¿Quién puede decirte el valor que posee una sola palabra de mi Divina Voluntad? ¿Y cuántos cielos, mares de riquezas, variedad de bellezas pone en la afortunada criatura que posee su dulce y feliz dominio?

(4) Ahora, después del trabajo surge la alegría, la felicidad. Mi Voluntad por su naturaleza está llena de alegrías innumerables, Ella ve a la criatura que se ha prestado a recibir la creación de sus palabras y, ¡oh! cómo se siente feliz, porque ve que cada creación recibida da a luz una alegría y felicidad sin fin, y Ella pasa del modo hablante al modo felicitante, y para hacer que la criatura goce de más, no se aparta, no, sino que se felicita junto, y para hacerla gozar más, le va explicando la naturaleza y diversidad de las alegrías que ha creado en su alma sólo porque la ama y quiere verla feliz, y como las alegrías, la felicidad, en la soledad no son plenas, parece que mueren, por eso me deja junto contigo para poderte felicitar siempre y preparar las nuevas alegrías con el trabajo de mi palabra creadora. Por eso nuestra única fiesta y felicidad que tenemos sobre la tierra, es el alma que se hace poseer por el dominio de mi suprema Voluntad, en ella encuentra lugar nuestra palabra, nuestra Vida, nuestras alegrías, se puede decir que la obra de nuestras manos creadoras está en el orden, donde fue establecido por nuestra sabiduría infinita, esto es en nuestra Divina Voluntad, está en su puesto de honor. Por el contrario quien se hace dominar por la voluntad humana, está en el desorden y es nuestro continuo fallo de nuestra obra creadora. Por eso sé atenta hija mía, y haz feliz a quien quiere volverte feliz en el tiempo y en la eternidad".

(5) Después de esto continuaba nadando en el mar de luz del Fiat Divino, me sentía ahogar de luz, y eran tantos sus conocimientos, que yo no sabía a cuáles de ellos poner atención, dada mi pequeñez no sabía dónde ponerlos, y se perdían en su misma luz, y yo quedaba sorprendida sin saber de nada, y mi dulce maestro Jesús ha agregado:

(6) "Hija mía, mi Voluntad es la recolectora de todas sus obras, en su luz todo esconde, con su luz las defiende y pone a salvo todas sus obras, esta luz, ¿cuánto no hace por poner a salvo a la criatura, a la obra más bella de nuestras manos creadoras, y para hacerla regresar bella, preciosa como la sacamos? La recoge en su seno de luz, y le pone tanta luz encima, de hacerle desaparecer todos los males: Si está ciega, por vía de luz le da la vista; si está muda, por vía de luz le quiere dar la palabra; la luz la toma por todos los lados, y le da el oído si es sorda; si lisiada la

endereza; si es fea, a vía de luz la hace bella. Una madre no hace cuanto hace mi Divina Voluntad para hacer bella y regenerar a su criatura, sus armas son de luz, porque no hay potencia que la luz no esconda y bien que no posea. Qué no haría una madre que habiendo dado a luz un bello niño, que la raptaba con su belleza, y la madre se sentía feliz en la belleza del hijo, pero que una desventura lo golpea y lo deja ciego, mudo, sordo, lisiado; pobre madre, ve a su hijo y no lo reconoce más, el ojo apagado que no la ve más, no escucha más su voz argentina que la hacía estremecer de alegría al oírse llamar mamá; sus piecitos que corrían para ir a su regazo, con dificultad se arrastran. Este hijo es el dolor más traspasante para una pobre madre, ¿y qué no haría si supiera que su hijo pudiera regresar de nuevo a sus rasgos originales? Recorrería todo el mundo si pudiera obtener esto, y le sería dulce el poner la propia vida con tal que pudiera ver a su hijo bello como lo dio a luz; pero pobre madre, no está en su poder restituir la belleza original a su querido hijo, y será siempre su dolor y la espina más traspasante de su corazón materno. Tal se ha vuelto la criatura con hacer su voluntad: Ciega, muda, lisiada, nuestra Voluntad la llora con lágrimas de luz ardiente de nuestro amor, pero lo que no puede hacer la madre por su hijo lisiado, a mi Voluntad Divina no le falta el poder, Ella, más que madre pondrá a disposición sus capitales de luz, que poseen la virtud de restituir todos los bienes y belleza de la criatura. Ella, Madre tierna, amante y vigilante de la obra de sus manos, que más que hijo queridísimo lo sacó a luz, recorrerá no todo el mundo, sino todos los siglos para preparar y dar los remedios potentes de luz, que vivifica, transforma, endereza y embellece, y sólo se detendrá cuando vea en su regazo materno, bella como la sacó, la obra de sus manos creadoras, para rehacerse de tantos dolores y gozársela para siempre. ¿No son acaso remedios los tantos conocimientos sobre mi Voluntad? Cada manifestación y palabra que digo es una fortaleza que pongo en torno a la debilidad de la voluntad humana, es un alimento que preparo, es una carnada, un gusto, una luz, para hacerla readquirir la vista perdida. Por eso sé atenta y no pierdas nada de lo que mi Voluntad te manifiesta, porque a su tiempo todo servirá, nada se perderá. ¿Crees tú que Ella no lleva cuenta incluso de una palabra de lo que dice? Todo numera y nada pierde, y si en tu alma ha formado su cátedra para poner sus verdades, sin embargo la cátedra principal la tiene reservada en Sí misma, como el más grande tesoro que le pertenece, de modo que si tú pierdes cualquier palabra o manifestación que le pertenece, conserva en Sí el original, porque lo que concierne a mi Divina Voluntad es de valor infinito, y lo infinito no puede, ni está sujeto a perderse; es más, celosa conserva en los archivos divinos sus verdades. Por eso, aprende también tú a ser celosa y vigilante, y a apreciar sus santas lecciones".

30-14
Enero 24, 1932

Cada visita de Jesús es portadora de verdades celestiales. Quien vive en la Divina Voluntad está bajo la lluvia del acto nuevo de Dios. Ejemplo de la flor. Cada acto hecho en la Divina Voluntad es un escalón. Oficio de madre.

(1) Me sentía toda pensativa sobre las tantas verdades que Jesús bendito me ha dicho sobre su Divina Voluntad, y mientras sentía en mí el sagrado depósito de sus verdades, sentía al mismo tiempo un santo temor del cómo las custodiaba en mi pobre alma, y muchas veces malamente expuesto, sin la atención que conviene a verdades que contienen valor infinito, y ¡oh! cómo quisiera imitar a los bienaventurados, que mientras conocen tanto de la Divina Voluntad, no dicen nada a ninguno de los pobres viadores, se las tienen todas con ellos, se beatifican, se felicitan, pero de allá arriba no mandan ni siquiera una palabra para hacer conocer una sola verdad de las muchas que conocen. Pero mientras esto pensaba, mi amable Jesús, visitando mi pequeña alma, todo bondad me ha dicho:

(2) "Hija mía, cada palabra que te he dicho sobre mi Divina Voluntad, no han sido otra cosa que tantas visitas que te he hecho, dejando en ti la sustancia del bien que cada una de mis palabras contiene, y no fiándome de ti, porque tú eres incapaz de custodiar una sola palabra mía, me dejaba Yo en custodia del valor infinito de mis verdades que ponía en tu alma. Por eso tus temores no son justos, estoy Yo en guardia de todo, son verdades celestiales, cosas de Cielo, desahogos de amor reprimidos de mi Voluntad, y de tantos siglos. Y antes de decidirme a hablarte, ya me había decidido a quedarme en ti para custodiar lo que ponía en ti, tú entras en el orden secundario, el primer custodio soy Yo. Ahora, siendo estas mis visitas portadoras de cosas celestiales, te las llevarás contigo a la patria celestial como triunfo de mi Voluntad, y como garantía de que su reino no sólo vendrá sobre la tierra, sino que ha establecido el principio de su reinar. Aquellas que quedarán sobre el papel quedarán como memoria perenne de que mi Voluntad quiere reinar en medio a las humanas generaciones, y serán estímulos, incitaciones, súplicas divinas, fuerza irresistible, mensajeros celestiales, conductores del reino de mi Fiat Divino, y también reproches potentes a quien debería ocuparse en hacer conocer un bien tan grande, y que por indolencia y por vanos temores no las dejarán girar por todo el mundo, a fin de que lleven la jubilosa nueva de la era feliz del reino de mi Voluntad. Por eso abandónate en Mí y déjame hacer".

(3) Después continuaba mis actos en la Divina Voluntad, en la cual todo lo que ha hecho en la Creación está todo en acto, como si ahora la estuviera creando, para darlas como desahogo de su amor a la criatura, y como soy demasiado pequeña no puedo tomarlas todas juntas, y voy poco a poco hasta donde puedo llegar; y el divino amor me espera en cada cosa creada para repetir y duplicar el acto creante y decirme: "Mira cuánto te amo, para ti las creé, por ti conservo el acto creante en acto, para decirte no sólo con palabras, sino con los hechos: 'Te amo', te amo tanto que estoy ahogado de amor, ansío, deliro, porque quiero ser amado, tanto, que con crear la Creación antes que a ti, te preparaba el camino todo de amor, con mantener el acto creante en acto, te digo a cada instante te amo y quiero amor". Por eso yo recorría las cosas creadas, para no dejar doliente al artífice amoroso por no haber yo recibido su amor que había puesto en cada cosa creada, y que lo había puesto por mí, y habiendo llegado al acto exuberante del amor de la creación del hombre, yo me sentía bajo la lluvia de este amor intenso, y mi siempre amable Jesús me ha dicho:

(4) "Hija bendita, nuestro modo con las criaturas no se cambia jamás, como fue al principio al externarse en la creación, así continúa y continuará siempre, siempre. Ahora, quien entra en nuestra Voluntad toca con la mano nuestro acto creante,

siempre en acto, y nuestro amor siempre nuevo en acto de darse a la criatura; pero no es sólo nuestro amor, sino el gran amor nuestro, nos hace sacar de nuestro seno y pone en vida sobre de ellas nueva bondad, nueva potencia, nueva santidad, nueva belleza, de modo que tenemos a la criatura bajo la lluvia de nuestros actos nuevos, siempre nuevos y siempre en acto. Así que toda la Creación está siempre en acto de repetirse y de darse a ellas. Y así como nuestros modos son siempre iguales y no se cambian jamás, lo que hacemos con los bienaventurados en el Cielo, alimentando su bienaventuranza con nuestro acto nuevo sin jamás cesar, así hacemos para quien vive en nuestra Divina Voluntad en la tierra, alimentamos su vida con nueva santidad, nueva bondad, nuevo amor, la tenemos bajo la lluvia de nuestros actos nuevos y siempre en acto, con esta diferencia: Que los bienaventurados nada adquieren de nuevo, sólo nadan en las nuevas alegrías de su Creador; en cambio la afortunada viadora que vive en nuestro Querer, está siempre en acto de hacer nuevas conquistas. Entonces, quien no hace y no vive en nuestra Voluntad Divina se vuelve extraña de la familia celestial, no conoce los bienes de su Padre Celestial, y apenas las gotitas toma del amor y de los bienes de su Creador, ella misma se vuelve hija ilegítima que no tiene plenos derechos en las posesiones de su Padre Divino. Sólo mi Voluntad da el derecho de filiación, y la libertad de tomar lo que quiere de la casa de su Padre Celestial. Quien vive en nuestra Voluntad es como la flor que permanece en la planta, y la madre tierra siente el deber de dar lugar a la raíz de la flor en su propia casa, de alimentarla con sus humores vitales que ella posee, de tenerla expuesta a los rayos del sol para darle color, y espera el rocío nocturno para que su flor reciba humores suficientes para hacerla resistir los besos ardientes del sol, para hacerla desarrollar y recibir el colorido y el perfume más intenso y más bello; así que la madre tierra se puede decir que es el alimento y la vida de la flor. Así es el alma que vive en nuestra Voluntad, debemos darle el lugar en nuestra casa, y más que madre alimentarla, crecerla, y darle tanta gracia de poder sostener y estar expuesta delante y dentro a la luz ardiente de la inmensidad de nuestra Voluntad. En cambio quien no hace y no vive en Ella, es como la flor arrancada de la planta y puesta en los floreros, pobre flor, ya ha perdido a su mamá que con tanto amor la alimentaba, la tenía expuesta al sol para calentarla y darle color, y si bien hay agua en el florero, no es la madre que se la da, por eso no es agua que alimenta, y con todo y que es conservada en el florero, pero está sujeta a marchitarse y morir. Tal es el alma sin mi Voluntad, le falta la Mamá Divina que la ha generado, le falta la virtud alimentadora y fecundadora, le falta el calor materno que la calienta y con su luz le da sus pinceladas de belleza para hacerla bella y florida. Pobre criatura sin las ternuras y el amor de quien le ha dado la vida, cómo crecerá débil y sin belleza, y como marchita en el verdadero bien".

(5) Después de esto giraba en la Divina Voluntad para encontrar todos los actos de las criaturas para poner en ellos mi te amo, y pedir en cada acto de criatura el reino de la Divina Voluntad sobre la tierra, y mi dulce Jesús ha agregado:

(6) "Hija mía, mi Divina Voluntad en el acto de la criatura cuando es invocada, quita la aspereza a la voluntad humana, endulza sus modos, reprime los modos violentos, y con su luz calienta las obras entumidas por el frío del humano querer. Así que quien vive en mi Divina Voluntad prepara la gracia preventiva a las humanas generaciones para hacer que la conozcan, y cada acto suyo en Ella forma el escalón para subir,

primero ella y junto las criaturas a los conocimientos del Fiat Supremo. Así que quien vive en mi Divina Voluntad, Ella le da las virtudes maternas y le da el oficio de hacer hacia Dios y hacia las criaturas el oficio de verdadera mamá. Ve entonces la necesidad de tus actos en mi Voluntad, para formar una escalera larga que debe tocar el Cielo, de modo de violentar con su misma fuerza divina, que mi Fiat venga sobre la tierra y forme su reino, haciendo encontrar sobre esta escalera el primer pueblo que lo reciba y se preste a hacerlo reinar en medio a ellos. Sin escalera no se puede subir, por eso es necesario que una criatura la haga para dar el campo para hacer subir a los otros, y para hacer que ésta se preste, debemos darle el oficio de madre, que amando a las criaturas como hijas suyas, las cuales le han sido dadas por mi Divina Voluntad, ella acepte el mandato y no ahorre ni fatigas, ni sacrificios, y si es necesario aun la misma vida por amor de estos hijos. Mucho más que al dar el oficio de madre, mi Querer Divino dota al alma de amor materno y la hace sentir en el propio corazón estos hijos, y le da ternura divina y humana para vencer a Dios y a la criatura, y unirlos juntos para hacerlos hacer su Divina Voluntad. No hay honor más grande que podamos dar a la criatura que la maternidad, ella es portadora de generaciones y le damos la gracia de formarse nuestro pueblo predilecto. Y si bien la maternidad dice dolor, pero sentirá la alegría toda divina de ver salir de dentro del dolor los hijos de mi Voluntad. Por eso repite siempre tus actos, y no retrocedas, el retroceder es de los viles, de los mediocres, de los inconstantes, no de los fuertes, mucho menos de los hijos de mi Voluntad".

30-15
Enero 30, 1932

La Divina Voluntad espía, centinela, Madre y Reina. Su aliento forma en el alma el apoyo de amor para encerrar sus verdades. Éxtasis de amor del Creador, alimentos que da a sus dones.

(1) Estaba siguiendo los actos del Fiat Divino, y me parecía que en cada acto suyo que yo seguía me preparaba su aliento de amor, que contenía en Sí y que suspiraba por hacerlo salir de Sí, para hacerlo prisionero en mi pobre alma, y yo sintiendo su amor, desde dentro de su mismo amor hacía salir mi amor hacia quien tanto me amaba, y suspiraba su nuevo aliento de amor para decirle con afecto más intenso: "Te amo". Me parecía que es tanto el deseo de la Divina Voluntad de querer ser amada, que Ella misma pone en el alma la dosis de su amor para hacerse amar, y después espera el amor de la criatura para poderle decir: "Cómo estoy contenta de que me ames". Pero mientras esto pensaba, mi adorado Jesús, haciendo su breve visita me ha dicho:
(2) "Hija mía, tú debes saber que nuestro amor da en lo increíble. Nuestra Divina Voluntad es la espía de la criatura, y va espiando cuando ella está dispuesta a recibir su aliento de amor contenido, porque Ella sabe que la criatura no posee una gran cantidad de amor divino, apenas tiene una partecita del amor infinito cuando fue creada, y si ésta no ha sido alimentada, está como el fuego cuando está bajo las cenizas, que aunque el fuego existe, las cenizas lo tienen cubierto y reprimido, de modo que no hace sentir ni siquiera el calor. Amor humano no queremos, y por eso

nuestra Voluntad Divina usa sus estratagemas amorosas, espía las disposiciones y hace salir su aliento, éste, como ligero vientecillo pone en fuga las cenizas que ha producido el querer humano, la partícula de nuestro amor infinito se reaviva, se enciende; mi Querer Divino continúa mandando su aliento y agrega otro amor divino, el alma se siente vaciar, calentar, prueba los refrigerios amorosos, y desde dentro de la partícula del amor infinito que posee nos ama, y nos da como suyo nuestro amor divino. Tú debes saber que es tanto el amor de esta mi Divina Voluntad, que usa todas las artes, la hace de espía y le da su aliento, le hace de Madre y la arrulla en sus brazos, le hace de centinela y la vigila, le hace de Reina y la domina, le hace de Sol y la ilumina, y se presta hasta a servirla, y cuando quiere poner en ti sus conocimientos, sus verdades, aun una sola palabra que dice, te infunde tanto su aliento, que forma en ti, primero, su apoyo de amor, de luz, para encerrar sus verdades dentro del apoyo de su amor y de su luz que ha formado en ti. Así que confía sus verdades a su mismo amor, a su luz, sabiendo que sólo su amor podrá tener verdadero interés de conservarlas, de incitarte a fin de que no queden ocultas. ¡Oh! si no fuera por este mi apoyo de amor que encierra todos los conocimientos de mi Fiat, cuántas cosas habrías sepultado en tu alma, sin que ninguno supiera nada. Esta es la causa por la que antes de que te deba manifestar sus verdades hace el trabajo en torno a ti, para prepararte, para ponerte nuevo amor, para formar el nuevo apoyo a sus verdades, y ponerlas en el banco seguro de su amor divino. Y si te espero en sus actos con tanto amor, son acostumbrados pretextos, ocasiones que vamos buscando para encontrar la coma, el punto de la criatura para darle nuevo amor, nuevas gracias, pero mucho más porque queremos su compañía; sin quien quiere hacer nuestra Voluntad no sabemos estar, Ella misma nos la lleva entre sus brazos a nuestros actos, a fin de que esté con Nosotros, y con todo lo que Nosotros hacemos".

(3) Después de esto seguía mi giro en los actos de la Divina Voluntad, y habiendo llegado al punto de la creación del hombre, me he detenido para ser espectadora de aquel amor con que el Artífice Divino lo había creado. Y mi sumo Bien Jesús ha agregado:

(4) "Pequeña hija de mi Divina Voluntad, a los pequeños nos sentimos llevados a decir nuestros inefables e infinitos secretos, queremos decir nuestra historia, mucho más, que entra su origen en medio, para hacerle tocar con la mano con cuál amor ha sido amada y vuelta a amar por Nosotros su pequeñez, porque ella estaba presente, ya estaba en Nosotros en el acto de la creación del hombre, y esto para hacerla festejar y Nosotros festejar junto el acto solemne de su creación. Ahora, tú debes saber que nuestro Ser Supremo se encontró en el acto de crear a la criatura en una especie de éxtasis profundo, nuestro amor raptó a nuestro Ser Divino, nuestro amor nos raptó y nuestro Fiat se puso en acto de obrar con su virtud creadora, y fue en este éxtasis amoroso que fueron puestas fuera de Nosotros todas las gracias, los dones, las virtudes, las bellezas, las santidades y así de lo demás, con los que debían ser dotadas y enriquecidas todas las criaturas; nuestro amor no se contentó, sino cuando puso en orden, fuera de Nosotros, todo lo que debía servir a todas y a cada una de las criaturas, todas las diversidades de santidades y especialidad de bellezas y dones para ser cada una la copia de su Creador. Estas dotes y riquezas están ya a disposición de todos, así que cada criatura al nacer ya tiene lista su dote, que Dios

desde que fue creado el hombre sacaba de Sí para cada uno. Pero cuántos no la conocen, ni hacen uso de los derechos que Dios les ha dado, y mientras son ricos llevan una vida pobre, y están tan lejanos de la verdadera santidad, como si no fueran seres salidos de aquel Dios tres veces santo, que no sabe hacer otra cosa que criaturas santas, bellas y felices, similares a Él; pero no terminarán los siglos, ni vendrá el último de los días, si todo lo que hemos sacado en nuestro éxtasis de amor no es tomado por las criaturas, porque se puede decir que poquísimo ha sido tomado de lo que hemos puesto a su disposición. Pero escucha hija buena otro exceso de nuestro ardiente amor: Al poner fuera de Nosotros las dotes, las gracias, los dones, no los separamos de Nosotros; fuera de Nosotros, sí, pero inseparables de Nosotros, a fin de que la criatura tomando nuestros dones, con nuestra inseparabilidad recibiera el alimento continuo para alimentar nuestros dones, nuestra santidad, nuestra belleza, nuestras gracias, así que, junto con nuestros dones volvíamos a la misma criatura inseparable de Nosotros, porque ella no tiene los alimentos necesarios y santos para alimentar nuestros dones, y Nosotros nos ofrecimos a dar dones y alimentos para alimentar nuestra santidad, nuestras gracias celestiales. Así que estamos en acto continuo de estar junto con ella para darle ahora el alimento para alimentar nuestra santidad, ahora el alimento para alimentar nuestra Fortaleza, ahora el alimento distinto para alimentar nuestra belleza, en suma estamos en torno a ella y siempre ocupados en dar los diversos alimentos a cada don que le hemos dado, y esto sirve para conservar, crecer y coronar nuestros dones, y junto queda coronada la feliz criatura con nuestros, y en nuestros mismos dones. Por lo tanto, dar un don a la criatura sirve para empeñarnos con ella, no solo de alimentarlo, sino le damos por prenda nuestro trabajo, nuestra inseparabilidad y nuestra misma Vida, porque si queremos nuestra semejanza debemos dar nuestra Vida, para poder producir nuestra semejanza en ella, y esto lo hacemos con mucho gusto, es más, nuestro amor nos repite nuestro éxtasis y nos hace dar todo, para hacernos tomar la pequeñez de la criatura, que es también nuestra, y que de Nosotros salió. De esto puedes comprender cuáles son nuestras premuras, nuestros éxtasis de amor, cuando damos no un don, sino nuestra misma Voluntad por vida de la criatura, alimentar nuestros dones es una cosa, alimentar nuestra Voluntad es otra. Ya la criatura en virtud de Ella nos rapta continuamente a sí, y Nosotros sufrimos continuos éxtasis de amor, y en estos éxtasis no hacemos otra cosa que desahogar amor a torrentes, mares de luz, gracias indescriptibles, nada viene dado a medida, porque no sólo debemos alimentarla, sino que debemos tenerla cortejada y honrada con honores divinos en la criatura. Por eso hija mía, sé atenta, y haz que de ti nada salga de humano, para poder también tú honrar con actos divinos a mi Voluntad en ti".

30-16
Febrero 6, 1932

Quien vive en la Divina Voluntad, Dios la hace crecer con rasgos y modos divinos. La carrera en el Fiat. Los actos hechos en Él son puestos sobre la balanza eterna y guardados en el banco divino.

(1) Mi abandono en el Querer Divino continúa, me siento siempre el pequeño átomo que voy de arriba para abajo, como errante en sus actos para encontrar su Vida y la mía en sus actos, y mi átomo no se detiene, corre, corre siempre, porque siento la extrema necesidad de encontrar la vida en el Fiat. De otra manera siento que no puedo vivir sin su Vida, y sin sus actos me siento en ayunas, y por eso debo correr para encontrar vida y alimento. Mucho más, que la Divina Voluntad me espera con un amor indecible en sus actos para preparar su alimento a su pequeña hija. Pero mientras mi mente se perdía en su luz, el dulce y Soberano Celestial Jesús, haciendo su escapadita a su pequeña hija me ha dicho:

(2) "Hija bendita, cómo es bella tu carrera en nuestra Voluntad, y si bien eres el pequeño átomo, podemos hacerte crecer como Nosotros queremos; a los pequeños se les puede hacer crecer con nuestros rasgos que nos semejan, les enseñamos nuestros modos divinos, nuestra ciencia celestial, de modo que ella olvida los modales rústicos y la ignorancia de la voluntad humana. De aquellos que son grandes, están ya formados, y poco o nada podemos rehacer, y además están acostumbrados a vivir como grandes, según el querer humano, y para destruir las costumbres se requieren los milagros, si es que se logra. En cambio con los pequeños nos resulta fácil, no nos cuesta tanto, porque no tienen costumbres radicadas, a lo más algún movimiento fugaz, que basta una palabrita nuestra, un soplo de nuestra luz para hacer que no lo recuerde más. Por eso sé siempre pequeña si quieres que mi Divina Voluntad, haciéndote de verdadera Madre, te haga crecer, a fin de que sea toda nuestra gloria y también tuya. Ahora, tú debes saber que un acto repetidamente renovado forma la costumbre, y como un acto que no cesa jamás es sólo del Ente Supremo, por eso si la criatura se siente en posesión de un acto que repite siempre, significa que Dios en aquel acto ha encerrado su Vida, su modo; un acto continuo es Vida y acto divino, y sólo quien vive en mi Voluntad Divina puede sentir en sí la potencia, la virtud, la fuerza milagrosa de un acto que no cesa jamás, porque habiéndola hecho crecer Nosotros, no es fácil apartarse de nuestros modos, y de no sentir en sí la Vida y los actos continuos de Aquél que la ha hecho crecer, por eso tu correr, el sentir siempre la extrema necesidad de encontrar nuestra Vida y la tuya en el Fiat, en sus actos, y Nosotros que corremos en ti para estarnos en nuestros actos incesantes, y mientras Nosotros corremos tú corres junto, a fin de que nuestros actos que están en ti hagan vida común con nuestros actos que están fuera de ti, y así como tú sientes la extrema necesidad, así sentimos Nosotros la extrema necesidad de amor de hacer girar tu pequeñez en todos los actos de nuestro Fiat, porque no siendo tú capaz de encerrarlos todos en ti, con tu girar en ellos tomas parte por cuantos más puedes. Por eso corre, corre siempre, más bien digo corramos siempre, porque no hay gracia más grande que puedo dar a la criatura, que hacerle sentir en sí la virtud de un acto continuo".

(3) Después continuaba siguiendo los actos de la Divina Voluntad, y mi amado Jesús ha agregado:

(4) "Hija mía, cada vez que formas un acto tuyo en el acto de mi Divina Voluntad, tantos vínculos de más formas en Ella, quedando confirmada tantas veces por cuantos actos haces en el Fiat Divino, y Ella queda confirmada tantas veces de más en ti, y cada vínculo y confirmación que haces, mi Voluntad agranda sus mares en torno a ti, y por confirmación, como sello, pone una verdad suya, un conocimiento

suyo y te manifiesta un grado de valor de más que mi Voluntad contiene, ¿pero sabes tú qué hacen en tu alma estos vínculos, confirmaciones, verdades, conocimientos, valores de más que tú vienes a conocer? Hacen crecer la Vida de mi Voluntad en ti, y no sólo eso, sino que repitiendo tus actos, tendrán tantos grados de valores de más por cuanto has conocido de más, tus actos vienen puestos en la balanza del valor divino, y tanto valen por cuanto has conocido, y por cuanto valor ha sido comunicado por Nosotros en tu acto. Así que tu acto de ayer, repitiéndolo hoy, no tiene el mismo valor de ayer, sino que ha conquistado el nuevo valor que Nosotros hemos hecho conocer. Por eso la repetición de los actos, acompañados de nuevas verdades y conocimientos, adquieren día a día nuevos grados siempre crecientes de valor infinito. Nosotros, a los actos de la criatura hechos en nuestra Voluntad, no sólo los ponemos en nuestra balanza eterna para darles el peso de un valor infinito, sino los conservamos en nuestro banco divino para darles el céntuplo, por eso cada vez que repites tus actos, tantas veces vienes a poner tus moneditas en nuestro banco divino, y entonces adquieres tantos derechos de más qué recibir de Nosotros. Ve entonces hasta dónde llega el exceso de nuestro amor, que nos queremos hacer deudores de la criatura, recibiendo las moneditas de sus actos en nuestro banco inmenso, y que aunque poseemos tanto, sin embargo amamos el recibir las pequeñas moneditas para darle el derecho de darle de lo nuestro. Nuestro amor a cualquier costo quiere tener qué hacer con la criatura, quiere estar en continua relación con ella, y esto a fuerza de dar, y quizá también de perder; cuántas veces, mientras Nosotros queremos darle, queremos hacerle conocer tantas bellas cosas nuestras, queremos hacerle sentir qué dulce y potente es nuestra palabra, y ella se muestra fría, indiferente, si es que no nos voltea la espalda, y nuestro amor queda como derrotado por parte de la ingratitud humana, pero la hija pequeña no lo hará jamás, ¿no es verdad? Tu pequeñez te hace sentir la extrema necesidad de tu Jesús, de su amor, y de su Voluntad".

30-17
Febrero 10, 1932

Trabajo de Dios en el alma que vive en la Divina Voluntad. Acuerdo entre Dios y la criatura. Vigilancia de Jesús para tener la compañía de la criatura en sus obras.

(1) Mi dulce Jesús con su fuerza raptora me atrae siempre en su adorable Voluntad, para hacerme recorrer la multiplicidad de sus obras, que parece que me esperan para darme alguna cosa de más de lo que me han dado, y yo quedo sorprendida de tanta bondad y generosidad divina. Y el amado Jesús para infundir en mí mayor amor y deseo de seguir los actos de la Divina Voluntad, me ha dicho:
(2) "Hija bendita de mi Querer, cada vez que te elevas en Ella para unirte a cada acto que ha hecho, y al suyo unir el tuyo, el acto divino surge y te da un grado de gracia, de amor, de santidad, un grado de Vida Divina y de gloria; estos grados unidos forman la sustancia necesaria para formar la Vida Divina en la criatura: quién forma el latido, quién el respiro, quién la palabra, quién el ojo, quién la belleza, quién la santidad de Dios en el fondo del alma. Nuestros actos surgen conforme se acerca la

criatura, para dar lo que poseen, con ansia la esperan para ponerse en actitud de surgir, para formar sus desahogos divinos, para ponerse y repetir los actos en ella. Así que quien se une con los actos de nuestra Voluntad Divina, nos da ocasión de ponernos a trabajar, ¿pero para hacer qué cosa? Formar nuestra Vida con nuestro trabajo en la criatura. Tú debes saber que la criatura con elevarse en nuestra Divina Voluntad, deja todo y se reduce en su nada, esta nada reconoce a su Creador y el Creador reconoce la nada que sacó a la luz, no la nada llena de cosas que a Él no pertenecen, no, y encontrándola nada la llena del Todo. He aquí lo que significa vivir en mi Voluntad, despojarse de todo, y ligera volar al seno del Padre Celestial, para hacer que esta nada reciba la Vida de Aquél que la creó. Además de esto, nuestra Voluntad es nuestra Vida y nuestro alimento, y como Nosotros no tenemos necesidad de alimentos materiales, por eso Ella nos da el alimento de sus obras santas, y como la criatura es una de nuestras obras, queremos encontrar en ella nuestra Voluntad como vida, a fin de que no sólo ella, sino todas sus obras nos sirvan de alimento, y Nosotros por correspondencia le damos el alimento de las nuestras. Este alimentarnos de los mismos alimentos forma el acercamiento entre Dios y la criatura, este acercamiento produce paz, comunicación de bienes, inseparabilidad; parece que el aliento divino sopla en la criatura y el de ella en Dios, y los une tanto, de sentirse como si el aliento del uno fuera uno solo con el del otro. Por eso sucede un acuerdo de Voluntad, acuerdo de amor, de obras, sentimos aquel aliento que sacamos en la creación del hombre, que interrumpió al hacer su voluntad, renacido de nuevo en la criatura, nuestra Voluntad tiene virtud y oficio de regenerar en ella lo que ha perdido con el pecado, y de reordenarla como salió de nuestras manos creadoras".

(3) Después de esto estaba girando en las obras de la Creación y Redención y mi Soberano Jesús ha agregado:

(4) "Hija mía, nuestras obras sufren el aislamiento si no son reconocidas como obras hechas por amor de las criaturas, porque no hubo otro objetivo al crear tantas obras maravillosas en la Creación, que darles tantos testimonios de amor. Nosotros no teníamos ninguna necesidad, todo fue hecho con un amor intenso para ellas. Ahora, si este nuestro amor no es reconocido en cada cosa creada, nuestras obras quedan solas, sin cortejo, sin honores y como separadas de las criaturas, así que el cielo, el sol, las otras cosas creadas están solas, lo que Yo hice en la Redención, mis obras, mis penas, mis lágrimas y todo lo demás están aisladas. Ahora, ¿quién forma la compañía a nuestras obras? Quien las reconoce y girando en ellas encuentra nuestro amor palpitante para ella, que suspira su compañía para dar y recibir amor; tanto, que cuando tú giras en nuestra Voluntad para encontrar nuestras obras, y reconocer nuestro amor y poner el tuyo, me siento tan atraído que casi siempre te espero en cada obra para gozar tu compañía, tu cortejo, y me siento como correspondido por lo que he hecho y sufrido, y cuando alguna vez tú tardas en venir, Yo espero y me pongo a vigilar desde dentro de mis obras, para ver cuando estás por venir, para gozarme tu dulce compañía. Por eso sé atenta, no me hagas esperar".

30-18
Febrero 16, 1932

Los actos hechos sin la Divina Voluntad están vacíos de lo infinito.

Se necesita hacer todo y esperar los eventos para hacer venir el reino de la Divina Voluntad. Los actos hechos en Ella parten para el Cielo como propiedad de la Patria Celestial.

(1) Estaba continuando mis actos en la Divina Voluntad para encontrar todos sus actos y fundirlos juntos, y así poder decir: "Hago lo que Ella hace". ¡Oh! qué felicidad se siente al pensar que yo estoy haciendo lo que hace la Divina Voluntad. Y mi amable Jesús, visitando a su pequeña hija me ha dicho:

(2) "Hija buena, si tú supieras qué vacío se forma en el acto de la criatura cuando no está lleno del todo de mi Voluntad, así que en aquel acto falta la plenitud de la santidad, falta lo infinito, y como falta lo infinito se ve un abismo de vacío que sólo lo infinito podía llenar, porque la criatura con todos sus actos ha sido hecha para lo infinito, y cuando en sus actos corre mi Voluntad, le pone lo infinito y se ve el acto de ella lleno de luz, que lo tiene en su regazo de luz, y con la infinitud dentro que lo vuelve acto completo. Por el contrario, cuando en el acto de la criatura no entra mi Voluntad como vida, principio, medio y fin, el acto está vacío, y ninguno puede llenar el abismo de aquel vacío, y si está el pecado, se ve en aquel acto un abismo de tinieblas y de miserias que hace horrorizar, ¡ah! hija mía, cuántos de estos actos vacíos de lo infinito han habido a lo largo de los siglos, lo infinito rechazado por el acto humano. Mi Voluntad Divina tiene derecho sobre cada acto de criatura, y para venir a reinar quiere que quien viva en Ella vaya encontrando todos estos actos vacíos para rogarle, presionarla que en cada acto ponga lo infinito, a fin de que reconozca en cada acto su acto para hacer que su dominio sea completo, y aunque estos actos fueran actos pasados, hay siempre, para quien vive en mi Voluntad, el poder hacer y reparar, porque en Ella está la potencia de poder ajustar y rehacer todo, con tal que encuentre una criatura que se preste; y mucho más, porque son actos de criatura sin mi Voluntad, así que otra criatura unida con mi Voluntad puede ajustar, ordenar cada cosa. Por esto hija mía, te lo he dicho otras veces y lo repito: 'Hagamos todo lo que se requiere para hacer conocer la Divina Voluntad y hacerla reinar'. Nada debe faltar de parte nuestra: Oraciones, sacrificio de la propia vida, tomar en la mano todos los actos de las criaturas para llamarlas a poner de lo suyo, a fin de que estén mi te amo y el tuyo, mi plegaria y la tuya, que griten: 'Queremos la Divina Voluntad'. Así que la Creación toda y todos los actos estarán todos cubiertos de Voluntad Divina, y Ella se sentirá llamada por cada acto de criatura desde todos los puntos, desde cada cosa creada, porque Yo y tú hemos hecho ya la llamada, queriendo poner aun el sacrificio de la vida en cada cosa y en cada acto, para que venga a reinar. Esto será potencia ante el trono de Dios, fuerza magnética, imán irresistible, el que todos los actos griten que quieren la Divina Voluntad reinante en medio a las criaturas, ¿pero quién es el que grita? Yo y la pequeña hija de mi Querer. Entonces, como raptada descenderá a reinar. He aquí el por qué los giros y más giros en la Creación, en mis mismos actos, en los de la Mamá Celestial, para empeñar a nuestros mismos actos divinos por un reino tan santo, y en aquellos de las criaturas para copiarlos y poner lo que les pueda faltar, pero todos deben tener una sola voz, directa, o indirectamente por medio de quien quiere hacer el sacrificio de hacerse suplidora y reparadora, para obtener que venga a reinar en medio a las generaciones. Por eso, lo que te hago hacer y que hago Yo junto contigo, son actos

necesarios, preparativos, formaciones, sustancias, capitales que se requieren, cuando todo hayamos hecho por parte mía y por parte tuya, de modo que nada falte, podremos decir: 'Todo hemos hecho, no nos queda otra cosa qué hacer'. Así como Yo dije en la Redención, todo he hecho para redimir al hombre, mi amor no sabe qué otra cosa inventar para ponerlo a salvo, y me fui al Cielo esperando que tomara el bien que con el sacrificio de mi Vida les había formado y dado, así cuando nada más nos quede por hacer por el reino de mi Voluntad sobre la tierra, también tú podrás venirte al Cielo, esperando en la Patria Celestial que las criaturas tomen las sustancias, el capital, el reino que ya está formado del Fiat Supremo. Por eso te digo siempre sé atenta, no omitas nada; cuando no se puede hacer otra cosa, hagamos nuestra parte, el resto, las circunstancias, los eventos, las cosas, diversidad de personas harán el resto, y como está ya formado, saldrá de sí e irá adelante en su reinar. Una cosa se necesita, más sacrificio para formarlo, que para sacarlo se hace rápido, pero para formarlo se requiere quién ponga la propia vida y el sacrificio de una voluntad sacrificada con actos continuos en la mía".

(3) Después de esto ha hecho silencio y después ha agregado: "Hija mía, tú debes saber que cada acto de criatura tiene su puesto en torno a Dios, así como cada estrella tiene su puesto bajo la bóveda del cielo, así los actos de ellas, cada uno tiene su lugar, pero ¿quienes son los que van por el camino regio como propiedad de la Patria Celestial, y toman los puestos más honorables y dan gloria divina a su Creador? Los actos hechos en mi Voluntad. Cuando uno de estos actos parten de la tierra, se inclinan los Cielos, todos los bienaventurados le salen al encuentro y acompañan aquel acto al puesto de honor en torno al trono supremo. En ese acto se sienten todos glorificados, porque la Voluntad eterna ha triunfado en el acto de la criatura, y ahí ha puesto su acto divino. En cambio los actos no hechos en mi Voluntad, y quizá aun buenos, no parten por el camino regio, parten por las vías tortuosas y hacen una larga parada para ir al purgatorio, y ahí esperan a la criatura para purificarse juntos a vía de fuego, y cuando terminan de purificarse, entonces parten para el Cielo para tomar su puesto, pero no en los puestos de primer orden, sino en los puestos secundarios. ¿Ves la gran diferencia? Los primeros actos, no apenas formados, no quedan ni siquiera junto con la criatura, porque siendo cosa de Cielo no pueden quedar sobre la tierra, y por eso rápidamente emprenden el vuelo a su patria, y no sólo eso, sino que todos los ángeles y santos reclaman en el Cielo lo que ha sido hecho por la Divina Voluntad como cosa de ellos, porque todo lo que es hecho por Ella, tanto en la tierra como en el Cielo, todo es propiedad de la Patria Celestial. Por eso cada pequeño acto suyo es reclamado por todo el Cielo, porque todos son fuentes de alegrías y bienaventuranzas eternas, que pertenecen a ellos. Todo lo contrario para quien no obra en mi Voluntad".

30-19
Febrero 24, 1932

Renacimientos continuos de la criatura en la Divina Voluntad.
La criatura se vuelve protectora de las obras divinas.

(1) Estoy siempre entre los brazos de la Divina Voluntad, la cual más que madre me tiene estrechada entre sus brazos, circundada de su luz para infundirme su Vida de Cielo, me parece que es toda atención para tener su gran gloria de tener una hija toda de Voluntad Divina, que no ha tomado otro alimento, que no conoce otra ciencia, ni otra ley, ni otros gustos o placeres, que su sola Voluntad, y por eso para tenerme ocupada y alejada de todo me hace tantas sorpresas, me dice tantas cosas bellas, una más bella que la otra, pero siempre cosas que le pertenecen, de modo que mi pobre mente queda como raptada y abismada en sus brazos de luz; y como todo lo que ha hecho, a pesar que lo haya puesto fuera, todo lo tiene concentrado en Sí, tanto, que si se ve dentro de su Voluntad, se encuentra un solo acto, si se ve fuera se encuentran obras y actos innumerables que no se pueden numerar, yo sentía en Ella el principio de mi existencia, como si en aquel punto estuviera por salir a la luz, y yo he quedado sorprendida, y mi amado Jesús, haciéndome su breve visita me ha dicho:

(2) "Hija mía, nacida y renacida en mi Querer, cada vez que con plena conciencia te abandonas en sus brazos de luz y permaneces dentro, tantas veces renaces en Ella, y estos renacimientos son uno más bello y atrayente que el otro. Por eso te he llamado tantas veces la pequeña recién nacida de mi Voluntad, porque mientras renaces, vuelves a renacer, porque Ella no sabe estar ociosa con quien vive junto con Ella, sino que quiere ocuparse siempre con renacer en modo continuo en la criatura, absorbiéndola continuamente en Sí, tanto, que mi Fiat renace en ella y ella renace en mi Voluntad. Estos renacimientos de ambas partes, son vidas que se intercambian mutuamente, y este es el testimonio de amor más grande, el acto más perfecto, renacer, intercambiarse la vida mutuamente para poderse decir el uno al otro: 'Mira cuánto te amo, que te doy, no actos, sino vida continua.' He aquí el por qué hija mía, para quien vive en mi Divina Voluntad, Ella pone a esta afortunada criatura en el primer acto de su creación, siente su principio en Dios, la virtud creadora, vivificadora y conservadora de su aliento omnipotente, que si se retira regresa a su nada de donde salió, y por eso siente a lo vivo su renacimiento continuo en los brazos de su Creador, y sintiéndose en su principio, la criatura restituye a Dios el primer acto de vida que de Él recibió, que es el acto más santo, más solemne, más bello, acto de Dios mismo".

(3) Después de esto seguía mi giro en los actos de la Divina Voluntad, y ¡oh! cómo quisiera abrazar todo, también lo que han hecho todos los bienaventurados, para dar en cada acto un honor y gloria a Dios y a los santos, y servirme por medio de los mismos actos hechos por ellos para honrarlos, y mi amado Jesús ha agregado:

(4) "Hija mía, cuando la criatura recuerda, honra, glorifica lo que ha hecho su Creador por amor suyo, y su Redentor para ponerla a salvo, y todos los santos, se vuelve protectora de todos estos actos. El cielo, el sol y toda la Creación se sienten protegidos por la criatura, mi Vida terrenal de acá abajo, mis penas, mis lágrimas, sienten un refugio en ella y encuentran a su protectora, los santos encuentran en su recuerdo, no sólo la protección, sino los actos de ellos mismos vivificados, renovados en medio a las criaturas, en suma, se sienten dar nuevamente la vida en sus actos. ¡Oh! cuántas bellas obras y virtudes quedan como sepultadas en el bajo mundo, porque no hay quien las recuerde y honre. El recuerdo llama las obras del pasado y las hace como presentes, ¿pero sabes tú qué sucede? Sucede un intercambio, la criatura se vuelve protectora con su recuerdo, y todas nuestras obras, la Creación, la

Redención, y todo lo que han hecho los santos, se hacen protectores de su protectora, se ponen en torno a ella para protegerla, defenderla, le hacen de centinela, y mientras se refugian en ella para ser protegidos, cada obra nuestra, todas mis penas, y todas las obras y virtudes de mis santos, hacen competencia turnándose en hacerle guardia de honor para que quede defendida de todo y de todos. Y además, no hay honor más grande que tú puedas dar, que cuando pides en cada acto el reino de la Divina Voluntad, se sienten llamados y puestos a hacer de mensajeros entre el Cielo y la tierra, de un reino tan santo. Tú debes saber que pasado, presente y futuro, todo debe servir al reino del Fiat Divino. Ahora tu recuerdo, el pedir por medio de nuestras obras, virtudes y actos de todos este reino, todos se sienten puestos al servicio de Él y toman su oficio y puesto de honor. Así que tu girar es necesario porque sirve para preparar el reino de la Divina Voluntad. Por eso sé atenta y continúa".

30-20
Marzo 6, 1932

Quien vive en la Divina Voluntad siente la necesidad de girar en torno a las obras divinas, y cómo todas las obras divinas giran en torno a la criatura. La finalidad, germen de luz.

(1) Seguía mi giro en las obras divinas, mi pobre mente la siento como fija en torno a las obras de mi Creador, y hace su carrera casi continua en torno a ellas, porque siendo obras hechas por amor mío, siento el deber de reconocerlas, de servirme de ellas como escalera para subir a Aquél que tanto me ha amado, me ama, y darle mi pequeño amor porque quiere ser amado. Pero mientras esto hacía pensaba entre mí: "¿Y por qué mi mente debe correr siempre? Me parece que una fuerza potente está sobre mí y mantiene mi carrera". Y mi dulce Jesús, haciéndome su pequeña visita me ha dicho:

(2) "Hija mía, todo gira alrededor de la criatura: Gira el cielo y no la deja huir de debajo de su bóveda azul, gira el sol y con sus giros de luz le da luz y calor, gira el agua en torno a la criatura, el fuego, el aire, el viento, dándole cada elemento las propiedades que contienen; mi misma Vida y todas mis obras están en continuo giro en torno a las criaturas para estar en continuo acto de darme a ellas, es más, tú debes saber que en cuanto el niño es concebido, mi concepción gira en torno a la concepción del niño para formarlo y tenerlo defendido; y en cuanto nace, mi nacimiento se pone en torno al recién nacido para girarle alrededor y darle las ayudas de mi nacimiento, de mis lágrimas, de mis gemidos, y hasta mi respiro gira alrededor para calentarlo. El recién nacido no me ama, pero inconscientemente, y Yo lo amo hasta la locura, amo su inocencia, mi imagen en él, amo lo que debe ser, mis pasos giran en torno a sus primeros pasos vacilantes para reafirmarlos, y siguen girando hasta el último paso de su vida, para tener custodiados en el giro de mis pasos sus pasos. En suma, mis obras giran en torno a sus obras, mis palabras en torno a las suyas, mis penas en torno a sus penas, y cuando está por dar el ultimo suspiro de su vida, mi agonía le gira en torno para sostener la suya, y mi muerte con fuerza inexpugnable gira en torno para darle ayudas inesperadas, y con celo todo divino se

estrecha en torno para hacer que su muerte no sea muerte, sino verdadera vida para el Cielo; y puedo decir que mi misma Resurrección gira en torno a su sepulcro, esperando el tiempo propicio para llamar con el imperio de mi Resurrección su resurrección del cuerpo a vida inmortal. Ahora, todas las obras salidas de mi Voluntad, todas giran y giran en torno, por cuyo fin fueron creadas. Detenerse significa no tener vida y no producir el fruto establecido por Nosotros, lo que no puede ser, porque el Ser Divino no sabe hacer ni obras muertas, ni obras sin fruto. Entonces quien entra en mi Divina Voluntad toma su puesto en el orden de la Creación, y siente la necesidad de girar junto con todas las cosas creadas, siente la necesidad de hacer sus rápidos giros en torno a mi concepción, a mi nacimiento, a mi edad infantil, y a todo lo que Yo hice sobre la tierra. Y lo bello es que mientras ella gira en torno a todas nuestras obras, las obras nuestras giran en torno a ella, en suma, hacen competencia en girarse recíprocamente, pero esto es todo efecto y fruto de mi Querer Divino, que siendo movimiento continuo, quien está en Él siente la vida de su movimiento, por eso la necesidad de correr juntos, más bien te digo, si tú no sientes la carrera continua de girar en torno a nuestras obras, es señal de que tu vida no es permanente en mi Voluntad, sino que haces las salidas, las escapadas, y por eso la carrera cesa, porque falta quién les dé la vida de correr, y conforme entras en Ella, así te pone en el orden y sigues la carrera, porque otra Voluntad Divina obrante ha entrado en ti. Por eso sé atenta, porque debes tener qué hacer con una Voluntad Omnipotente, que corre siempre y todo abraza".

(3) Después de esto pensaba entre mí: "¿Cuál será el bien, la utilidad de esta mi carrera, de este girar y girar en los actos de la Divina Voluntad?" Y el Celestial Rey Jesús ha agregado:

(4) "Hija mía, tú debes saber que cada acto de criatura contiene el valor de la finalidad con la cual anima su acto, la finalidad es como la semilla, que sepultada bajo la tierra se pulveriza con la tierra, pero no para morir sino para renacer y formar la plantita cargada de ramas, de flores y frutos que a aquella semilla pertenecen. La semilla no se ve, está escondida en la plantita, pero por los frutos se conoce la semilla, si es buena o mala. Tal es la finalidad, es semilla de luz, y se puede decir que queda como sepultada y se pulveriza en el acto de la criatura. Y si la finalidad es santa, todos los actos que vienen de aquella finalidad, todos serán actos santos, porque está la primera finalidad, la primera semilla que anima y da vida al séquito de los actos de la primera finalidad, y estos actos forman la vida de la finalidad, en los cuales se ven flores y frutos de verdadera santidad. Y hasta en tanto la criatura con todo el conocimiento de su voluntad no destruye la primera finalidad, puede estar segura que sus actos son encerrados en la primera finalidad. Ahora tu carrera en mi Divina Voluntad tendrá la finalidad que tú quieres, que se forme su reino, y por eso todos tus actos vienen concentrados en mi Fiat, y convirtiéndose en semillas de luz, todos se vuelven actos de mi Voluntad, los cuales elocuentemente, con voces arcanas y divinas, piden este reino tan santo en medio a las humanas generaciones".

30-21
Marzo 13, 1932

La prisionera y el Prisionero divino. La Virgen, anunciadora,

mensajera, conductora del reino de la Divina Voluntad. Quien vive en la Divina Voluntad forma la creación parlante.

(1) Mi abandono en el Fiat continúa, pero siento a lo vivo mi pobreza extrema, mi nulidad, el dolor continuo de las privaciones de mi dulce Jesús. Si no fuera por su Querer Divino que me sostiene, y que frecuentemente me hermana con el Cielo, de modo que me infunde nueva vida, yo no habría podido seguir adelante sin Aquél que frecuentemente se desaparece, se esconde, y yo quedo sobre la hoguera del amor a esperarlo, que me consume lentamente, y entonces repite su breve visita cuando llego a los extremos. Entonces pensaba entre mí: "Jesús me ha aprisionado y atado con cadenas, que no hay peligro que se puedan romper, soy en realidad la pobre prisionera. ¡Oh! cómo quisiera a mi Mamá Celestial en mi compañía, a fin de que bajo su guía pudiera vivir como se necesita vivir en la Divina Voluntad. Pero mientras esto pensaba, mi dulce Jesús ha repetido su breve visita, y todo ternura me ha dicho:

(2) "¡Mi querida prisionera! Cómo estoy contento porque te he aprisionado y atado, porque mis ataduras y mis cadenas dicen que mi amor, sólo por tenerte a mi disposición, ha usado ataduras y cadenas para volverte prisionera sólo para Mí, ¿pero sabes? El amor quiere quien lo iguale, si te he hecho prisionera, primero me he hecho prisionero Yo por ti en tu propio corazón, y no queriendo estar solo, te hice prisionera, en modo de poder decir: 'Somos dos prisioneros, que el uno no sabe estar sin el otro'. Así podremos preparar el reino de mi Divina Voluntad. Las obras hechas a solas no son agradables, pero la compañía las vuelve agradables, empuja al trabajo, endulza el sacrificio y forma las obras más bellas, y al verte llamar a nuestra Mamá Celestial como tu guía, tu prisionero Jesús ha exultado de alegría al tener su dulce compañía en nuestro trabajo. Tú debes saber que fue Ella la verdadera y celestial prisionera de mi Divina Voluntad, así que conoce todos los secretos, los caminos, posee las llaves de su reino, es más, cada acto que hacía la Reina Prisionera, preparaba en su acto el puesto para recibir los actos de la criatura hechos en la Divina Voluntad, y ¡oh! cómo la Soberana Celestial está a la expectativa y muy atenta para ver si la criatura obra en mi Fiat, para tomar con sus manos maternas estos actos y encerrarlos en sus actos como prendas de que se quiere el reino de la Divina Voluntad sobre la tierra. Así que este reino fue ya formado por Mí y por la Celestial Señora, ya existe, sólo que se debe dar a las criaturas; para darlo es necesario conocerlo, y como Ella es la criatura más santa, más grande y que no conoció otro reino que el de mi Divina Voluntad, ocupa el primer lugar en Ella, y por derecho la Celestial Reina será la anunciadora, la mensajera, la conductora de un reino tan santo, por eso ruégale, invócala, y Ella te servirá de guía, de maestra, y con amor todo materno recibirá todos tus actos y los encerrará en los suyos, y te dirá: 'Los actos de mi hija son como los actos de su Mamá, por eso pueden estar con los míos para duplicar el derecho de las criaturas para que se les dé el reino de la Divina Voluntad'. Y como este su reino, Dios lo debe dar y la criatura lo debe recibir, se requieren los actos de ambas partes para obtener el intento, por eso Aquélla que tiene más ascendencia, más poder, más imperio sobre el corazón divino, es la Soberana del Cielo, sus actos estarán a la cabeza seguidos de los otros actos de las criaturas cambiados en divinos en virtud de mi Voluntad, para dar el derecho a ellas de recibir este reino, y Dios al ver estos actos se sentirá movido a darlo por aquel

amor que tuvo en la Creación, que todo lo creó para hacer que su Voluntad se hiciera como en el Cielo así en la tierra, y que cada criatura fuera un reino de su Voluntad, para que tuviera su total dominio. Por eso siempre adelante en el obrar y vivir en el Fiat Supremo".

(3) Después de esto, mi mente se perdía en el Querer Divino, y mi dulce Jesús ha agregado:

(4) "Hija mía, el alma que entra en mi Voluntad se convierte en luz, y todos sus actos sin perder nada de su diversidad, de su naturaleza, y de lo que son en sí mismos, son vivificados y animados por la luz, así que cada acto, si bien distintos entre ellos, tienen por vida la luz de mi Fiat, y Él se deleita ahora en formar con su Vida de luz el pensamiento, la palabra, la obra, el paso, y así de lo demás, y el alma como cielo primero animado por el Fiat, forma con sus actos el sol, las estrellas, el mar que siempre murmura, el viento que gime, que habla, que ulula, que silva, que acaricia y que forma sus refrigerios de luz divina a su Creador, a sí misma, y desciende hasta lo bajo de las criaturas, y como la luz es fecunda y tiene la virtud que por sí misma se expande por todas partes, forma las más bellas floraciones, pero toda investida de luz. Y he aquí que mi Divina Voluntad repite su amada Creación en el alma que vive en su luz, es más, más bella aún, porque si la Creación es muda, y si habla elocuentemente es siempre en su mudo lenguaje, por el contrario la creación que forma en el alma es toda parlante, habla el sol de sus obras, el mar de sus pensamientos, el viento de sus palabras, el pisar de sus pasos, que conforme camina deja las flores de sus virtudes, y todo lo que hace, hablan como estrellas brillantes, que con su destello ruegan, aman, alaban, bendicen, reparan y agradecen continuamente, sin jamás detenerse, a aquel Fiat Supremo que con tanto amor se deleita de formar en ellos la bella creación parlante, animada toda de su luz divina. Por eso no es maravilla si tu Jesús forma su continua morada en medio a esta creación hablante que me forma mi Divina Voluntad, sería más maravilla si Yo no estuviera en ella, porque faltaría el Señor, el Rey que con tanto amor se la ha formado. ¿Para qué formarla si Yo no debiera morar dentro y gozarme mi agradable creación parlante? Mucho más que en esta creación parlante hay siempre qué hacer, siempre qué agregar. Cada acto suyo es una voz de más que adquiere, y que con toda elocuencia me habla de mi amor y de su amor, y Yo debo escucharla; y no sólo esto, sino quiero gozarme sus gustos que ella me da. Me agradan tanto que los suspiro, y por eso no puedo ponerlos aparte. Además hay siempre qué dar, y siempre qué tomar, por eso no puedo dejarla ni siquiera un instante sin Mí, a lo más ahora hablo y ahora hago silencio, ahora me hago sentir y ahora me estoy escondido, pero dejar a quien vive en mi Divina Voluntad no puedo. Por eso está segura que hasta en tanto tú no salgas de Ella, tu Jesús no te deja, estará siempre contigo, y tú estarás siempre Conmigo".

30-22
Marzo 20, 1932

Tres condiciones necesarias para obtener el reino de la Divina Voluntad. Cómo todos viven en la Divina Voluntad. Modo diverso de vivir.

(1) Estaba pensando en la Divina Voluntad y decía entre mí: "Si Nuestro Señor ama tanto el hacer conocer un Querer tan santo, y quiere que reine en medio a las criaturas, ¿por qué entonces quiere que se ruegue para obtenerlo? Mientras que una vez que lo quiere lo puede dar, incluso sin tanto pedirlo. Y mi dulce Jesús, sorprendiéndome me ha dicho:

(2) "Hija mía, el conocer mi Divina Voluntad es la cosa más grande que Yo puedo dar y la criatura puede recibir, y su reinar es la confirmación de su gran don, y el desarrollo de su Voluntad conocida. Por eso es necesario pedirlo; con pedirlo se dispone, forma en sí la morada real dónde recibirlo; con pedirlo adquiere el amor para amarlo, adquiere las dotes de sacrificio que se requieren para poseerlo, y conforme se pide, el querer humano pierde su terreno, se debilita, pierde la fuerza y se dispone a recibir el dominio del Querer Supremo, y Dios viendo que le ruegan se dispone a darlo. Se necesitan las disposiciones de ambas partes para dar nuestros dones celestiales, ¡cuántos dones queremos dar! Pero como no son pedidos los retenemos en Nosotros mismos, esperando darlos cuando sean pedidos. El pedir es como si se abriera el comercio entre el Creador y la criatura; si no se pide, el comercio está cerrado, y nuestros dones celestiales no descienden para ponerse en giro sobre la faz de la tierra, por eso, la primera necesidad indispensable para obtener el reino de la Divina Voluntad, es pedirlo con plegarias incesantes, porque conforme se pide, así nos llegan las cartitas, ahora de premuras, ahora de súplicas, ahora de acuerdo que quieren hacer con nuestra Voluntad, hasta que llegue la última carta del acuerdo final.

(3) Segunda necesidad, más indispensable que la primera, para obtener este reino, es necesario saber que se puede tener. ¿Quién puede pensar en un bien, desearlo, amarlo, si no sabe que lo puede obtener? Ninguno. Si los antiguos no hubieran conocido que debía venir el futuro Redentor, ninguno lo habría pensado, ni pedido, ni esperado salvación, porque la salvación, la santidad de aquellos tiempos estaba fijada, concentrada en el futuro Salvador Celestial. Fuera de esto no se podía esperar ningún bien. Conocer que se puede tener un bien forma la sustancia, la vida, el alimento de aquel bien en la criatura. He aquí el por qué los tantos conocimientos sobre mi Voluntad que te he manifestado, a fin de que se pueda conocer que pueden tener el reino de mi Voluntad. Cuando se conoce que un bien se puede tener, se usan las artes, las industrias, y se empeñan los medios para obtener el intento.

(4) El tercer medio necesario es conocer que Dios quiere dar este reino, esto pone los fundamentos, la esperanza cierta para obtenerlo, y forma los últimos preparativos para recibir el reino de mi Divina Voluntad. Un bien que se quiere y suspira, saber que quien lo puede dar, ya lo quiere dar, se puede llamar el último golpe de gracia, y acto final para obtener lo que se quiere. En efecto, si Yo no te hubiera manifestado que puedo dar, y quiero dar mi Voluntad Divina dominadora y reinante en medio a las criaturas, tú habrías sido indiferente, como todos los demás, a un bien tan grande, así que tu interés, tus plegarias, han sido efectos y partos de lo que has conocido. Y Yo mismo cuando vine sobre la tierra, los treinta años de mi Vida oculta, se puede decir que aparentemente no hice bien a ninguno, ni siquiera uno me conoció; estaba en medio a ellos inobservado, todo el bien se desarrollaba entre Yo y el Padre Celestial, mi Celestial Madre y el amado San José, porque sabían quién era Yo; todos los otros nada. En cambio cuando salí de mi ocultamiento, y abiertamente me hice conocer diciendo que era propiamente Yo el Mesías prometido, su Redentor y Salvador, y si

bien con hacerme conocer me atraje calumnias, persecuciones, contradicciones, ira, odio de los hebreos, y la misma Pasión y muerte, todos estos males que como lluvia tupida llovían sobre Mí, tuvo origen porque Yo haciéndome conocer, afirmaba lo que Yo era en realidad, el Verbo Eterno descendido del Cielo para salvarlos. Tan es verdad, que mientras estuve en la casa de Nazaret, no conociendo quién fuera Yo, ninguno me dijo nada, ni me calumniaron, ni me hicieron algún mal; en cuanto me develé, todos los males me llovieron encima. Pero el hacerme conocer era necesario, de otra manera habría regresado al Cielo sin cumplir la finalidad por la cual vine a la tierra. En cambio con el hacerme conocer, a pesar que me atrajo tantos males, en medio a esta vorágine de males formé a mis apóstoles, anuncié el Evangelio, obré prodigios, y mi conocimiento instigó a mis enemigos a hacerme sufrir tantas penas hasta darme la muerte de cruz. Pero obtuve mi intento, que muchos me conocieran en medio a tantos que no quisieron conocerme, y de cumplir mi Redención. Yo lo sabía, que con hacerme conocer, la perfidia y soberbia de los hebreos me habrían hecho tanto, pero era necesario hacerme conocer, porque una persona, un bien si no se conoce, no es portador de vida, ni de bien. El bien, la verdad no conocidos, quedan obstaculizados en sí mismos, sin fecundidad, como tantas madres estériles que termina con ellas su generación. Ve entonces cómo es necesario que se conozca que puedo dar el reino de mi Voluntad y que quiero darlo. Puedo decir que hay la misma necesidad como aquélla de hacer conocer que Yo era el Hijo de Dios que vino sobre la tierra. Es también verdad que muchos al conocer esto, repetirán lo que me hicieron cuando hice conocer que Yo era el suspirado Mesías; calumnias, contradicciones, dudas, sospechas, desprecios, como ya lo han hecho en cuanto se inició la impresión con la que se iniciaba el dar a conocer mi Divina Voluntad; pero esta no es la causa principal, es el bien, que poseyendo la fuerza que hiere al mal, las criaturas, el infierno, sintiéndose heridos se arman contra el bien y quisieran aniquilar el bien, y a aquélla o a aquél que quiere hacer conocer el bien. Pero a pesar de todo lo que han querido hacer al principio del querer nacer el conocimiento de mi Voluntad y que quiere reinar, que la han como sofocado, sin embargo ha dado sus primeros pasos, y lo que no creían algunos otros lo han creído, los primeros pasos llamarán a los segundos, a los terceros, y así poco a poco, a pesar que no faltarán aquellos que suscitarán contradicciones y dudas, pero es de absoluta necesidad que se conozca mi Divina Voluntad, que puedo darla, y quiero darla. Estas son condiciones, que sin ellas Dios no puede dar lo que quiere dar, y la criatura no puede recibir. Por eso ruega, y no des marcha atrás en hacer conocer mi Divina Voluntad. El tiempo, las circunstancias, las cosas, las personas, cambian, no son siempre las mismas, por eso lo que no se obtiene hoy, se podrá obtener mañana, y será para confusión de quien ha sofocado un bien tan grande. Pero mi Voluntad triunfará y tendrá su reino sobre la tierra".

(5) Después continuaba pensando en la Divina Voluntad, y toda me abandonaba en sus brazos divinos, y mi amado Jesús ha agregado:

(6) "Hija buena, tú debes saber que mi Divina Voluntad posee y contiene dentro de Sí todo, todas las alegrías, todas las bellezas, de Ella todo sale y sin perder nada todo contiene en Sí, se puede decir que lleva a todos y todo en su regazo inmenso de luz. Así que todos viven en Ella, con esta diferencia, que quien con toda su voluntad quiere vivir en Ella, y se hace dominar por su dominio, vive como hija, y como hija es

constituida heredera de las alegrías, de las bellezas, de los bienes de su Madre, de modo que esta Madre Divina está toda atenta a embellecer, enriquecer, y a hacer gozar a su hija. En cambio quien quiere vivir de voluntad humana y no se hace dominar por su dominio, vive en esta Santa Voluntad, pero vive no como hija, sino como extraña, y todas las alegrías se convierten para la criatura en amargura, las riquezas en pobreza, las bellezas en fealdad, porque viviendo como extraña vive como apartada de los bienes que mi Divina Voluntad posee, y justamente merece que nada posea de bien, su querer humano que la domina le da lo que tiene, pasiones, debilidades, miserias. Nada huye de mi Divina Voluntad, ni siquiera el infierno, y como no la han amado en vida, han vivido como miembros separados de Ella, pero siempre dentro, no fuera, ahora, en aquellas tétricas prisiones, las alegrías, la felicidad, las bienaventuranzas de mi Divina Voluntad se convierten en penas y tormentos eternos, por eso el vivir en mi Voluntad no es nuevo como algunos creen, todos viven en Ella, buenos y malos, si se quiere decir nuevo, es el modo de vivir, quién la reconoce como acto continuo de vida, quién le da el dominio en todos sus actos, porque el vivir en Ella es la santidad de cada instante que recibe la criatura, se puede decir que crece continuamente en santidad, pero santidad dada por mi Voluntad, crecida junto con Ella, así que siente por vida, más a mi Voluntad que a su misma vida. En cambio quien no vive en Ella, a pesar de que está dentro no la reconoce en cada acto suyo, y vive como si viviera lejano de Ella y no recibiera el acto continuo de su vida, a pesar que lo recibe. De esta manera no se forma la santidad del vivir en mi Querer, sino a lo más la santidad de las circunstancias, así que se acuerdan de mi Divina Voluntad cuando las oprime una necesidad, un dolor, una cruz, entonces se oyen exclamar: 'Sea hecha la Divina Voluntad.' Y en todo el resto de su vida, mi Voluntad ¿dónde estaba? ¿No estaba ya con ellas contribuyendo a todos sus actos? Estaba, pero no la reconocían. Sucede como a una madre que vive en su palacio, la cual ha dado a luz muchos hijos, algunos de estos están siempre junto a la madre, la cual infunde en los hijos sus modos nobles, los nutre con alimentos delicados y buenos, los viste con vestidos decentes, les confía sus secretos y los hace herederos de sus bienes. Se puede decir que la madre vive en los hijos y los hijos en la madre, se hacen felices mutuamente y se aman con amor inseparable; los otros hijos viven en el palacio de la madre, pero no están siempre junto a ella, encuentran placer en vivir en estancias lejanas de la de su madre, por eso no aprenden sus modos nobles, no visten con decencia, los alimentos que toman les hacen más mal que bien, y si alguna vez van a la madre no es por amor, sino por necesidad. Por eso la gran diferencia entre uno y otro de estos hijos, pero a pesar de todo esto, en el palacio de la madre viven el uno y otro. Así es, todos viven en mi Voluntad, pero sólo quien quiere vivir de Ella, vive en Ella como hijo con su Madre, todos los demás, a pesar que viven en Ella, ni siquiera la conocen, otros viven como extraños, otros la conocen para ofenderla".

30-23
Marzo 27, 1932

Condiciones para asegurar la venida del reino del Fiat sobre la tierra. Las manifestaciones sobre la Divina Voluntad serán ejército

aguerrido de amor, armas, redes para vencer a la criatura.

(1) Me sentía inmersa en el Querer Divino, y ¡oh! cuántos pensamientos se agolpaban en mi mente, y su luz formaba sus olas, una seguía a la otra, y estas olas se convertían en voz, en murmullo, en música celestial, pero ¡oh! cómo es difícil retener el lenguaje de aquella luz interminable. Cuando se está dentro de Ella parece que se comprende mucho, pero en cuanto se retira queda sólo alguna gotita y el dulce, inolvidable y amado recuerdo de haber estado en la luz del eterno Fiat. Si el bendito Jesús no obrara un milagro, abajándose Él con modo más adaptable a la naturaleza humana, yo nada habría sabido decir. Entonces veía en mi mente el cuadro del reino de la Divina Voluntad, y quería que Jesús me dijera cuáles eran sus condiciones para estar segura de su venida, y mi Maestro Celestial, visitando a la pequeña recién nacida de su Querer me ha dicho:

(2) "Hija mía bendita, las condiciones absolutas, necesarias y de suma importancia, que forman la vida y el alimento para asegurar el reino de mi Divina Voluntad, es pedir de la criatura grandes sacrificios y prolijidad de continuo sacrificio; entonces nuestra bondad, en virtud del sacrificio que pide, debe dar gracias sorprendentes a quien pide este sacrificio, de modo que a la criatura fascinada por mi amor, por mis dones y por mis gracias, le parecerá nada el sacrificio que Yo le pido, a pesar de conocer que su vida ha terminado, que no tendrá más derecho sobre sí misma, y que todos los derechos serán de quien le pidió el sacrificio; si no conociera toda la magnitud del sacrificio que acepta, no tendría todo el valor, porque por cuanto más se conoce la grandeza, el peso del sacrificio, tanto más valor viene puesto dentro. El conocimiento pone el valor exacto y completo en el sacrificio, por el contrario quien no conoce todo el peso de un sacrificio, ¡oh! cuánto disminuye el valor, la gracia, el bien que debe obtener, además nuestro amor queda herido, nuestra potencia se siente impotente ante una criatura a la que le pedimos grandes sacrificios, haciéndole conocer el peso a que se debe someter, y ella, sólo por nuestro amor y para cumplir nuestra Voluntad, acepta todo. El sacrificio prolijo trae la prolijidad de la oración, y ¡oh! cómo nuestros oídos se ponen atentos, nuestras miradas quedan raptadas al ver que en medio de la hoguera del sacrificio querido por Nosotros, ruega, y ¿qué cosa pide y quiere? Lo que Nosotros queremos: 'Que nuestra Voluntad se haga como en el Cielo así en la tierra.' ¡Ah! si ella pudiera, arrollaría Cielo y tierra, quisiera todo en su poder para hacer que todos pidieran lo que quiere, a fin de que su sacrificio obtenga la finalidad y lleve el fruto querido por Dios. Nuestra paterna bondad es tanta, que nos resulta imposible no oír favorablemente el propósito de un sacrificio prolongado y una plegaria prolija. Estas son las condiciones por parte de las criaturas, y esto lo hemos hecho contigo y queremos que lo conozcas, porque Nosotros no damos nuestras cosas a los ciegos, que por su ceguera no conocen los bienes que le son dados, ni aquellos que le están alrededor, mucho menos a los mudos, que por su mutismo no tienen palabras para manifestar nuestras verdades y nuestras gracias. La primera cosa que damos es el conocimiento de lo que queremos hacer de ella, y después damos y hacemos lo que hemos dispuesto. El conocimiento se puede llamar el principio, el vacío, la semilla donde poner el sacrificio, nuestras cosas, y hacer surgir la bella oración que nos debilita, nos encadena con cadenas, con ataduras inseparables, y nos hace dar lo que quiere.

Mucho más que siendo nuestra Voluntad vida y obra que da vida a todo y a todos, para venir a reinar sobre la tierra quería de parte de la familia humana una vida de criatura a su disposición, y que sin oponerse estuviera en poder de su Voluntad Divina, a fin de que de ella hiciera lo que quiere; esto le servirá de apoyo y condición para asegurar su reino por parte de las criaturas. Ahora vienen las aseguraciones por parte de Dios, pero ¿a quién podía hacerlas sino a quien había pedido el sacrificio? Así que mi gran prolijidad en manifestar tantas verdades sobre mi Divina Voluntad, mi largo decir sobre su reino y sobre el bien que quiere y debe hacer, su prolongado dolor de cerca de seis mil años porque quiere reinar y la han rechazado, las muchas promesas que quiere dar de bienes, de felicidad, de alegría si la hacen reinar, no han sido otra cosa que aseguraciones que he dado a la criatura de este reino de mi Fiat, y estas aseguraciones venían hechas y selladas en la cosa más bella, más sagrada, más preciosa, esto es en el centro de la hoguera de tu sacrificio querido por Nosotros. Puedo decir que no me canso jamás de hacer aseguraciones, digo, vuelvo a decir siempre con nuevos modos, nuevas verdades, nuevas formas, semejanzas sorprendentes siempre sobre mi Divina Voluntad, jamás habría dicho tanto si no fuera cierto que mi reino debía tener su dominio sobre la tierra. Por eso es casi imposible que un decir mío tan prolijo, y un sacrificio tuyo tan continuo, no deban tener los suspirados frutos de parte de Dios y de parte de las criaturas, por eso continúa tu vuelo en aquel Fiat que tiene potencia de hacerse camino, de abatir todas las dificultades, y a fuerza de amor hacerse los más fieles amigos y defensores de sus más despiadados enemigos".

(3) Después ha agregado: "Hija mía, mi concepción, mi nacimiento, mi Vida oculta, mi evangelio, los milagros, mis penas, mis lágrimas, mi sangre derramada, mi muerte, reunido todo junto, formaron un ejército invencible para cumplir mi Redención. Así todas mis manifestaciones sobre mi Divina Voluntad, desde la primera hasta la última palabra que diré, deben servir para formar el ejército aguerrido, todo de amor, de fuerza invencible, de luz irresistible, de amor que transforma, ellas colocarán en torno a la criatura una red, que si quieren salir caerán dentro, se enredarán tanto, que no sabrán cómo salir, y mientras tratará de salir, mis tantas manifestaciones sobre Ella continuarán cubriéndola, de modo de hacer más extendida su red, entonces, viéndose enredada tomará gusto de las tantas bellezas de verdad, y se sentirá feliz de haber sido enredada en la red de tantas verdades mías manifestadas. ¡Así que ellas formarán el cumplimiento del reino de mi Divina Voluntad! Por eso cada manifestación mía sobre Ella es un arma que debe servir para completar un reino tan santo. Si Yo la manifiesto y tú no la dices, harás faltar las armas necesarias, por eso sé atenta.

(4) Además de esto, tú debes saber que cada palabra salida de la increada sabiduría contiene vida, sustancia, obra, enseñanzas, así que cada verdad manifestada sobre nuestra Divina Voluntad tendrá en nuestro reino su propio oficio, muchas verdades tendrán el oficio de formar y hacer crecer la Vida de la Divina Voluntad en la criatura, otras ocuparán el oficio de alimentarla, otras harán de maestro, otras verdades tendrán el oficio de defensores, de modo que se pondrán como un ejército en torno a la criatura para que ninguno la pueda tocar. Ve entonces la necesidad de mi decir tan prolijo y de las tantas verdades que he manifestado, es un reino que debo formar, el cual no se forma con pocas palabras, con pocos actos y oficios; ¡se requieren tantas!

Y cada verdad mía tiene virtud de ocupar un oficio para mantener el orden perfecto, paz perenne, será el eco del Cielo y nadarán dentro de un mar de gracias, de felicidad, bajo un sol que no conoce nubes, el cielo será siempre sereno. Mis verdades sobre mi Divina Voluntad serán las únicas leyes que dominarán a las criaturas que entrarán a vivir en este reino, leyes no de opresión sino de amor, que dulcemente se harán amar, porque en ellas encontrarán la fuerza, la armonía, la felicidad, la abundancia de todos los bienes. Por eso ánimo y siempre adelante en mi Divina Voluntad".

30-24
Abril 2, 1932

El poder divino pondrá un límite a los males del hombre, y les dirá: Basta, hasta aquí. Nuestro Señor muestra con los hechos que quiere dar el reino de su Voluntad.

(1) Estoy siempre de regreso en el Santo Querer Divino, no puedo hacer otra cosa, porque siendo vida, la vida se siente siempre, se siente el respiro, el movimiento, el calor; así es la Divina Voluntad, en cuanto se siente, así se siente su Vida, su calor, su movimiento y todo lo que Ella encierra, con esta sola diferencia, que cuándo se pone atención en una cosa que como vida encierra, y cuándo en alguna otra. Entonces pensaba entre mí: "¿Cómo es que la criatura puede regresar bella y santa como salió de las manos creadoras de Dios, para realizar el reino de su Fiat en medio a la familia humana?" Y mi amado Jesús sorprendiéndome me ha dicho:

(2) "Hija mía, todas las obras de nuestro Ser Supremo son perfectas y completas, ninguna obra nuestra está a medias. La Creación está toda completa y perfecta, es más, hay muchas cosas que no son de absoluta necesidad, sino como lujo y ostentación de nuestra potencia, amor y magnificencia. ¿Sólo el hombre, por quien todas las cosas fueron creadas, debe quedar como nuestra obra imperfecta e incompleta, sin la finalidad por la cual fue creado, la cual es que nuestro Fiat tenga su reino en cada criatura? ¿Y esto porque pecó y quedó manchado y afeado, que lo volvió como una habitación a punto de derrumbarse, expuesto a los ladrones y a sus enemigos? ¿Como si nuestra potencia fuera limitada y no tuviera todo el poder de hacer lo que quiere, como quiere y cuando quiere? Quien piensa que el reino de nuestra Voluntad no puede venir, pone en duda la misma potencia suprema. Todo podemos, el querer nos puede faltar, pero cuando lo queremos nuestro poder es tanto, que lo que queremos hacemos, no hay cosa que se pueda resistir frente a nuestra potencia; así que tenemos poder de rehabilitarlo, de hacerlo más bello que antes, fortalecer y ponerle cemento a su habitación derrumbada, de modo de volverla más fuerte que antes, y con el soplo de nuestro poder encerrar en los oscuros abismos a los ladrones y enemigos suyos. Así que el hombre, aunque se salió de dentro de nuestra Divina Voluntad, no dejó de ser obra nuestra, y si bien se desordenó, nuestra potencia por decoro de nuestra obra, que debe ser perfecta y cumplida como Nosotros la queremos, con su poder pondrá un límite a sus desórdenes, a sus debilidades, y le dirá con su imperio: 'Basta, hasta aquí, regresa al orden, toma tu puesto de honor como obra digna de tu Creador.' Son prodigios de

nuestra Omnipotencia que obrará, y que el hombre no tendrá fuerza de resistir, pero sin esfuerzo, espontáneo, alentado y atraído por una fuerza suprema, por un amor invencible. ¿No fue un prodigio de nuestra potencia la Redención querida por nuestra Voluntad y por nuestro amor, que sabe vencer todo, incluso las ingratitudes más negras, las culpas más graves, y corresponder en amor donde el hombre ingrato lo ha ofendido de más? Si se trata del hombre, ciertamente que no podrá levantarse con todas las ayudas de mi Redención, porque no está dispuesto a tomarlas, muchos no cesan de ser pecadores, débiles, ensuciados con las culpas más graves. Pero si se trata de mi potencia, de mi amor, cuando las dos balanzas desborden un poco de más y lo toquen con voluntad de vencerlo, el hombre se sentirá sacudido y arrojado por tierra, de manera que resurgirá del mal en el bien y entrará de nuevo en nuestra Voluntad Divina de donde salió, para tomar su heredad perdida. ¿Sabes tú dónde está el todo? El todo está en si nuestra Voluntad lo quiere y con decretos divinos lo ha decidido; si esto hay, todo está hecho, y es tan cierta esta decisión, que ya están los hechos. Tú debes saber que cuando vine sobre la tierra, mientras hacía el oficio de Redentor, al mismo tiempo todo lo que hacía mi Santa Humanidad encerraba tantos actos de mi Voluntad Divina como depósito para dar a la criatura, Yo no tenía necesidad porque era la misma Divina Voluntad, así que mi Humanidad hacía como una madre ternísima, encerraba en Sí tantos partos de mi Voluntad por cuantos actos hacía, para darlos a la luz y parirlos en el seno de los actos de las criaturas, para formar en sus actos el reino de los actos de mi Fiat. Por eso está como una madre, esperando con un amor que la hace sufrir, el dar a luz estos sus partos divinos. El otro hecho es que Yo mismo enseñé el Pater Noster, a fin de que todos rogaran que venga mi reino, para que se haga mi Voluntad como en el Cielo así en la tierra. Si no debiera venir habría sido inútil enseñar tal oración, y Yo cosas inútiles no sé hacer, y además las tantas verdades manifestadas sobre mi Divina Voluntad, ¿no dicen claramente que su reino vendrá sobre la tierra, no por obra humana sino por obra de nuestra Omnipotencia? Cuando Nosotros queremos todo es posible, tan fácilmente hacemos las cosas pequeñas como las grandes, porque toda la virtud y potencia está en nuestro acto, no en lo bien que recibe el acto de nuestra potencia. En efecto, cuando estaba sobre la tierra, como en todos mis actos corría mi potencia, se volvía potente el toque de mis manos, el imperio de mi voz, y así de todo lo demás, y con la misma facilidad llamé a vida a la niña muerta hacía pocas horas, que llamé a vida a Lázaro, muerto desde hacía cuatro días, el cual ya se había corrompido y despedía un hedor insoportable; ordené que le quitaran las vendas y después lo llamé con el imperio de mi voz: 'Lázaro, ven fuera.' A mi voz imperante Lázaro resucitó, la corrupción desapareció, el hedor cesó y regresó sano y vigoroso como si no hubiera muerto. Verdadero ejemplo de cómo mi potencia puede hacer resurgir el reino de mi Fiat en medio a las criaturas, este es un ejemplo palpable y cierto de cómo mi potencia, a pesar de que el hombre esté corrompido, el hedor de sus culpas más que a cadáver lo infecte, se puede llamar un pobre vendado que tiene necesidad del imperio divino para quitarse las vendas de sus pasiones, pero si el imperio de mi potencia lo inviste y quiere, su corrupción no tendrá más vida, y resurgirá sano y más bello que antes. Por eso, a lo más se puede dudar que mi Divina Voluntad lo quiera, porque podría no merecer tanto bien, pero que mi potencia no lo pudiera, eso jamás".

30-25
Abril 9, 1932

Jesús va modelando a la criatura para hacerla resurgir en la nueva vida de su verdad. Sólo Jesús podía manifestar tantas verdades sobre la Divina Voluntad, porque posee su fuente.

(1) Mi abandono en el Querer Divino continúa, me siento la pequeña niña que sorbo a sorbo es nutrida de este alimento celestial, el cual produce en mi alma, fuerza, luz, suavidad indescriptible, y además, cada verdad que mi amado Jesús manifiesta a su pequeña recién nacida es una de las escenas más conmovedoras y deliciosas, y de las más bellas que pone en mi mente como portadora de las beatitudes de la patria celestial, por eso me sentía inmersa en tantas verdades del Fiat Supremo, y mi siempre amable Jesús visitando a su pequeña niña me ha dicho:

(2) "Mi pequeña hija de mi Querer, tú debes saber que si nuestro Ente Supremo diera a la criatura todo el cielo, el sol, la tierra, el mar, no daría tanto como cuando comunica las verdades sobre la Divina Voluntad, porque todas las otras cosas permanecerían en lo externo de las criaturas, mientras la verdad penetra en las más íntimas fibras de su alma, y Yo voy plasmando los latidos, los afectos, los deseos, la inteligencia, la memoria, la voluntad, para transformarla toda en la vida de la verdad, y mientras la voy plasmando, voy repitiendo los prodigios de la creación del hombre, y con el toque de mis manos destruyo los gérmenes del mal y hago resurgir los gérmenes de la nueva vida, la criatura siente mi toque y conforme la voy plasmando, siente la nueva vida que le viene dada. Mientras el cielo, el sol, el mar no tienen la virtud transformadora de formar de la criatura un cielo, un sol, un mar, todo el bien se reduce a lo externo y nada más. ¿Ves entonces cuántos bienes encierras con haberte manifestado tantas verdades? Por eso sé atenta en corresponder a un bien tan grande".

(3) Después continuaba pensando en las tantas verdades sobre la Divina Voluntad, cuántas alegrías, cuántas transformaciones divinas. Han sido propiamente ellas las reveladoras del Ente Supremo, jamás habría conocido a mi Creador, a mi Padre Celestial, si las santas verdades no hubieran hecho de mensajeras, llevándome las tantas bellas noticias de su adorable Majestad, y mientras se agolpaban en mi mente tantas verdades, una duda ha surgido en mí: "¿Ha sido Jesús quien me ha manifestado tantas verdades, o el enemigo, o mi fantasía?" Y Jesús sorprendiéndome me ha dicho:

(4) "Mi buena hija, ¡cómo! ¿Dudas? La multiplicidad de las tantas verdades sobre mi misma Divina Voluntad es prueba segura de que sólo tu Jesús podía decir tantas cosas sobre el mismo tema, con argumentos variados y fuertes, porque poseyendo la fuente no es maravilla que te lo haya manifestado a ti, y en tantos modos, podría decir las pequeñas gotas de luz de los conocimientos sobre mi adorable Voluntad, digo gotas para Mí, confrontándolas a lo mucho y al mar infinito que me queda por decir, porque si Yo quisiera hablar toda la eternidad, tengo tanto qué decir sobre los conocimientos que pertenecen a mi Fiat Supremo, que no terminaría jamás, pero para ti lo que he manifestado han sido mares, porque lo que son gotas para Mí, que soy un Ser infinito, es mar para ti que eres criatura finita. Por eso la sola prolijidad y

mi tanto decir, es la prueba más cierta y más convincente, de que sólo tu Jesús podía tener tantas razones y que sólo Él puede conocer tanto lo que pertenece a mí mismo Querer. El enemigo no posee la fuente, y además él tocaría una tecla que lo quemaría más, porque la cosa que más odia y que más lo atormenta es mi Divina Voluntad, y si estuviera en su poder pondría la tierra pies arriba, usaría todas las artes y astucias para hacer que ninguno conociera e hiciera mi Voluntad; mucho menos tu fantasía, tan limitada y pequeña, ¡oh! cómo súbito quedaría apagada la luz de la razón, y cuando hubieras dicho dos o tres razones, habrías hecho como aquellos que quieren hablar y se sienten enmudecer y no saben seguir más adelante, por eso confusa te reducirías al silencio. Por eso sólo tu Jesús tiene la palabra siempre nueva, penetrante, plena de frescura divina, de suavidad admirable, de verdad sorprendente, por lo cual la inteligencia humana está obligada a inclinar la frente y decir: 'Aquí esta el dedo de Dios.' Por eso reconoce un bien tan grande, y tu punto de centro en todas las cosas sea sólo mi Voluntad".

30-26
Abril 13, 1932

La naturaleza humana que se hace dominar por la Divina Voluntad, es campo de su acción, y tierra florida. La Divina Voluntad posee la inseparabilidad.

(1) Estoy siempre entre los brazos de la Divina Voluntad, como una niña estrechada entre los brazos de la mamá, la cual me tiene tan estrechada entre sus brazos de luz, que no me deja ver, sentir o tocar otra cosa que la Divina Voluntad. Y yo pensaba entre mí: "¡Oh! si yo estuviera libre de la cárcel de mi cuerpo, mis vuelos serían más rápidos en el Fiat, habría conocido más, de hecho sería un solo acto con Ella, pero mi naturaleza me parece que me lleva a hacer interrupciones, como si me pusiera obstáculos y me hiciera sentir fatiga para correr siempre en la Divina Voluntad". Pero mientras esto pensaba, mi divino Maestro Jesús, visitando mi pequeña alma me ha dicho:
(2) "Hija bendita, tú debes saber que para quien vive en mi Divina Voluntad, Ella tiene virtud de tener ordenada la naturaleza de la criatura, y en vez de ser obstáculo, le es de ayuda para poder hacer más actos de Voluntad Divina, más bien sirve como tierra a las flores, que se presta para formar las bellas floraciones, las que casi la esconden y la cubren con la variedad de sus bellezas, a las cuales el sol les comunica la variedad de los más bellos colores y las va abrillantando con su luz. Si no fuera por la tierra, a las flores les faltaría el lugar para formarse la vida para poder nacer y hacer su bella aparición, y el sol no encontraría a quién comunicar el desahogo de sus bellos colores y de sus puras dulzuras. Así es la naturaleza humana para el alma que vive en mi Divina Voluntad, es como tierra fecunda y pura, que se presta para dar el campo de acción y hacerla formar no solo las bellas floraciones, sino para hacer aparecer tantos soles por cuantos actos va haciendo. Hija mía, es un encanto de belleza ver la naturaleza humana que vive en mi Divina Voluntad, cubierta y escondida como bajo de un prado florido, todo investido de luz fulgidísima, el alma por sí sola no habría podido formar tantas variedades de belleza, mientras que unida

encuentra las pequeñas cruces, las necesidades de la vida, las variedades de las circunstancias, ahora dolorosas, ahora alegres, que como semillas se sirve de ellas para sembrarlas en la tierra de la naturaleza humana para formar su campo florido. El alma no tiene tierra y no podría producir ninguna floración; en cambio unida con el cuerpo, ¡oh! cuántas más bellas cosas puede hacer, mucho más que esta naturaleza humana fue formada por Mí, la plasmé parte por parte, dándole la más bella forma, puedo decir que hice de artífice divino y puse en ella tal maestría, que ninguno otro puede alcanzar. Así que la amé, veo todavía el toque de mis manos creadoras impreso sobre la naturaleza humana, por eso también ella es mía, me pertenece. El todo está en el acuerdo completo: Naturaleza, alma, voluntad humana, y Divina; cuando está esto, que la naturaleza se presta como tierra, la voluntad humana está en acto de recibir la Vida de la Voluntad Divina en su actos, se hace dominar en todo, no conoce otra cosa en todas sus cosas sino sólo mi Voluntad, como vida, actora, portadora, conservadora de todo, ¡oh! entonces todo es santo, todo es puro y bello, mi Fiat está sobre ella con su pincel de luz para perfeccionarla, divinizarla, espiritualizarla. Por eso tu naturaleza no puede ser obstáculo a los vuelos en mi Voluntad, más bien puede servirte de obstáculo tu querer, al cual debes tener siempre en la mira para no darle vida, que de tu tierra no hay que temer, aquella, si tiene recibe, y da lo que ha recibido, es más, da de más y cambia las semillas en flores, en plantas, en frutos, y si no tiene se está en su mudo silencio y queda como tierra estéril".

(3) Después agradecía a Jesús por su bella lección y me sentía contenta de que mi naturaleza humana no podía dañarme, más bien me podía ayudar a hacer crecer la Vida de la Divina Voluntad en mi alma, y continuaba mis giros y vuelos en sus actos, y mi dulce Jesús ha agregado:

(4) "Hija mía, mi Divina Voluntad posee la inseparabilidad de todos sus actos y efectos, tanto si obra sola en Sí misma y fuera de Sí misma, tanto si obra en la criatura o la criatura obra en Ella, o bien para llevar a cabo lo que quiere mi Divina Voluntad. En este modo de obrar pone de lo suyo y lo retiene como acto y propiedad suyos, inseparables de Ella. Ahora, si la criatura vive en mi Divina Voluntad, estos actos se vuelven propiedad común de la una y de la otra; si después se sale, pierde sus derechos, primero porque fueron hechos en nuestra casa, y después la sustancia, la vida del acto, la santidad, la belleza, las prerrogativas que se requieren para poder formar un acto nuestro, han sido puestos por nuestro Querer Divino, la criatura no ha hecho otra cosa que asistir y concurrir con su voluntad de obrar junto con la nuestra, pero de sustancia nada ha puesto de lo suyo. Por eso si persiste en vivir en nuestro Querer, señorea junto; si sale, con justicia nada le toca, pero si vuelve a entrar adquiere de nuevo el derecho de señorear. Pero hay gran diferencia entre quien vive en mi Divina Voluntad y obra junto, y entre quien no viviendo en Ella sigue y cumple en las circunstancias lo que quiere mi Fiat, ésta toma en su acto mi Voluntad limitada, y en cuanto termina el acto así queda, no sigue más adelante, y si bien también estos actos son inseparables de Ella, pero se ve en estos actos que no tienen el obrar continuo; limitada tomaron mi Divina Voluntad, y limitada quedó; en cambio quien vive en Ella y obra, su acto adquiere el acto incesante de obrar continuamente, éstos estarán siempre obrantes en mi Fiat, no perderán jamás la actitud, cual es el obrar de mi Querer, que no cesa jamás, así se hacen los actos de

la criatura. Por eso siempre en mi Fiat te quiero, si quieres tomarlo no limitado y como a gotas, sino como mares, de manera de quedar tan llena, que no tocarás ni verás otra cosa que mi Divina Voluntad".

30-27
Abril 23, 1932

Cómo la criatura es llamada por la Divina Voluntad. Cuantas veces hace sus actos en Ella, tantas veces renace en sus actos. Competencia entre Creador y criatura.

(1) Mi abandono en el Fiat Divino continúa, siento su llamada en todos sus actos, esto es, en el cielo, en el sol, en el mar, en el viento, en los actos que hizo en la Redención, porque no hay cosa que exista, que del Querer Divino no haya salido, y me llama para decirme: "Todo lo he hecho para ti, ven a gozar y a poseer todo lo que con tanto amor he creado para ti, no te vuelvas extraña de todo lo que a ti pertenece, no dejes aisladas y desiertas nuestras y tus posesiones, ven y haz resonar tu voz, a fin de que resuene en todas nuestras cosas creadas, haznos oír el dulce pisar de tus pasos, la soledad nos abruma, la compañía nos pone en fiesta y nos da las dulces sorpresas de las alegrías que nos puede dar nuestra amada criatura". Pero mientras mi mente giraba en sus obras, mi siempre amable Jesús, visitando mi pobre alma, todo ternura me ha dicho:

(2) "Hija bendita de mi Querer, como todas las cosas creadas fueron hechas para las criaturas, en cada una de ellas mi Divina Voluntad se quedaba para llamarlas, porque no quería quedar sola, sino que quería a aquélla por la cual las cosas fueron hechas, para darle los derechos sobre ellas, y así no quedar defraudada en su finalidad por la cual las había creado. Ahora, ¿quién escucha esta llamada? Quien posee mi Voluntad como vida. El eco de mi Voluntad que está en las cosas creadas forma el mismo eco en el alma que la posee, y entre sus mismos brazos la lleva donde mi Querer la llama, y como tiene sus derechos dados por Mí, si ella ama, todas las cosas creadas dicen amor; si adora, dicen adoración; si agradece, dicen agradecimientos, de modo que se ve moverse en el cielo, en el sol, en el mar, en el viento, en todo, aun en el pequeño pajarito que canta, el amor, la adoración, el agradecimiento de la criatura que posee mi Divina Voluntad, cómo es basto el amor y todo lo que puede hacer y decir, Cielos y tierra están en su poder. Pero esto es nada todavía, tú debes saber que el alma que posee mi Divina Voluntad, en su acto entra su Omnipotencia divina y potencia verdadera, lo que significa difundirse en todos y todo, llamar a todos en aquel acto, con su imperio hacerse sentir por todos, llamar la atención de todos, de modo que sienten la potencia obrante de mi Fiat en el acto de la criatura, porque puedo llamarlo no acto suyo, sino mío, y quien se encuentra en posesión de Él, como son los ángeles, los santos, la Creación, sienten correr una vena de su potencia y se ponen todos atentos para recibirla, e inclinándose adoran, agradecen, aman la Divina Voluntad obrante. Un acto de Ella es la cosa más grande, más bella para todo el Cielo y para toda la tierra; un acto suyo, como posee potencia completa, tanto si obra en el acto humano, como si obra solo, puede llevar innovaciones, transformaciones sobre todo y hacer resurgir cosas nuevas, que antes no existían. Así que un acto en

mi Divina Voluntad toma lugar en el orden divino, y con su imperio potente impera sobre todos, impera con su amor atrayente, con su belleza raptora, con sus alegrías y dulzuras infinitas, es un acto que encierra el conjunto de todo, y aquellos que no sienten lo bello de él están obligados a sentir el peso de la justicia divina sobre ellos, pero todos sentirán el toque de la potencia de un acto de mi Voluntad, ninguno será excluido. Y sólo estos actos se alinean para dar continuo homenaje a Dios mismo, porque los que más dan gloria a Dios y homenaje continuo, son los actos hechos en el Fiat, porque son actos hechos por Dios mismo, y toman parte en su acto incesante".

(3) Después de esto estaba haciendo mis actos en la Divina Voluntad, y mi dulce Jesús ha agregado:

(4) "Hija mía, el alma que vive en mi Voluntad está en continuo acto de renacer en los actos que hace en Ella, si ama está en acto continuo de renacer en el amor divino, y mientras nace forma la vida del amor en ella, y como vida toma el primado en todo su ser, de modo que su latido, su respiro, el movimiento, la mirada, el paso, la voluntad, y todo lo demás, se vuelve amor, y cuantas veces renace, tantas veces más crece el amor, este amor como vida y en acto de siempre nacer y crecer, tiene la fuerza raptora y que hiere, y mientras nos hiere nos rapta, pero con nuestra misma potencia divina, y Nosotros sintiéndonos heridos desbordamos amor de nuestras heridas, y herimos a nuestra amada criatura, y en cada renacimiento duplicamos nuestro amor por ella. Así si repara, y cuantas veces repara en nuestra Voluntad, tantas veces renace en la reparación divina y forma la vida de la reparación en su alma, así que el respiro, el movimiento, la voluntad y todo su ser adquiere la vida de la reparación; y como no es con un solo acto que nos repara, sino con una vida entera, como vida tiene la potencia que desarma, y desarmándonos convierte los flagelos en gracias, así de todo lo demás que la criatura puede hacer en nuestra Divina Voluntad, son vida que adquiere, las cuales son alimentadas por nuestra fuentes divinas. Así si nos alaba en nuestra Divina Voluntad, nos agradece, nos bendice, forma una vida entera de agradecimientos, de alabanzas y de bendiciones hacia su Creador, y cada vez que lo hace, mientras renace en estos actos y crece, forma la plenitud de la vida, de modo que el respiro, el latido, si piensa, si habla, si da un paso, si circula la sangre por sus venas, todo el conjunto de la criatura, no hay partícula de su ser que no diga os agradezco, os alabo, os bendigo. ¡Oh! cómo es bello verla, que posee tantas vidas por cuantas veces permanece en sus mismos actos hechos en nuestro Fiat Divino, que por cuantas vidas posee sentimos en su latido tantos latidos en uno, tantos respiros, movimientos y pasos en uno, y cada uno, quién dice amor, quién reparaciones, quién agradecimientos, quién alabanza y quién bendiciones; estos renacimientos y vidas forman la más bella armonía en la afortunada criatura que ha tenido el bien de adquirirlas; es tanta nuestra complacencia, que nuestra mirada está siempre fija en verla, nuestros oídos siempre atentos a escucharla, la potencia de nuestro Querer llama nuestra atención continua, y en cuanto nos dice os amo, así Nosotros le repetimos, te amamos, ¡oh! hija. En cuanto nos repara, así nos la estrechamos al corazón; conforme nos agradece, alaba y bendice, así le vamos repitiendo: 'Te agradecemos que nos agradezcas, te alabamos que nos alabes, te bendecimos que nos bendigas'. Podemos decir que nos ponemos en competencia con ella, Cielos y tierra se maravillan de que el Creador se ponga en competencia con

su amada criatura. Por eso siempre en mi Voluntad te quiero, porque en Ella nos das qué hacer y qué decir y formas nuestro desahogo de amor".

30-28
Abril 30, 1932

El vivir en la Divina Voluntad es un don. Ejemplo del pobre y ejemplo del rey. Cómo el don es exceso de amor y magnanimidad de Dios, el cual ni pone atención, ni quiere hacer cuentas del gran valor que da.

(1) Me sentía inmersa en el Querer Divino, una multitud de pensamientos preocupaban mi mente, pero siempre sobre el mismo Fiat, porque en Él no se puede pensar en otra cosa, su dulce encanto, su luz que todo inviste, sus tantas verdades que como formidable ejército se alinean alrededor, alejan todo lo que a Él no pertenece. La feliz criatura que se encuentra en la Divina Voluntad se encuentra como en una atmósfera celestial, toda feliz, en la plenitud de la paz de los santos y si quiere alguna cosa, es sólo que todos conocieran un Querer tan amable, tan santo, quisiera que todos vinieran a gozar su felicidad, pero pensaba entre mí: "Pero, ¿cómo puede ser que las criaturas puedan venir a vivir en la Divina Voluntad para poder formar su santo reino? Y mi amado Jesús, sorprendiéndome me ha dicho:

(2) "Hija mía, ¡cómo eres pequeña! Se ve que tu pequeñez no se sabe elevar en la potencia, inmensidad, bondad y magnanimidad de tu Creador, y desde tu pequeñez mides nuestra grandeza y generosidad. Pobre pequeña, te pierdes en nuestras interminables posesiones, y no sabes dar el justo peso a nuestros modos divinos e infinitos. Es cierto que humanamente hablando, la criatura rodeada por los males, tal como está, vivir en mi Querer, formar su reino en medio a ellas, es como si quisiera tocar el Cielo con el dedo, lo que es imposible, pero lo que es imposible a los hombres es posible a Dios. Tú debes saber que el vivir en nuestra Voluntad es un don que nuestra magnanimidad quiere dar a las criaturas, y con este don la criatura se sentirá transformada de pobre en rica, de débil en fuerte, de ignorante en docta, de esclava de viles pasiones, dulce y voluntaria prisionera de una Voluntad toda santa que no la tendrá prisionera, sino reina de sí misma, de los dominios divinos y de todas las cosas creadas. Sucederá como a un pobre que viste míseros harapos, habita en una cuartucho sin puertas, por lo tanto expuesto a los ladrones y enemigos, no tiene pan suficiente para quitarse el hambre y está obligado a mendigarlo; si un rey le diese por don un millón, el pobre cambiaría su suerte y no daría más el aspecto de un pobre mendigo, sino de un señor que posee palacios, villas, viste con decencia, tiene alimentos abundantes, y está en condiciones de poder ayudar a los demás. ¿Qué ha cambiado la suerte de este pobre? El millón recibido en don. Ahora, si una vil moneda tiene virtud de cambiar la suerte de un pobre infeliz, mucho más el gran don de nuestra Voluntad, dada como don cambiará la suerte infeliz de las generaciones humanas, menos de quien voluntariamente quiera quedarse en su infelicidad. Mucho más que este don fue dado al hombre en el principio de su creación, e ingrato nos lo rechazó con hacer su voluntad, sustrayéndose de la nuestra. Ahora, quien se dispone a hacer nuestro Querer prepara el puesto, el

decoro, la nobleza donde poder poner este don tan grande e infinito, nuestros conocimientos sobre el Fiat ayudarán y prepararán en modo sorprendente a recibir este don, y lo que no han obtenido hasta hoy, lo podrán obtener mañana. Por eso estoy haciendo como haría un rey que quisiera elevar una familia, con vínculo de parentesco, a su familia real; para hacer esto se toma primero un miembro de ella, lo tiene en su morada real, lo hace crecer, se nutren juntos, lo adiestra en sus modos nobles, le confía sus secretos, y para hacerlo digno de sí, lo hace vivir de su voluntad, y para estar más seguro y para no hacerlo descender a la bajeza de su familia, le hace don de su querer, a fin de que lo tenga en su poder. Esto que el rey no puede hacer, Yo lo puedo hacer bilocando mi Voluntad parar hacer de Ella don a la criatura. Por eso el rey tiene los ojos fijos sobre ella, la va siempre embelleciendo, la viste con vestidos preciosos y bellos de modo que se siente enamorado, y no pudiendo seguir así, la vincula con vínculo duradero de casamiento, de manera que el uno se vuelve don del otro. Con esto, ambas partes tienen el derecho de reinar y aquella familia adquiere el vínculo de parentesco con el rey, y el rey, por amor de aquélla que se ha donado a él, y que él se ha dado a ella, llama a aquella familia a vivir en su morada real, dándole el mismo don que ha dado a aquélla que ama tanto. Así hemos hecho Nosotros, primero hemos llamado a una de la familia humana a vivir en la morada real de nuestro Querer; poco a poco le hacíamos don de sus conocimientos, de sus secretos más íntimos, y al hacer esto sentíamos contentos y alegrías indecibles, y sentíamos cómo es dulce y querido hacer vivir a la criatura en nuestro Querer, y nuestro amor nos empujó, más bien nos violentó a hacerle don de nuestro Fiat Omnipotente, mucho más que nos había hecho don del suyo, ya estaba en nuestro poder, y nuestra Voluntad Divina podía estar segura y en su puesto de honor en la criatura. Ahora, después que hemos hecho don de nuestro Fiat a un miembro de esta familia humana, ella adquiere el vínculo y el derecho de este don, porque Nosotros no hacemos jamás obras y dones para una sola, sino que cuando hacemos obras y dones los hacemos siempre en modo universal, por lo tanto este don estará listo para todos, con tal que lo quieran y se dispongan. Por eso el vivir en mi Voluntad no es propiedad de la criatura, ni está en su poder, sino que es don, y Yo lo doy cuando quiero, a quien quiero, y en los tiempos que quiero. Él es don de Cielo dado por nuestra gran magnanimidad y por nuestro amor inextinguible. Ahora, con este don, la familia humana se sentirá de tal manera vinculada con su Creador, que no se sentirá más lejana de Él, sino de tal manera cercana como si fuera de su misma familia y conviviera en su misma morada real. Con este don se sentirá de tal manera rica, que nunca más sentirá las miserias, las debilidades, las pasiones turbulentas, sino que todo será fuerza, paz, abundancia de gracia, y reconociendo el don, dirá en la casa de mi Padre Celestial: 'Nada me falta, tengo todo a mi disposición, siempre en virtud del don que he recibido'. Los dones los damos siempre por efecto de nuestro gran amor y por nuestra suma magnanimidad; si esto no fuera, o quisiéramos poner atención en si la criatura lo merece o no, si ha hecho sacrificios, entonces no sería más un don, sino un pago, y nuestro don se volvería como derecho y esclavo de la criatura. Mientras que Nosotros y nuestros dones no somos esclavos de ninguno. En efecto, el hombre no existía todavía, y antes de que él fuera ya habíamos creado el cielo, el sol, el viento, el mar, la tierra florida y todo lo demás para hacer de ello don al hombre. ¿Qué cosa había hecho para merecer dones tan grandes y perennes? Nada, y en el acto de crearlo le dimos el gran don que superó todos los otros, nuestro Fiat Omnipotente, y si bien lo rechazó, Nosotros sin embargo no interrumpimos el darlo, no, sino que lo tenemos guardado para dar a los hijos el mismo don que nos rechazó el padre. El don viene dado en el exceso de nuestro amor, el cual es tanto, que no sabe hacer, ni pone atención a las cuentas, mientras que el salario que se da si la criatura hace las obras buenas, se sacrifica, se da con justa medida y según merece, no así en el don. Por eso, quien pueda dudar significa que no entiende de nuestro Ser Divino, ni de nuestra generosidad, ni hasta dónde puede llegar nuestro amor, pero queremos la correspondencia de la criatura, la gratitud y su pequeño amor".

30-29
Mayo 8, 1932

La criatura con hacer su voluntad impide el curso a los dones de Dios, y si pudiera lo pondría en la inmovilidad. Dios en todas sus obras da el primer puesto a la criatura.

(1) Continuaba pensando acerca de la Divina Voluntad, y en los graves males del humano querer, y cómo éste, sin la Vida del Fiat está sin guía, sin luz, sin fuerza, sin alimento, ignorante porque no tiene al maestro que le enseña la ciencia divina. Así que sin Ella la criatura nada conoce de su Creador, se puede decir que es analfabeta, y si conoce alguna cosa, son apenas las sombras o cualquier vocal, pero no con claridad, porque sin la Divina Voluntad no hay luz, sino siempre noche. He aquí la causa que de Dios se conoce tan poco, el lenguaje celestial, las verdades divinas, no son entendidas porque no reina como vida, ni como acto primero la Divina Voluntad. Me parecía ver la voluntad humana frente a mi mente, como muriendo de hambre, andrajosa, idiota, toda manchada, vacilante y envuelta en densas tinieblas, y como no está habituada a vivir de luz y a mirarla, cada pequeña luz de verdad le eclipsa la vista, la confunde y se ciega de más. ¡Oh! cómo hay que llorar sobre la gran desventura de la voluntad humana, sin la Divina parece que le falta la vida del bien y los alimentos necesarios para vivir. Pero mientras esto pensaba, mi Celestial Maestro Jesús, haciéndome su breve visita me ha dicho:

(2) "Hija mía bendita, es tan grave el hacer la propia voluntad, que sería un mal menor si la criatura impidiera el curso del sol, del cielo, del viento, del aire, del agua, y a pesar de que impidiendo este curso sucedería tal desorden y terror que el hombre no podría vivir más, no obstante este gran mal sería nada frente al grave mal de hacer la propia voluntad, porque con esto impide el curso no a las cosas creadas, sino a su mismo Creador. Adán con sustraerse de nuestra Voluntad detuvo el curso de los dones que debía dar a su amada criatura, si hubiera podido, habría forzado a Dios a la inmovilidad. Nuestro Ente Supremo al crear a la criatura quería estar en correspondencia continua con ella, quería dar ahora un don y ahora otro, quería darle tantas bellas sorpresas, jamás interrumpidas. En cuanto hace su voluntad, sin hablar dice a su Creador: 'Retírate, no tengo dónde poner tus dones, si Tú me hablas no te entiendo, tus sorpresas no son para mí, yo me basto a mí misma'. Y con razón dice esto, porque sin mi Voluntad, que es su vida primaria, ha perdido la vida y la

capacidad dónde poner mis dones, de comprender nuestro lenguaje celestial, y se hace extraña a nuestras más bellas sorpresas. La criatura, con no hacer nuestra Voluntad pierde la Vida Divina, el acto más bello, más interesante, más necesario de su creación y del como fue creado por Dios. He aquí por qué en cuanto el hombre se sustrajo de nuestro Fiat, se desordenó, de modo que a cada paso vacilaba porque se separó, rechazó el acto vital de su vida, y del acto estable y permanente que debía vivir con él como una sola vida, cual es nuestra Divina Voluntad. De modo que nos sentimos inmovilizados por el hombre, porque queremos dar y no podemos, queremos decir y no nos entiende, y como si de lejos hiciéramos oír nuestros dolorosos lamentos con decirle: '¡Oh! hombre basta, vuelve a llamar en ti aquella Voluntad que rechazaste, Ella no toma en cuenta tus males, y si la llamas está pronta a tomar posesión y a formar su reino en ti, reino de dominio, de paz, de felicidad, de gloria, de victoria para Mí y para ti'. No quieras ser más esclavo ni vivir en el laberinto de tus males y miserias, así no te crié, sino te crié rey de ti mismo, rey de todo. Por eso llama a mi Voluntad como vida, y te hará conocer tu nobleza y la altura de tu puesto en que fuiste puesto por Dios. ¡Oh! ¡cómo estarás contento, y contentarás a tu Creador!"

(3) Después de esto ha agregado: "Hija mía, por lo tanto, sólo siente la verdadera vida en sí cuando entra en mi Divina Voluntad, porque en Ella la criatura ve con claridad su nada, y como esta nada siente la necesidad del Todo, es decir de Aquél que la trae de la nada para vivir, y conforme se reconoce, el Todo la llena de Sí. Esta nada siente la verdadera vida, se encuentra en contacto inmediato de la santidad, de la bondad, potencia, amor y sabiduría Divina, reconoce en sí la potencia de la obra creadora, su vida palpitante y la necesidad extrema de esta Vida Divina. De otra manera siente como si en sí no hubiera vida. Es sólo mi Voluntad que hace reconocer su verdadera nada a la criatura, y a esta nada le va infundiendo su aliento continuamente para mantener siempre encendida la Vida Divina en ella, para hacerla crecer como obra digna de nuestras manos creadoras. Por el contrario, sin nuestra Voluntad la criatura se siente como si fuera alguna cosa, y el Todo queda fuera de la nada".

(4) Después continuaba mis actos en la Divina Voluntad, y mi pobre mente se perdía en la multiplicidad de sus obras, las cuales corrían en busca del hombre para abrazarlo y alinearse en torno a él para defenderlo, prestarle todas las ayudas, felicitarlo y hacerle sentir sus amorosos lamentos, sus notas dolorosas hasta en el fondo del corazón, porque mientras el Fiat Divino en todo lo que hace busca al hombre, quiere encontrarlo, amarlo, y él en sus actos no lo busca, no lo circunda, ni le hace oír sus notas amorosas, ni sus dulces lamentos por querer a Aquél que tanto la amó y al que debería amar. Ahora mientras me perdía en sus obras divinas, mi dulce Jesús ha vuelto a decir:

(5) "Hija mía, todas nuestras obras ad extra han sido hechas y serán hechas sólo para las criaturas, nuestra finalidad es sólo para ellas, porque Nosotros no tenemos necesidad. Por eso en el obrar que hacemos brilla en nuestro acto la criatura, corre en él como finalidad de nuestro obrar, y como en el efecto y en cada acto, la causa que nos mueve a obrar es la criatura, por eso en todas nuestras obras el primer puesto es ocupado por ella, ella brilla y corre en nuestro acto, por eso podemos decir: 'Tú estabas con Nosotros cuando extendíamos el cielo y formamos el sol, en aquel

azul y en aquella luz te dábamos el lugar de honor y tú corrías en ellos. En cada acto del Verbo hecho sobre la tierra, en cada pena, en cada palabra, tú tenías tu puesto central y corrías en ellos como propiedad tuya. Ahora, no dábamos a la criatura en nuestro acto el puesto para hacerla estar inútilmente y para hacerla correr en ellos casi holgazaneando, no, no, el ocio no ha hecho santo a ninguno, lo poníamos en nuestros actos para que dentro de ellos pusiera sus actos; el nuestro debía servir como modelo, como espacio para poder poner dentro, con más seguridad, sus actos. También Nosotros trabajamos, amar es trabajar, y nuestro trabajo, como es amor, es obrante, vivificante, creante, sostiene todo y a todos. Por eso, a pesar de que la criatura tiene su puesto en nuestras obras, ¡oh! cuántas obras nuestras se ven vacías de los actos de las criaturas, es más, ni siquiera las conocen y viven como si nada les hubiéramos dado; por eso nuestras obras tienen un dolor y llaman incesantemente a aquélla, que mientras tiene su puesto en ellas, no se vale de ellas, ni con su amor trabaja junto con el trabajo de su Creador. Sin embargo no finalizarán los siglos sin que nuestras obras no tengan la finalidad para la que fueron hechas, esto es, la criatura dentro de ellas obrando como centro de sus actos. Y estos serán aquellos que harán reinar mi Divina Voluntad como vida en sus almas".

30-30
Mayo 15, 1932

Cómo los conocimientos sobre la Divina Voluntad formarán el ojo y la capacidad para mirar y recibir el don del Fiat Divino, y acostumbrarán a las criaturas a vivir como hijas. Desorden de la voluntad humana.

(1) Estoy siempre de regreso en el Fiat Supremo, y sintiendo en mí el dulce encanto de su luz, de su paz, de su felicidad, ¡oh! cómo quisiera que el mundo entero conociera tanto bien, a fin de que todos rogaran que viniera su reino sobre la tierra. Pero mientras esto decía, pensaba para mí: "Si el vivir en el Querer Divino es un don que debe dar a las generaciones humanas, Jesús ama tanto, quiere, suspira que se conozca esta Voluntad Divina para hacerla reinar, ¿por qué no se apresura a dar este don?" Y mi Sumo Bien Jesús visitando mi pequeña alma, todo bondad me ha dicho:
(2) "Hija mía, tú debes saber que si bien ardo por el deseo de ver reinar mi Divina Voluntad, sin embargo no puedo dar este don, si antes con las verdades que he manifestado, conociéndolas las criaturas, tendrán el gran bien de formar la vista para ser capaces de comprenderlo, y por lo tanto disponerse para recibir un don tan grande. Se puede decir que ahora les falta el ojo para ver y la capacidad para comprenderlo, y por eso primero he manifestado tantas verdades sobre mi Divina Voluntad, y conforme las criaturas conozcan estas mis verdades, así ellas formarán la órbita dónde poner la pupila dentro, y animarla con la luz suficiente para poder mirar y comprender el don que más que sol les será donado y confiado. Si Yo quisiera darlo hoy, haría como si quisiera dar un sol a un ciego: Pobrecito, con todo y el sol donado sería siempre ciego, no cambiaría su suerte, ni recibiría ningún bien, más bien tendría un dolor, tener un sol por don y ni siquiera verlo, ni recibir de él sus benéficos efectos. En cambio uno que no fuera ciego, cuántos bienes no recibiría al tener un sol por don a su disposición, su fiesta sería continua, y se pondría en condiciones de dar luz a los

demás, y sería rodeado y amado por todos para obtener el bien de la luz que él posee. Entonces, dar hoy el gran don de mi Divina Voluntad, que más que sol cambiará la suerte de las generaciones humanas, sería darlo a los ciegos, y darlo a los ciegos sería darles dones inútiles, y Yo cosas inútiles no sé dar. Por eso espero con paciencia divina y delirante que mis verdades hagan el camino, preparen las almas, entren en ellas y formen el ojo animado por luz suficiente, que puedan no sólo mirar el don de mi Fiat, sino que tengan capacidad para encerrarlo en ellas, a fin de que ahí forme su reino y extienda su dominio. Por eso, paciencia y tiempo hacen hacer las cosas como conviene y como amerita nuestra soberanía en el obrar. Nosotros hacemos, nuestro Ser Supremo, como haría un padre que quiere dar un gran don a su pequeño hijo, el padre llama al pequeño y le hace ver el don y le dice: 'Este regalo está preparado para ti, será tuyo.' Pero no se lo da, el hijo queda sorprendido, raptado al ver el don que su padre le quiere dar, y estando junto al padre le ruega que le dé el don, y no sabe separarse, ruega y vuelve a rogar porque quiere el regalo. En tanto, el padre viéndolo junto a él, aprovecha para instruir al hijo para hacerle comprender la naturaleza del don, el bien, la felicidad que recibirá por este don. El hijo ante las manifestaciones del padre, se vuelve maduro y capaz no sólo de recibir el don, sino de comprender qué cosa encierra de bien, de grande, el don que debe recibir. Por eso se estrecha más junto al padre, ruega y vuelve a rogar, suspira el don, llega a llorar y no sabe estar más sin el don, se puede decir que ha formado en sí, con sus ruegos y suspiros, con el adquirir los conocimientos del don que su padre le ha dado, la vida, el espacio donde como en sagrado depósito recibir el don. Esta tardanza del padre para dar el don a su hijo ha sido amor más grande, él ardía, suspiraba por dar el don a su hijo, pero lo quería capaz y que comprendiera el don que recibía, y en cuanto lo ve maduro para recibir un bien tan grande, rápidamente se lo da. Así hacemos Nosotros, más que padre suspiramos por dar el gran don de nuestra Voluntad a nuestros hijos, pero queremos que conozcan lo que deben recibir, los conocimientos de Ella maduran y vuelven capaces a nuestros hijos de recibir un bien tan grande. Las tantas manifestaciones que he hecho serán los verdaderos ojos del alma para poder mirar y comprender lo que nuestra paterna bondad desde hace tantos siglos quiere dar a las criaturas. Mucho más que los conocimientos que he manifestado sobre mi Divina Voluntad, en cuanto sean conocidos por las criaturas, arrojarán en ellas la semilla para hacer germinar el amor de filiación hacia su Padre Celestial, sentirán nuestra paternidad, que si quiere que hagan su Voluntad, es porque las ama y quiere amarlas como hijas para participarles sus bienes divinos. Por tanto nuestros conocimientos sobre el Fiat Divino las harán habituarse a vivir como hijas, y entonces cesará toda maravilla, porque nuestro Ente Supremo da el gran don de nuestra Voluntad a sus hijos. Es derecho de los hijos recibir las propiedades del padre, y es deber del padre dar sus bienes a los hijos. Quien quiere vivir como extraño no merece las posesiones del padre, mucho más que nuestra paternidad ansía, suspira, arde por el deseo de querer dar este don, a fin de que una sea la Voluntad con sus hijos. Entonces sí, nuestro amor paterno reposará cuando veamos la obra salida de nuestras manos creadoras en el seno de nuestro Querer, en nuestra casa, y nuestro reino poblado por nuestros queridos hijos".

(3) Después de esto continuaba pensando en la Divina Voluntad, me parece que no sé estar si no pienso en Ella, y mi Celestial Maestro ha agregado:

(4) "Hija bendita, todos los actos que hace mi Divina Voluntad están de tal manera unidos entre ellos, que son inseparables, de manera que si se quieren encontrar, a primera vista se encuentra un solo acto, pero entrando más adentro se encuentran tantos actos distintos el uno del otro, pero tan fundidos y atados juntos que no pueden separarse; esta fuerza de unión y de inseparabilidad forma la naturaleza del obrar divino. La misma Creación lo dice, si una sola estrella se pudiera separar de su puesto, en el cual está unida junto con todas las otras creadas, se precipitaría y provocaría un trastorno general en todas las otras cosas creadas, tal es la inseparabilidad y unión que tienen todas juntas, todas tienen vida, si bien distinta entre ellas, y forman la bella armonía de toda la Creación, separadas se pueden decir que pierden la vida y ponen trastorno por todas partes. Así es la voluntad humana separada de la Voluntad de su Creador, no sólo se precipita ella, sino que va provocando trastorno por todas partes, y si pudiera trastornaría todo y el mismo orden de su Creador, no sería de maravillar, la voluntad humana creada por Nosotros y separada de la nuestra, sería como una estrella separada de su puesto, donde poseía la fuerza divina, la unión de común acuerdo y de todos los bienes con su Creador. Separándose pierde la fuerza, la unión y los bienes para vivir, por eso, por necesidad le toca la suerte de precipitarse y de provocar trastorno por todas partes. Ahora, el vivir en mi Divina Voluntad, en cuanto el alma hace su primer acto, así siente la fuerza y la unión de todos los actos del Fiat Divino, así que un acto comprende y encierra todos los otros actos, y siente la necesidad de continuar sus actos para concatenarse juntos para desarrollar la fuerza de la Voluntad Divina que siente en sí, que como vida no sabe estar sin hacerse sentir, quiere respirar, latir, obrar, un acto llama al otro y así forma la secuencia de los actos con la unión de los actos de mi Voluntad. Para formar una vida no basta un acto, un respiro, un latido, no, se requiere el continuo respirar, palpitar y obrar, y conforme el alma vive en mi Voluntad Divina, así la hace respirar y palpitar, y mi Fiat forma su Vida entera de obras, por cuanto a criatura es posible de contener en sí. Por eso si quieres su Vida en ti, haz que tus actos sean continuos en Ella".

30-31
Mayo 22, 1932

**Escenas agradables que forma el alma a su Creador.
La Divina Voluntad dará a la criatura el don de la
ciencia infusa, que le será como ojo divino.**

(1) Mi pobre mente nada en el mar inmenso de la Divina Voluntad, en este mar se murmura continuamente, ¿pero qué cosa se murmura? Amor, alabanzas, agradecimientos, y el Ente Supremo se hace encontrar con su murmullo al de la criatura, y da amor para recibir amor; qué dulce encuentro entre el Creador y la criatura, que se dan amor recíprocamente, y en este intercambio de amor se forman las olas de amor, de luz, de bellezas indescriptibles, las cuales la pobre criatura no siendo capaz de encerrarlas todas en sí, se siente ahogar, y mientras ha tomado

quién sabe cuánto, el ahogo que siente le impide decir lo que siente en sí, de los secretos inefables de amor, de luz, de conocimientos divinos, que el murmullo del Eterno ha encerrado en su alma. Pero mientras me perdía en tantos conocimientos de no saber decirlos, me siento balbuceante, me faltan las palabras adecuadas, y para no decir disparates sigo adelante. Entonces, mi amable Jesús, compadeciendo mi incapacidad y pequeñez, me ha estrechado a Sí entre sus brazos y me ha dicho:

(2) "Hija mía bendita, tú tienes razón en decir que tu pequeñez se siente ahogar bajo la inmensidad de mi luz, de mi amor y de las innumerables verdades que contiene nuestro Ser adorable y santo, pero nuestra potencia e inmensidad se deleita en llenar tanto a la criatura de luz, de amor, de variados conocimientos nuestros, de santidad, hasta ahogarla, es una de las escenas más bellas, ver a la criatura como ahogada en nuestra inmensidad, que quiere hablar y se ahoga de luz, de amor, de verdades sorprendentes. ¡Oh! cómo es bello que quiere hablar de lo que siente, y nuestras olas la invisten y la reducen al silencio. Sin embargo Nosotros con este modo hacemos desahogo de Nosotros con nuestra amada criatura, y hacemos como un maestro que quiere hacer desahogo de su ciencia a su pequeño discípulo, pone fuera todo lo que sabe y el discípulo escucha, se llena la mente, el corazón; pero como han sido tantas las cosas que le ha dicho, no sabe repetir nada, pero le sirve para apreciar y amar al maestro y saber hasta donde puede llegar la altura de su ciencia. Estando bajo su dirección le sirve al maestro para hacerse conocer y rescatar la atención, el afecto y la fidelidad del discípulo. Así hacemos Nosotros para hacernos conocer y para hacernos amar, cuando vemos a la criatura vacía de todo, que no quiere otra cosa que nuestra Divina Voluntad, nos deleitamos tanto, hasta ahogarla de luz, de amor y de nuestras verdades que nos pertenecen, y después le vamos desmenuzando poco a poco lo que le habíamos infundido todo junto, y así también nos deleitamos de adaptarnos a su pequeña capacidad.

(3) Ahora, tú debes saber que quien vive en la Divina Voluntad, readquirirá, entre tantas prerrogativas, el don de la ciencia infusa, don que le servirá de guía para conocer nuestro Ser Divino, que le facilitará el desarrollo del reino del Fiat Divino en su alma, le servirá de guía en el orden de las cosas naturales, será como la mano que la guía en todo y hará conocer la vida palpitante del Querer Divino en todas las cosas creadas y el bien que continuamente le ofrece. Este don fue dado a Adán en el principio de su creación, junto con nuestra Divina Voluntad poseía el don de la ciencia infusa, de modo que conocía con claridad nuestras verdades divinas, y no sólo esto, sino todas las virtudes benéficas que poseían todas las cosas creadas para bien de la criatura, desde la cosa más grande hasta el más pequeño hilo de hierba. Ahora, en cuanto rechazó nuestra Divina Voluntad con hacer la suya, nuestro Fiat retiró su Vida y el don del cual había sido portador, por lo tanto quedó a obscuras sin la verdadera y pura luz del conocimiento de todas las cosas. Ahora, con regresar la Vida de mi Voluntad en la criatura, regresará su don de la ciencia infusa. Este don es inseparable de mi Divina Voluntad, como es inseparable la luz del calor, y donde Ella reina forma el ojo lleno de luz en el fondo del alma, la cual, mirando con este ojo divino, adquiere el conocimiento de Dios y de las cosas creadas por cuanto a criatura es posible. Así que retirándose mi Voluntad el ojo queda ciego, porque Aquélla que animaba la vista ha partido, es decir, no es más Vida obrante de la criatura. Sucede como al cuerpo, mientras que el ojo está sano ella ve, distingue los colores, los

objetos, las personas, pero si la pupila se oscurece y pierde la luz, permanece ciego, por eso no sabe distinguir más nada, a lo más se ayudará del oír para saber y comprender alguna cosa, pero su luz se ha apagado y se ha terminado. Quizá tendrá el ojo, pero no más lleno de vida de luz, sino de densas tinieblas que son portadoras de dolor a la vista perdida. Así es mi Voluntad, donde Ella reina concentra en el alma este don de la ciencia infusa, que más que ojo ve y comprende, pero sin esfuerzo, las verdades divinas, los conocimientos más difíciles de nuestro Ente Supremo, pero con una facilidad maravillosa, sin artificio y sin estudio, mucho más las cosas naturales, ninguno puede conocer la sustancia, el bien que hay dentro, sino quien las ha creado, por eso no es ninguna maravilla si nuestro Querer Divino se hace revelador, en el alma donde reina, de nuestro Ser Divino y de las cosas que Él mismo ha creado, y no reinando todo es tinieblas para la pobre criatura, nuestros hijos son ciegos y no conocen, ni aman a Aquél que los ha creado, que más que padre los ama y suspira el amor de sus hijos. Mi Voluntad Divina, donde reina, no va con las manos vacías, sino lleva todos los bienes que posee, y si ingratos la obligan a retirarse, todo se lleva Consigo, porque es inseparable de sus bienes. Ella hace como el sol, en cuanto surge en la mañana hace don de su luz y de sus benéficos efectos a la tierra, y cuando se retira en la tarde, toda la luz se la lleva consigo, nada queda, ni siquiera una gota de luz por la noche, y ¿por qué? Porque no puede, ni le es dado el poder separar una sola partícula de luz, porque es inseparable de su luz y donde va, con la plenitud de luz que posee forma el pleno día. Por eso sé atenta, porque donde reina mi Voluntad quiere hacer cosas grandes, quiere dar todo, no se adapta a hacer cosas pequeñas, sino que quiere formar el pleno día y desahogar en dones, y con magnificencia".

30-32
Mayo 30, 1932

La Divina Voluntad busca el acto de la criatura para formar su Vida en ella. Diferencia entre los Sacramentos y la Divina Voluntad. Cómo Ella es vida y aquellos son los efectos de Ella.

(1) Mi pequeña mente continúa navegando el mar inmenso del Fiat Divino, me parece que en todas las cosas, y también sobre el Ente Supremo tiene el primer puesto de dominio y de mando, y dice: "En vano me huyes, en todas las cosas puedo decir estoy aquí, Yo soy, estoy aquí por ti, para darte vida, soy el insuperable, ninguno me puede superar ni en el amor, ni en la luz, ni en mi inmensidad, en la cual formo tantas Vidas de Mí mismo por cuantas Vidas quiero dar a las criaturas". ¡Oh! potencia del Querer Divino, que en tu inmensidad buscas el acto de la criatura para formar tantas Vidas de Ti en cada uno de los actos de ellas; y ¡oh, en cuántos de estos actos no te reciben y te rechazan, y tu Vida queda sofocada en Ti, en tu inmensidad, pero Tú sin jamás cansarte, con amor que todo vence, continúas tu búsqueda de los actos humanos para dar tu Vida, y bilocarla a cada instante. Pero mientras mi mente se perdía en el mar del Fiat, mi Celestial Maestro Jesús, visitando a su pequeña hija me ha dicho:

(2) "Hija bendita de mi Querer, cada acto de la criatura hecho en mi Voluntad es un paso que da para acercarse a Dios, y Dios a su vez da un paso para acercarse a ella, se puede decir que el Creador y la criatura están siempre en camino el uno hacia el otro, no se detienen jamás, y mi Voluntad desciende en el acto de la criatura para formar su paso de Vida Divina y ella sube en el Fiat, en las regiones divinas para hacerse conquistadora de luz, de amor, de santidad, y conocimientos celestiales. Así que cada acto, palabra, respiro, latido en mi Voluntad, son tantos pasos de Vida Divina que hace la criatura, y Ella suspira estos actos para tener su campo de acción, para poder formar tantas Vidas Divinas en la criatura. Fue esta la finalidad de la Creación, formar nuestra Vida en la criatura, tener nuestro campo de acción divino en ella, y por eso amamos tanto que haga nuestra Divina Voluntad, para poner a salvo nuestra Vida, no en Nosotros, pues no tenemos necesidad de ninguno, somos más que suficientes a Nosotros mismos, sino en la criatura. Este era el gran portento que queríamos y queremos hacer en virtud de nuestra Voluntad, formar nuestra Vida en la vida de la criatura, por eso si esto no hacemos, la Creación quedaría sin nuestra finalidad inicial, sería un obstáculo a nuestro amor, una amargura continua el observarla y ver una obra tan grande y de tanta magnificencia, y no realizada, y fallida nuestra finalidad. Y si no estuviera en Nosotros la certeza que nuestra Voluntad debe reinar en la criatura para formar nuestra Vida en ella, nuestro amor quemaría la Creación toda y la reduciría a la nada, y si tanto soporta y se tolera, es porque vemos más allá de los tiempos nuestra finalidad realizada.

(3) Ahora, en cuanto la criatura hace su voluntad así retrocede y da un paso hacia atrás de su Creador, y Dios retrocede, y se forma una distancia infinita entre uno y otro. Ve entonces la necesidad de perseverar en modo continuo de obrar en mi Divina Voluntad, para disminuir la gran distancia entre Dios y la criatura, producida por la voluntad humana, y no te creas que sea distancia personal, Yo estoy por todas partes, en todos, en el Cielo y en la tierra, la distancia que forma el querer humano sin el mío, es distancia de santidad, de belleza, de bondad, de potencia, de amor, son distancias infinitas que sólo mi Querer obrante en la criatura puede reunir y unir juntos y volver inseparables el uno del otro. Esto sucedió en la Redención, cada manifestación que Nosotros hacíamos sobre la venida del Verbo a la tierra, era un paso que dábamos hacia el género humano, y conforme lo suspiraban y rogaban y manifestaban al pueblo nuestras manifestaciones, profecías y revelaciones, así daban tantos pasos hacia el Ente Supremo, así aquellos estaban en camino hacia Nosotros y Nosotros hacia ellos, y conforme se acercaba el tiempo de deber descender del Cielo a la tierra, así aumentábamos los profetas para poder hacer más revelaciones, para poder apresurar el camino de ambas partes, tan es cierto, que en los primeros tiempos del mundo no hubo ningún profeta, y nuestras manifestaciones eran tan escasas que se puede decir que se daba un paso cada siglo. Esta tardanza de camino producía frialdad por parte de las criaturas, y casi se tenía por todos como un modo de decir, una cosa absurda mi venida a la tierra, no una realidad. Así como se piensa hoy sobre el reino de mi Voluntad, un modo de decir, y casi como una cosa que no puede ser. Posteriormente vinieron después de Moisés los profetas, casi en los últimos tiempos, cerca de mi venida a la tierra, con los cuales después de nuestras manifestaciones se apresuró el camino de ambas partes, y después vino la Soberana del Cielo, la cual no sólo caminó, sino corrió para apresurar el encuentro

con su Creador, para hacerlo descender y hacerlo cumplir la Redención. Mira entonces como mis manifestaciones sobre la Divina Voluntad son pruebas ciertas de que Ella camina para venir a reinar sobre la tierra, y que la criatura a la cual han sido hechas, con una constancia férrea camina y corre para recibir el primer encuentro, para darle su alma y hacerla reinar, y así darle el paso para hacerla reinar en medio a las criaturas. Por eso tus actos sean continuos, porque sólo los actos continuos son los que apresuran el camino, superan todo obstáculo, y son los únicos vencedores que vencen a Dios y a la criatura".

(4) Después de esto continuaba la multitud de mis pensamientos sobre la Divina Voluntad, y habiendo recibido la santa Comunión pensaba entre mí: "¿Qué diferencia hay entre los Sacramentos y la Divina Voluntad?" Y mi Soberano Jesús rompiendo sus velos eucarísticos se ha hecho ver, y dando un suspiro doloroso me ha dicho:

(5) "Hija mía bendita, la diferencia es grande entre el uno y la otra. Los Sacramentos son los efectos de mi Voluntad, en cambio Ella es Vida, y como Vida, con su potencia creadora forma y da vida a los Sacramentos. Los Sacramentos no tienen virtud de dar vida a mi Voluntad, porque Ella es eterna, no tiene ni principio ni fin. En cambio mi Voluntad adorable ocupa siempre el primer puesto en todas las cosas, y poseyendo la virtud creadora en su naturaleza, crea las cosas y su misma Vida donde quiere, cuando y como quiere. Se puede decir que la diferencia es como una imagen entre el sol y los efectos que produce el sol, éstos no dan vida al sol, sino que reciben la vida del sol y deben estar a su disposición, porque la vida de los efectos viene producida por el sol. Y además, los Sacramentos se reciben a tiempo, lugar y circunstancia: El bautismo se da una sola vez y no más, el Sacramento de la penitencia se da cuando se cae en el pecado, mi misma Vida Sacramental se da una sola vez al día, y la pobre criatura en este intervalo de tiempo no siente sobre sí la fuerza, la ayuda de las aguas bautismales que la regeneran continuamente, ni las palabras sacramentales del sacerdote que la fortalecen de manera continua con decirle: 'Yo te absuelvo de tus pecados', ni encuentra en sus debilidades y pruebas de la vida, ni siquiera a su Jesús Sacramentado que pueda recibirlo en todas las horas del día. En cambio mi Divina Voluntad poseyendo el acto primero de vida y de poder dar vida, con su imperio tiene el acto continuo sobre la criatura, a cada instante se da como vida, vida de luz, de santidad, de amor, vida de fortaleza, en suma, para Ella como vida no existen tiempos, circunstancias, lugares, horas, no hay restricciones, ni leyes, especialmente porque debe dar vida y la vida se forma con actos continuos, no a intervalos. Y por eso en el ímpetu de su amor, con su imperio continuo, se puede decir que es bautismo continuado, absolución jamás interrumpida, y comunión a cada instante. Mucho más que esta nuestra Voluntad fue dada al hombre en el principio de su creación como vida perenne habitante en él. Esta era la sustancia, el fruto de la Creación, nuestra Voluntad que debía formar nuestra Vida en la criatura. Con esta Vida Nosotros dábamos todo, no había cosa de la que él pudiera tener necesidad, que no pudiera encontrar en nuestra Voluntad, se puede decir que habría tenido a su disposición todo lo que quisiera: ayuda, fuerza, santidad, luz, todo venía puesto en su poder, y mi Voluntad tomaba el empeño de darle todo lo que quería, con tal que le diera el dominio y la hiciera habitar en su alma; por eso no era necesario instituir los Sacramentos cuando fue creado el hombre, porque en mi Voluntad poseía el principio y la vida de todos los bienes; los Sacramentos como

medios de ayuda, de medicina, de perdón, no tenían ninguna razón de existir; pero cuando el hombre rechazó nuestra Voluntad, retirándose Ella el hombre quedó sin Vida Divina, por lo tanto sin la virtud alimentadora, sin el acto continuo de recibir nueva y creciente vida, y si no moría del todo, eran los efectos que de acuerdo a sus disposiciones, circunstancias y tiempos, le daba mi Divina Voluntad. Ahora viendo nuestra paterna bondad que el hombre iba siempre precipitándose más, para darle un sostén, una ayuda, le dio la ley como norma de su vida, porque en la Creación no le dio ni leyes, ni ninguna otra cosa, sino mi Voluntad Divina, la cual con dar vida continua le daba en naturaleza nuestra ley divina, de modo que debía sentirla en sí mismo como vida propia, sin tener necesidad que Nosotros le dijéramos, ni mandáramos. Mucho más que donde reina mi Voluntad no hay leyes, ni mandatos, las leyes son para los siervos, para los rebeldes, no para los hijos; entre Nosotros y aquellos que viven en nuestro Querer, todo se resuelve en amor. Pero con toda la ley el hombre no se rehizo, y como nuestro ideal de la Creación había sido el hombre, y sólo por él todo fue hecho, por eso quise venir a la tierra en medio a ellos, y para darles apoyos más válidos, medicinas más saludables, medios más seguros, ayudas más potentes, instituí los santos Sacramentos, y éstos obran a tiempos y circunstancias, y según las disposiciones de las criaturas, como efectos y obras de mi Divina Voluntad. Pero si con todo este gran bien el alma no hace entrar a la Divina Voluntad en ella como vida, tendrá siempre sus miserias, una vida mediocre, sentirá a lo vivo sus pasiones, la santidad, la misma salvación estarán siempre peligrando, porque sólo mi Voluntad que se da como vida continua forma el dulce encanto a las pasiones, a las miserias y forma los actos opuestos de santidad, de fortaleza, de luz, de amor, en los males de las criaturas, de manera que el querer humano, sintiendo el dulce encanto, siente correr en sus males lo bello, lo bueno, lo santo del acto continuo de vida, que bajo su suave y dulce imperio le da mi Voluntad y se deja hacer lo que Ella quiere, porque un acto continuo que da vida perenne no puede jamás ser alcanzado por otros actos, ayudas y medios, por cuan fuertes y santos sean, para hacer el bien que puede hacer un acto continuo. Por eso no hay mal mayor que la criatura pueda hacerse, ni ofensa más grande que pueda hacer a nuestra paterna bondad, que el no hacer reinar a nuestra Voluntad en ella. Si estuviera en su poder nos induciría a destruir toda la Creación, porque la criatura fue hecha porque debía ser nuestra habitación, y no sólo ella, sino todas las cosas creadas: Cielos, sol, tierra, todo, siendo obras salidas de nuestra Alteza Suprema, teníamos el derecho de habitarlas, y con habitarlas las conservamos con decoro, bellas y siempre nuevas, como en el acto en que las sacamos a la luz. Ahora, la criatura con no hacer nuestra Voluntad, se pone fuera de nuestra habitación y nos sucede a Nosotros como sucedería a un rico señor, que queriéndose fabricar un grande y bello palacio, cuando lo ha terminado va a habitarlo, y se cierran las puertas en su cara, se le lanzan las piedras encima, de manera que es obligado a no poner un pié dentro, y a no poder habitar las habitaciones formadas por él, ¿no merecería que fuera destruida por aquél que la ha formado? Pero no lo hace, porque ama su obra, sino espera y espera, quién sabe y a lo mejor pueda vencer con amor, y por sí misma le abra las puertas para hacerlo entrar dándole la libertad de hacerlo habitar. En tales condiciones nos pone la criatura al no hacer reinar nuestra Voluntad en su alma, nos cierra la puerta en la cara y nos lanza las piedras de sus culpas contra Nosotros, y Nosotros con paciencia invencible y divina esperamos, y no queriendo en sí nuestra Voluntad como vida, con paterna bondad le damos los efectos de Ella, como son las leyes, los sacramentos, el evangelio, las ayudas de mis ejemplos y plegarias, pero todo este gran bien no puede igualar el gran bien que puede hacer mi Voluntad como vida perenne de la criatura, porque Ella es todo junto: Leyes, sacramentos, evangelio, vida. Ella significa todo, poder dar todo, poseer todo, y esto basta para poder comprender la gran diferencia que hay entre mi Voluntad como vida continua en la criatura, y entre sus efectos que puede producir no en modo perenne, sino a circunstancia, a tiempo, en los mismos Sacramentos, y si bien los efectos pueden hacer gran bien, pero jamás pueden llegar a producir todos los bienes que puede producir la Vida de mi Divina Voluntad reinante y dominante en la criatura, por eso sé atenta hija mía, y dale la santa libertad de hacer lo que quiere en tu alma".

30-33
Junio 12, 1932

Para quien vive en la Divina Voluntad, todas las obras de Dios las encuentra en acto y hechas para ella. Quien vive en la Divina Voluntad forma el oficio de vientecillo en las obras divinas.

(1) Mi pequeña alma gira siempre en el Fiat Divino, siente la irresistible necesidad de vivir en Él, porque en Él encuentro todo a mi disposición, todo es mío, es más, siento como una invitación secreta que todas las cosas creadas me hacen en el fondo de mi corazón, que con voces mudas me dicen: "Ven en medio a nosotras, ven a poseernos y a gozar las tantas bellas obras que hizo por ti y para darnos a ti nuestro Creador". ¡Oh! qué dulce encanto tiene todo lo creado mirado a través de los velos de la Divina Voluntad. Pero mientras mi pequeña alma era envuelta en el dulce encanto de todo lo creado, mi amado Jesús repitiéndome su amada visita me ha dicho:

(2) "Hija mía bendita, para quien vive en mi Divina Voluntad todo es presente, el pasado y el futuro no existen para ella, todo está en acto, y como entra en el orden divino, nuestra paterna bondad no quiere dar un amor pasado que tuvo en la Creación, ni un amor que debe venir, esto no haría camino en el corazón de la criatura, porque a ella le parecería que el amor que salió de nuestro seno en la Creación, sería como un amor y obra no directa para ella, y aquellos por venir, como amores y obras de esperar, mucho más que en Nosotros tampoco existe pasado y futuro. Pasado y futuro es para quien vive fuera de nuestra Voluntad, porque mira sólo lo externo de nuestras obras, no dentro de ellas, mientras quien vive en Ella ve nuestras obras dentro de Nosotros, y ve nuestra creación continua y para cada criatura. Así que a la feliz criatura que vive en nuestro Querer, le hacemos ver y tocar con la mano nuestro acto de extender el cielo, de crear el sol, el viento, el aire, el mar, y así de lo demás, todo para ella, la cual ve y comprende con claridad nuestro intenso amor en cada cosa creada para ella, nuestra potencia y sabiduría en ordenarlas por amor suyo, de manera que se siente comprometida y como ahogada bajo las olas de nuestro amor, potencia, sabiduría y bondad de cada cosa creada, y mientras se siente ahogada, ve que no da señales de terminar la Creación para ella, no dice

jamás basta, sino que continúa, continúa siempre el acto creante, y ella viendo que nuestro acto creante y obrante no cesa jamás, hace eco a nuestro amor y no cesa jamás de amarnos. ¡Oh! cómo es bello encontrar en la criatura un amor continuo que jamás termina, así como no termina el nuestro; antes bien, viéndose ahogada por nuestro amor continuo de sostener el acto creante por amor suyo, para correspondernos hace uso de sus estratagemas para imitarnos y nos dice: 'Majestad Suprema, ¡oh! si tuviera poder también yo haría tantos cielos, soles y todo lo que sabéis hacer Vosotros, por amor vuestro, pero ya que no puedo os doy cielo y sol y todo lo que me habéis dado, para deciros que quiero amaros mucho, mucho'. Y ¡oh! cómo quedamos contentos, correspondidos, porque la criatura se sirve y nos da de nuestro amor, habiéndolo hecho suyo para amarnos. Por eso en nuestra Voluntad no hay cosas desemejantes entre Creador y criatura, si ama, se sirve de nuestro amor para amarnos; si obra, obra en nuestras obras, no ama, ni obra fuera de nuestro amor y de nuestras obras, podemos decir que nuestro amor es suyo y el suyo es nuestro, y nuestras obras las hemos hecho juntos. Es por esto que vivir en nuestro Querer nos felicita a Nosotros y a la criatura, porque Nosotros la creamos porque queremos tener qué hacer con ella, estar juntos, obrar juntos, felicitarnos y amarnos juntos. Nuestra finalidad no era tenerla lejana, no, no, sino junta y fundida con Nosotros, y para tenerla absorbida le dábamos nuestro acto creante y obrante, el cual, conforme creaba la cosas, así formaba sus olas de amor y abría venas de felicidad en la criatura, de modo que debía sentir dentro de sí, no sólo nuestra Voluntad, nuestra Vida palpitante y obrante, sino el océano de nuestras alegrías y felicidad, tanto, de sentirse el paraíso en su alma. Y no sólo la Creación está siempre en acto, sino también la Redención está siempre en acto, y quien vive en mi Voluntad Divina siente el acto continuo de mi descendimiento del Cielo a la tierra, y propiamente para ella, por amor suyo, desciendo, me concibo, nazco, sufro y muero, todo es por ella, y para no quedarse atrás Yo desciendo y ella me recibe, se concibe en Mí, renace Conmigo, hace vida junto Conmigo y muere Conmigo para resurgir Conmigo. No hay cosa que Yo haya hecho que ella no quiera hacer junto Conmigo. Así que la siento inseparable de la Creación, inseparable de la Redención, y de todo lo que hice, y si es inseparable de todas nuestras obras, de mi misma Vida, ¿qué cosa no debo dar a quien vive en nuestra Voluntad? ¿Cómo no debo concentrar todo en ella? Si no lo hiciera mi amor no lo soportaría, por eso si quieres todo, vive en mi Voluntad, Yo no sé dar cosas a medias, sino todo, y tendrás el gran bien de sentir en ti nuestro obrar en acto continuo, y ¡oh! cómo comprenderás cuánto has sido amada por tu Creador, y cuánto estás obligada a amarlo".

(3) Después de esto me he abandonado toda en los brazos de la Divina Voluntad, pero mi mente, por ciertos dolorosos recuerdos estaba inquieta, y mi dulce Jesús teniendo compasión de mí ha venido y me ha bendecido. Su bendición ha sido como rocío benéfico, el cual me ha puesto en perfecta calma, y me sentía como una pequeña niñita toda tímida, salida y liberada de una tempestad, y mi amado Jesús todo bondad me ha dicho:

(4) "Mi hija buena, ánimo, no temas, porque el ánimo es el arma potente que mata la timidez y pone en fuga todo temor, haz todo, todo a un lado y ven en mi Divina Voluntad a formar tu vientecillo a todas nuestras obras, ellas están todas en orden en nuestro Fiat, pero no se mueven, quieren el vientecillo de la criatura para dirigirse

hacia ellas, y si el vientecillo es fuerte corren, vuelan para ser portadores del bien que cada obra nuestra posee. Así que el alma que entra en nuestra Voluntad, en cuanto entra se une con nuestros actos para hacer los suyos en los nuestros, y en cuanto se une, así forma el vientecillo y con la misma fuerza de nuestra Voluntad mueve, llama, rapta, fuerza con su dulce y penetrante vientecillo todas nuestras obras y las pone en camino hacia las criaturas. ¡Oh! cómo quedamos contentos, cómo suspiramos este dulce y refrescante vientecillo que la criatura nos lleva en nuestro Querer. Por eso sé atenta, no quieras perder la paz, de otra manera no podrás venir a nuestra Voluntad a formar tu vientecillo, los dulces refrigerios, la frescura a nuestro ardiente amor y el movimiento a nuestras obras, porque en nuestro Querer no entran sino las almas pacíficas, para los otros no hay puesto, y no sintiéndote seguir sus pasos, y sus obras no cortejadas por tu vientecillo, con dolor dice: '¡Oh! la hija de mi Voluntad ha quedado atrás, y me ha dejado sola sin su compañía. Ahora hija mía, tú debes saber que nuestro Ser Divino, en cuanto creó al hombre, se quedó sobre él en acto de llover de Nosotros santidad, luz, amor, bondad, belleza, y así de lo demás, entonces con sustraerse de nuestra Voluntad Divina se sustrajo de debajo de nuestra lluvia. Por eso el alma que está en nuestra Voluntad, así como con sus actos en los nuestros nos forma el vientecillo y mueve todas nuestras obras, Nosotros formamos la lluvia y nos derramamos primero sobre la afortunada criatura, y después sobre todos. Y así como el vientecillo favorable en nuestro Fiat llama la lluvia, la invoca, la suspira de nuestro Ser Supremo, así el obrar de la voluntad humana fuera de la nuestra forma el viento contrario y aleja nuestra lluvia benéfica, y nos la hace quedar en el aire, he aquí por qué se ven muchas criaturas como tierras áridas, sin flores y sin frutos. Pero esto no daña a quien vive en nuestro Querer Divino, ella se aparta de todos y viene a vivir con su familia divina, y siente sobre de sí nuestra continua lluvia que forma sobre de ella nuestra Divinidad".

30-34
Junio 17, 1932

Quien vive en la Divina Voluntad, obra, encierra y entrelaza sus actos con los de la Virgen y los de Nuestro Señor, y forma una unión entre todas las cosas que pertenecen a la Divina Voluntad.

(1) Mi abandono en el Querer Divino continúa, siento su fuerza Omnipotente que toda me inviste, y mi pequeña alma como deshecha, de modo que no quiero, no siento, no toco otra cosa que la Divina Voluntad, y si alguna pequeña nube inviste mi mente, su luz divina súbito, casi sin darme tiempo me inunda y me la pone en fuga, y yo, o me arrojo en los brazos de mi Mamá Celestial como a mi refugio, o bien en los brazos de mi dulcísimo Jesús, para reencontrar mi querida Vida y ruego, ahora al uno, ahora a la otra que me encierren en medio a sus actos para poder estar segura y defendida de todo y de todos. Pero mientras esto y otras cosas pensaba, mi sumo Bien Jesús, estrechándome entre sus brazos me ha dicho:

(2) "Hija bendita, mis actos y los de la Reina Mamá, nuestro amor, nuestra santidad, están en acto de espera continua de encerrar tus actos en medio de los nuestros, para darles la forma de nuestros actos, y poner sobre tus actos el sello de los nuestros, porque tú debes saber que los actos de la Soberana del Cielo están entrelazados con mis actos, por eso son inseparables, y quien vive en nuestro Querer Divino viene a obrar en medio a nuestro entretejido, y ahí quedan encerrados en medio a nuestros actos, los cuales los tienen en custodia como triunfo y obras del Fiat Santo, nada entra en nuestros actos si no son parto de Él. Ve entonces dónde viene formada la santidad de quien vive en nuestra Voluntad, en medio a nuestra santidad, ama en medio de nuestro amor, y obra en medio a nuestras obras; así que quien obra en nuestro Querer sentirá como en naturaleza la inseparabilidad, ella de nuestros actos y Nosotros de los suyos, así como es inseparable la luz del calor, y el calor de la luz, y por eso son nuestro triunfo continuo, nuestra gloria, nuestra victoria sobre la voluntad humana, son nuestras propiedades divinas, que Nosotros formamos en ella, y ella forma en Nosotros. El querer humano y el Querer Divino se besan continuamente, se funden juntos, y Dios desarrolla su Vida en la criatura y ella desarrolla su vida en Dios. Además de esto, quien vive en mi Voluntad, no hay cosa que pertenezca a mi Fiat en que la criatura no adquiera sus derechos: Derecho sobre nuestro Ser Divino, derecho sobre su Mamá Celestial, sobre de los ángeles, de los santos, derecho sobre del cielo, del sol, de la Creación toda. Y Dios, la Virgen y todos, adquieren el derecho sobre de ella. Sucede como cuando dos jóvenes esposos se unen con vínculo indisoluble, en que ambas partes adquieren el derecho sobre sus mismas personas, y sobre todo lo que a ambos pertenece, derecho que ninguno les puede quitar. Así para quien vive en nuestro Querer, forma el nuevo, verdadero, real matrimonio con el Ser Supremo, y con esto viene formada una unión con todo lo que a Él pertenece. ¡Oh! cómo es bello ver a esta criatura desposada con todos, la amada, la preferida, la amada de todos, y con derecho todos la quieren, suspiran el gozarla y tenerla junto con ellos, y ella ama a todos, da el derecho a todos sobre de ella, y se da a todos; es la nueva y gran parentela que ha adquirido de su Creador. ¡Oh! si se pudiese ver desde la tierra, verían que Dios la lleva entre sus brazos, la Soberana Reina la alimenta con el alimento exquisito del Querer Divino, ángeles y santos la cortejan, el cielo se extiende para cubrirla y protegerla, y ay de quien la toque; el sol la fija con su luz y la besa con su calor, el viento la acaricia, no hay cosa creada por Nosotros que no se preste a hacer su oficio en torno a ella. Mi Voluntad mueve todo alrededor de ella, a fin de que todos y todo la sirvan y la amen. Por eso quien vive en Ella da qué hacer a todos, y todos sienten la felicidad de poder extender su campo de acción dentro y fuera de la afortunada criatura. ¡Oh! si todas las criaturas comprendieran qué significa vivir en mi Divina Voluntad, ¡oh! cómo todos ambicionarían y harían competencia de hacer en Ella su celestial morada".

(3) Entonces me sentía más que nunca toda abandonada en la inmensidad de la luz del Querer Divino, y veía y sentía dentro a mi dulce Jesús, todo atento a la pequeñez de mi pobre alma, tenía cuidado de todo, me quería dar todo, hacer todo, de manera que se veía que con el toque de sus dedos me formaba el latido, animaba el respiro, el movimiento, tenía en orden los pensamientos, las palabras y todo, pero con tanto amor y ternura que raptaba, y Jesús bendito al verme maravillada me ha dicho:

(4) "Mi pequeña hija, no te asombres de mis tantas atenciones y ternuras amorosas que hago dentro y fuera de ti. Tú debes saber que en el alma donde reina mi Divina Voluntad, Yo me sirvo a Mí mismo, así que por decoro de mi Divinidad y santidad presto estos actos míos, como si fuera a mi misma Vida, por eso pongo la intensidad de mi amor, el orden de mis pensamientos, la santidad de mis obras, y al ver la docilidad de la criatura que se presta como hija a recibir los oficios de su padre, sus ternuras amorosas, la Vida del padre en su hija, ¡oh! cómo me siento feliz y honrado de servirla, mucho más que me sirvo a Mí mismo en mi hija, y quien se sirve a sí mismo no es esclavitud, sino honor, gloria, es saberse custodiar en la dignidad, en la santidad, en el orden de su estado, sin descender en lo bajo. La servidumbre comienza cuando se sirve a otras personas, pero servirse a sí mismo es mantener la alteza de su estado. Por otra parte, donde reina mi Divina Voluntad es mi interés que todo lo que hace la criatura sean actos dignos de Ella, y que sean parto de mis actos, no sería conveniente, la Voluntad Divina y los actos humanos, por eso Yo me ofrezco a hacer todo para servir a mi misma Voluntad".

(5) Después de esto, mientras seguía mi abandono en los brazos de Jesús, Él ha agregado:

(6) "Hija bendita, mi Humanidad amó tanto a la familia humana, que la llevé y la llevo todavía en mi corazón y estrechada entre mis brazos, y cada pena, obra, oración que hacía eran nuevos vínculos de unión entre Yo y ellos. Así que todo mi Ser y todo lo que Yo hacía, corría, corría como torrente impetuoso hacia cada una de las criaturas, que deshaciéndose en amor se constituían vínculos de unión, de amor, de santidad, de defensa, que formando voces arcanas de amor insinuante, sufriente, delirante, decía a cada uno de ellos: 'Os amo hijos míos, os amo mucho, y quiero ser amado.' Mi Humanidad reordenaba y establecía la verdadera unión entre Creador y criatura, y vinculaba a todas entre ellas como miembros unidos con la cabeza, y era Yo mismo el que me hacía cabeza de toda la familia humana. Por eso la virtud tiene por sí misma la fuerza vinculadora de vincularse con Dios, y no sólo esto, sino de vincularse con las criaturas, de modo que una ejercita la paciencia, y entonces su paciencia se vincula con todos aquellos que tienen paciencia y dispone a los otros a tener paciencia; así quien es obediente, humilde, caritativo, forman las diversas categorías en mi Iglesia. Qué decirte además de los vínculos extensísimos que forma quien hace y vive en mi Divina Voluntad, como Ésta se encuentra en el Cielo y en la tierra, en todas partes pone sus vínculos, con sus actos vincula Cielo y tierra, y llama a todos a vivir de Voluntad Divina".

30-35
Junio 26, 1932

Sublimidad y potencia del sacrificio. Cómo Dios cuando quiere dar un gran bien, pide el sacrificio de la criatura; ejemplo de Noe y de Abraham.

(1) Estaba haciendo mi giro en la Divina Voluntad para encontrar todo lo que ha hecho, para hacer míos sus actos para poder decir: "Yo estaba y estoy contigo, y hago lo que haces tú, así que lo que es mío es tuyo, y lo que han hecho los santos en

virtud tuya es también mío, porque tú eres la fuente que se derrama por todas partes y produce todos los bienes. Y mientras giraba, he llegado al punto de la historia del mundo cuando Dios pedía de Noé el sacrificio de fabricar el arca. Y yo ofrecía aquel sacrificio como si fuese mío, para pedir el reino de la Divina Voluntad sobre la tierra, pero mientras esto hacía, el bendito Jesús deteniéndome en aquel punto de la historia me ha dicho:

(2) "Hija mía, todo el bien de la historia del mundo está fundado en el sacrificio querido para las criaturas por mi Voluntad suprema, y cuanto más grande es el sacrificio que pedimos de ella, tanto más bien encerramos dentro. Y estos grandes sacrificios los pedimos cuando con sus pecados merecen que el mundo fuera destruido, haciendo salir de dentro del sacrificio, en vez de la destrucción, la nueva vida de las criaturas. Ahora, tú debes saber que en este punto de la historia del mundo, merecía que las criaturas no existieran más, todos debían perecer. Noé con aceptar nuestro mandato y con disponerse al gran sacrificio, y por tan largos años, de fabricar el arca, recompró el mundo y todas las futuras generaciones; conforme se sacrificaba en un tiempo tan largo, de esfuerzos, de trabajos, de sudores, así desembolsaba las monedas, no de oro o de plata, sino de todo su ser en acto de seguir nuestro Querer, así ponía bastantes monedas para recomprar lo que estaba por destruirse. Así que si el mundo existe hasta ahora, lo deben a Noé, que con sus sacrificios y con hacer nuestra Voluntad como Nosotros queríamos que la hiciera, salvó al hombre y todo lo que debía servir al hombre, un sacrificio prolijo, querido por Dios, dice cosas grandes, bienes universales, dulce cadena que ata a Dios y a los hombres. Nosotros mismos no queremos huir del laberinto de esta tan larga cadena que la criatura nos forma con un sacrificio prolijo, más bien, nos es tan dulce y querida que nos hacemos atar por ella misma como le parece y guste. Ahora, Noé con su sacrificio prolijo recompró la continuación de las generaciones humanas.

(3) Después de otro periodo de tiempo de la historia del mundo, vino Abraham, y nuestro Querer le ordenó que sacrificara a su hijo. Era un sacrificio duro para un pobre padre, se puede decir que Dios ponía a prueba al hombre, y exigía una prueba inhumana y casi imposible de cumplir, pero Dios tiene el derecho de pedir lo que quiera, y cualquier sacrificio que quiera. Pobre Abraham, fue puesto en tales aprietos que le sangraba el corazón y sentía en sí mismo la muerte, el golpe fatal que debía vibrar sobre su único hijo; el sacrificio era exuberante, tanto que nuestra paterna bondad no quiso la ejecución, sino el cumplimiento, sabiendo que él no habría podido vivir, habría muerto por el dolor después de un acto tan desgarrador, de matar a su propio hijo, porque era un acto que superaba las fuerzas de la naturaleza humana, pero Abraham todo aceptó, no puso atención a nada, ni al hijo, ni a sí mismo, que se sentía consumir de dolor en el propio hijo. Si nuestro Querer, así como lo mandó no hubiera impedido el acto fatal, a pesar de que hubiera muerto junto con su amado hijo, habría ya hecho el sacrificio querido por Nosotros. Ahora, este sacrificio fue grande, exuberante y único, querido por Nosotros en la historia del mundo. Y bien, este sacrificio lo elevó tanto, que fue constituido por Nosotros cabeza y padre de las generaciones humanas, y con el sacrificio de sacrificar a su hijo, desembolsó monedas de sangre y de dolor intenso para recomprar al futuro Mesías para el pueblo Hebreo y para todos. En efecto, después del sacrificio de Abraham, lo que no hacíamos antes, nos hacíamos oír frecuentemente en medio a las criaturas; el

sacrificio tiene virtud de acercarnos a ellas, formamos los profetas, hasta en tanto que vino el suspirado Mesías.

(4) Ahora, después de otro tiempo larguísimo, queriendo dar el reino de nuestra Voluntad, queríamos el sacrificio donde apoyarlo, y que mientras la tierra está inundada por los pecados y merece ser destruida, el sacrificio de la criatura la recompra, y con el suyo y en su sacrificio vuelve a llamar la Divina Voluntad a reinar, y hace renacer en el mundo la Vida nueva de mi Querer en medio a las criaturas. He aquí el por qué pido el sacrificio prolijo de tu vida sacrificada dentro de un lecho, y esto era nada, porque otras almas han estado dentro de un lecho de dolor, era la nueva cruz que no he pedido ni dado a ninguno, la que debía formar tu martirio diario, y tú sabes cuál es, que tantas veces te has lamentado conmigo. Hija, cuando quiero dar un bien grande, un bien nuevo a las criaturas, doy cruces nuevas y quiero sacrificio nuevo y único, cruces que el humano no se sabe dar razón, pero está mi razón divina, la cual el hombre está obligado a no investigarla y a inclinar su frente y adorarla. Y además se trataba del reino de mi Voluntad, y mi amor debía inventar y querer cruces nuevas y sacrificios jamás recibidos para poder encontrar pretextos, apoyo, fuerza, monedas suficientes y cadena larguísima para hacerse atar por la criatura. Y la señal cierta cuando queremos dar un bien grande y universal al mundo, es pedir de una criatura un gran sacrificio, y la prolijidad en él son aseguraciones y certezas del bien que queremos dar, y cuando encontramos quien acepta, lo hacemos un portento de Gracia, y en su sacrificio formamos la vida de aquel bien que queremos dar. Así que mi Voluntad quiere formar su reino en el sacrificio de las criaturas, circundarse de él para estar seguro, y con su sacrificio deshacer la voluntad humana y erigir la suya, y con esto viene a formar tantas monedas de luz divina ante nuestra Divinidad para recomprar el reino de nuestra Divina Voluntad y darlo a las generaciones humanas. Por eso no te maravilles de tu largo sacrificio, ni de lo que hemos dispuesto y hacemos en ti, era necesario a nuestra Voluntad, y no estés pensativa porque no ves ni sientes en los otros los efectos de tu sacrificio, es necesario que con tu sacrificio hagas la compra con nuestra Divinidad, y cuando hayas contratado con Dios, la compra es segura, a su tiempo con certeza tendrá la vida el reino del Querer Divino, porque la compra fue hecha con el sacrificio de una perteneciente a la familia humana".

30-36
Junio 29, 1932

Prodigios y secretos que encierra el vivir en la Divina Voluntad. Escenas conmovedoras. Generación de los actos divinos en la criatura. Custodia y celo divino.

(1) Estoy entre los brazos del Fiat Divino, su dominio se extiende en todo y sobre mi pequeñez, pero su imperio no es esclavitud, no, sino unión, transformación, de modo que la criatura siente que domina junto, y haciéndose dominar adquiere la virtud de dominar la misma Voluntad suprema. Pero mientras mi mente nadaba en el mar del Fiat Divino, en modo que me sentía como ahogada por sus olas, mi Celestial Jesús visitando mi pobre alma me ha dicho:

(2) "Hija mía bendita, el vivir en mi Querer encierra tantos prodigios y secretos de hacer maravillar Cielo y tierra. Tú debes saber que conforme la pequeñez de la criatura entra en Él, se pierde en su inmensidad, y la Divina Voluntad la recibe en sus brazos para hacer de ella conquista, y el querer humano se hace conquistador de la Divina. Ahora en estas conquistas de ambas partes, la Divina Voluntad festeja la conquista de la humana, dándole el uso que quiere, y la voluntad humana festeja la gran conquista hecha de la Divina, y queriéndole dar el uso que quiera, la envía al Cielo como conquista suya y portadora de nuevas alegrías y felicidad que posee. Mi Voluntad conquistada por el alma no se queda atrás, bilocándose, queda y parte para su patria celestial sólo para secundar a aquélla que la ha conquistado, y lleva la nueva conquista que ha hecho del querer humano, y las alegrías y felicidad que encierra la Divina Voluntad conquistante; mi Voluntad felicitante y beatificante que está en el Cielo, y mi Voluntad conquistadora que está en la tierra se funden juntas e inundan las regiones celestiales con las nuevas alegrías que posee mi Divina Voluntad conquistadora, porque tú debes saber que las alegrías de mi Voluntad conquistadora son muy distintas y diversas de aquéllas de mi Voluntad felicitante, las alegrías de mi Voluntad conquistadora no están en poder de los bienaventurados, sino en poder de la criatura, que las debe mandar desde la tierra y vienen formadas en medio de la hoguera del dolor y del amor, y sobre el aniquilamiento del propio querer. En cambio las alegrías felicitantes están en poder de ellos, y son frutos y efectos de la celestial morada en la cual se encuentran. Hay gran diferencia entre las alegrías de mi Voluntad conquistante y las de mi Voluntad felicitante, puedo decir que no existen en el Cielo mis alegrías conquistantes, sino sólo en la tierra, y ¡oh! cómo es bello ver a la criatura, que cuantas veces hace sus actos en mi Querer, tantas veces se hace conquistadora de Ella y la hace partir para el Cielo, para el purgatorio, en medio a las criaturas terrestres, por donde quiere, mucho más que estando mi Voluntad por todas partes y por todos lados, no debe hacer otra cosa que bilocarse para dar el fruto, las alegrías de la nueva conquista que la criatura ha hecho de Ella. Hija mía, no hay escena más conmovedora, más deliciosa, más útil, que ver la pequeñez de la criatura venir en nuestra Voluntad Divina, hacer sus pequeños actos y hacer su dulce conquista de una Voluntad Inmensa, Santa, Potente, Eterna, que todo encierra, puede todo y posee todo. La pequeñez de la criatura al verse conquistadora de un Fiat Divino tan interminable, queda sorprendida, no sabe dónde ponérsela, quisiera encerrarla toda en sí pero le falta el espacio, por eso toma por cuanto puede, hasta llenarse toda, pero ve que le quedan mares inmensos aún, y haciéndola de playa quisiera que todos tomaran un bien tan grande, por esto la envía al Cielo como sagrado derecho de la patria celestial a cualquiera que la quiera, y con ansia se dispone a hacer otros actos en Ella para readquirirla tantas veces por cuantos actos va haciendo. Es el verdadero comercio Divino que forma Dios y la criatura entre el Cielo y la tierra.

(3) Después mi mente continúa perdiéndose en aquel Fiat que quiere siempre darse a la criatura, y que mientras da no termina jamás de dar. Y mi dulce Jesús ha agregado:

(4) "Hija mía, la voluntad humana es la fuente y sustancia de la vida de la criatura, de ella toma la vida de sus obras, los pensamientos de su mente, la variedad y multiplicidad de sus palabras. Si la vida humana no tuviera una voluntad libre, sería

una vida sin fuente y sin sustancia, así que perdería todo lo bello, la perfección, el entrelazado admirable que puede tejer la vida humana. Así la Divina Voluntad donde reina se hace fuente, sustancia y vida de los actos hechos en Ella, por eso en cuanto piensa, habla, obra, camina, esta fuente se difunde en los actos de la criatura, y pone en ellos la sustancia divina, y ¡oh! la variedad de estos actos distintos entre ellos en santidad, en belleza, en luz, en amor, cuando esta fuente se difunde en los actos de ella, hace siempre actos nuevos y forma la armonía del obrar divino en la criatura. Ahora, tú debes saber que toda nuestra premura es por estos actos, porque en ellos se forma la generación de nuestros actos divinos en el fondo de la criatura, y ¡oh! nuestro contento porque podemos continuar la generación de nuestros actos, y en esta generación nos sentimos Dios obrante, no el Dios atado que no podemos desarrollar la generación de nuestros actos, porque en ella no está nuestra Voluntad. Por eso a nuestra premura se agrega nuestra custodia y celo de estos actos, tu Jesús se está dentro y en torno de la criatura para custodiarla, mi celo tiene la mirada fija para mirarlos, para felicitarme y tomarme todo el gusto que posee la generación de sus actos obrantes en ella. Por otra parte nuestra Voluntad posee un valor infinito, y no custodiar un solo acto de Ella sería ir en contra de Nosotros mismos. Es más, tú debes saber que siendo fuente y sustancia de nuestro Ser Supremo, nuestra potencia, santidad, bondad y todos nuestros atributos se hacen corona en torno a nuestra Voluntad y a todos sus actos, para depender de Ella y hacerle homenaje y custodia de todos sus actos que hace, tanto en Nosotros como en la criatura. Por eso sé atenta y déjate dominar por mi Querer si no quieres perder jamás a tu Jesús que tanto suspiras, amas y quieres".

30-37
Julio 9, 1932

Hambre que produce la Divina Voluntad. Prisión del amor. Dios forma la persecución del amor a la criatura.

(1) Me siento bajo el imperio de la Divina Voluntad, y si algún minuto no siento su imperio, me siento sin vida, sin alimento, sin calor, siento que la Vida Divina termina, porque no está ni quien la forma, ni quien la alimenta, y en mi dolor voy repitiendo: "Jesús, ayúdame, sin tu Querer yo muero de hambre, ¡ah! hazme sentir su dulce imperio, a fin de que alimentándome tu Vida viva en mí y yo viva de Ti". Y mi amado Jesús teniendo piedad de mí, todo amor y ternura me ha estrechado entre sus brazos y me ha dicho:

(2) "Mi pequeña hija de mi Querer, ánimo, no te abatas, la Vida Divina formada y alimentada por mi Querer no puede morir, y si sientes hambre, es más bien que no siempre escuchas mi decir sobre las otras maravillas y novedades que posee mi Voluntad, este mi decir interrumpido te hace sentir el hambre del alimento siempre nuevo que Ella posee, pero esto te prepara a recibir el nuevo alimento de sus conocimientos, para hacerte crecer y alimentar sólo de Querer Divino, ni tú te sujetarías a tomar otro alimento, sentirías repugnancia y te contentarías con morir de hambre, porque quien lo ha gustado tantas veces, no se sabe adaptar a tomar otros alimentos. Pero esta hambre es también una fortuna, porque te puede servir como

medio para llegar a la patria celestial, y tú debes saber que el único alimento de estas divinas regiones es el acto nuevo, jamás interrumpido de mi Divina Voluntad. Este alimento posee todos los gustos, todas las delicias, es el alimento diario y de todos los instantes de la celestial Jerusalén. Y además, el sentir hambre dice vida, no muerte, por eso espera con paciencia invicta el alimento de mi Voluntad, el cual te rehará del hambre sufrida, con tal abundancia, que no serías capaz de tomarlo todo".

(3) Y yo interrumpiendo el hablar de Jesús, he dicho: "Amor mío, el corazón me sangra al decírtelo, a mí más bien me parece que no tienes más aquel amor continuado por mí, que te hacía siempre decir, y haciéndome tantas nuevas sorpresas encantadoras de tu Ser y de tu Querer, yo sentía y tocaba con la mano tu amor palpitante por mí, tanto que estaba obligada a decir: 'Cuánto me ama Jesús.' Ahora, por este tu decir interrumpido me parece que no soy siempre amada por ti, y pasar de un amor continuo a un amor interrumpido es el más crudo de los tormentos, y voy repitiendo: ¡No soy amada, no soy amada por Aquél que tanto amo!" Y Jesús, interrumpiéndome ha agregado:

(4) "Hija mía, ¿qué dices? Tú debes saber que cuando la criatura nos ama, si no la amaramos obraríamos contra la naturaleza de nuestro Ser Divino, ser amado y no amar no es del Ente Supremo, y si esto se pudiera dar, y fuésemos capaces de pena, el amor de la criatura nos pondría en una prisión de tormentos, y se volvería nuestro perseguidor, no nos daría paz hasta en tanto que fundidos juntos, el amor del uno y del otro se besaran y reposaran juntos. ¡Ah! tú no sabes qué significa amar y no ser amado por aquél o aquélla que se ama, toda la pena, la inquietud la lleva quien no ama, porque quien ama está en su puesto, cumple el más sacrosanto de los deberes. En tal estado se encuentra nuestro Ser Divino, porque amamos mucho y el hombre no nos ama, nuestro amor persigue a aquél que amamos, lo pone en prisión, lo atormenta, no le da paz, la inquietud es la señal cierta de que la criatura ha sido puesta en la mira de nuestro amor, que quiere vencer por medio de perseguir el amor de la criatura. Por eso tranquilízate, si tú nos amas, nuestro amor te ama primero a ti, y es tanta la inseparabilidad de nuestro amor y el tuyo, que el tuyo forma el pequeño calor, y el nuestro, alimentando al tuyo, forma la inmensidad de la luz, de manera que el uno y el otro pierden la virtud de separarse, y como si fueran una sola naturaleza viven siempre juntos para formar una la vida de la otra. Por eso si mi decir no es continuo, no significa amor interrumpido, no, sería interrumpido si no sintieras el querer hacer aun a costa de tu vida mi Voluntad, esto sería no tenerla más en tu poder, y si mi bondad ha llegado a tanto, de dártela en tu poder, esto te asegura que mi amor es continuo por ti, porque tú debes saber que quien hace y vive en mi Querer Divino, no es otra cosa que la Vida obrante de Dios mismo en la criatura. Nuestro amor es tanto por quien se hace dominar por nuestro Querer Divino, que se hace dulce prisionero de ella; se restringe, se empequeñece y toma un sumo placer: Amar, obrar en su alma. Pero mientras se restringe queda inmenso y obra con modos infinitos, como amamos y obramos en Nosotros mismos, porque nuestra naturaleza es aquélla, la inmensidad, la infinitud, y todo lo que hacemos queda inmenso e infinito como somos, y ¡oh! nuestro contento que mientras nos restringimos en su pequeñez, damos curso al amor y a nuestras obras, y ella queda llena, derrama fuera, llena Cielo y tierra y Nosotros tenemos la gran gloria y honor de amar y obrar como Dios en su pequeñez, y si tú supieras qué significa un solo acto de amor, una sola obra hecha

por Nosotros en ti, tú morirías de alegría, y no te bastaría toda la eternidad para agradecernos por tanto bien. Por eso déjame hacer, hazme hacer lo que quiero de ti, y está segura que quedaremos contentos tú y Yo".

30-38
Julio 14, 1932

Atmósfera celestial, Jesús se pone en guardia del acto de la criatura; trabajo del uno y del otro. Los actos hechos en la Divina Voluntad miran y abrazan los siglos, y son los cuidadores y los centinelas de las criaturas.

(1) Estoy siempre ocupada del y en el Querer Divino, en Él hay siempre qué trabajar, pero no es un trabajo que cansa, no, más bien da fuerza, hace crecer la Vida Divina, e inunda de alegría, de paz, se siente una atmósfera celestial dentro y fuera. Pero mientras nadaba en las olas eternas del Divino Querer, mi sumo Bien Jesús, visitando mi pequeña alma me ha dicho:

(2) "Hija bendita, soy Yo quien forma la atmósfera celestial dentro y fuera de la criatura, porque en cuanto ella entra en mi Querer Divino, Yo me pongo en guardia del acto que va haciendo, y ella forma el terreno con sus actos, y Yo formo la semilla divina para arrojarla en el acto de la criatura. Así que sus actos sirven como tierra, y Yo, Agricultor Celestial, con llenarla con mis semillas, me sirvo de ello para recoger la cosecha de los trabajos que se hacen en mi Voluntad. ¿Ves entonces para qué sirve la continuación de los actos hechos en la Divina Voluntad? Sirven para darme el trabajo y la ocasión de no dejar jamás a la criatura, porque me da siempre qué hacer, y Yo no quiero, ni puedo dejar vacío un terreno tan precioso, formado en mi Voluntad, y expuesto a los rayos vivificantes del Sol Divino. Por eso Ella te llama al trabajo en mi Querer, y tú me llamas a Mí, y ¡oh! cómo es dulce trabajar juntos en mi Fiat, es un trabajo que no cansa; más bien es portador de reposo y de las más bellas conquistas".

(3) Después ha agregado: "Hija mía, tú debes saber que nuestros actos que hacemos en la criatura contienen tres actos en uno, el acto conservante, el acto que alimenta y el primer acto creador. Con estos tres actos en uno damos la vida perenne a nuestros actos, y la criatura que los posee siente en sí la fuerza creadora, la cual le quita todas las debilidades de la naturaleza humana; el alimentador la tiene siempre ocupada al darle su alimento para impedirle que tome otro alimento, y la preserva de todos los males, este alimento es como el embalsamamiento que impide la corrupción; y el acto conservante reafirma y conserva el bien puro y bello. Estos tres actos nuestros en uno, son como fortalezas inexpugnables que damos a la criatura que hace reinar nuestra Voluntad en ella, que la vuelven de tal manera fortificada, que ninguno la puede dañar".

(4) Después de esto mi pequeña mente continuaba mi giro en la Divina Voluntad, buscando sus actos para encerrar mis actos en los suyos y hacer de ellos uno solo, y todo esto es el contenido de mi largo exilio, poder obrar junto con el Querer Supremo, hacer desaparecer mis actos en los suyos, me siento que tomo como en un puño el

Cielo, correr en ellos las bienaventuranzas eternas, de modo que no me siento ni lejana ni extraña de mi amada patria celestial. Entonces, mientras mi mente estaba como llena de pensamientos sobre la Divina Voluntad, mi Sumo Bien Jesús, repitiendo su breve visita me ha dicho:

(5) "Mi pequeña hija de mi Voluntad, quiero que sepas que por cada acto tuyo en Ella, tantas veces regeneras y creces en modo todo nuevo en nuestro Fiat, así que tú sientes el Cielo, y el Ente Supremo tiene el gran contento de regenerar en el acto de la criatura. Formar nuestra Vida en el acto de ella es nuestra fiesta, nuestros suspiros, unimos todas nuestras estratagemas de amor y recibimos la completa gloria que nos puede dar la criatura. Ahora, tú debes saber que el sacrificio con voces potentes llama a Dios, y el hacer nuestra Voluntad lo hace descender en el alma para hacerlo obrar como el Dios que es".

(6) Y yo: "Amor mío, a pesar que trato de obrar siempre en tu Querer, y ruego y vuelvo a rogar que venga su reino sobre la tierra, nada se ve todavía".

(7) Y Jesús: "Hija buena, esto dice nada, porque tú debes saber que las plegarias, los actos hechos en nuestro Querer, en cuanto entran en nuestro acto divino tienen tal potencia que deben llevar a las criaturas el bien que contienen. Ellos se ponen en guardia de los siglos, y los ven con mucho amor, y con paciencia invicta esperan y esperan, y con la luz que poseen llaman a la puerta de los corazones, se hacen luz a las mentes y sin jamás cansarse, porque no están sujetos ni a cansancio, ni a disminuir de potencia, hacen como los vigilantes, los fieles centinelas que no se apartan sino cuando han dado el bien que poseen. Estos actos son los poseedores de mi Querer, y en modo absoluto lo quieren dar a las criaturas, y si una les huye, a otra la toman en la mira; si un siglo no los recibe, ellos no se detienen, ni se marchan, porque les hemos dado los siglos en su poder y forman y formarán nuestro ejército divino en medio a las generaciones humanas para formar el reino de nuestra Voluntad. En estos actos está lo humano coronado por la potencia divina, y dan el derecho a las criaturas de poseer este reino; en estos actos está nuestra Voluntad obrante, y da el derecho a Dios de reinar y dominar con nuestro Fiat Omnipotente en la criatura; ellos son como anticipo y capital que pagan a Dios por las criaturas, y tienen derecho de dar a las generaciones humanas lo que han pagado, y como sol que ni se retira, ni se cansa jamás de golpear la tierra con su luz para dar los bienes que posee, así ellos, más que soles giran por cada corazón, giran los siglos, están siempre en movimiento, no se dan jamás por vencidos hasta en tanto que no han dado mi Voluntad obrante que poseen, mucho más que saben con certeza que obtendrán el intento y la victoria. Por eso si nada ves, no te preocupes, tú continúa tu vida y tus actos en mi Voluntad, esto es lo más necesario de todo, formar la moneda para pagar por tus hermanos un reino tan santo. Y además, tú debes saber que mi misma Vida pasada sobre la tierra, y mis mismos actos, se encuentran en las mismas condiciones, Yo pagué por todos, y mi Vida y lo que hice está a disposición de todos, y se quieren dar a todos para dar el bien que poseen. Y si bien partí para el Cielo, partí y quedé para girar en los corazones, en los siglos, para dar a todos el bien de mi Redención. Son cerca de veinte siglos, y mi Vida y mis actos continúan girando, pero no todos han sido tomados por las criaturas, tanto, que varias regiones no me reconocen aún, así que mi Vida, la plenitud de mis bienes y de mis actos, no se retiran, corren y giran siempre, abrazan los siglos como uno solo para dar a todos el

bien que poseen. Por eso es necesario hacer, pagar, formar el capital, el resto vendrá de por sí. Por eso sé atenta, y tu vuelo en mi Fiat sea continuo".

Deo Gratias.

[1] Este libro ha sido traducido directamente del original manuscrito de Luisa Piccarreta

Made in the USA
Coppell, TX
23 March 2025

47454391R00144